21世纪全国高等院校旅游管理系列实用规划教材

现代饭店管理

尹华光　主编

中国林业出版社
China Forestry Publishing House
北京大学出版社
PEKING UNIVERSITY PRESS

内容提要

本书是21世纪全国高等院校旅游管理系列实用规划教材之一。全书共分为11章，1～3章主要从宏观的角度介绍现代饭店管理的基础理论；4～7章主要从纵向的角度介绍现代饭店的生产管理、营销管理、服务管理和投资与筹备管理；8～11章主要从横向的角度介绍现代饭店的前厅与客房管理、餐饮与康乐管理、人财物与设备管理、信息与安全管理。每一章设置本章概要、学习目标、关键性术语、章首案例、知识窗、课堂讨论、思考题、案例分析、本章推荐阅读书目等栏目。全书体系完整，内容翔实，编排新颖，应用性强。

本书既可作为高等学校旅游管理专业教材，也可作为旅游饭店管理人员的培训教材，还可以作为其他相关业务人员、科研人员和有关企业经营管理者的参考用书。

图书在版编目（CIP）数据

现代饭店管理/尹华光主编. —北京：中国林业出版社；北京大学出版社，2008. 8（2014.5 重印）
（21世纪全国高等院校旅游管理系列实用规划教材）
ISBN 978－7－5038－5283－1

Ⅰ. 现…　Ⅱ. 尹…　Ⅲ. 饭店－企业管理－高等学校－教材　Ⅳ. F719. 2

中国版本图书馆CIP数据核字（2008）第115240号

书　　名：现代饭店管理
著作责任人：尹华光　主编
总 策 划：牛玉莲　林章波
执行策划：郑铁志　李　虎
责任编辑：郑铁志　翟　源

出 版 者：中国林业出版社（地址：北京市西城区德内大街刘海胡同7号　邮编：100009）
网址：http：//www. cfph. com. cn　E－mail：jiaocaipublic@163. com
电话：编辑部83220109　营销中心83227711
北京大学出版社（地址：北京市海淀区成府路205号　邮编：100871）
网址：http：//www. pup. cn　http：//www. pup6. com　E－mail：pup_6@163. com
电话：邮购部62752015　发行部62750672　编辑部62750667　出版部62754962
印 刷 者：北京市昌平百善印刷厂
发 行 者：中国林业出版社　北京大学出版社
经 销 者：新华书店
开　　本：850mm×1168mm　16开本　21印张　493千字
版次印次：2008年8月第1版　2014年5月第3次印刷
定　　价：36. 00元

21世纪全国高等院校旅游管理系列实用规划教材

编写指导委员会

编写人员名单

主　编： 尹华光

副主编： 黄元春

张红卫

娄丽芝

编　委：（按姓氏笔画排序）

尹华光（吉首大学旅游学院）

许　建（吉首大学旅游学院）

张红卫（中南林业科技大学旅游学院）

李小玉（吉首大学旅游学院）

肖波英（湖南涉外经济学院）

娄丽芝（湘南学院）

晏海清（吉首大学旅游学院）

黄元春（渤海大学旅游学院）

彭小舟（湖南师范大学）

覃　雯（吉首大学旅游学院）

简玉峰（吉首大学旅游学院）

序

1845 年，托马斯·库克成立世界上第一家旅行社，标志着世界旅游业的出现。但是作为真正意义上的现代旅游业，则始于20 世纪50 年代的欧美。从那时至今，旅游从少数上层阶层所能享受的活动发展到现今大众旅游和社会旅游时代，仅经历了50 多年的时间。在这短短50 多年的历程中，世界旅游业发展大大超出世界经济总体发展速度，成为世界上最大的产业之一。世界旅游组织的统计数字显示，2005 年国际旅游人数首次突破8 亿人次，全球平均增长率高达5.5%；2006 年国际旅游人数达到8.42 亿万人次，同比增长4.5%，超出了旅游业的预期。世界旅游组织预测，到2010 年，全世界每年将有10 亿多人出国旅游。旅游不仅对世界各国的经济发展产生积极而深远的影响，同时它已成为人们生活中的一部分，还是影响人们生活方式和生活观念的一个重要因子。

中国是一个旅游资源大国，有着得天独厚的自然旅游资源和人文景观优势。上下几千年的文明沉淀，方圆960 万 km^2 的国土，使中国的旅游资源在世界上无与伦比。尽管我国旅游业起步于20 世纪80 年代初，但经过30 余年的发展，中国正从一个旅游资源大国走向旅游接待大国，旅游业在国民经济中的地位和作用日益凸显，其强劲的发展势头受世界关注。2006 年，我国国内旅游人数13.94 亿人次，入境旅游人数12 494 万人次，全国旅游外汇收入339.49 亿美元，出境旅游总人数为3452.36 万人次。世界旅游组织预测，到2015 年中国将成为世界上第一大入境旅游接待国和第四大出境旅游客源国。届时中国入境旅游人数可达2 亿人次，国内旅游人数可达26 亿人次以上，出境旅游人数可达1 亿人次左右，游客市场总量可达30 亿人次左右，居民人均出游可达2 次，旅游业总收入可达2 万亿元人民币左右。“十一五”期间中国旅游业将每年新增直接就业70 万人、带动间接就业350 万人。到2015 年，中国旅游直接拉动和间接就业总量将达1 亿人左右。

蓬勃发展、无限生机的旅游业，给旅游教育，尤其是高等旅游教育带来了巨大的机遇和挑战。旅游管理是工商管理下面的一个小学科，却面向的是大产业，如何使旅游学科做大做强，更好地为旅游产业服务，为21 世纪旅游业发展培养所需各类人才，是每一个旅游教育工作者所要思考的问题。做大做强旅游学科，使旅游教育要与旅游产业的发展同步，就必须加大旅游学科建设的力度，其中之一就是要搞好旅游教材的建设，因为，教材是体现教学内容和教学方法的知识载体，是进行教学的基本工具，也是深化教育教学改革，全面推进素质教育，培养创新人才的重要保证。中国林业出版社、北京大学出版社组织全国部分高校编写“21 世纪全国高等院校旅游管理系列实用规划教材”就是推动旅游教学改革与教材建设的重要举措。

在本套教材的编写过程中，我们力求系统地、科学地介绍旅游管理专业的基本理论，基本知识和基本技能（“三基”），同时也力求将以下理念融入到教材的编写中：一是教育创新理念。

即以培养创新意识，创新精神、创新思维、创造力或创新人格等创新素质以及创新人才为目的的教育活动融入其中。二是现代教材观理念。传统的教材观以师、生对教材的“服从”为特征，由此而生成的对教学矛盾的解决方式表现为“灌输式”的教学关系。现代教材观是以教材“服务”师生，即将教材定义为“文本”和“材料”，提供了编者、教师、学生与真理之间的跨越时空的对话，为师生创新提供了舞台。三是培养大学生“四种能力”的理念。教材的编写充分体现强化学生的实践能力、创造能力和就业能力、创业能力的建设需要，以适应旅游业的快速发展对旅游人才的新要求。四是教材建设服从于精品课程建设的理念。精品课程是具有一流教师队伍、一流教学内容、一流教学方法、一流教材、一流教学管理等特点的示范性课程。精品课程建设是高等学校教学质量与教学改革工程的重要组成部分。本套教材的编写力求为精品课程建设服务，能够催生出一批旅游精品课程。

本套教材不仅是全国高等院校旅游管理专业教育教学的专业教材，而且也可作为旅游管理部门、旅游企业专业人员培训及参考用书。我们希望本套教材能够为培养21世纪旅游创新人才做出贡献。

最后，借此机会感谢北京大学吴必虎教授、青岛大学旅游学院马波教授对本套教材的指导，感谢中国林业出版社和北京大学出版社对本套教材所付出的辛勤劳动以及各位参与编写的专家和学者对本套教材所付出的心血！

编委会

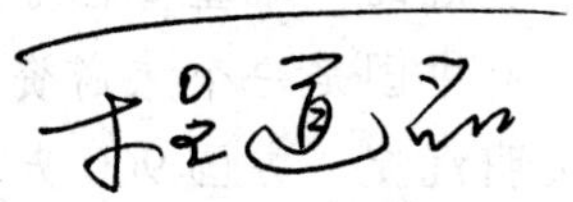

2007年10月

前　言

现代饭店管理是教育部高等教育司确定的全国普通高等学校旅游管理专业7门主干课程之一。由于本课程的重要地位和读者的广泛性，近十余年来，已出版了不少的译著和教材。如《旅游饭店管理概论》（[美] 詹姆斯·R·凯萨著. 徐华等编译. 浙江摄影出版社，1992）、《现代饭店管理技巧》（[美] GARY K. VALLN JEROME J. VALLN 著. 潘惠霞等译. 旅游教育出版社，2002）、《现代旅游饭店管理》（吕建中主编. 中国旅游出版社，1994）、《现代饭店经营管理》（郑向敏编著. 湖北科技出版社，1996）、《饭店经营管理原理》（丁力编著. 南开大学出版社，2001）、《饭店管理》（蒋丁新主编. 高等教育出版社，2002）。上述译著和教材的出版，为推动我国的饭店管理理论研究和旅游高等教育的教材建设，做出了奠基性的贡献。然而这些教材多为重点大学的教授专家担任主编，教材内容难免倾向于重点院校的学生。值得高兴的是，中国林业出版社、北京大学出版社不失时机地推出了一套“21世纪全国高等院校旅游管理系列实用规划教材”，使用对象为一般应用型旅游本科院校。承蒙出版社的厚爱，由我担任《现代饭店管理》一书的主编，经过一年多的努力，本书终于杀青完稿。

纵观全书，初具特色。一是结构特色——本书按照基础理论、生产过程和部门管理3个部分编撰全书，思路清晰，结构严谨，颇具新意；二是内容特色——本书借助现代饭店管理研究的最新成果（如第3章“现代饭店管理的理论创新”中的有关内容），紧扣现代饭店管理实践中遇到的各种问题进行探讨阐述（如第7章“现代饭店投资与筹备管理”中的有关内容），既体现了现代大学教材的前沿性，又体现了应用型本科院校教材的实用性；三是体例特色——本书正文前设有“本章概要”“学习目标”“关键性术语”“名言警句”等栏目，有利于启发学生预习教材，正文设有“章首案例”“知识窗”“课堂讨论”等栏目，有利于学生增长见识，拓展思路，正文后设有“思考题”“本章推荐阅读书目”等栏目，有利于学生加深知识理解，并运用所学知识解决实际问题。

本书由吉首大学尹华光任主编（编写第1章）；渤海大学黄元春（编写第4章）、中南林业科技大学张红卫（编写第8章）、湘南学院娄丽芝（编写第9章）任副主编；吉首大学晏海清（编写第5章）、许建（编写第3章）、简玉峰（编写第6章）、李小玉（编写第11章）、覃雯（编写第2章）、湖南涉外经济学院肖波英（编写第7章）、湖南师范大学2006级旅游管理专业硕士研究生彭小舟（编写第10章）参加编写。编写大纲由主编制定，教材统稿由主编完成。

在本书的编写过程中得到了中国林业出版社、北京大学出版社的大力支持，同时参考了大量著作、教材和论文，在此一并深表谢意！由于我们学识有限，书中问题在所难免，敬请专家、同行批评指正。

尹华光

2008年5月于张家界市卧虎山

目 录

第 1 章

现代饭店管理概述

【本章概要】

本章着重阐述了饭店的定义、内涵与功能，中外饭店的产生、发展过程及其不同阶段的主要特点，现代饭店的类型、特点、等级及其组织结构形式。

【学习目标】

- 了解饭店一词的来源，掌握饭店的定义、内涵与功能；
- 了解中国饭店的产生及发展过程，掌握中国现代饭店发展的特点及主要形式；
- 了解西方饭店的产生及发展过程，掌握西方饭店不同发展阶段的主要特点；
- 了解现代一般饭店和汽车旅馆的建筑结构特点；掌握现代饭店组织结构的主要形式；
- 掌握现代饭店的基本特点；
- 了解饭店的分类与等级。

【关键性术语】

饭店、汽车饭店、星级饭店、饭店集团、欧式计价饭店、美式计价饭店、饭店的内涵、饭店的功能、饭店的组织结构、直线－职能制、产品划分制、混合制、饭店的类型、饭店的特点。

现代饭店不啻为旅游者的家外之家。

——［美］ 詹姆斯·R·凯萨

【章首案例】

美丽而豪华的白天鹅宾馆

白天鹅宾馆坐落在广州闹市中的“世外桃源”——榕荫如盖、历史悠久的沙面岛的南边，濒临三江汇聚的白鹅潭。宾馆独特的庭园式设计与周围幽雅的环境融为一体，一条专用引桥把宾馆与市中心连接起来，实为商旅人士下榻的最佳之处。

宾馆拥有精心设计的客房，无论是标准房、豪华套房还是商务楼层，室内装潢及设计都经过深思熟虑，设备齐全，舒适温馨。从客房更可饱览广州市容和珠江美景。多功能国际会议中心是举办各类大小型会议、中西式酒会、餐舞会的理想场所。音乐厅、卡拉 OK 等娱乐场所，特邀著名乐队现场演奏，是闲暇消遣的最佳选择。另有健康中心、商务中心、委托代办、票务中心、豪华车队等配套设施。

饭店 1985 年被世界一流饭店组织接纳为在中国的首家成员；1990 年被国家旅游局评为我国首批 3 家五星级饭店之一；1996 年又荣列国家旅游局举办首次全国百优五十佳饭店评选榜首，并连续多年被国际旅游指南和国际著名杂志报刊评为国际商务人士到广州的首选饭店。开业 20 多年来，共接待了 40 多个国家的元首和政府首脑，英国女王伊丽莎白二世、美国总统布什、尼克松、德国总理科尔，以及卡斯特罗、基辛格、西哈努克、李光耀等国际名人都曾在此驻足。我国改革开放的总设计师邓小平更是3次莅临白天鹅宾馆，并亲笔题字，这在国内中外合作的高星级宾馆中是绝无仅有的。

现代饭店作为旅游业的三大支柱之一，起源于人类的旅行活动。饭店出现的初期，主要是向旅游旅行人员提供住宿、饮食等基本的旅游旅行服务。随着生产力的不断发展和人民生活水平的不断提高，旅游已经成为人民日常生活不可或缺的一个组成部分。现代饭店随着旅游业的不断发展，其设施设备不断完善，管理水平不断提高，服务功能不断拓展，已经成为旅游旅行者的食宿休闲场所和饭店所在地人民的综合消费场所。

1.1　现代饭店的含义与功能

1.1.1　饭店的含义

（1）饭店一词的来源及其别称

饭店一词源于法语的Hotel，原指法国贵族在乡下招待客人或家人度假用的别墅，后来欧美的饭店业沿用了这一名词。在英语里，饭店的称谓很多。如Hotel，Tourist，Resort，Inn，Guesthouse，Lodge，House，Tavern，等等。在我国，对饭店的称谓也很多。如宾馆、饮店、酒店、度假村、饭庄、大厦、大楼、山庄、旅店、旅社、招待所、客栈，等等。

（2）饭店的内涵及定义

饭店的定义很多。例如，《大不列颠百科全书》中解释：“饭店是在商业性的基础上向公众提供住宿，也往往提供膳食的建筑物。”《美利坚百科全书》中解释：“饭店是装备好的公共住宿设施，它一般都提供膳食、酒类与饮料以及其他的服务。”《韦伯斯特美国英语新世界词典》中解释：“饭店是提供住宿、也经常提供膳食与某些其他服务的设施，以接待外出旅游者和非永久性居住的人。”

从以上的几个经典定义可以发现，饭店必须具备如下4个条件：

- 它是一个建筑物或是由若干建筑物组成的接待设施；
- 它必须是通过政府批准的，能够提供住宿的设施，也往往是能够提供餐饮或者其他服务的设施；
- 它的服务对象是社会公众，主要是外出的旅游旅行人员，同时也包括当地的永久性居民或半永久性居民；
- 它是商业性的，以营利为目的，因而使用者需要支付一定的费用。

为此，我们可以给饭店下一个定义：饭店是经过政府有关部门批准，凭着一定的建筑物及必要的设施设备，通过提供接待服务业务，向宾客出售客房、餐饮、服务等商品，满足宾客物质和精神方面需求的经济组织。

1.1.2　现代饭店的功能

饭店在现代旅游活动中举足轻重，被称为旅游行业的三大支柱之一。它的功能也很多，归纳起来主要体现在如下6个方面。

(1) 食宿功能

这是现代饭店的最基本的功能。现代旅游活动简单地说，主要包括食、住、行、游、购、娱六要素，至少食和住2项，通常是在饭店内进行的，不少的综合性饭店还提供行、购、娱业务。由此可见，现代饭店不啻为旅游者的“家外之家”。

(2) 商务功能

这是现代饭店的衍生功能。他包括为客人的商务活动提供写字间、会议室和展览场所等；为客人提供计算机、打印机、国际互联网、国际国内直拨电话和传真等，使客人虽然身在饭店，却能通过现代化的通信设施直接与外界联系，能够对所属单位、部门实施指挥和管理。

(3) 娱乐功能

随着收入的不断增多和生活水平的不断提高，人们对文化、娱乐、康体、休闲等精神生活的要求越来越高。现代饭店作为文化交流和社会活动的高级场所，通过开展健康向上的高质量的文娱体育活动，既可以满足客人和当地公众的文化需要，又可以拓展经营范围，在获得良好社会效益的同时又能获得可观的经济效益。

(4) 创收功能

现代饭店是创造收入，尤其是创造外汇收入的重要部门。改革开放初期，我国外汇收入的很大一部分即来源于饭店收入；而在旅游收入中，饭店收入占据了半壁江山。饭店业的大量创收，已为我国的社会主义现代化建设和旅游业的快速、健康、持续发展做出了极其重要的贡献。

(5) 就业功能

现代饭店建设是创造社会就业的重要途径。据研究，每增加1间饭店客房，可提供1.5人的直接就业机会和2人的间接就业机会。同时现代的带动功能很强，它还能刺激国民经济其他部门的发展，间接地解决就业问题。

(6) 形象功能

现代饭店的发展水平，标志着接待国旅游事业的发展水平，也反映了一个国家国民经济的发展水平及其社会的文明程度。因此，饭店设施设备完备与否、水平高低，饭店服务质量的高低优劣，不仅影响着旅游者的旅游经历和体验，同时还影响着一个城市、一个地区，乃至一个国家的总体形象的评判。

1.2 现代饭店的产生与发展

1.2.1 中国饭店的产生与发展

在中国，最早的饭店可以追溯到春秋战国乃至更为古远的时期。而中国的饭店获得较大发展的时期，则是在唐宋元明清时期。中国的现代饭店落后于西方近百年，主要兴建于近几十年，其中一些是经过改造的饭店，一些是20世纪50年代以后建造的宾馆、饭店和招待所，另一些则是近年来兴建的现代化的新型饭店。

1.2.1.1 中国古代饭店

中国古代的饭店主要包括官办旅店和民间旅店。官方开办的饭店主要有驿站和迎宾馆2类；民间开办的旅店主要包括客栈、酒馆和会馆等。它们在中国饭店业发展史上有着重要地位。

（1）古代官办旅店

驿站是中国历史上最古老的一种官办住宿设施。在古代，政府命令的下达，公文的传递，以及各地之间书信往来等，完全依靠专人骑马或乘车传送。驿站就是为这种驿传制度服务而设立，以专门接待往来信使和公差人员并为其提供车、马交通工具的食宿设施。驿传制度始于商代中期，止于清光绪年间“大清邮政”的兴办，世代沿袭3000余年。因而，驿站堪称中国历史上最古老的饭店设施。

由于朝代更迭、政令变化、疆域展缩及交通疏塞等原因，古代驿站在其漫长的发展过程中，不仅其名称多有变化，如传舍、驿舍、骆楼、驿馆、馆驿、邮亭、邮铺、铺舍等均为这种官办住宿设施在不同时期的种种称谓，而且其功能也不断改变。秦汉以后，驿站的接待对象范围开始扩大，一些过往官吏也可以在邮亭或传舍食宿。至唐代，驿站已广泛接待过往官员及文人雅士。元代时，一些建筑宏伟、陈设华丽的驿站除接待信使、公差外，还接待过往商旅及达官贵人。由此可见，驿站虽起源于驿传制度，开始时是专门接待信使、邮卒的住宿设施，但后来逐渐扩大用途范围，也为过往商旅及民间旅行者提供食宿服务。同时，由于官办的驿站在初始时只接待公务人员，这就为民间提供了沿驿道及在驿站附近大量开设旅店的机会，在一定程度上促进了民间旅店业的产生和发展。

中国古代另一类官办食宿设施是迎宾馆。“迎宾馆”的名称最早见于清末，在此以前，这类官办住宿设施有过种种称谓。春秋战国时期，各国接待各路使者的馆舍称为“诸侯馆”和“传舍”；西汉时，都城长安供使者和商客食宿的迎宾馆名为“蛮夷邸”；南北朝时，洛阳、建康都有招待外国使者和商客的“四夷馆”；隋、唐、宋时，洛阳、长安、汴梁、临安专门接待国内各族代表和外国使者的迎宾馆称为“四方馆”；元、明时，都城的迎宾馆又称作“会同馆”。与此同时，凡各国使者及商客所到之处及沿途均设有地方馆舍，以使宾客在到达都城之前就能受到各地政府的款待。

中国古代的驿站和迎宾馆作为一种官办接待设施，适应了古代民族交往和中外往来的需要，它对中国古代的政治、经济和文化交流起了不可忽视的作用。

（2）古代民间旅店

在中国古代，被称为“逆旅”的专门供人在旅途中休息食宿的场所在几千年前的商周时期就已出现，我们从古籍中可以读到不少有关当时商旅活动及商人投宿旅店的记载。春秋战国时期，农业生产的进步，促进了手工业和商业的发展，所谓“士农工商”“行商坐贾”，商人不仅被正式列为行业之一，而且还出现了分工。从事商贩贸易的人越来越多，频繁的商贸活动增加了对食宿设施的需求，为民间旅店的发展提供了市场。至战国时期，随着商业中心的出现和交通运输的发展，民间旅店业已经初步形成。

秦汉两代400余年，是中国古代商业较为兴旺发达的时期，民间旅店业因此也有了发展。“牛马车舆，填塞道路”，“船车贾贩，周于四方”，“逆旅整设，以通贾商”等，正是对当时商贸活跃、旅店兴旺的描述。两汉以前，由于当时历史条件下城市功能的局限，商业活动迟迟未进入城市内部，虽然后来随着城市功能的变化，商业交换活动逐渐扩大到城市内，但仍受到市场制度在时间与地点方面的限制。“朝市朝时而市，商贾为主；夕市夕时而市，贩夫贩妇为主”，描写的是交易者须按规定时间聚散，而他们并不居住在城市中，因而，以接待商贩旅客为主的民间旅店一直都只能分布在城外郊区及通衢大道两旁。汉代以后，诸多城市逐渐发展成为商业都市，城市的管理制度及城区布局也发生了变化，从而导致了民间旅店进入城市，出现在靠近市场的繁华地段。隋唐时期，由于结束了连年战争造成的长期分裂局面，社会生产力得到了恢复发展，社会安定，市场兴旺，交通发达，丝绸之路空前繁荣，旅店业也得到了大发展。两宋时期，社会生产力有了进一步提高，商业和手工业兴盛，世代相袭的城市管理制度也发生了变化。坊市分区和商贸交易限时制不复存在，各行店铺包括民间旅店遍布城内繁华街道，北宋汴梁和南宋临安便是如此。明清两代，特别是明初洪武、永乐两朝及清乾隆、嘉庆年间，社会经济迅速发展，农业和手工业生产日益进步，商业更加繁荣，民间旅店业也因此更加兴旺。同时，由于明清时期中国封建社会科举制度的进一步发展，在各省城和京城出现了专门接待各地赴试学子的会馆，成为当时旅馆业的重要组成部分。

1.2.1.2 中国近代饭店

（1）西式饭店

西式饭店是19世纪初外国资本侵入中国后所建造和经营的饭店统称。这类饭店在建筑式样、设施设备、内部装饰、经营方法、服务对象等方面都与中国的传统旅店不同，是中国近代饭店业中的外来成分。

第一次鸦片战争以后，随着《南京条约》《望厦条约》等一系列不平等条约的签订，帝国主义列强纷纷侵入中国，设立租界地，划分势力范围，并在租界地和势力范围内兴办银行、邮政、铁路和各种土矿企业，从而导致了西式饭店的出现。据当时各种旅行指南所载，至1939年，在北京、上海、南京、广州、天津、沈阳、汉口、长沙等23个城市中，已有外国资本建造和经营的西式饭店近80家。与当时中国传统饭店相比，这些西式饭店规模宏大，装饰华丽，内部有客房、餐厅、酒吧、舞池、球房、电梯、理发室、会客室、小卖部等设施，客房内有电话、暖气，卫生间有冷热水。西式饭店的经理人员皆来自英、法、德等欧洲国家。例如，广州的维多利亚饭店为英国人所经营，昆明的商务饭店为法国人所经营，济南的斯坦饭店为德国人所经营，长沙的长沙饭店为葡萄牙人所经营，天津的泰来及裕中饭店为法商所经营，北京的三星饭店由西班牙人经营，宝珠饭店由德国人经营，六国饭店由瑞士人经营，等等。西式饭店除接待来华外国人外，也是当时上层社会人物、达官贵人的聚会场所。

西式饭店是帝国主义列强侵入中国的产物，完全代表帝国主义的利益，为帝国主义的政治、经济、文化侵略服务。但在另一方面，西式饭店的出现对中国近代饭店业的发展起了一定的促进作用。同时，在当时西式饭店的经营者中，有不少人接受过饭店经营的专业教育，他们把当时欧洲饭店的建筑风格、设备配置及经营管理理论和方法带到了中国。

（2）中西式饭店

西式饭店的大量出现，刺激了中国的民族资本向饭店业投资，因而从中华民国开始，各地相继兴建了一大批具有半中半西风格的新式饭店。这类饭店多以“旅馆”“饭店”“宾馆”为名，有的就称为“华洋旅馆”或“中西旅馆”。这类饭店在建筑式样、店内设备、服务项目和经营方式上都接受了西式饭店的影响。传统的中国旅店大多为庭院式或园林式设计，并且以平房建筑为多，宋代时虽已出现3层酒楼式的客店，但这类建筑在中国古代并不普遍。由中国资本开办的这类中西式饭店却多为楼房建筑，有的则是纯粹的西式建筑，有的虽不如外国租界内的洋饭店那般豪华，但同传统的中国客店比，却显得危楼高耸，格外引人注目。

20世纪30年代，中西式饭店的发展达到了鼎盛时期，在当时的各大城市中，均可见到这类饭店。其中较为著名的在北京有东长安街长安春饭店（1912年）、香厂路东方饭店（1918年）、京西翠薇山麓西山饭店（1920年）、西珠市口中国饭店（1925年）、东交民巷西口华安饭店（1926年）、西城辟才胡同状元府饭店（1936年）等；在天津有国民饭店（1923年）、惠中饭店（1926年）、世界大楼（1941年）等；在上海，这类饭店以纯粹的西式建筑为多，如东方饭店、中央饭店、大中华饭店、大上海饭店、大江南饭店、南京饭店、大沪饭店、扬子饭店、百乐门饭店、金门饭店、国际饭店，等等。

中西式饭店不仅在建筑上趋于西化，在设备设施、服务项目和经营方式上接受西式饭店的影响，而且在经营体制方面也多有仿效，实行饭店、交通、银行等行业联营。这是西式饭店对旧中国饭店业具有深远意义及影响的一个方面，并与中国传统的饭店经营方式形成鲜明的对照。从此，输入旧中国的欧美饭店业经营观念和方法逐渐中国化，成为中国近代饭店业中引人注目的成分。

（3）铁道客栈

近代交通工具的出现及资本主义商业活动的频繁，为中国传统客店的发展提供了新的机会。民国以后，随着铁路逐渐增多，铁路沿线的客栈得以日益发展。据《中华全国风俗志》载，河南郑县在铁路未通时仅有旅店11家，自京汉、汴洛铁路通车后，客栈增至数十家。至1934年，全国各铁路线见于记载的客栈和饭店大约有1057家，这足以说明传统客栈在铁路兴建后的飞速发展。在经营方面，这些客栈沿袭了民间客店的传统方法，各地客栈的客房通常都有上等、中等和下等之分，等级主要根据房间大小和设备优劣等条件而定。房钱照例单列，旅客在客栈食宿，除房费外，还得支付被褥费、茶费、水费、饭费、菜费、灯火费、取暖费等费用。

1.2.1.3 中国现代饭店

（1）中国现代饭店及其特点

我国现代饭店业的发展历史不长，但速度很快。自1978年我国开始实行对外开放政策以来，仅短短10余年时间，我国饭店无论是行业规模或设施质量，还是经营观念或管理水平都已取得了长足进展。在这一时期中，我国饭店业的发展表现出以下几个方面的特点。

投资主体多元化 我国在发展现代饭店业的过程中改变了过去饭店建设完全由国家投资的状况。为了满足不断发展的国际旅游业和大规模经济建设的需要，我国采取多种集资形式，利用国家资金、集体资金和外资等，改建、扩建和兴建了大批现代化的饭店。至2007年底，我国拥有约15 000家星级饭店。

管理理念科学化 1983年，我国第一批引进外资建造或聘请外方管理的涉外饭店相继开张营业，其中较有影响的如广州的白天鹅宾馆，深圳的西丽湖度假村，北京的建国、丽都、长城等饭店，南京的金陵饭店等。这些饭店在引进外资或引进外方管理中既积极大胆又慎重稳妥，因而一开始就能迅速走上科学管理的轨道。这对我国其他饭店来说，在硬件和软件方面都起了很好的示范作用。特别是合资和外方管理的饭店对我国饭店业乃至社会上一些陈腐的思想观念和习惯势力进行了有力的冲击，带动了我国饭店业不断迈上新的台阶。

饭店经营企业化 我国的部分旅游饭店是从以前的政府高级招待所转变而来

的。招待所的主要特征是：以政治接待为主，以完成接待任务为目标，不搞经济核算，不讲经济效果，实行传统的经验管理。1978 年，我国开始了工作重点转移，大规模的经济建设逐渐起步。党的十一届三中全会以后，我国实行改革、开放、搞活的治国方针，经济领域发生了深刻的革命，商品观念开始进入饭店。1983 年，国家旅游局向全国旅游饭店推广岗位责任制和浮动工资制后，我国饭店行业实行了第一次重大变革，开始从经验管理向科学管理、事业单位管理向企业管理的转变。1984 年，国务院批转国家旅游局《关于推广北京建国饭店经营管理方法有关事项的请示》，同意国内 50 家饭店学习建国饭店的经营管理办法。这对我国饭店业又是一次巨大的推动，使饭店在思想观念和经营管理方面又一次发生飞跃。一大批饭店因此甩脱了旧传统形成的枷锁，以新的姿态和面貌进入了国际市场。

饭店设施现代化 为适应人民生活水平不断提高的需要，满足多类别的海外旅游者的新需求，我国饭店的建筑和设施引进了先进的硬件标准，质量不断地提高。同时，饭店的设施也向着多功能方向发展，现代大型饭店附设了先进的信息传递设施，如国际直拨电话、传真、电传、闭路电视、文字处理机、卫星转播设备、计算机等；康乐设施如桑拿浴、保龄球、健身房、按摩、舞厅等；旅游服务设施如航空公司代理处、旅行服务处、外汇兑换处等；购物设施，如经营旅游纪念品、珠宝及日用品的商场等。这些饭店建筑美观，设施高级，布局合理，功能齐全，不仅能为国家增加收入，而且还美化了市容，成为当地社会环境的一项宝贵的资产。

管理方式国际化 我国饭店业在发展过程中吸取了其他行业和国外饭店管理的先进理论和经验，逐步走上了科学管理的道路。饭店开始讲究组织机构合理化，各饭店都建立了有效的组织机构，明确规定各部门、各岗位的职责和权力，以及人员数量和素质标准。在管理工作中努力提高组织效率、工作效率和会议效率，运用先进的营销、公关等技术，注意开拓市场，增加收入，严格执行成本控制，提高了管理水平，使饭店经济效益有了很大的改善。与此同时，饭店按照国际惯例，重视人员的素质培训和政治思想教育，注意树立企业精神和员工的主人翁责任感，形成了独特的企业风格风貌。

发展趋势集团化 随着形势的发展，我国饭店业出现了多种形式的联合。一方面，通过聘请管理公司等途径，我国不少饭店成为国际饭店集团的成员。同时，我国也出现了自己的饭店集团。例如，上海的锦江饭店集团，在规模上已名列世界第 149 位，其他饭店集团如华龙、友谊、金陵、北京、白天鹅、中国饭店协作集团等也相继成立。这些集团联合的形式、性质尽管不尽相同，有些尚不成熟，然而，中国的饭店业毕竟已经向着集团化迈出了第一步。

（2）中国现代的外资饭店

改革开放以来，我国开发了许多利用外资的饭店，即通常所称的“三资饭店”，其中有的是借用外资，有的是合作经营，有的是合资经营。

外资借用饭店 是指向国外的企业或个人借用资本进行建设或更新改造的饭店，借贷双方共同商定贷款的期限、利率和还贷的方法。一般来说，国外贷款者不参与饭店的管理，不承担盈亏责任，不分享利润，但有权按协议收取本息，而借方有偿还本息的义务。借用外资可以解决我国饭店建设资金不足的问题，但是需要偿还的利息比较大。运用外资和运用国家资金哪个合算，要看总投资回收率和借资利率高低而定。当总投资回收率大于借资利率时，国家投资回收率大于总投资回收率，借用的外资比例越大对国家越合算。反之，如果总投资回收率小于借资利率，则借用外资比例越大对国家就越不利。可见，只有我们对饭店未来的经营纯利有把握，确信投资回收率能超过借资利率时，才能大量借用外资，否则将在经济上吃亏。我国许多饭店如中国大饭店等，引用外资都获得了良好的经济效益。

合作经营饭店 是指通过各种非股权式合营的饭店。合作经营双方提供的资金、物资和服务不作为股本投入企业，盈利按合同规定分配，风险按合同规定由单方或由双方不同程度地分担。合作双方的权利、责任、义务和还本付息方式在协议中明确规定。合作经营可分为合作建造饭店、合作经营管理饭店、合作技术投资等，通常每一项合作都需要进行单独的谈判并订立一项合同。从合作目的来看，多是为转让经营技术、筹措资金、开拓国际市场等而进行的。尽管合作经营和合资经营在利用外资的目的和作用上有共同之处，但在红利分别的方式和风险的承担等方面，两者有一定的区别。

中外合资经营饭店 是指股权式合营的饭店。中外合资饭店必须要有1个或1个以上的外国企业与国内企业联合组成一个具有独立法律地位的有限责任公司。合资各方共同投资、共同经营、共担风险、共负盈亏。

中外合资饭店的资本由注册资本和借入资本2部分构成，两者合称为投资总额。注册资本是企业经过注册登记的资本，即各方出资的总和，它是企业对外债务所负责任的限度。有限公司的注册资本一般以股份形式表示，即将资本总数分为若干单位以金额表示。投资人占有的股份表示其对饭店企业所拥有的股权。合资饭店的利润根据股份的份额分配。根据我国的合资法规定，合资饭店各方可以现金、实物、工业产权以及场地使用权进行投资。现金是注册资本的重要组成部分，实物包括饭店建筑物、设备、设施等；工业产权是一种无形的知识资产，包括专利、经营管理和各种专有技术以及商标的使用权；合资饭店经营期间所需要的场地使用权可作为我国合营者的投资资本。如果场地使用权未作为中方合营者投资的一部分，那么合资企业应向当地政府缴纳场地使用费。借入资本可解决资金短缺和限制风险，如果东道国发生政治和经济上的变化，外国合营者只损失其投入的资本。同时，借款往往可以提高投资者的投资回收率，当然这要以借款利率低于预计的总投资回收率为前提。对于中外合资经营饭店，我国政府提供了一系列优惠条件：一是减免所得税。新建饭店合营期若在10年以上，经企业申请，税务机关批准，可从开始获利的年度起，第一、二年免征所得税，第三年减半征收所得税。二是外国合营者的资金和利润、外籍和港澳职工的工资和其他正当收益可自由汇出国外。三是合资企业享有充分的经营自主权。合资饭店的经营管理一般由投资各方共同负责，但投资者中若一方或几方缺乏管理经验或不愿承担管理，可通过签订管理合同委托对方或另外聘用管理公司进行管理。

1.2.2 西方饭店的产生与发展

1.2.2.1 客栈时期（19世纪以前）

货币的出现，促进了商业的发展和商业活动的开展，增加了对食宿设施的需求。从埃及古墓的图画中，我们可以看到将游客安顿在现代称之为饭店、宾馆的客栈里的情景。曾以“以眼还眼，以牙还牙”格言而闻名于世的古巴比伦国王汉穆拉比（Hammurabi）对当时巴比伦的客栈的质量和管理十分关注，他甚至为这些客栈制定了详细的规定，其中包括禁止饮料掺假。在庞贝的出土文物中，我们发现了几千年前的客栈遗迹，并由此得知，古希腊的客栈往往是由奴隶或战俘经营和劳作的。

古代经商者一般都组成商队，他们沿途住在东方国家的商队客栈里。这些客栈还必须为旅客提供可容纳数达几百头牲畜的厩栏。在古罗马，沿路都有驿站以供皇帝使者往来住宿。

中世纪初，贸易很不发达，人们聚居在相对隔绝的村镇，因而很少有人旅行。如果要旅行，人们或在野外露营，或寄宿于贵族城堡；而宗教团体也常以低廉价格向旅行者提供膳宿服务。中世纪后期，随着商业的发展，旅行和贸易兴起，对客栈的需求量日益增加。宗教战争更推动了旅行和膳宿服务业的发展。普通平民及新兴中产阶级都可以到客栈寄宿，不必再到贵族阶层的城堡投宿了。

在中世纪，英国已出现很大规模的旅行活动。英国大诗人杰弗里·乔叟（Geoffery Chaucer，1340—1440 年）写于 14 世纪的名著《坎特伯雷故事集》，便是以英国早期巡回商人在旅途中借以消遣的各种故事为素材，生动而准确地描述了旅行和客栈的真实情况。由于当时可供四轮马车行走的驿道不多，农村和城镇相距又远，森林和田野经常有盗匪出没，旅行者往往成群结队地行动。晚间，他们除了需要食物和歇脚场所外，真正需要的是保护。因此，沿途有的住户就向旅行者敞开了家门，这就导致了饭店客栈业的发展。

然而，当时的客栈并非人们所向往的场所。旅行者往往在价格上受到诈骗；有的老板很狡猾，把不喜欢的旅客赶走；有的与盗匪勾结，劫掠旅客的财物。莎士比亚曾用“我在客栈里住得很舒服”来赞美英国文艺复兴时期的客栈，但又不无遗憾地说，“只是我的钱袋却被扒得分文不剩”。

随着公共马车的出现，人们可以发现每隔 16～24km 的车站旁就有客栈。住宿处往往还提供膳食和啤酒，诸如切片熟肉、盆菜及其他食物。最早的客栈无非是一幢大房子，内有几间房间，每个房间摆了一些床，旅客们往往挤在一起睡。当然，对受尊敬的旅客一般都会给予优待，让他们在最不拥挤的地方安睡。

美国的客栈大约在 1750 年以后开始有所改善。客栈内增加一些吸引人的设施，如啤酒柜、保龄球草坪等。有些英国客栈当然也迁到了美国的侨居地。1656 年，马萨诸塞地区制定了一条法律，规定每个社区必须有一家客栈，否则便要罚款。创办哈佛大学的塞缪尔·科尔（Samuel Cule），也是早期的客栈（或称为旅店）老板之一。

1.2.2.2 大饭店时期（19 世纪初～20 世纪初）

大饭店时期又称为豪华饭店时期。19 世纪初，第一座豪华型饭店——德国的巴登别墅诞生。随后巴黎大饭店、罗浮宫大饭店、恺撒大饭店、萨伏依大饭店等豪华型饭店如雨后春笋般纷纷涌现。

一座真正值得纪念的饭店，是 1829 年在波士顿落成的特里蒙特饭店（Tremont）。它被称为第一座现代化饭店，为整个新兴的饭店行业确立了明确的标准。这座饭店设有 170 套客房，其规模在当时来说可谓洋洋大观。据说它也是第一座建有前厅的饭店，宾客不再在酒吧柜台上登记入住。楼下还悬挂煤气灯，餐厅设有 200 座位，供应法式菜肴，服务人员训练有素。饭店不仅有单间客房，而且房门可以加锁。为了不使旅客忘记归还钥匙，每把钥匙都带着一个长形的铁片。客房里备有脸盆、水杯、肥皂和自来水，旅客再也不必上饭店后院从水泵里接水洗澡。特里蒙特饭店就是以此闻名。总之，特里蒙特饭店是饭店历史的里程碑，它推动了美国各地相类似饭店的蓬勃发展，其中也包括1832年，在纽约建成的著名的阿斯特饭店（Astor House）。

在大饭店时期的后期，出现了一些更加豪华的饭店，这些饭店崇尚豪华、阔气，供应最精美的食物，布置最高档的家具摆设。而瑞士人恺撒·里兹（Caeser Ritz，1850—1919年）开办的饭店，可以说是当时豪华饭店的代表。Ritzy一词也由此而来，意即极其时髦，非常豪华，讲究排场。里兹的饭店，不仅聘用了一代名厨埃斯考菲尔（G. A. Escoffier，1846—1935年），使得饭店的菜肴精美绝伦、无可比拟，而且还别出心裁地以主顾或以他们女友的名字来命名各种菜点。例如，"美女梅尔巴"（Peach Melba）就是以女性名字梅尔巴命名的一道用桃片配以香草冰激凌与蔗糖浆和奶油制成的冷饮甜品。更为重要的是恺撒·里兹最早提出了"客人永远是对的"的经营格言。

1.2.2.3 商业饭店时期（20世纪初~20世纪中叶）

20世纪开始不久，出现了当时世界上最大的饭店业主，他就是埃尔斯沃思·弥尔顿·斯塔特勒（Ellsworth M. Statler，1863—1928年）。斯塔特勒饭店是专为旅游者设计的，其特点是每套客房都有浴室，这在当时是闻所未闻的。他按统一标准来管理他的饭店，因此，不论你到波士顿、克利夫兰，还是纽约、布法罗，只要住进斯塔特勒的饭店，就保证可享受到标准的服务。他的饭店里还设有通宵洗衣、自动冰水供应、消毒马桶坐圈、送报上门等服务项目。斯塔特勒十分注重企业的管理，制定了控制成本的记账办法；他还协助成立了美国饭店协会。

20世纪20年代，饭店业得到了迅速发展。仅在纽约，就有许多饭店兴建起来。小城市的饭店创办人则呼吁，如果没有现代饭店设施，将有损于这个城市的声誉。尔后便采取向居民兜售债券的办法，集资兴建饭店。这样一来，就有力地促进了饭店业的大发展。20世纪20年代，美国饭店的客房平均出租率达86%左右。

到20世纪30年代，经济大萧条，旅游人数大减，饭店业陷入困境。20年代兴旺时期开业的饭店，几乎全部倒闭。许多饭店老板为了竞争，竞相压价，企图挽回败局，但生意仍然一蹶不振。1933年，客房出租率下降到51%，而盈亏平衡点的出租率应是65%。在整个大萧条时期，美国80%的饭店都发生了资金上的危机。

1.2.2.4 现代饭店时期（20世纪50年代至今）

第二次世界大战后，一度处于困境的饭店业又开始复苏。客房出租率有时高达94%，而少数饭店竟达100%。由于客流拥挤，预订房间必须提前几星期办理。像纽约这类城市，甚至还限定旅客在一个饭店住宿不得超过3天。

此时，2家主要饭店集团公司——希尔顿（Hilton Hotel Corp.）和谢拉顿（Sheraton Corp.）饭店集团公司开始发展，预示着国际性饭店系统的形成和现代饭店时期的到来。20世纪60年代，希尔顿饭店集团已经在全世界20余个国家经营着数十家饭店。随后，韦斯汀饭店集团（Westin hotels）、凯悦饭店集团（Hyatt International）、假日饭店集团（Holiday Inns Corp.）纷纷走向海外，发展成为拥有数十家、数百家、甚至数千家饭店的著名的国际饭店集团公司。

表1-1简述了西方饭店各个发展情况和特点。

表 1－1 西方饭店业发展阶段表

发展阶段	客源市场	交通方式	建设地点	主要特点
客栈时期（19世纪以前）	外交官吏 传教士 信徒 信使 商人	步行 骑马 驿车	车马道边 驿站附近 古道边	设备简陋，仅提供基本食宿；服务项目少，质量差；声誉差，被认为是低级行业；不安全，常有抢劫发生
大饭店时期（19世纪初～20世纪初）	贵族度假者 公务旅行者 上层阶级	火车 轮船	铁路沿线 海港附近	规模较大；设施较豪华；服务较规范；具有一定的接待礼仪
商业饭店时期（20世纪初～20世纪中叶）	公务旅行者 商人	汽车 飞机 火车	城市中心 交通要道	设施方便、清洁、舒适、安全；服务健全而简单；价格合理；确立以顾客为中心的理念
现代饭店时期（20世纪50年代至今）	大众旅游市场	飞机 汽车 火车	城市中心 交通要道 旅游胜地	规模扩大化，成集团化发展趋势；类型多样化，开发了各种类型的食宿设施；服务综合化，能提供住宿、膳食、康乐、商务、购物、通讯、旅游等各种服务

1.2.3 中外饭店业发展趋势

近几十年来，饭店业发展可谓一日千里、日新月异。无论是饭店的集团化发展、国际化经营，还是饭店的人本管理、个性化服务以及现代科技成果在饭店中的广泛应用，无不显现出当代饭店的个性与特色。这些内容将在本书第 3 章等有关章节专门论述，兹不赘述。

1.3 现代饭店的结构与产品特点

1.3.1 现代饭店的结构

现代饭店的结构内涵丰富，既包括建筑结构、饭店的编号等外在结构，也包括组织结构、人员结构、产品结构、客源结构、投资结构等内在的结构。不同的时代、不同的国度，上述各种结构差异很大。考虑到避免与本书后续章节内容的重复，本章内容着重阐述现代饭店的建筑结构和组织结构。

1.3.1.1 现代饭店的建筑结构

（1）一般饭店

规模较大 现代饭店的占地面积和建筑面积较以前的客栈、旅店要大得多。它们占地面积少则几百平方米，多则几千上万平方米甚至更大，它们的客房少则几十间，多则几千间。如拉斯维加斯的超大、超豪华型饭店米高梅饭店拥有客房 5200 余间，建筑面积 20 余万 m^2。

普遍设有套房 较大面积的套房是现代高级饭店的标志之一。较豪华的饭店套房往往包括卧室、起居室、厨房、餐厅、桑拿浴室或游泳池，有的甚至还配备了图书室。超豪华的饭店往往是 2 层楼的套房，在适当的气候环境下，套房还配有壁炉。整个套房仿佛是一座小别墅，可谓应有尽有，真有宾至如归之感。如美国的卡仙奴饭店和尼德兰广场饭店就是如此。

编号有章可循 由于现代饭店规模往往很大，只好采用给楼栋、楼层和客房编号的办法解决。这样客人通过房号就能找到自己的房间；饭店服务人员通过房号就能识别客人。

楼层编号 楼层是从下往上依次编号的，世界绝大多数地区将饭店的底层定为第一层。但是由于对数字13的忌讳，大多数西方饭店没有13层。东方人忌讳4，很多饭店看不到4甚至4和其他数字组成的楼层，如14、24、34、44、54等楼层。

美国人将第一层有客房的楼层编为第一层，而不管它和地面相隔几层。夹层楼面、上层楼面和购物楼层的分布没有标准的顺序。这种状况增加了许多不用数字表示的电梯按钮。如M代表夹层楼面，MM代表第二层夹层楼面，LM代表低夹层楼面，SB代表下层地下室，S2代表第二层地下室。

客房编号 客房编号比楼层编号的任意性要大得多。每个饭店都有自己独特的设计，这个设计决定从什么地方开始编号以及采取何种顺序。一般而言，客房的编号始于电梯间，并沿走廊由小到大依次编号。走廊两边的房号通常分别为奇数和偶数。这样，从电梯开始，走廊（两侧）一边的房号依次为101、103、105；另一边则为102、104、106。

（2）汽车旅馆

汽车旅馆（motel）是公路旅店乃至更早的客栈的产物。一般而言，这种旅馆的建筑成本并不昂贵。由于地价较低，汽车旅馆几乎都是低层建筑：1层或2层，很少有3层的。因此，他们的轮廓呈长方形或一长条房子状。汽车旅馆的建设目的是为了方便人们户外停车，难免对其设计有所限制。

将汽车旅馆建成L或U形，会使其外观看起来更加漂亮。现在正在努力设计一种更具魅力的外观，但是着重强调色彩、装饰面料和停车门廊的入口处，而不是改变其基本的长方形外形。

【知识窗】

汽车饭店在美国的兴起

所谓汽车饭店，是指为汽车游客提供停车和食宿等服务项目的饭店，是随着汽车工业的发展而发展的。最初的汽车饭店十分简陋，仅仅是在田野里搭几个帐篷让人过夜，后来才有人造了些简单的小屋，但内徒四壁，仅有一张大铁床，旅客投宿须自备铺盖。1925年，在加利福尼亚州的圣路易斯·奥比斯波地区，出现了一家叫“迈尔斯顿”的饭店，据说就是这家饭店最早正式使用了“汽车饭店”（Motel）这个名称。4年之后，迈尔斯顿汽车饭店倒闭了，但更多的汽车饭店却在全国各地涌现。1940年，第一个汽车饭店的正规集团成立，称为“高级汽车饭店”集团（Quality Courts）。它所属的各地饭店产权独立，但都必须遵循一定的服务规范和管理标准。这些汽车饭店受到广大顾客的欢迎，而它们推行统一服务规范和管理标准的行动，或许是受了斯塔特勒管理方法影响的结果。

1952年，凯蒙斯·威尔逊（Kemmons Wilson）在孟菲斯建造了自己的汽车饭店，称为假日饭店（Holiday Inns）。威尔逊的假日饭店与一般的汽车饭店大不相同，不仅客房宽敞，布置2张双人床，并设有餐厅和其他设施，为家庭旅游提供了方便，而且把规模扩大到100套客房，远远胜过一般的汽车饭店。至1979年，世界各地的假日饭店已发展到2500家. 总营业额高达31亿美元。

20世纪50年代中期，两大因素促使了汽车饭店的发展。一是允许新建饭店实行快速折旧，折旧额作为成本扣除，从而降低了应纳税的利润比例，使店主大为有利可图；二是州际公路、国际公路交通的发展。因而，到1960年左右，各地出现了一批大型汽车饭店，其奢华程度大大超过原先的同类饭店。饭店内装饰得鲜艳夺目，以此招徕顾客。花砖浴室、地毯、空调、游泳池等皆为每家饭店必备的标准设施。20 世纪 60 年代中期，汽车饭店联营和特许经营得到发展，一家饭店生意好坏，在很大程度上就靠联营网络中各饭店间的互荐游客。

此后，原先在公路边栖身的汽车饭店开始向城市发展，建筑物也越造越高。这时，汽车饭店与普通旅馆已变得很难区分了。

当今世界，饭店业已是第七大行业。20 世纪 60 年代初，人们认为一般饭店与汽车饭店是 2 种不同类型的设施，而如今它们已各取所长，渐渐趋于一致。其实，汽车饭店应该保持自己的特色，如简洁明快的装饰和设备，低廉的价格和经济实惠的服务，等等。可惜这些特色正慢慢消失。

1.3.1.2 现代饭店的组织结构

所谓饭店的组织结构，是指饭店以组织学的基本原理为指针，依据分工协作和领导隶属关系，设置的各种内部管理机构。饭店的组织结构，反映了饭店内各部门、各环节、各层次的地位及其相互关系的总体联系。

（1）饭店组织机构设置的重要性

饭店正常运行的需要 没有合理的组织机构，无法发挥组织效应，也形不成合力，换言之，只有设置合理的组织机构，饭店才能正常运行，才能确保饭店既定目标和任务的实现与完成。

饭店科学管理的需要 有了科学的组织结构，才有科学的管理。管理的组织职能表现在管理机构上就是一种组织形式。因此，组织机构设置则一定要有利于科学化管理的实施。由此可见，饭店组织机构设置，对管理效率的发挥，影响甚大，它既是组织机构设置的标的，也是机构设置时必须郑重考虑的重要因素。

饭店效率提高的需要 健全的组织机构，可优化劳动组合。有了合理而健全的组织机构，方可定员、定岗并明确岗位职责，才能协调全体员工的行动，充分发挥饭店人力资源的作用。

（2）饭店组织机构设置的原则

按需设置的原则 根据饭店经营运作的具体情况而设立饭店组织机构，既是常识性问题，也是一项重要的原则。饭店的组织机构设置，要适合饭店接待任务和经营业务的特点，要因事设机构，按需设机构，因事设职、设岗而不是因人设事、因人设职。例如，低星级的经济型饭店，主要解决宾客膳宿之类基本需要，却不需设宴会厅和健身房等，当然也就不需要设立相应的机构和岗位；然而，豪华型的四星、五星级饭店则不然，上述这些设施和服务是必需的，因此就需要设置相应的机构和岗位。有的还要专门设立康乐部。

责、权、利一致的原则 因事设岗，岗有其责，为了使在岗的每一个人都能尽其职责，不仅需要逐级授权，权责分明，而且要将其完成职责的情况，与个人的经济利益挂钩。组织机构的过简或过繁，最终都不符合此项原则。

统一性原则 饭店是一个有机的整体，设置任何一个机构，都要考虑它的整体效应如何，是否有利于全体员工的协调一致、统一步伐。这种统一性亦可从纵向与横向 2 个角度加以考察。纵向的统一性，即饭店的组织机构，要保证 4 级垂直管理体制的政令畅通，一以贯之，而不是各行其是，政出多门。所谓横向的统一性，要求饭店组织机构有利于饭店内部各级管理人员以至基层服务员，为了完成饭店统一的目标和任务，而通力合作，保持横向的一致性。

精简性原则 精简的核心在于精。机构要紧凑，人员要精干。任何机构庞杂、臃肿、重叠，人浮于事，都是与精简性原则相悖的。当然，“精”又要与“干”相连，即机构要与饭店经营的规模和任务相适应，要确保机构的正常运转和任务的完成，并非越简越好。

高效性原则 效率反映了饭店组织机构运行的能力和程度，它是一个体现经济效益和社会效益的综合性原则。精简、统一、按需设置、责权利一致等原则实施的最终目的，都是为了提高员工和企业的工作效率。

(3) 饭店组织结构的层次

一般来讲，饭店组织结构可以分为4个大的层次，构成一个金字塔形的结构，具体分工如图1-1所示。

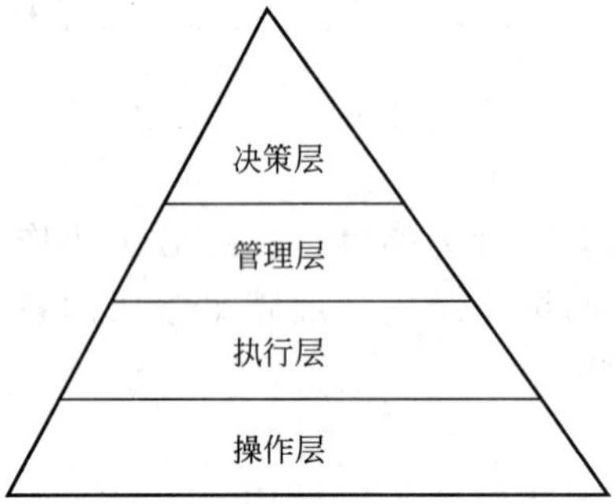

图1-1 饭店组织结构层次图

决策层 由总经理、副总经理、总经理助理及饭店顾问等组成，职责是对饭店的重大经营管理活动进行宏观决策和总体部署。

管理层 由部门经理、副经理、厨师长等中层管理人员组成，职责是按照决策层做出的决策和总体部署，具体安排本部门的日常工作。他们起承上启下的作用，是完成饭店经营目标的直接责任承担者。

执行层 由主管、管理员、领班、班长等基层管理人员组成，其职责是执行部门下达的经营计划，指导操作层的员工完成具体工作。他们直接参与饭店服务工作和日常工作的检查、监督，保证饭店经营管理活动的正常进行。

操作层 由服务人员和职能部门的一般工作人员组成，他们的职责是直接完成各项具体工作。

(4) 饭店组织结构的形式

直线-职能制 我国饭店目前普遍采用的组织结构形式是“直线-职能制”（见图1-2）。

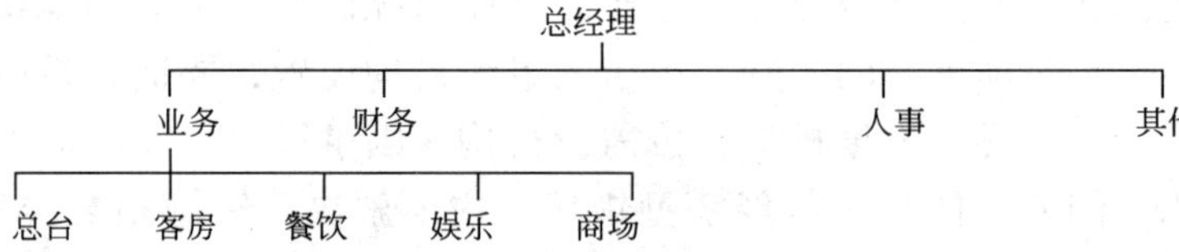

图1-2 饭店组织结构“直线-职能制”形式图

直线-职能制，也叫“生产区域管理制”，在饭店中则把它称为“业务区域制”。这种组织结构形式将饭店的各部门分为两大类。一类叫直线业务部门，是直接为饭店创造利润的部门；一类是职能参谋部门，是为业务部门提供建议、服务，并给予协助或监督的部门。在上图中，上下层之间的直线连接，则有直接的管理关系；否则，就没有直接的管理关系。在这种结构形式中，下级只接受直接上级的指令，这正符合了组织管理中的统一指挥原则。

直线-职能制的优点很明显：一是能够将饭店内功能相同的工作都集中起来，组成部，使每个部门的专业性大大加强，这有利于提高工作效率，也有利于提高工作效率和产品的质量；二是可以减少重复的人员和设备，提高人力资源和实物资源的利用率。

这种形式的弊端也很突出：一是部门之间横向联系极其复杂，容易形成权力分割，影响工作效率；二是决策层的管理幅度大，琐事太多，不利于集中精力研究经营管理中的重大问题；三是由于权力过于集中，中下层管理和服务人员难以发挥主观能动性，对瞬息万变的市场很难主动回应，灵活性较差。

产品划分制 这种形式是把与某一相同产品的各项工作置于同一部门，并以此来配备人员（如图1-3所示）。

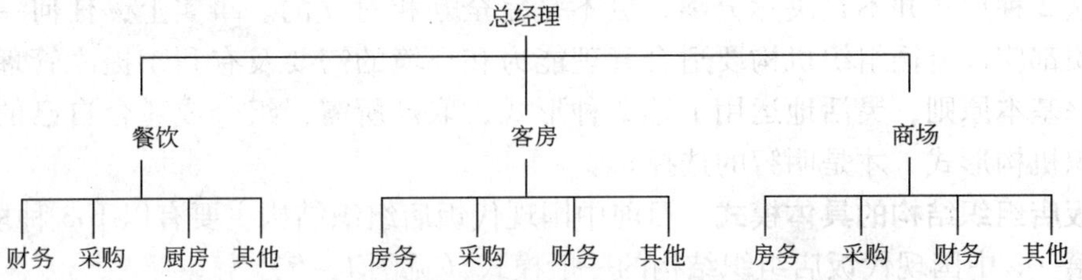

图1-3 饭店组织结构“产品划分制”形式图

这种组织结构形式的优点很明显：一是有利于各部门根据各自的产品特点制定适应本部门的经营策略；二是每个部门中包括了各种职能工作，内部协调比较容易，例如，各部门财务可以根据本部门产品的特点进行成本控制、经济核算；三是每个部门都是相对独立的经济核算部门，这有利于饭店整体目标的分解执行，也便于通过各部门的经济效益来考核其经营工作的好坏。

这种组织结构形式的不足也很突出：一是人员与设备重复且分散，浪费了人力物力资源；二是部门经理既管业务，又兼职能管理，必须具备较全面的工作能力，选聘这样的管理人员困难很大。

混合制 这种形式是我国目前中小型饭店普遍采用的一种组织形式，也是操作起来比较简单、比较适用的一种形式。这种组织结构形式是将产品分部组织形式与职能分部组织形式结合在一起而组成（见图1-4）。

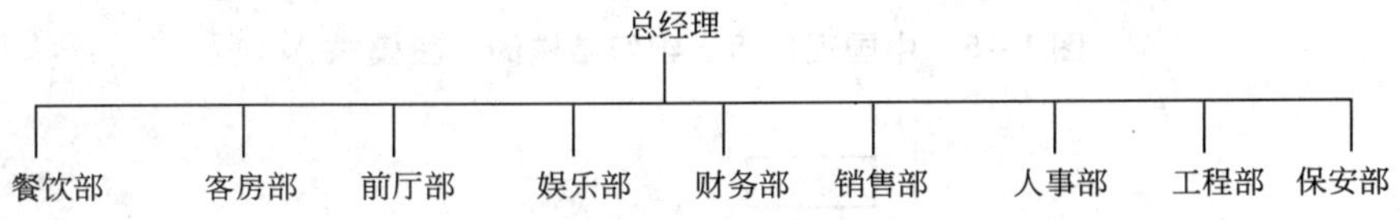

图1-4 饭店组织结构“混合制”形式图

这种形式不适合大型饭店的需要。总经理的管理难度较大。

集团管理制 无论国际还是国内，饭店业的集团化管理趋势日益强化。饭店集团的组织结构一般有2类。一类是权力集中型，另一类是权力分散型。

权力集中型 是指一切决策包括目标和行动方案都由饭店集团公司总部决定的饭店组织。例如，锦江联营公司，曾一度实行这种组织形式：下属饭店每录用一个员工，必须通过锦江联营公司人事部决定；下属饭店要出售些破旧家具，也得请求锦江联营公司物品处理部决定。实行集中决策的组织机构，必须具备3个条件：① 上层管理者能力很强，很全面；② 集团与所属饭店之间的信息沟通非常便利；③ 集团所属公司集中在一个环境相似的区域，其语言、法律制度等都较一致。否则，这种组织机构将给管理带来不便，甚至障碍。这种组织形式的优点是集团公司总部的决策易于被一致地执行，管理费用较低，下属各饭店可实现集体采购，互相介绍预订客源，合作做广告，减少资源浪费，避免同一集团所属饭店之间的竞争和拼杀。缺点是：下属饭店不能对迅速变化的情况做出反应和调整，决策依赖上层，甚至常常使管理处于无效的状态之中。

权力分散型　是指把决策的责权完全授予下属饭店的总经理，公司总部只对下属饭店提供建议和帮助，而不是实行命令式的直接管理的饭店组织。这种组织机构适合于那种下属饭店分散于世界各地的饭店集团。它迫使各饭店管理者自己做出决策并锻炼出独立的管理能力，使各个饭店必须建立起一支强有力的管理队伍，并且具有对外界变化的快捷反应和应变能力。其缺点是：容易导致机构重置，人员和资源较浪费。

这2种形式并不是决然分离，更不是完全互相对立的。事实上，任何一个饭店集团都应该遵循组织机构要适合管理能力和环境的需要及有利于提高管理效率的这一基本原则，灵活地运用上述2种形式，取己所需，组合成适合自己的具体的组织机构形式，才是明智的选择。

饭店组织结构的具体模式　目前中国现代饭店组织结构主要有以下3种模式。

第一，中国现代饭店组织结构的一般模式（见图1-5）。

第二，中国外资、合资饭店组织结构的一般模式（见图1-6）。

第三，跨国饭店组织的结构模式（见图1-7）。

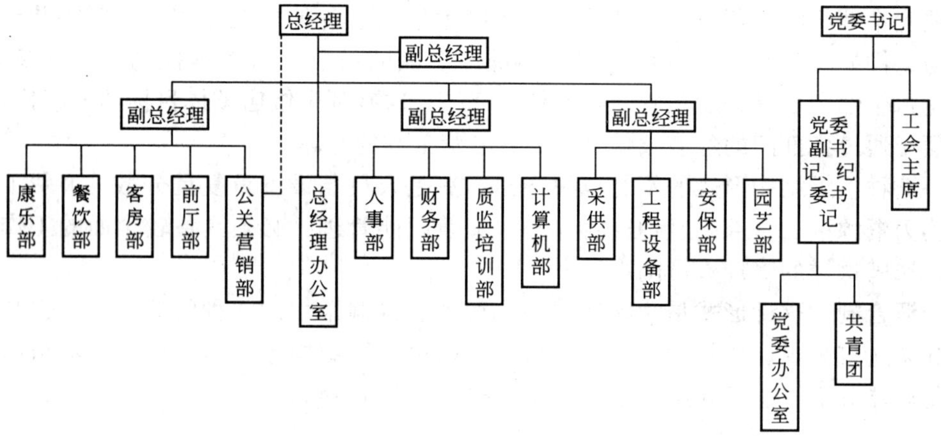

图1-5　中国现代饭店组织结构的一般模式

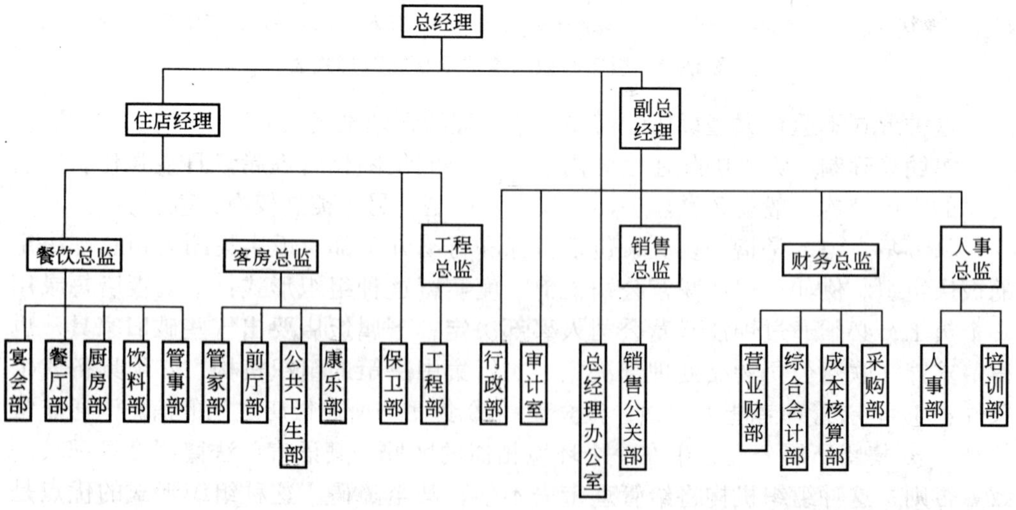

图1-6　中国外资、合资饭店组织结构的一般模式——上海虹桥宾馆组织结构图

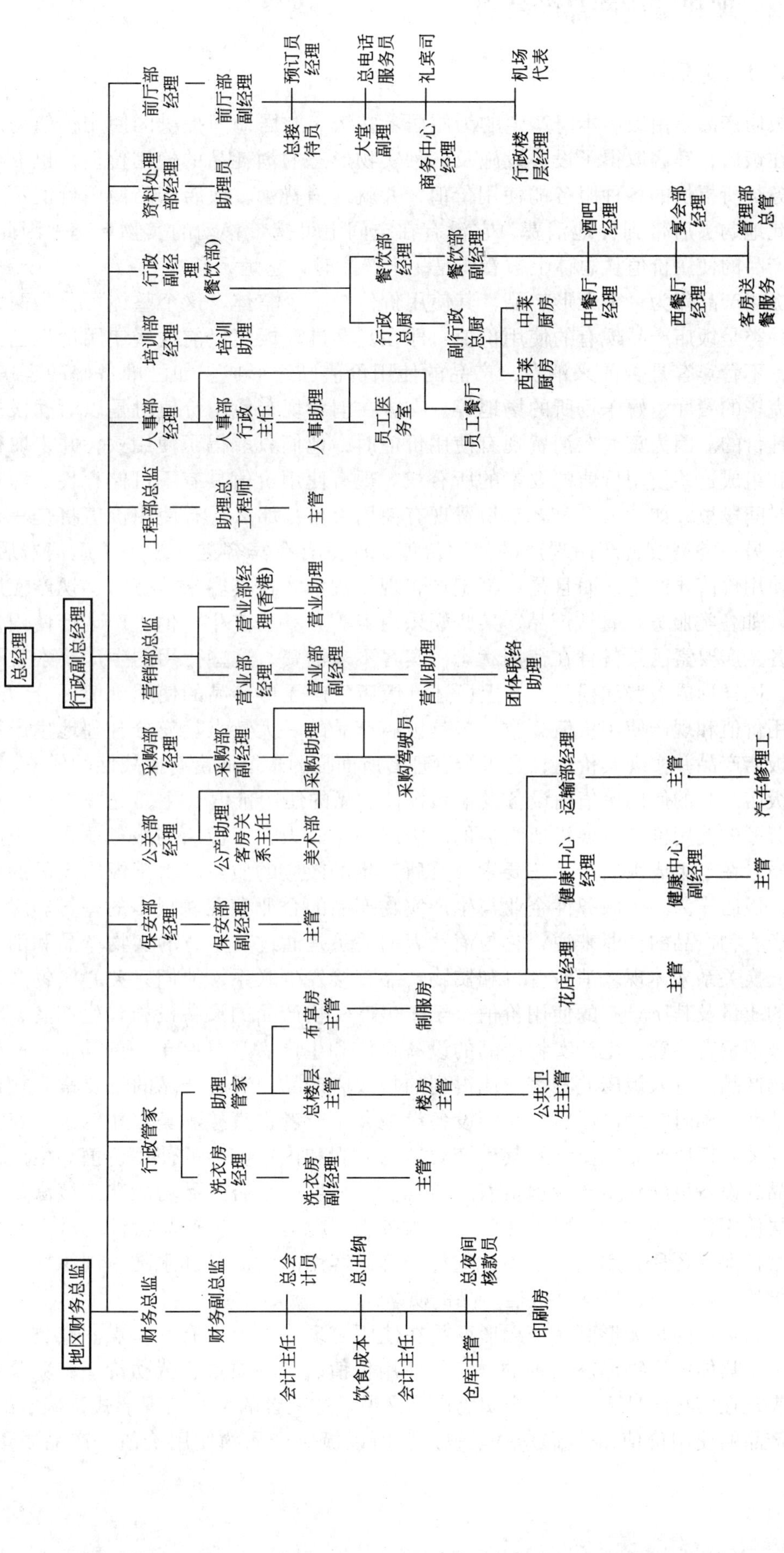

图 1-7 跨国饭店组织的结构模式——希尔顿饭店组织结构图

1.3.2 现代饭店产品的特点

1.3.2.1 无形性

饭店产品是由饭店本身产生的为旅居者在饭店旅居期间提供的使用价值的总和。在饭店，宾客取得了设备设施及各种实物形态的消耗品的使用价值，也取得了服务员所提供的各种服务的使用价值，并就地消费了。饭店产品使用价值不可能在此地购买后带到异地消费，它没有在空间上可携带移动的实物形态。因此，饭店产品的使用价值从总体上被看作是一个产品时，它是无形的。

饭店产品作为一个无形产品，其使用价值是一个整体。这个整体可分为两大类：一类是饭店产品现有的使用价值，即在宾客进入饭店以前这些使用价值已具备了，不管宾客是否前来消费，产品的使用价值已经形成。如已准备好的客房、准备完毕的餐厅、娱乐场所的场地等。宾客在消费现有使用价值时是以时间段来进行计价的。因为宾客在消费现有使用价值时，他们只取得了使用权，并未取得生产和组成这些使用价值的要素的所有权。现有使用价值具有不可储存性，即在计价时间段里，如果没有宾客来消费现有使用价值，那么现有使用价值将是一种损失。另一类是饭店产品现产的使用价值，即只有在宾客进入饭店实施消费后，这些使用价值才产生，而且是以消定产，现产现消。在宾客未消费时，现产使用价值（如各类服务、餐饮产品、某些娱乐内容等）并未产生，但生产现产使用价值的各生产要素已具备且在待用状态。宾客不来消费，这些待用的生产要素就被闲置，同样形成浪费和损失。综上所述，饭店生产无形产品的使用价值可分为现有使用价值和现产使用价值2类。这是饭店产品的一大特点。充分合理地生产和使用饭店产品并实现其价值，是每个管理者所面临的永恒而富有挑战性的任务。

饭店产品的使用价值由设备设施和各种物品的使用价值（主要是餐饮产品）、服务劳务的使用价值三要素所组成的。饭店的生命力在于饭店的服务质量，饭店服务质量在于组成饭店产品三要素及其所产生的效应的质量。由于饭店产品的特殊性，饭店作为一个服务性企业与生产实物产品的企业存在着根本的差异。对一般生产实物产品的企业来说，它与消费者的关系是通过其生产的实物产品和消费者的交换关系来体现。消费者只和实物产品直接发生联系，他们只关心实物产品本身的质量及其所具有的使用价值。至于生产实物产品的设备设施和生产者，几乎不被消费者注意。生产实物产品的设备设施和生产者只具有单一的功能——生产实物产品。进入饭店的宾客，他得到的是饭店产品，饭店产品的三要素直接供宾客消费。同时，生产饭店产品的设备设施和生产者也直接和宾客相联系。宾客自然要关心饭店产品三要素及其生产要素的外观和内在实际的使用价值。生产饭店产品的设备设施和生产者担负着双重功能——生产饭店产品功能和直接满足宾客旅居使用价值的功能。饭店在管理和服务中，应运用饭店产品特性的观念来选择和维护保养各种客用设备设施，选择和确定客用品的质量和水准，训练和造就服务员的行业素质，以保证饭店产品的质量。

饭店提供的是无形商品，无形商品在使用表现形式上也有其特点。实物产品是以一个具体的实物形态出现的，它的使用价值、产品质量、劳动价值都凝聚和集中表现在实物产品上。对一个实物产品来说，这三者的量和表现形式是确定的。饭店产品的使用价值由产品三要素组成，所以饭店产品的使用价值、产品质量、劳动价值无法凝聚和集中表现，而是分散在三要素的各个方面表现。由于饭店产品三要素中，劳动服务占的比重很大，饭店产品又要根据宾客的个体需求而随机应变以调和众口，因此，饭店产品的使用价值、产品质量、劳动价值的量在基本确定的情况下还有很大的随机性。特别在劳务服务中，所表现的随机性就更大。饭店应根据产品的这一特点，进行具有本身特点的产品质量管理、业务管理和劳动管理。饭店的管理就是一种较实物产品生产更为复杂、更富有艺术性的管理。

1.3.2.2 综合性

饭店是为宾客的旅居生活服务的，宾客在饭店的旅居需求是多方面的。饭店应根据宾客旅居的各方面需求设置多种功能的产品。宾客的多种旅居需求在内容和性质上是不同的。饭店因其不同而设置并提供不同内容和服务的部门及场所。饭店是一个由多个部门组成的多功能综合性的企业。饭店的每个部门都具有独特的功能，各业务部门都能直接和间接地满足宾客旅居生活中某一方面的需求。随着宾客的需求向多元化深层次发展，饭店的功能发展越来越多，分工越来越细，饭店的综合性也表现得更充分，业务间的协调也显得更重要。一位宾客旅居生活的圆满结束是由各部门提供的使用价值共同实现的。宾客旅居生活随时间的推移，必然会和各业务部门发生联系。各业务部门都围绕着宾客的活动在运转。各部门分散独立的业务由宾客这条主线而联系成一个整体。

由于饭店产品的综合性，饭店要在同一时间的不同空间内满足宾客的多种需要，于是就带来饭店在2个方面业务的综合协调性。其一，饭店为了宾客的多种需求，对饭店做多种空间的设置布局。饭店的空间布局既要满足宾客和市场的需要，又要产生良好的经济效益。饭店的各种功能空间在布局上有一定的比例关系。饭店空间布局的比例关系不像工厂的功能空间布局那样是根据生产需要而固定的。饭店各功能空间的布局有一定的比例，但比例的量值比较灵活，它要根据市场和环境的情况而确定，根据市场及环境的变化而变化。无论是确定或变化都围绕一个宗旨——综合效益，在饭店的空间设置布局上有极强的综合协调性。其二，宾客在饭店的不同空间不同场所得到不同的旅居服务。不同空间和场所提供的使用价值是各不相同的，但它都要求有相同的规格、标准、质量水准，有相称的文化氛围和感染力，且要求相关业务间有较紧凑的衔接，使宾客感受到不管空间和内容如何变化，一切都是那样的自然和谐。在这自然和谐的背后是饭店对业务的合理调度，对业务的综合协调。

饭店产品的多功能和综合性使饭店成为一个系统。系统观念要求子系统必须服从总系统的利益。饭店各个部门提供服务实现的价值总和形成饭店产品价值。饭店讲究效益，自然也关心饭店产品价值。饭店对效益的追求应建立在对业务的综合协调上。特别是在饭店市场变化多端的情况下，饭店更是要在对业务的综合协调后，以业务的最佳结构形式达到理想效益的目标。

1.3.2.3 文化性

现代旅行者的旅行动机有许多种类，有一个旅行动机也许是旅行者所共有的，那就是探求异地文化。不管旅行者是否意识到，他们的行为都证实了这一点。饭店作为旅居者在旅行时的居留点，旅居者自然也希望在这里感受到一种异地文化，满足自己的心理需求。

现代生活是一种讲究生活质量的生活。由于生产力水平的发展，精神文明程度的提高，精神生活的丰富，人们对生活的追求是享乐性、多彩性的。不但在物质生活上如此，在精神生活上同样如此。旅居者到饭店来，不仅是为了有住有吃，他们要追求有精神满足的物质生活，有多彩文化的环境氛围，有宾至如归的异地人文环境。这一切都决定了饭店产品的文化性。

旅行者在旅途中有较多的时间逗留在饭店，饭店向宾客提供的饭店产品又和生活紧密联系在一起，渗透在生活的各个方面。饭店产品也许是宾客所有的使用商品中感受最深、最为挑剔，也最需要有精神和文化性的商品。

可见，当饭店使用价值在被宾客消费时，它具有两重含义：① 满足宾客旅居生活中基本的物质方面的需要；② 满足宾客精神和心理上对文化的需求。这2种含义同时表现在饭店产品上。因此，饭店管理应遵循饭店产品文化性强的特点，努力生产高质量的产品。这种产品不仅是一种高标准的完美的物质成果，而且它更是一种包含着丰富的文化内涵的产品。饭店产品不像实物产品那样是一种呆板的固定的使用价值，而应具有一种生动活泼的精神感染力。由此而及的饭店管理不仅在物质管理上要达到标准，在业务运行上要达到规范，同时在业务运行中应注入大量的文化和精神因素的蕴涵，要重视文化和精神感受氛围的营造和渲染。

饭店的宾客来自世界各地，来自各个阶层，因而带来千万种个性，也带来各种文化色彩。于是饭店成了多种文化的汇合点。饭店在业务经营中为了满足宾客对文化的多种需求，要综合古今文化、中外文化、多领域文化于一体，使宾客得到文化感知和文化享受的满足。在塑造饭店产品的文化方面，饭店首先要倡导主流文化、健康文化、民族文化、特色文化，用文化去影响宾客的心理需求。

1.3.2.4 情感性

饭店接待服务的对象是人，人是有思维、有情感、有复杂心理的群体。饭店向宾客提供的使用价值中有相当大的部分是服务员向宾客提供的直接或间接的劳动服务。由于是人与人的交往与接触，使饭店产品带有人所特有的情感内涵。

宾客入住饭店，往往会有一种警觉和对饭店的陌生感。由此导致宾客在旅居时的自我孤寂感。因此，饭店要通过大量的工作让宾客在饭店感到“宾至如归”。“宾至如归”包含2层意思：① 宾客得到旅居生活的物质上、生理上的满足，在饭店像在家里一样方便；② 指宾客在心理上、情感上和饭店融合，像在家里一样自由、自然、愉快、温馨。“宾至如归”的关键是宾客对饭店情感的产生并融合。宾客在感受到饭店产品的情感后，逐步松弛了自己的紧张感、陌生感和孤寂感，慢慢地在感情上把自己和饭店趋向同化而达到融合。这是宾客对饭店的理想要求，宾客对饭店产品本身就有情感上的要求。作为饭店来说，饭店应充分注意到饭店产品带有情感内涵的特点，千方百计运用这一特点做好情感服务工作。饭店应意识到：情感服务是通过对人的心理规律的认识和运用而提供的一种精神方面的服务，是饭店必须遵循的原则。情感服务使宾客和饭店在情感上融合，才是宾客满意的最高境界，它对保证饭店高水准的服务质量，保证宾客对饭店的良好口碑是至关重要的。它是树立饭店产品品牌和声誉的关键。情感服务能形成整个饭店祥和、和谐、温馨的氛围，让人感到流连忘返。情感服务，使宾客和员工有一种信赖感，互相建立起一种友谊和尊重，能使员工减轻工作的精神压力，减少压抑感和自卑感，从而保持良好的工作情绪。员工良好的工作情绪反过来又能使服务工作做得更好。整个饭店业务在情感影响下进入良性循环。

有情感融合其中的饭店产品，不是对一个产品的简单再生产过程，它实际上是对每一位来饭店的宾客情感关系的再生产。即通过员工对宾客的接待服务过程，经过双方的情感由陌生—初步接触—渐次深入—自然融合的过程，使宾客对饭店产生一种宾至如归的归属感。饭店生产一个饭店产品并不难，但能不能生产出每一位宾客的情感归属关系，那才是衡量饭店水平的真正标准。

1.3.2.5 不稳定性

饭店产品是无形的，质量的好坏不能像其他产品那样用机械或物理的性能指标来衡量，它受人为的因素影响较大，难以恒定地维持一致。

饭店产品质量不稳定的原因是多方面的。首先是饭店劳动的特点所决定的。饭店劳动具有 2 个特点：① 饭店的劳动是以手工劳动和体力劳动为主的；② 饭店劳动形式大部分是分岗位分散型的以人为单位的单项劳动。饭店劳动的第一个特点，决定了饭店劳动从总体上来说，不存在大机器生产，也就不存在着机器对人的制约性。在工厂里，工人跟着机器运动，机器制约着人的作业行为。在饭店里，员工跟着业务运动，业务有很大的随机性。员工的作业行为也有很大的随机性。相对来讲员工能有较大的自由支配自己的行为。饭店劳动的第二个特点，使得员工分散在多个不同的空间进行作业，作业形式的特殊性决定了对员工人为的监督和控制也是难以实施的。因此，饭店员工的作业带有很大的独立性，员工的个体状态也就较难用其自身以外的方法去控制。饭店劳动的这 2 个特点，决定了饭店产品质量控制的艰难性。

其次，饭店员工面对的直接对象是宾客，由此产生了饭店服务中员工和宾客之间的人与人的关系。宾客的情况是千差万别，变化多端的，宾客的心理存有极大的差异性，他们对服务的评价也有各自不同的标准，有较大的主观色彩。宾客在使用饭店产品时会发生许多“例外”事件，宾客在和饭店各部门的关系中，也会出现很多“问题”。饭店员工在工作中不仅要按规程作业，还要超常服务。员工在面对形形色色的各种事件和场景时怎样能最圆满地处理，最妥善地解决，就取决于员工的应变能力和处理问题的艺术性。员工具备了一定应变能力和工作艺术后，他们是否运用，运用到何种程度，还要取决于他们的自我制约能力。

再次，服务人员提供服务时尽管有质量标准、操作规程以及一整套控制、考核和奖罚办法，但是还要受到自己的知识、技能、性格、情绪等因素的影响，很难使服务质量始终如一。

为适应饭店产品这一特点，饭店行业对从业人员十分强调其素质。饭店从业人员进入饭店工作，应具备饭店行业素质，在工作中还须不断提高行业素质。因而饭店在管理中一是要对全体员工进行不懈的思想政治教育，进行有效的激励，使员工具有饭店意识和自我价值意识，调动员工的积极性，发挥员工的主观能动性，实行自我约束，做好本职工作。二是通过培训和实践使每个员工具有工作的应变能力，具备本行业工作的基本技巧。三是要有一套完整的控制考核办法，用制度和规范来促使员工实行自我约束，从而为客人提供满意的饭店产品。

1.4 现代饭店的分类与等级

1.4.1 现代饭店的类型

1.4.1.1 根据饭店的功能和宾客特点分类

（1）商务型饭店

商务型饭店（Commercial Hotels），也称暂住型饭店，是为那些从事商务活动的客人提供住宿、餐饮、娱乐、办公等方面需求的饭店。此类饭店多位于城市的中心地区，交通便利、装修华丽、设施设备先进。饭店通常设有商务中心、各类会议厅室、宴会厅等，还设有商务套房及行政楼层。特别是商务所需的设备设施一应俱全，如计算机、直拨电话、传真、秘书服务等。世界上著名的国际饭店集团所属的饭店绝大多数都属于商务型饭店。我国北京的王府井饭店、长城饭店，上海的锦江饭店，南京的金陵饭店，广州的中国大饭店、花园饭店、白天鹅宾馆，湖南的华天大饭店等都属于商务型饭店。

（2）长住型饭店

长住型饭店（Resident Hotels），是为长住客人提供住宿、膳食服务的饭店。其主要市场是住宿期较长的，在当地短期工作或度假的客人或者家庭。长住型饭店与宾客之间有着一种不同于其他类型饭店与宾客间的法律关系，这类饭店与宾客通常需要签订一个租约。长住型饭店的建筑布局与公寓相似，但又有区别，客房多采用家庭式布局，以套房为主，配备适合宾客长住的家具和电器设备，通常提供厨房设备供宾客自理饮食。这类饭店的组织、设施、管理较其他类型简单，特点是亲切、周到、富有家庭气氛。我国比较典型的长住型饭店是上海的龙柏宾馆，其内有32栋小楼（公寓），每一栋小公寓都有一个商社或商社的家属居住。北京西苑饭店将其旧楼的600套客房进行改造后提供给商务集团长期使用，也属于长住型饭店。

（3）度假型饭店

度假型饭店（Resort Hotels），是以接待游乐、度假等宾客为主的饭店。此类饭店的客源主要为度假客人。饭店往往提供滑雪、骑马、狩猎、垂钓、划船、潜水、冲浪、温泉浴、高尔夫球、网球等项目及相应设施。度假地区的环境及活动的吸引力是一个度假型饭店成功的关键。近年来，在许多饭店业发达的国家，已出现度假型与商务型相结合的饭店。在度假型饭店里增设商务会议设施，被认为是21世纪新的发展趋势。如美国圣地亚哥的科罗拉多大饭店；我国深圳的香蜜湖度假村、上海的美丽岛度假村均属于度假型饭店。

（4）会议型饭店

会议型饭店（Convention Hotels），是以接待各种会议团体为主要对象的饭店。饭店配备工作人员，帮助会议组织者协调会议各项事务，提供专业的会议接待服务。会议型饭店通常位于大都市和政治、经济中心，或交通方便的游览胜地。会议型饭店除必须具备投影仪、录放像设备、扩音设备、先进的通信设备、视听设备等现代化的会议设备设施外，还应具备相应的食宿和餐饮设施以及训练有素的会议服务专业人员。这类饭店的特点是服务周到、专业性强、效率高。例如，湖南国际会展中心的附属五星级饭店就属于会议型饭店。

(5) 汽车饭店

汽车饭店（Motor Hotels 或 Motels）常见于欧美国家公路干线上。早期此类饭店设施简单，规模较小，有相当一部分仅有客房而无餐厅、酒吧，以接待驾车旅行者投宿为主。现在，有的汽车饭店不仅设施方面大为改善，而且趋向豪华，多数可提供现代化的综合服务。

美国的假日饭店集团、华美达饭店集团、霍华德约翰逊集团等均拥有大量的汽车饭店。

【课堂讨论】

风水与迷信

位于拉斯维加斯的米高梅大饭店是全世界最大的集赌博、食宿、娱乐于一体的主题饭店之一。该饭店拥有5200间客房，能同时容纳12 000人食宿、娱乐。然而该店开业之初，生意清淡，亏损严重。于是老板请来中国的风水先生为其把脉。风水先生环顾四周后建议：在大门前安放一尊5层楼高的雄狮，因为对面的饭店摆放了一尊3层楼高的老虎，影响了本店的风水。老板按照风水先生的建议在大门前安放一尊5层楼高的雄狮。不久即游客如云，门庭若市，客人入住率达到95%以上。

到底是因为雄狮镇住了老虎而生意兴隆呢？还是因为巨大的雄狮本身就是一道壮观的风景而招来客人呢？风水本身是科学还是迷信呢？请同学们各抒己见，发表看法。

1.4.1.2 根据饭店计价方式分类

(1) 欧式计价饭店

欧式计价饭店（European Plan）的客房价格仅包括房租，不含食品、饮料等其他费用。世界各地绝大多数饭店均属此类。

(2) 欧陆式计价饭店

欧陆式计价饭店（Continental Plan）的房价包括房租及一份简装的欧陆式早餐，即咖啡、面包和果汁。此类饭店一般不设餐厅。

(3) 美式计价饭店

美式计价饭店（American Plan）的客房价格包括房租以及一日三餐的费用。目前尚有一些地处偏远的度假型饭店仍属此类。

(4) 修正美式计价饭店

修正美式计价饭店（Revised American Plan）的客房价格包括房租和早餐以及一顿正餐（午餐或晚餐）的费用。以便宾客有较大的自由安排白天活动。

1.4.1.3 根据设施规模分类

(1) 小型饭店（Small Hotels）

客房数在300间以下的，为小型饭店。

(2) 中型饭店（Medium Hotels）

客房数在300~600间的，为中型饭店。

(3) 大型饭店（Large Hotels）

客房数在600间以上的，为大型饭店。

1.4.1.4 按饭店的建筑投资费用分类

（1）中低档饭店

根据国际饭店建筑投资标准，中低档饭店一般每个标准间的建筑投资费为2万~4万美元，其中包括建筑材料，室内装饰，各种设备、用具、陈设的费用，另外也包括建造中所需的各种技术和人员训练费用，亦即每个标准间的建筑投资总费用。此类饭店每个标准间的建筑面积为25m^2。

（2）中档或中档偏上等级的饭店

一般每个标准间的建筑投资在4万~6万美元的饭店，大多为中档或中档偏上等级的饭店。客房有舒适的卫生间、彩电、音响系统、中央空调系统、写字台、沙发、壁画等。此类饭店每个标准间的建筑面积为36m^2。

（3）豪华级饭店

一般每个标准间的建筑投资在8万美元以上的饭店为豪华饭店。客房内除了中高档饭店所具有的设施外，还应有计算机、国际直拨电话、名人字画、豪华卫生间、室内按摩浴池、豪华（包金）灯具、“付费点播”电影电视节目及呼唤安全电话等。此类饭店每个标准间的建筑面积为47m^2。除客房面积外，走廊楼梯、电梯占客房建筑面积的25%。

1.4.1.5 按饭店的所有制形式分类

按饭店的所有制形式划分，有全民所有制（国有）饭店、集体所有制饭店、合资饭店、外资饭店、饭店联合体、个体饭店（私有饭店）等。

1.4.2 现代饭店的等级

饭店等级是指一家饭店的豪华程度、设施设备水平、服务范围、服务质量的级别。如果饭店没有等级，客人到一个陌生的地方，往往无法做出合适的选择。因此，许多国家的政府部门和饭店协会通过制定统一标准来对饭店进行严格分级。分级的目的有5点：① 有利于消费者的目标选择；② 有利于保护一个国家或地区饭店行业的整体利益；③ 便于行业的管理与监督；④ 可以提高顾客的信任度；⑤ 饭店通过分级定级，促使全体员工参与，从而激发员工的工作热情和责任感、自豪感，达到增强饭店凝聚力和竞争力的目的。

世界上有80多种饭店等级制，由于各地区、国家间饭店业发达程度和出发点不同，各种等级制度所采用的标准也不尽相同。目前国际上采用的饭店等级制度与表示方法大致有以下几种。

（1）星级制

星级制是把饭店根据一定的标准分成的等级分别用星号（★）表示出来。比较流行的是五星级别，星越多，等级越高。这种星级制在世界上，尤其是欧洲，采用得最为广泛。

（2）字母表示法

许多国家将饭店的等级用英文字母表示，即A，B，C，D，E 5级，A为最高级，E为最低级。有的虽是5级却用A，B，C，D 4个字母表示，最高级用A1或特别豪华级来表示。

（3）数字表示法

用数字表示饭店的等级，一般采用豪华表示最高级，继豪华之后由高到低依次为1，2，3，4，5，数越大，档次越低。

（4）其他分类方法

如价格表示法或以类代等法等。以类代等法，即用饭店的类别代替等级，并用文字表示出来。例如，有的国家和地区采用“豪华、舒适、现代”或“乡村、城镇、山区、观光”等类别分等制，可谓形形色色。

等级制度的划分是一件十分严肃的事情，一般由国家政府或权威机构做出评定。不同的国家评定饭店等级的机构也有所不同。国外比较多的是国家政府部门和饭店企业或旅游业的协会共同评定。也有一些地方由几个国家的饭店协会联合制定统一的标准，共同评定。我国饭店等级的评定，主要由国家主管旅游业的职能部门国家旅游局和国内贸易部的中国饭店协会，根据各自所管理和监督的范围进行评定，有一套完备的申请、调查、复查和抽查的鉴定程序。

为促进旅游饭店业的管理和服务更加规范化和专业化，使之既符合我国实际又与国际发展趋势保持一致，我国采用了与国际接轨的五星等级制。1987年，国家旅游局聘请世界组织专家到中国，先后考察了113家饭店，全面系统地调查研究了饭店行业的实际情况，结合国际经验与中国国情，制定了《中华人民共和国评定旅游涉外饭店星级标准的划分》，最后经国务院批准，于1988年正式开始宣传、贯彻、推行。星级制度出台之后，受到了饭店企业的欢迎。经过多方努力，1993年10月饭店星级标准上升为国家标准，正式纳入了国家标准化行政工作的序列。星级标准上升为国家标准之后，显示出强大的生命力。从1987—1993年6年时间，全国的星级饭店总数达1100多家，平均每年评定200家。到1997年全国星级饭店总数已达到了2724家，占饭店总数的比重为52.37%。1997年国家旅游局对1993年的旅游涉外饭店星级划分与评定标准进行修改，用GB/T 14308—1997代替GB/T 14308—1993。为适应新的旅游发展形势的需要，2003年12月1日又实施最新发布的《旅游饭店星级的划分与评定》（GB/T 14308—2003）。

2003年颁布的新的饭店星级的划分与评定标准借鉴发达国家的一些做法，增设了“白金五星级”。星级以镀金五角星为符号，用1颗五角星表示一星级，2颗五角星表示二星级，3颗五角星表示三星级，4颗五角星表示四星级，5颗五角星表示五星级，5颗白金五角星表示白金五星级。星级越高，表示旅游饭店的档次越高。新标准取消了星级终身制，规定饭店开业1年后可申请星级，经星级评定机构评定批复后，可以享有5年有效的星级及其标志使用权。开业不足1年的饭店可以申请预备星级，有效期1年。新的饭店星级的划分与评定标准增加了更多的自由选择项目，各饭店可以根据自己的特色和侧重面进行选择，以保证饭店具有更多的个性和特色。

【思考题】

一、名词解释

饭店、汽车饭店、直线－职能制、产品划分制、混合制、星级制、饭店集团、欧式计价饭店、美式计价饭店。

二、简述题

1. 简述饭店的内涵与功能。

2. 简述中国现代饭店发展的特点及主要形式。
3. 简述西方饭店发展的4个不同阶段及其主要特点。
4. 简述现代饭店的组织形式与基本特点。
5. 简述现代饭店的基本类型与等级。

【案例分析】

雅高集团的制胜之招

法国雅高集团是世界著名的饭店集团，其品牌遍及豪华、经济、商务、度假、赌场等饭店业绝大多数领域，其麾下饭店遍布欧洲、北美、亚太等世界各地，经营管理独具特色。一是“双头”管理。雅高集团的创始人保尔和盖诺德是2位各具特色的经济学家。保尔擅长于产品战略和营销，而盖诺德则是行政管理和金融财务方面的专家。他们的管理理念经常发生分歧，但他们能够求同存异，取长补短，互相尊重，共同发展。二是以员工为本。一般饭店都遵循“顾客就是上帝”的理念，却忽视了员工和股东的利益。保尔和盖诺德认为：顾客、员工和股东是现代饭店的三大支柱，但最重要的还是员工。因为员工满意才会向顾客提供更好的服务，这样顾客才会满意。顾客满意了，才会给饭店带来更多的生意。饭店生意好了，才会给股东带来更多的投资回报，这样股东们就会有新的投资。新的投资会给员工提供更多的发展机会，员工有发展就会更好地工作。于是形成了一种良性循环的发展模式。三是鼓励创新。集团总部的管理主要集中于4个方面：金融财务、人力资源、内部资源和外部关系。保尔和盖诺德总是着眼于这4个方面的宏观管理。他们虽然也经常视察饭店和餐厅，但从来不从细节上监控。他们大胆放权，鼓励各个饭店的各个层次的管理人员和服务人员在各自的岗位上大胆创新，不断提高饭店的工作质量和工作效率。四是人尽其才。雅高没有正式公布过公司的组织机构图、标明职务和姓名。雅高是一个“人的组织”，而不是刻板角色的组织。盖诺德解释说：“我们需要为每个人设计工作，而不是把人放在一个已经存在的盒子里，人是不会适应一个盒子的，它要么太大要么太小。我们尽量定制盒子来适应人。工作应该像一套合身的衣服，虽然贵些，但更合体，用得也更长久。”

【案例思考题】

雅高集团的管理有哪些特色？它们对我国饭店业的发展有哪些启示？

【本章推荐阅读书目】

1. 旅游饭店管理概论．［美］詹姆斯·R·凯萨．徐华等编译．浙江摄影出版社，1992.
2. 现代旅游饭店管理．国家旅游局人教司．中国旅游出版社，1994.

第 2 章

现代饭店管理的基本理论

【本章概要】

本章着重阐述了现代饭店管理的基本理论，具体包括科学管理理论、行为科学理论以及现代管理理论的基本思想及其发展过程。

【学习目标】

- 了解科学管理试验的思想内涵与功能；
- 了解法约尔的组织管理理论的 14 项基本原则；
- 理解人际关系理论的梅奥与霍桑试验；
- 掌握马斯洛的需求层次理论；
- 了解双因素理论的保健与激励因素的概念及其区别；
- 了解 CIS 的含义、发展及构成要素、功能以及导入与实施策略。

【关键性术语】

科学管理理论、泰罗、法约尔、人际关系理论、梅奥、霍桑、XY 理论、麦格雷戈、需求层次理论、马斯洛、现代管理理论、信息论、控制论、系统论、申龙、贝塔朗菲、卡斯特、权变论、西蒙、维纳、CIS、MI、VI、BI。

管理就是决策。

——赫伯特·A·西蒙（Herbert A Simon）

【章首案例】

好的管理应该以人为本

某饭店有段时间员工流失率大大提高，员工士气低沉，顾客投诉增加，总经理要求办公室主任着手调查原因。办公室主任通过员工意见征询和多方摸底，调查结果反映：89% 的员工觉得在饭店无前途可言；75% 的员工反映饭店缺乏业余文化氛围；65% 的员工感觉得不到重视；而在工资福利的调查上却只有 12% 的员工觉得不满意。针对这些问题，总经理连夜召开部门经理会议商讨对策，最后决定采取以下一系列措施：

1. 成立员工艺术团组织，以丰富员工业余文化生活；

2. 成立员工之家，为员工设立免费歌舞厅、放映室、书吧、乒乓球室，使员工下班活动有去处；

3. 设立总经理意见箱，由总经理亲自处理意见内容，鼓励员工多提合理化建议，一经采纳给予奖励；

4. 每月进行 2 次员工比赛活动，以提高员工士气。

1 个月后，该店员工流失率逐渐回落，员工士气明显提升，顾客投诉率大大减少。3

个月后，办公室主任再次对全体员工进行了一次意见征询。奇迹发生了：95%的员工觉得受到了重视；86%的员工反映业余生活丰富，并提出了更多的意见和建议；97%的员工表示愿意留在饭店工作。

服务性企业想取得竞争优势，就须做到以人为本；服务性企业要想使顾客满意，就必须把注意力对准员工。如果没有员工的热情和敬业，无论多么精心建造的饭店都不过是一座冰冷的建筑。只有员工对他们的工作很感兴趣、充满感情，只有员工觉得他们受到了重视和尊重，只有员工觉得他们的成绩能得到认可和奖励，他们才会忘我地去为客人服务。

虽然管理的观念和实践已存在了上千年，但直到19世纪末管理才逐渐形成一门学科。纵观管理理论的发展历史，大致可以划分为以下3个阶段。

第一阶段为古典管理思想时期。产生于19世纪末到1930年，以泰罗和法约尔等人的科学管理理论为代表。

第二阶段为现代管理思想时期。产生于1930—1945年，以梅奥与马斯洛等人的行为科学理论为代表。

第三阶段为当代管理思想时期。产生于1945年后，这一时期出现了一系列的管理学派，呈现出“管理理论丛林”，美国管理学家孔茨认为，这一“丛林”至少可划分为10个学派。

管理理论的发展大多都是相互影响、相互补充的。本章为了论述方便，按时间划分管理理论的发展，分为3个阶段。

2.1 科学管理理论

伴随着生产力发展和生产关系转变应运而生的古典管理思想在整个人类管理思想发展历史中留下了浓墨重彩的一笔，其影响之深远，对后来现代管理思想的产生和发展具有不可磨灭的历史功绩，有力促进了生产力的进一步发展，推动经济大踏步前进。在古典管理理论当中代表人物及其学说是泰罗的科学管理理论和法约尔的组织管理理论。

2.1.1 泰罗的科学管理理论

泰罗是管理科学理论的创始人，被人们称为“科学管理之父”。他开创了西方管理理论研究之先河，他的科学管理理论为现代管理理论的形成和发展奠定了坚实的基础。

泰罗的科学管理理论于19世纪末、20世纪初在美国产生。它创立之初，遭到了传统管理思想的反对，后来通过泰罗在美国国会数次听证会上的辩论，加上从不同方面给予的改进与传播，泰罗的科学管理理论终于引起了人们的广泛讨论和研究，无论从企业界、教育界或是政府机构，都无不对它刮目相看，于是在美国出现了一场规模宏大的“科学管理运动”。20世纪80年代，美国的科学管理学家彼得·德鲁克也曾提出要研究泰罗。他在1982年出版的《面向下一代的经济学及其他论文》一书中的《即将到来的“科学管理”的再发现》一文中就提出，“泰罗的科学管理思想的影响可能在今后，今后不论是在发展中国家还是在发达国家，科学管理都会产生重大的影响。就发展中国家来说，由于管理方式比较落后，同泰罗创建科学管理理论时的情况有类似之处，所以，应用泰罗科学管理理论中的某些部分，有助于提高管理效率；就发达国家来说，把科学管理理论用于对脑力劳动的研究，也能提高劳动生产率。”

泰罗认为，所谓科学管理，从本质上说，首先就是要从事实出发，通过科学试验而不是只凭管理经验与传统方法来确定完成工作的最好方式。

2.1.1.1 泰罗的科学管理试验

(1) 铁块搬运试验——工人劳动的运作研究

泰罗认为，当时提高劳动生产率的潜力非常大，工人们之所以“磨洋工，是由于雇主和工人自己对于一天究竟能做多少工作心中无数，而且工人工资太低，为此，首先应该进行时间和动作等劳动运作的研究。

泰罗在伯利恒钢铁公司进行了一项很有名的试验，当时他看到该公司搬运铁块的工作量非常大，但尽管每个工人都十分努力，但工作效率并不高。一共有75名搬运工人负责这项工作，每个铁块重40kg之多，距离30m，每人每天平均只能把12.5 t的铁块搬上火车，工资为1.15美元/天。泰罗经过认真的观察分析最后计算出，一个好的搬运工在不会危害健康的前提下，每天应该搬运47 t。他精心地挑选了一名工人开始试验。泰罗的一位助手按照泰罗事先设计好的时间，让这名工人如期地把47 t铁块搬上了火车，而且从这以后，他每次都搬运47 t。泰罗据此把工作定额一下提高了3倍，并使工人的工资也提高到1.85美元/天。

(2) 铲掘试验——研究工人的劳动效率

效率的高低是衡量管理水平的指示器，引导和驾驭管理前进的方向盘。泰罗认为，在单凭经验办事这种观念完全占统治地位的情况下，人们一般是不会“有意识地去探索什么是铲掘科学基础”的。他发现铲掘中也有科学，提出并研究“一个头等铲掘工每天的操作量每锹是5磅（1磅=0.4536kg）、10磅、15磅还是20，25，30或40磅”等问题。他认为这样的问题只能通过仔细的试验才能得到解答。

泰罗的铲掘试验也是在伯利恒钢铁公司进行的。当时在伯利恒钢铁公司的工地上，大致有500个铲掘工，他们分散在长约3.2km、宽约1.6km的工地上从事铲掘工作。泰罗发现，原先的铲掘管理过程中存在不少问题，例如，管理当局没有科学地制定和应用有效的工作定额，没有对各个作业流程进行全面的研究，不恰当地把工人安排去做那些同他们的能力或性格不相称的工作等。在这种情况下，工头和工人之间有关产量的争论时有发生。为此，泰罗从500多个工人中选出2~3个头等铲掘工，条件是：他们干活能让人信得过；不允许铲掘工任意挑选或使用他们自己的铁锹，而是采用特定类型的铁锹来铲掘特定类型的物料。在逐渐改变铲掘负荷量的条件下，仔细考察和计量每锹铲掘量为多长时间的情况下，该铲掘工完成的一天合适铲掘量为最大。经过几个星期的仔细计量和记录，结果发现，一个头等铲掘工每锹的量大致为21磅时，他完成的日铲掘量可以达到最佳水平。当然，这里每锹21磅指的是一天的平均每锹负荷量，实际上，在铲掘操作过程中，不必也不可能要求一个铲掘工做到每锹负荷量都正好是21磅，而完全可能出现每锹有0~4磅幅度的变化。因此，试验中关键是精确地计量并记录下每天的铲掘锹数和总铲掘量。这样就可以大大简化试验计量环节。

铲掘试验的研究，促进了劳动科学的发展。通过3年的努力，新的一套铲掘管理方法使劳动生产率显著提高了。在第三年，新计划比老计划节省资金总额36 417.69美元。具体收益见表2-1。

表2-1 铲掘改革前后比较

项目	改革前	改革后
堆料场运料工人数	416人	140人
每人每天平均工作量	16t	59t
每吨物料平均运费	7.25美分	3.3美分
每人每天平均收入	1.15美元	1.88美元

由表2-1可知，工人每天的工资确实是增加了0.73美元，但劳动强度却大大提高了，而工厂却从每个工人身上额外地得到了2.3美元。

（3）金属切割试验

泰罗从1881年开始在米德瓦尔进行的金属切削试验，这项试验延续了26年之久，进行的各项试验达3万次以上，80万磅的钢铁被试验用的工具削成切屑，总共耗费约15万美元。试验结果发现了能大大提高金属切削机产量的高速工具钢，之后还取得了一种高速工具钢的专利，并取得了各种机床适当的转速和进刀量以及切削用量标准等资料。由此研究出每个金属切削工人工作日的合理工作量，给工人制定了一套工作量标准。该项试验成为工时研究的开端，泰罗还根据试验写出了论文《论金属切削技术》。

2.1.1.2 泰罗的科学管理试验的思想内涵

泰罗的科学管理试验为我们展现了一种科学和理性的管理思想。

（1）讲究效率的优化思想

在生产和经营的各个环节，都力求找到"最佳点"，实现高效率、高效益。

（2）重视实践的实干精神

为了探索"最佳"的奥秘，他率领助手开展了长期的管理试验，仅"金属切削工艺试验"就持续了26年时间。泰罗尊重实践，坚持实践在理论之先原则。在他去世前3周的演说中还声明："准备放弃任何计划、任何理论，转而拥护所能找到的更好的东西。"

（3）调查研究的科学方法

在长期的管理试验中，泰罗阐明了"时间动作研究"等进行调查研究的科学方法，将定性的研究与定量的研究紧密结合起来。

（4）依法治厂的管理模式

泰罗的科学管理，重点是建立科学的规章制度，依法治厂，重奖重罚，实行严格的外部监督和严厉的惩罚措施。这种管理的特点是排除感情色彩、不讲情面，因此也被称为"唯理性管理"。

科学管理使企业管理走上了规范化、制度化和科学化的轨道，极大地推动了生产效率的提高。

2.1.1.3 泰罗的科学管理试验的意义

以试验为基地，泰罗完成了从经验管理转向科学管理的历史性的跨越，把科学管理的完整成果贡献给了管理界。泰罗把构成科学管理的主要管理原则归纳为如下4条：

- 为一个工人的工作中的生产要素制定一种科学的方法，以代替老的单凭经验来做的方法；
- 科学地选择并训练、教育和培训工人，以取代传授技艺的做法；
- 衷心地同工人合作，保证各项工作都按照已制定的科学原则来做；
- 改变过去那种把包括管理事务在内的几乎所有的工作和大部分责任都由工人来承担的做法。

这四大原则的结合便构成了“科学管理”的概貌，同时，也说明了科学管理试验的意义所在。

泰罗通过科学调查和科学试验确定了他的科学管理理论。而他强调的正是一种科学方法，一种与传统的经验方法相区别的科学方法。用科学方法进行管理，符合大机器生产的要求，而传统方法反映的是小生产手工业管理方法的特征。科学管理的本质就是用科学方法来解决管理问题，而所谓科学方法，要求在系统观察和科学试验的基础上提出假说或是阐明普遍规律。科学管理在方法论上还要求详细研究分析每一方面的工作问题，做出客观评价，求得最好的解决。

泰罗的科学管理将时间和理性引入管理研究，从根本上改变人们对管理问题的思考方式，使管理走上了科学发展的道路，科学管理之后的各管理流派的产生与发展都直接和间接地与之有联系。

同时，泰罗的科学管理试验也向人们表明：主观的判断与客观的分析就是感性与理性的区别，两者在实践和理论上的说服力是不一样的。

2.1.2 法约尔的组织管理理论

当泰罗在美国研究倡导科学管理的时候，法约尔在欧洲也积极地从事着管理理论的研究，他的研究为管理思想和管理理论的发展做出了杰出的贡献。如果说泰罗是从工厂试验中归纳出科学管理的一般结论的话，那么法约尔则是从高层管理者的角度通过管理实践和对管理过程的研究创立了组织管理理论，然后将其应用到下级组织机构中。他的理论成为后来的管理过程学派的理论基础，他的管理思想和理论对以后管理理论的影响的确是重大而深远的。

2.1.2.1 主要内容

法约尔的组织管理理论，尤其是他的管理要素和14项管理原则在西方管理学中享有很高的声望，英国管理思想家林德尔·厄威克在《管理备要》中评价法约尔是“欧洲献给世界管理运动的最重要的人物”。法约尔的组织管理思想集中反映在他的代表作《工业管理与一般管理》一书中。主要内容如下。

(1) 管理要素

法约尔认为“管理的过程就是预测、计划、组织、指挥、协调、控制的过程”。法约尔认为管理活动由5种要素构成，即计划、组织、协调、指挥、控制。这是法约尔在管理学理论上最突出的贡献。它奠定了管理学的基础，建立了管理学的主要框架。

计划 就是探索未来，制订行动方案。计划是法约尔着重强调的一个重要要素。他认为制订计划需要组织中所有人的共同参与。一个良好的计划应该具有统一性、连续性、灵活性、精确性4个特点。法约尔还认识到了制订长期计划的重要性。

组织 就是建立企业的物质和社会的双重结构。包括有关组织体系、结构框架、活动内容与规章制度、职工的选拔、任用、奖惩、培训。组织可以分为物质的和社会的组织。法约尔还认为组织中的管理人员要具备健康的体魄、旺盛的精力、道德品质、教养、管理能力和一般业务知识这6种才能和条件。成员的素质和首创精神决定了组织的效率。对于职工的培训方面他主张注重管理培训，减少技术培训。

指挥 简单说就是使员工发挥自身潜力的一种领导艺术。法约尔主张在组织管理中采用参谋职能制而不是泰罗的职能工长制，这样可以确保对员工进行统一指挥。法约尔认为指挥人员应具备8个条件：① 对自己的手下人员有深入的了解；② 淘汰不胜任的人；③ 制定约束企业和员工的合同；④ 树立榜样；⑤ 定期检查账目；⑥ 召集主要助手参加会议以便统一指挥和集中精力；⑦ 不要把精力浪费在细节琐事之中；⑧ 要使员工保持团结努力、勇于创新的工作精神。

协调 即调动一切可以联合的力量实现组织目标，使企业的一切工作都和谐进行并且相互配合。法约尔认为应从3个方面对协调进行分析：① 各个部门的工作是否与其他部门协调一致；② 各个部门的各个部分对自己应承担的责任和彼此之间的义务是否明确清楚；③ 每个部门的计划是否做到随时间和其他情况的变化而有所调整。

控制 即根据所制定的方案、规定的原则和下达的命令检查企业的各项工作是否与之相符，目的在于及时纠正工作中出现的缺点和错误，避免重犯。为了有效控制，控制活动必须马上执行，伴以适当的奖励和惩罚。由于工作性质和对象的不同，控制应采取不同的方式。

法约尔指出，管理五要素并不仅限于企业经理或领导的个人责任，它应该与企业其他工作一样，是分配于管理者和全部组织成员之间的职能。法约尔管理五要素的提出影响了整个20世纪的管理学，以后许多管理学者在法约尔管理理论的基础上继续进行研究，逐渐形成了管理过程学派，也被称之为管理职能学派，法约尔则是这一学派的奠基人。法约尔还指出，不要把管理同领导混为一谈，领导是从企业拥有的资源中寻求获得尽可能大的收益，引导企业达到既定目标，保证企业各类工作顺利进行的高层次工作。

（2）管理14项原则

法约尔根据自己多年的管理实践总结出了著名的14项管理原则。这些原则是任何一个管理人员在管理过程中都会遇见的，既普遍又重要，今天仍然是管理者们在实践中所遵循的，也是管理学者一直关注和研究的主题。

劳动分工 法约尔认为劳动分工是属于自然规律的范畴，是关于劳动专业化的古典概念，实行劳动的专业化分工可以提高人们的工作效率，一样的劳动由于进行了劳动分工可以得到更多的东西。法约尔认为劳动分工不仅适用于技术工作，在管理方面和职能的权限划分方面也同样适用。但需要注意的是专业化分工要有一定的限度，不能超出这个限度，如果分工过细或过粗，效果都不好。

权力和责任 法约尔把权力分为个人权力和正式权力。前者与管理人员的智慧、经验、学识、道德品质、管理能力、以往成绩等因素有关。后者则是由管理者所处的职位和职务所决定的。一个出色的管理者应该学会用个人权力弥补正式权力的不足，把个人权力作为正式权利的必要补充。一个人在组织中的地位越高，明确其责任范围就越难。避免滥用权力的最好方法是提高领导者个人素质，尤其是要提高其道德素质。对于责任，法约尔指出："权力是责任的孪生物，责任是权力的当然结果和必要补充，凡有权利行使的地方就有责任的存在。"为了贯彻权利与责任相符的原则，应该建立有效的奖惩制度，用来鼓励好的行为，制止不良行为的发生。

纪律 是以尊重而非恐惧为基础的。纪律是企业领导人同下属员工之间在服从、积极、勤勉、举止和尊敬等方面所达成的一种协议。纪律包含2个方面：一是纪律协定，二是人们对纪律协定的态度及遵守情况。纪律是一个企业取得成功的关键。一个企业要有良好的纪律应做到以下3点：① 要有好的各级领导；② 要有尽可能明确而又公平的纪律协定；③ 奖惩的执行必须合理。纪律是由领导人制定的，组织的纪律状况取决于领导人的品德状况。不良的纪律往往由不良的领导造成，因此领导也要和下属人员一样，必须接受纪律的约束，遵守纪律。

统一指挥 法约尔在这方面产生了与泰罗截然相反的观点，泰罗的分权制是法约尔绝不容许的，他对职能工长制极力反对。他认为无论什么时候，什么工作，一个下属都应接受而且只应接受一个上级的命令。如果没有统一指挥，那么权力将遭到损害，纪律也会受到破坏，秩序和稳定也会受到威胁。如果组织中有2位领导对同一个人或事下达了不同的命令，将会使下属人员无所适从，造成组织活动出现紊乱。因此，必须避免出现多重指挥的现象。

统一领导 是指具有同一目标的全部活动，仅应有一个领导者和一项方案。统一领导与统一指挥既有区别又有联系，统一指挥是一个下属人员只能听从一个领导者的指挥，而统一领导则是指组织机构设置的问题，即人们可以通过建立完善的组织机构来实现一个社会团体的统一领导，充分发挥员工的作用。

个人利益服从集体利益 个人利益与集体利益之间是一场持久的较量。在一个企业中，个人利益不能置于企业利益之上。为了贯彻这一原则，企业目标应尽可能多地包含个人目标，在企业目标实现的同时满足个人的合理需求；企业领导人要以身作则，起模范带头作用，以集体利益为重；对员工进行教育，努力使其做到当个人利益与集体利益发生冲突时，优先考虑集体利益。

人员的报酬 报酬制度应当首先考虑能够维持职工的最低生活消费，其次要考虑企业的资本经营状况，然后再结合员工劳动贡献的多少，制定一个公平合理的报酬制度，人员报酬应符合3个条件：① 报酬要公平；② 奖励努力工作的员工；③ 报酬要有一个合理的限度。

适当集权与分权 管理的集权与分权本身并没有好坏之分，适合企业发展就是好的，只是需要把握好一个尺度的问题，即掌握好集权与分权的尺度。一个组织，必须有某种程度的集权，问题是合适的集权程度是什么。合适的集权程度是由领导者的能力、员工素质、企业领导对发挥下属工作积极性的态度等因素决定的。这些因素总是在不断变化的，因此，一个机构的最合适的集权程度也要根据因素变化和组织的实际情况发生相应的变化。

等级系列 等级制度就是从企业的最高领导层到基层管理人员的管理系列。等级制度一方面表明组织中各个层级之间的权力关系，另一方面也可以表明组织中信息传递的通道，在一个正式组织中，信息的传递是按照组织的等级系列进行的，贯彻等级系列原则有利于组织加强统一指挥，但是有时候可能会因为信息沟通的路线太长而延误了信息传递的速度，甚至会出现信息在传递过程中的失真现象。为了既能维护统一指挥原则，又能避免这种信息的延误和失真问题，法约尔提出了著名的“跳板原则”，即在相同层次的人员之间也要有直接联系，在需要沟通的2个部门之间建立一个“跳板”，建立沟通的渠道。

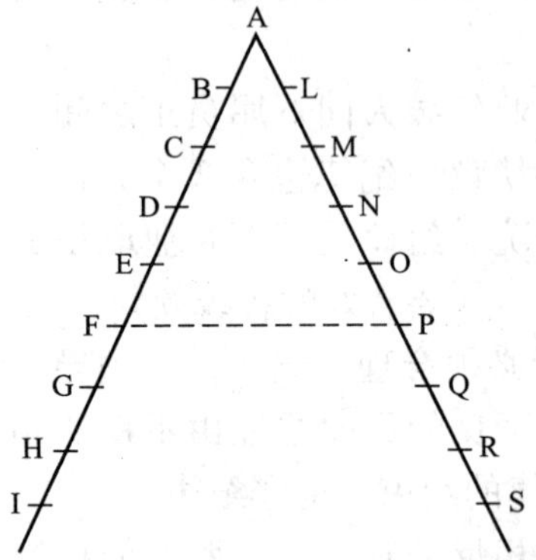

图2-1 法约尔的跳板原则解释图

如图2-1所示，在一个等级制度表现为I—A—S双梯形式的企业里，要使F部门与P部门信息传递，这就需要沿着等级路线：F—A—P—A—F，且每一级都要进行停顿，这样传递的时间较长，影响信息传递的准确性和及时性。

如果可以通过“F—P”这一跳板，使F直接P，问题就简单多了，而且效率也高多了，只要F与P的直接领导人E和O同意他们直接联系，等级制度就得到了捍卫，如果F、P立即向O、E汇报他们所共同商定的事情，整个情况都完全合乎规则。只要F、P双方意见一致，而且他们的活动都得到了他们直接领导人的同意，这种直接关系可以继续下去，他们协作一旦中止，或他们的直接领导人不再同意了，这种直接关系就中断，而等级线路又恢复了原样。

法约尔认为“跳板”原则简单、迅速，而且可靠，它减少了信息失真和时间延误，既维护了统一指挥原则，又大大地提高了组织的工作效率，但是，必须事先请示，事后报告。在实际工作当中，违反“跳板”原则的现象屡见不鲜，怕负责任是这种现象的主要原因，换句话说，领导人管理能力不够是“跳板”原则的主要原因。

秩序 包括物的秩序及人的秩序。不仅要物归其位，而且要让适当的人从事适当的工作。秩序原则既适用于物质的管理，也适用于对人的管理。每一个人都应该被安排在最适合发挥作用的工作岗位上。贯彻秩序原则时要注意防止表面上整齐而实际混乱的现象发生，法约尔认为要使人们做到内外统一，就要对企业的社会需要与资源有确切的了解。另外，还要慎重选人用人，消除任人唯亲，做到知人善任，利用好人才。

公平 法约尔认为：“公平，就是‘善意’加上‘公道’。”公道是执行已订立的协定。领导人为了激励下属人员全心全意地做好工作及对组织忠诚，就要善意地对待下属，鼓励他们忠诚地履行自己的职责。在实际的工作过程中，由于受各种因素变化的影响，原来的公道协定可能会变成不公道的协定，导致工作努力得不到公正的体现，如不及时改变这种状况，就会打击员工的工作积极性。作为领导者应重视员工在工作中希望公平和受到鼓励的愿望，努力做到公正、合理、善意地对待员工。

保持员工的稳定 员工从事的工作需要一定的时间来熟悉和了解，不要轻易变动，如果他刚刚对自己的工作熟悉一些就被调离，那么他就没有时间和办法为组织提供良好的服务。管理人员尤其如此，他们熟悉工作往往需要很长的时间，因此，一个成功企业的员工和领导人员必须是相对稳定的。人员变动频繁的企业或组织是很难成功的。当然，人员的稳定是相对的，对于企业而言，关键是要把握好人员流动的合适尺度，保持企业员工的稳定性与适应性。

首创精神 就是鼓励员工在工作中发挥自己的聪明才智，提出具有创造性想法或有所发明、有所创造。它能够带给员工极大的快乐和满足，也是激励员工努力工作的最大动力之一。企业的领导者不但自身要具有首创精神，而且更应该肯定和激励员工的首创精神。

团结精神 法约尔强调，不团结对企业的生存和发展是极为有害的，企业中的员工往往由于管理能力的缺乏，有私心的人由于追求个人利益而忽视或忘记了组织的团结。组织的集体精神的强弱取决于这个组织内部员工之间是否和谐团结。为了加强组织的团结，培养员工的集体精神，最有效的方法是遵守统一指挥原则，加强组织内部交流，鼓励交流与沟通。一个企业全体成员的和谐与团结是这个企业发展的巨大力量，领导者有责任尽一切努力保持和维护组织内部成员的团结。

法约尔的14项管理原则可以适用于一切管理活动，其实质内容在于统一指挥和等级系列。这些原则不是呆板的，而是灵活的，重要的是尺度的把握问题，这是一项很难掌握的管理艺术，领导者要充分运用自己的智慧、经验、洞察力和判断能力去适当运用这些原则管理好自己的企业。

2.1.2.2 法约尔对管理思想和管理理论的主要贡献

第一，研究了管理的一般性或普遍性，提出了管理五要素和14项管理的一般原则，为管理理论的形成构建了一个科学的理论框架，奠定了管理学的基础。泰罗的科学管理使管理从经验阶段上升为科学阶段，为管理理论的发展做出了巨大贡献。但是由于科学管理的研究主要集中在微观生产领域，提出的是具体的管理方式和方法，缺乏宏观思维，因而无法形成理论体系。法约尔一般管理理论的提出不仅揭示了管理的本质，还为管理理论提供了一套科学的理论框架，使人们认识到，管理是一种普遍存在于各种组织中的具有共性的活动，人们可以在工作中摸索管理的规律性，把这种规律性提炼上升为管理理论，再反过来指导人们的管理实践。法约尔的一般管理理论虽然是以企业为研究对象建立起来的，但由于抓住了管理的一般性，使得他的理论适用范围更广。

第二，提出了管理教育的重要性。法约尔认为，对管理知识的需要是普遍的，尤其对于企业的中上层管理者来说。他大力提倡在大学和专科学校中开设管理专业的课程，教授有关管理方面的知识。法约尔提出的管理原则，经受住了时间的考验，沿用至今，一直在指导着人们的管理实践活动。

2.2 行为科学理论

2.2.1 人际关系理论

古典管理理论的建立对推动当时生产力的发展，解决组织面临的问题方面确实做出了卓越的贡献。但是，随着经济和社会的向前发展，人们越来越认识到古典管理理论自身存在的局限性，面对日益复杂，规模不断扩大的组织，越来越多的管理问题不再是古典管理理论可以完全解决的，尤其是在对人的研究方面，古典管理理论的经济人假设，只把人当成生产的一个环节来看，认为人只是机器的附属物，忽视了人的主动性和创新精神。正如郭威纲在《西方管理思想史》中所指出的："人性是管理的出发点，是管理互动的核心。"人是管理永恒的主题，人的行为会随着时间、空间、环境因素、心理因素的变化而变化，因此迫切要求在研究人的心理方面发展出更加符合人性的管理理论，行为科学理论由此应运而生。它是从人际关系学说发展起来的，现代管理心理学和组织行为学是行为科学的主要组成部分。

2.2.1.1 梅奥与霍桑试验

随着人的积极性对提高劳动生产率的影响和作用的逐渐显现，引起了许多企业管理学者和实业家的重视。但是对其进行专门的、系统的研究，进而形成一种较为完整的全新的管理理论则始于 20 世纪 20 年代美国哈佛大学心理学家梅奥等人所进行的著名的霍桑试验。

梅奥（George Elton Myao），原籍澳大利亚的美国行为科学家，人际关系理论的创始人，美国艺术与科学院院士。他进行了著名的霍桑试验，主要代表著作有《组织中的人》和《管理和士气》。

梅奥在美国西方电器公司霍桑工厂进行的长达 9 年的试验研究——霍桑试验，真正揭开了作为组织中的人的行为研究的序幕。

霍桑试验的初衷是试图通过改善工作条件与环境等外在因素，找到提高劳动生产率的途径，从 1924 年到 1932 年，先后进行了 4 个阶段的试验：照明试验、继电器装配工人小组试验、大规模访谈和对接线板接线工作室的研究。但试验结果却出乎意料：无论工作条件（照明度强弱、休息时间长短、工厂温度等）是改善还是取消改善，试验组和非试验组的产量都在不断上升；在试验计件工资对生产效率的影响时，发现生产小组内有一种默契，大部分工人有意限制自己的产量，否则就会受到小组的冷遇和排斥，奖励性工资并非传统的管理理论认为的那样使工人最大限度地提高生产效率；而在历时 2 年的大规模的访谈试验中，职工由于可以不受拘束地谈自己的想法，发泄心中的闷气，从而态度有所改变，生产率相应地得到了提高。

对这种"传统假设与所观察到的行为之间神秘的不相符合"，梅奥做出了如下解释。

第一，影响生产效率的根本因素不是工作条件，而是工人自身。参加试验的工人意识到自己"被注意"，是一个重要的存在，因而怀有归属感，这种意识助长了工人的整体观念、有所作为的观念和完成任务的观念，而这些是他在以往的工作中不曾得到的。正是这种人的因素导致了劳动生产率的提高。

第二，在决定工人工作效率因素中，工人为团体所接受的融洽性和安全感较之奖励性工资有更为重要的作用。

2.2.1.2 梅奥从霍桑试验中获得的启示

霍桑试验的研究结果否定了传统管理理论对于人的假设，表明了工人不是被动的、孤立的个体，他们的行为不仅仅受工资的刺激，影响生产效率的最重要因素不是待遇和工作条件，而是工作中的人际关系。据此，梅奥提出了以下观点。

（1）工人是"社会人"而不是"经济人"

梅奥认为，人们的行为并不单纯出自追求金钱的动机，还有社会方面的、心理方面的需要，即追求人与人之间的友情、安全感、归属感和受人尊敬等，而后者更为重要。因此，不能单纯从技术和物质条件着眼，而必须首先从社会心理方面考虑合理的组织与管理。

（2）企业中存在着非正式组织

企业中除了存在着古典管理理论所研究的为了实现企业目标而明确规定各成员相互关系和职责范围的正式组织之外，还存在着非正式组织。这种非正式组织的作用在于维护其成员的共同利益，使之免受其内部个别成员的疏忽或外部人员的干涉所造成的损失。为此非正式组织中有自己的核心人物和领袖，有大家共同遵循的观念、价值标准、行为准则和道德规范等。

梅奥指出，非正式组织与正式组织有重大差别。在正式组织中，以效率逻辑为其行为规范；而在非正式组织中，则以感情逻辑为其行为规范。如果管理人员只是根据效率逻辑来管理，而忽略工人的感情逻辑，必然会引起冲突，影响企业生产率的提高和目标的实现。因此，管理当局必须重视非正式组织的作用，注意在正式组织的效率逻辑与非正式组织的感情逻辑之间保持平衡，以便管理人员与工人之间能够充分协作。

【课堂讨论】

Tom应该向谁请假?

Tom即将有1周的假期，而且他打算5月份的第三周请休假。他所面临的唯一问题是，其部门内的5位员工中的2位也提出申请于同一期间休假，并已获得上司Luther的批准。Tom因担心Luther不同意他于该期间休假，所以决定直接向Luther的上司Harry提出申请，而Harry对Tom十分友善，因为他们经常一起钓鱼。Harry在Luther未看到休假申请单的情形下，就批准了。经过了数星期后，在一个偶然的机会中，Luther发现Tom已被同意在5月的第三周休假。

这是因为Luther的部属直接向Harry请示之诸多事件中之一件，类似的情况一直困扰着Luther。事实上，就在上星期Luther无意间在洗手间听到以下的对话："如果你想让任何事情获得批准，不要浪费时间去找Luther，最好直接找Harry。"

你认为这是谁的错？Tom？还是Harry？还是Luther？Luther应该怎么做才对？

（3）生产效率取决于职工的满意度

在决定劳动生产率的诸因素中，置于首位的因素是工人的满意度，而生产条件、工资报酬只是第二位的。职工的满意度越高，其士气就越高，从而产生的效率就越高。高的满意度来源于工人个人需求的有效满足，不仅包括物质需求，还包括精神需求。

2.2.1.3 人际关系理论的核心思想

霍桑试验对古典管理理论进行了大胆的突破，第一次把管理研究的重点从工作上和从物的因素上转到人的因素上来，不仅在理论上对古典管理理论做了修正和补充，开辟了管理研究的新领域，还为现代行为科学的发展奠定了基础，而且对管理实践产生了深远的影响。

（1）人才是企业发展的动力之源

人、财、物是企业经营管理必不可少的三大要素，而人力又是其中最为活跃，最富于创造力的因素。即便有最先进的技术设备，最完备的物质资料，没有了人的准确而全力的投入，所有的一切将毫无意义。对于人的有效管理不仅是高效利用现有物质资源的前提，而且是一切创新的最基本条件。尤其是在高科技迅猛发展的现代社会，创新是企业生存和发展的唯一途径。而创新是人才的专利，优秀的人才是企业最重要的资产。谁更有效地开发和利用了人力资源，谁就有可能在日益激烈的市场竞争中立于不败之地。

但是人的创造性是有条件的，是以其能动性为前提的。硬性而机械式的管理，只能抹杀其才能。“只有满意的员工才是有生产力的员工”，富有生产力的员工才是企业真正的人才，才是企业发展的动力之源。因此，企业的管理者既要做到令股东满意、顾客满意，更要做到令员工满意。针对不同的员工、不同层次的需求应分别对待。要悉心分析他们的思想，了解他们的真正需要：不仅要有必要的物质需求满足，还要有更深层次的社会需求的满足，即受到尊重，受到重视，能够体现自我的存在价值。例如，在管理过程中为了满足员工的社会需求，可以加强员工参与管理的程度，通过民主管理，民主监督的机制，增加他们对企业的关注，增加其主人翁的责任感和个人成就感，将他们的个人目标和企业的经营目标完美地统一起来，从而激发出更大的工作热情，发挥其主观能动性和创造性。

对于困难重重、举步维艰的中国国有企业来说，尊重人才尤为重要。要想盘活存量资产，首先要盘活现有人力资源。因为只有“活”的人，才能激活“死”的资产，这是企业走出困境的唯一出路。员工不是企业的包袱，是企业自救的中坚。只有尊重他们，才能使他们发挥创造力，与企业同呼吸、共命运，共同渡过难关。

（2）有效的沟通是管理中的艺术性方法

管理是讲究艺术的，对人的管理更是如此。新一代的管理者更应认识到这一点。那种高谈阔论、教训下属、以自我为中心的领导方式已不适用了。早在霍桑访谈试验中，梅奥已注意到亲善的沟通方式，不仅可以了解到员工的需求，更可以改善上下级之间的关系，从而使员工更加自愿地努力工作。倾听是一种有效的沟通方式。具有成熟智慧的管理者会认为倾听别人的意见比表现自己渊博的知识更重要。他要善于帮助和启发他人表达出自己的思想和感情，不主动发表自己的观点，善于聆听别人的意见，激发他们的创造性思维，这样不仅可以使员工增强对管理者的信任感，还可以使管理者从中获取有用的信息，更有效地组织工作。适时地赞誉别人也是管理中极为有效的手段。在公开的场合对有贡献的员工给予恰当的称赞，会使员工增强自信心和使命感，从而努力创造更佳的业绩。采用“与人为善”的管理方式，不仅有助于营造和谐的工作气氛，而且可以提高员工的满意度，使其能继续坚持不懈地为实现企业目标而努力。

（3）企业文化是寻求效率逻辑与感情逻辑之间动态平衡的有效途径

发现非正式组织的存在，是梅奥人际关系理论的重要贡献，作为企业的管理者，也应对此有所重视。员工不是作为一个孤立的个体而存在，而是生活在集体中的一员，他们的行为很大程度上受到集体中其他个体的影响。怎样消除非正式组织施加于员工身上的负面影响也是当代管理者必须正视的一个问题。只有个人、集体、企业三方的利益保持均衡时，才能最大限度地发挥个人的潜能。培养共同的价值观，创造积极向上的企业文化是协调好组织内部各利益群体关系，发挥组织协同效应和增加企业凝聚力最有效的途径。

总之，管理不仅是对物质生产力的管理，更重要的是对有思想、有感情的人的管理。人的价值是无法估量的，是社会上最宝贵的资源，是生产力中最耀眼的明珠。最大限度地开发人力资源将成为现代企业前进的主旋律，“重视人、尊重人和理解人”的管理思维模式，才会为企业创造美好灿烂的明天。

2.2.2　XY 理论

道格拉斯·麦格雷戈（Douglas M. McGregor）是美国著名的行为科学家，他在1957 年 11 月的美国《管理评论》杂志上发表了《企业的人性方面》一文，提出了著名的“XY 理论”，该文 1960 年以书的形式出版。麦格雷戈认为，有关人的性质和人的行为的假设对于决定管理人员的工作方式来讲是极为重要的。各种管理人员以他们对人的性质的假设为依据，可用不同的方式来组织、控制和激励人们。基于这种思想，他提出了“XY 理论”。

2.2.2.1　X 理论

麦格雷戈把传统的管理思想叫作 X 理论，其主要内容是：

- 大多数人是懒惰的，他们尽可能地逃避工作；
- 大多数人都没有什么雄心壮志，也不喜欢负什么责任，而宁可让别人领导；
- 大多数人的个人目标与组织目标都是自相矛盾的，为了达到组织目标必须靠外力严加管制；
- 大多数人都是缺乏理智的，不能克制自己，很容易受别人影响；
- 大多数人都是为了满足基本的生理需要和安全需要，所以他们将选择那些在经济上获利最大的事去做；
- 人群大致分为 2 类，多数人符合上述假设，少数人能克制自己，这部分人应当负起管理的责任。

根据 X 理论的假设，管理人员的职责和相应的管理方式是：

- 管理人员关心的是如何提高劳动生产率、完成任务，他的主要职能是计划、组织、经营、指引、监督；
- 管理人员主要是应用职权，发号施令，使对方服从，让人适应工作和组织的要求，而不考虑在情感上和道义上如何给人以尊重；
- 强调严密的组织和制定具体的规范和工作制度，如工时定额、技术规程等；
- 应以金钱报酬来收买员工的效率和服从。

由此可见，此种管理方式是胡萝卜加大棒的方法，一方面靠金钱的收买与刺激，一方面靠严密的控制、监督和惩罚迫使其为组织目标努力。麦格雷戈发现当时企业中对人的管理工作以及传统的组织结构、管理政策、实践和规划都是以 X 理论为依据的。

然而麦格雷戈认为，虽然当时工业组织中人的行为表现同 X 理论所提出的各种情况大致相似，但是人的这些行为表现并不是人固有的天性所引起的，而是现有工业组织的性质、管理思想、政策和实践所造成的。他确信 X 理论所用的传统的研究方法建立在错误的因果观念的基础上。通过对人的行为动机和马斯洛的需要层次论的研究，他指出：在人们的生活还不够丰裕的情况下，胡萝卜加大棒的管理方法是有效的；但是，当人们达到了丰裕的生活水平时，这种管理方法就无效了。因为，那时人们行动的动机主要是追求更高级的需要，而不是“胡萝卜”（生理需要、安全需要）了。

2.2.2.2　Y 理论

麦格雷戈认为，由于上述的以及其他许多原因，需要有一个关于人员管理工作的新理论，它必须建立在对人的特性和人的行为动机的更为恰当的认识基础上，于是他提出了 Y 理论，其主要内容如下。

第一，一般人并不是天性就不喜欢工作的，工作中体力和脑力的消耗就像游戏和休息一样自然。工作可能是一种满足，因而自愿去执行；也可能是一种处罚，因而只要可能就想逃避。到底怎样，要看环境而定。

第二，外来的控制和惩罚，并不是促使人们为实现组织目标而努力的唯一方法。它甚至对人是一种威胁和阻碍，并放慢了人前进的脚步。人们愿意实行自我管理和自我控制来完成应当完成的目标。

第三，人的自我实现的要求和组织要求的行为之间是没有矛盾的。如果给人提供适当的机会，就能将个人目标和组织目标统一起来。

第四，一般人在适当条件下，不仅学会了接受职责，而且还学会了谋求职责。逃避责任、缺乏抱负以及强调安全感，通常是经验的结果，而不是人的本性。

第五，大多数人，而不是少数人，在解决组织的困难问题时，都能发挥较高的想象力、聪明才智和创造性。

第六，在现代工业生活的条件下，一般人的智慧潜能只是部分地得到了发挥。

根据以上假设，相应的管理措施为：

第一，管理职能的重点。在 Y 理论的假设下，管理者的重要任务是创造一个使人得以发挥才能的工作环境，发挥出职工的潜力，并使职工在为实现组织的目标贡献力量时，也能达到自己的目标。此时的管理者已不是指挥者、调节者或监督者，而是起辅助者的作用，从旁给职工以支持和帮助。

第二，激励方式。根据 Y 理论，对人的激励主要是给予来自工作本身的内在激励，让他担当具有挑战性的工作，担负更多的责任，促使其工作做出成绩，满足其自我实现的需要。

第三，在管理制度上给予工人更多的自主权，实行自我控制，让工人参与管理和决策，并共同分享权力。

麦格雷戈归纳了基于对人性的不同看法而形成的 2 种理论。他认为：传统理论是以对人性的错误看法为基础的，这种理论把人看作天性厌恶工作，逃避责任，不诚实和愚蠢等。因此，为了提高劳动生产效率，就必须采取强制、监督、惩罚的方法。麦格雷戈把这种理论称之为“X”理论。与之相对的是“Y”理论，其基本观点是：人并不是被动的，人的行为受动机支配，只要创造一定的条件，他们会视工作为一种得到满足的因素，就能主动把工作干好。因此，对工作过程中存在的问题，应从管理上找原因，排除职工积极性发挥的障碍。麦格雷戈把这种理论称之为“Y”理论。他认为“X”理论是一种过时的理论，只有“Y”理论才能保证管理的成功。

2.2.3　需求层次理论

需要层次论是研究人的需要结构的一种理论，是美国心理学家马斯洛（Abraham. Maslow）首创的一种理论。1943 年，美国心理学家马斯洛在他发表的《人类动机的理论》一书中，首次提出了需求层次理论。他认为，人类的需求包括 5 个层次，从基本的衣食住行到复杂的自我实现，按重要性依次为：生理需求、安全需求、社交需求、尊重需求和自我实现的需求。

2.2.3.1 需求层次理论的3个基本假设

需求层次理论的构成根据以下3个基本假设。

第一，人要生存，他的需要能够影响他的行为。只有未满足的需要能够影响行为，满足了的需要不能充当激励工具。

第二，人的需要按重要性和层次性排成一定的次序，从基本的（如食物和住房）到复杂的（如自我实现）。

第三，当人的某一级的需要得到最低限度满足后，才会追求高一级的需要，如此逐级上升，成为推动继续努力的内在动力。

他将人的需求分为生理的需求、安定或安全的需求、社交和爱情的需求、自尊和受人尊重的需求以及自我实现的需求。需求的层次以生理的需求为基础。生理的需求以支持生命之所必需，包括衣食住行等项。一个人倘若缺少了这一类基本生活必需品，那么生理需求将是他主要的激励，如图2-2所示。

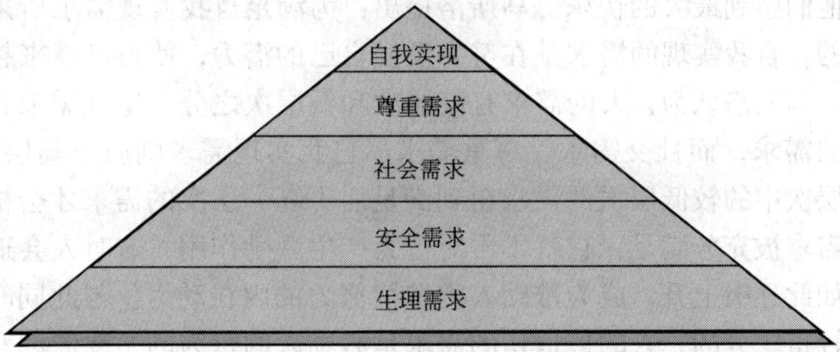

图2-2 马斯洛需求层次图

2.2.3.2 需求层次理论的基本含义

（1）生理上的需求

这是人类维持自身生存的最基本要求，包括饥、渴、衣、住、性的方面的需求。如果这些需求得不到满足，人类的生存就成了问题。在这个意义上说，生理需求是推动人们行动的最强大的动力。马斯洛认为，只有这些最基本的需求满足到维持生存所必需的程度后，其他的需求才能成为新的激励因素，而到了此时，这些已相对满足的需求也就不再成为激励因素了。

（2）安全上的需求

这是人类要求保障自身安全、摆脱失业和丧失财产威胁、避免职业病的侵袭、解除严酷的监督等方面的需求。马斯洛认为，人的整个有机体是一个追求安全的个体，人的感受器官、效应器官、智能和其他能量主要是寻求安全的工具，甚至可以把科学和人生观都看成是满足安全需求的一部分。当然，当这种需求一旦相对满足后，也就不再成为激励因素了。

（3）社会的需求

也叫归属与爱的需求，是指个人渴望得到家庭、团体、朋友、同事的关怀爱护理解，是对友情、信任、温暖、爱情的需求。这一层次的需求包括2个方面的内容。一是友爱的需求，即人人都需要伙伴之间、同事之间的关系融洽或保持友谊和忠诚；人人都希望得到爱情，希望爱别人，也渴望接受别人的爱。二是归属的需求，即人人都有一种归属于一个群体的感情的需求，希望成为群体中的一员，并相互关心和照顾。感情上的需求比生理上的需求来得细致，它和一个人的生理特性、经历、教育、宗教信仰都有关系。

(4) 尊重的需求

人人都希望自己有稳定的社会地位，要求个人的能力和成就得到社会的承认。尊重的需求又可分为内部尊重和外部尊重。内部尊重是指一个人希望在各种不同情境中有实力、能胜任、充满信心、能独立自主。总之，内部尊重就是人的自尊。外部尊重是指一个人希望有地位、有威信，受到别人的尊重、信赖和高度评价。马斯洛认为：尊重需求得到满足，能使人对自己充满信心，对社会满腔热情，体验到自己活着的用处和价值。

(5) 自我实现的需求

这是最高层次的需求，它是指实现个人理想、抱负，发挥个人的能力到最大程度，完成与自己的能力相称的一切事情的需求。也就是说，人必须干称职的工作，这样才会使他们感到最大的快乐。马斯洛提出：为满足自我实现需求所采取的途径是因人而异的。自我实现的需求是在努力发掘自己的潜力，使自己越来越成为自己所期望的人。马斯洛认为：人的需求有高层次和低层次之分。生理需求和安全需求属于低层次的需求，而社交需求、尊重需求、自我实现需求则属于高层次的需求。只有在需求层次中的较低层次的需求得到满足后，高一层次的需求才会被激活。一旦人的某种需求被充分满足，它就不再对行为产生激励作用，这时人会追求更高一级的需求，如此逐级上升，成为推动人类继续努力的内在动力。与此同时，人的需求是有主次轻重之分的，人的最迫切的需求是激励人的行为的主要原因和动力。因此，在进行行为激励时，必须抓住人的核心需求和最迫切满足的需求。已得到满足的需求将失去激励力。在具体的激励措施上，人的需求是多种多样的，并且是有层序性的，所以要使人受到激励，必须注意满足人的不同层次的需求。不同人的需求是不同的，因此在实施激励时，要注意满足不同人的具体需求。

2.3 现代管理理论

2.3.1 三论

2.3.1.1 系统论

系统论的基本思想由来已久，真正创立系统论的是奥地利生物学家贝塔朗菲。1955年，他发表重要著作《一般系统理论》，该书被译成德、意、法、西、日、汉等文，影响极为深远。此后，系统论显示出了它巨大的学术影响。

系统管理学派的主要代表人物是弗雷蒙特·卡斯特（Fremont E. Kast），他是美国西雅图华盛顿大学的管理学教授。1963年，卡斯特与理查德·约翰逊、詹姆斯·罗森茨韦格共同撰写了《系统理论与管理》一书，这本书借助风靡当时的系统论，比较全面地阐述了系统管理的观点，成为他创立系统管理理论的奠基之作。1970年，卡斯特和罗森茨韦格又合作出版了《组织与管理——系统方法与权变方法》一书，由此建立了系统管理理论的基本框架，同时也奠定了他们在系统管理学派中的地位。此后，系统管理理论曾经一度风靡管理学界。

卡斯特的系统管理理论的思想要领，主要有以下3个方面。

（1）组织是由多个子系统组成的

组织作为一个开放的社会－技术系统，是由5个不同的分系统构成的整体。这5个分系统包括：目标与价值分系统、技术分系统、社会心理分系统、组织结构分系统和管理分系统。这5个分系统之间既相互独立，又相互作用，不可分割，从而构成一个整体。这些系统还可以继续分为更小的子系统。

（2）企业的发展受到内外因素的影响

企业是由人、物资、机器和其他资源在一定的目标下组成的一体化系统，它的成长和发展同时受到这些组成要素的影响。在这些要素的相互关系中，人是主体，其他要素则是被动的。管理人员需要保持各要素之间的动态平衡和相对稳定，并保持一定的连续性，以便适应情况的变化，达到预期目标。同时，企业还是社会这个大系统中的一个子系统，企业预定目标的实现，不仅取决于内部条件，还取决于企业外部条件，如资源、市场、社会技术水平、法律制度等，它只有在与外部条件的相互影响中才能达到动态平衡。

（3）企业是一个投入－产出系统

如果运用系统观点来考察管理的基本职能，可以把企业看成是一个投入－产出系统，投入的是物资、劳动力和各种信息，产出的是各种产品或服务。运用系统观点，可以使管理人员不至于只重视某些与自己有关的特殊职能而忽视了大目标，也不至于忽视自己在组织中的地位与作用，这可以提高组织的整体效率。

总之，系统管理理论就是从系统的整体性出发，运用“输入—转换—输出”的分析模型，着眼于系统与环境的关系，来分析管理活动。这一学派强调，组织是一个为环境所影响，并反过来影响环境的开放系统，它在与环境的相互影响中取得动态平衡；各种组织内部的子系统相互联系，相互影响。而组织又处于环境超系统之内。就其本质而言，系统的性质，取决于系统内外的相互联系，而不是取决于系统的构成要素。比如，石墨和金刚石的构成元素是一样的，但是，由于原子之间的结构方式不一样，二者在性质上迥然有别。系统论最核心的观点，就是用关联论来取代元素论。

2.3.1.2 信息论

1948年，美国数学家、通讯工程师申农（C. E. Shannon）和韦弗（Warren Weaver）建立了信息论。最初人们所注意的主要是它在通信工具和自动化控制工程中的作用，对于社会科学和管理科学似乎没有什么重要价值。但是，随着计算机的发展和它在管理科学中的应用，信息论逐渐显现出它在社会科学以及管理科学方面的应用价值。

信息论发表的同一年，美国著名的数学家诺伯特·维纳（Norbert Wiener）出版了《控制论》一书。正如维纳本人所说：“从我对控制论感兴趣开始，我就已经完全领会到，我发现的那些可以用在工程学和生理学上的有关控制和通信的想法，也可以用在社会学和经济学方面。”果如其言，自20世纪50年代以后，有关管理学的书籍几乎无一不涉及信息、反馈和控制论，以致人们认为，管理学因此而真正进入了科学化阶段。

申农（C. E. Shannon，1916—2001 年）是美国贝尔电话研究所的数学家，为了解决通信技术中的信息编码问题，申农突破传统观念的束缚，把发射信息和接收信息作为一个整体的通信过程来研究，提出通信系统的一般模型；同时建立了信息量的统计公式，奠定了信息论的理论基础。至今在信息量的计算上使用的“比特”（bit）这一单位，就是由他首创的。计算机中使用的“字节”（byte），就是来自于比特。

1943 年，申农的信息论粗具雏形。1948 年，他在《贝尔系统技术》杂志上发表了具有划时代意义的论文《通讯的数学理论》，这成为信息论诞生的标志。

申农关于信息传递可以消灭噪声、完全保真的定理，成为现代通信工程学的基础，50 年来，人们都在为了实现他的预言而努力。申农的研究也激发了所有现代的纠错编码技术和数据压缩算法的研究。换句话说，没有申农，就不会有音质一流的 CD 音碟，不会有互联网，也不会有美国宇航局的外太空飞行器从数十亿千米外传回来的照片。一句话，没有申农，就没有今日的“数字化生存”。

2.3.1.3 控制论

在第二次世界大战末期，有 2 个问题引起了维纳的特别兴趣。一个是电子计算机，另一个是火炮命中率问题。第二次世界大战期间，交战双方都在努力提高防空火炮打飞机的命中率。当时平均 3000 发炮弹才能击中一架敌机。维纳开始探索防空火力控制系统的预测装置，由此萌发了控制论的基本思路。他从驾驶汽车的简单动作中提炼出“反馈”控制方法，并发现机器的控制和人的控制机能有相似之处。最终他于 1948 写出了《控制论》。

维纳一生发表论文 240 多篇，著作 14 部。他对控制论的定义是：“设有 2 个状态变量，其中一个是能由我们进行调节的，而另一个则不能控制。这时我们面临的问题是如何根据那个不可控制变量从过去到现在的信息来适当地确定可以调节的变量的最优值，以实现对于我们最为合适、最有利的状态。”1964 年，维纳荣获美国总统授予的国家科学勋章。

2.3.2 决策论

这一学派的代表人物是著名的诺贝尔经济学奖获得者美国教授西蒙。该学派认为决策是管理者的主要任务，因而应集中研究决策问题，尤其是西蒙提出的行为决策管理对现代管理理论做出了卓越的贡献，其主要观点包括：①“有限的理性”和“满意准则”。他认为管理者的理性是有局限的，由于在实践中的决策情况非常复杂，而管理者的判断力又受各种主客观条件的限制，不可能认识在给定的情形下所有备选方案的各种可能结果。因此，管理人员应寻求简单的、尚“满意”的结果，而非“最佳方案”。② 计算机辅助决策。随着高速计算机的出现，大部分的决策工作可由计算机来执行，即程序化决策。这类问题的决策通过编制程序，在有关问题一提出时，就对它假设一个答案，以对该决策做出指导。

许多学者和理论家认为，管理是以决策为特征的，所以管理理论应围绕决策这个核心来建立。可是，应看到管理的内容是比决策丰富得多；而且只要具备一定的条件，决策对管理者而言，就会是一件相当容易的事情。这些条件是：目标明确，对决策环境能较准确地预测，能获得充分的信息，组织结构能使决策者职责分明，拥有胜任决策的人员，以及其他进行有效管理的必要条件。

2.3.3 权变论

自20世纪30年代以来，西方组织行为学家、心理学家从不同角度，对领导问题进行了大量研究。这些研究经历了几十年的演变，已经由一般的领导形态学（Morphology of Leadership）、领导生态学（Ecology of Leadership）发展为领导动态学（Dynamics Ofleadership）研究，导致了领导权变理论的诞生与发展，成为当今西方领导理论的主流。

20世纪70年代，权变理论在美国兴起，受到广泛的重视。权变理论的兴起有其深刻的历史背景，20世纪70年代的美国，社会不安，经济动荡，政治骚动，达到空前的程度，石油危机对西方社会产生了深远的影响，企业所处的环境很不确定。但以往的管理理论，如科学管理理论、行为科学理论等，主要侧重于研究加强企业内部组织的管理，而且以往的管理理论大多都在追求普遍适用的、最合理的模式与原则，而这些管理理论在解决企业面临瞬息万变的外部环境时又显得无能为力。正是在这种情况下，人们不再相信管理会有一种最好的行事方式，而是必须随机应变地处理管理问题，于是形成一种管理取决于所处环境状况的理论，即权变理论。“权变”的意思就是权宜应变。

权变理论的产生，起源于系统理论的发展，系统理论强调从整体出发而不是从局部出发去研究事物。研究人员将系统论应用于管理过程，提出了“社会－技术系统”理论，指出所谓社会－技术系统是指一个企业是由各种子系统构成的完整系统。其中包括目标价值系统、组织结构系统、心理社会系统和管理系统，等等。在企业中，各子系统之间相互联系，相互影响，并具有系统的开放性。组织中的个人和群体的社会－心理因素必须同技术－环境因素相适应，才能达到最佳的组织绩效。因此，权变理论的主要特征之一就是把组织绩效看成是各种因素相互作用的结果。

权变理论（Contingency Theory）的基本观点认为：不存在一成不变、普遍适用的最佳管理理论和方法，组织管理应根据组织所处的内部和外部条件随机应变。权变理论把内部和外部环境等因素看成是自变量，把管理思想、管理方式和管理技术看成是因变量，因变量随自变量的变化而变化。管理者应根据自变量与因变量之间的函数关系来确定一种最有效的管理方式。

这个学派强调，管理者的实际工作取决于所处的环境条件，因此，管理者应根据不同的情景及其变量决定采取何种行动和方法。它试图寻求最为有效的方式来处理一个特定的情景或问题。其代表人物有卢桑斯、菲德勒、豪斯等人。

1976年，美国学者卢桑斯（F. Luthans）在出版的《管理导论：一种权变学》一书中系统地概括了权变管理理论的核心观点。

（1）环境对管理的作用日益增强

权变理论就是要把环境对管理的作用具体化，并使管理理论与管理实践紧密地联系起来。

（2）因变量随自变量的变化而变化

这就是说，在不同的环境条件下，要更快地达到目标，就要采用不同管理原理、方法和技术。比如，如果在经济衰退时期，企业在供过于求的市场中经营，采用集权的组织结构，就更适于达到组织目标；如果在经济繁荣时期，在供不应求的市场中经营，那么采用分权的组织结构可能会更好一些。

(3) 环境变量与管理变量之间的函数关系就是权变关系

环境可分为外部环境和内部环境。外部环境又可以分为2种：一种是由社会、技术、经济和政治、法律等所组成；另一种是由供应者、顾客、竞争者、雇员、股东等组成。内部环境基本上是正式组织系统，它的各个变量与外部环境各变量之间是相互关联的。

2.3.4 CIS

2.3.4.1 CIS的含义、发展及构成要素

(1) CIS的含义

CIS是英文Corporate Identity System的缩写。意思是“企业的统一化系统”，“企业的自我同一化系统”，“企业识别系统”。CIS理论把企业形象作为一个整体进行建设和发展，是企业的识别系统。一个好的“CIS”将成为协助企业长期开拓市场的利器。

(2) CIS的发展

CIS是一种现代企业经营战略，它并非一蹴而就，它经历了一个从CI到CIS的演进过程。CI（Corporate Identity）意即企业识别，其最初只是一种统一企业视觉识别，提高企业产品知名度，进而达到扩大销售目的的手段。CI的出现，是工业化时代企业的大量涌现，以及相应的市场激烈竞争的结果。早在20世纪初，意大利企业家密罗·奥利威蒂在伊布里亚开设工厂生产打字机，为了提高自己产品的竞争力，他一方面重视企业标识的设计，并使其商标不断完善，另一方面他还开设了托儿所，以此提升企业形象。1914年，德国著名建筑学家比德贝汉斯受聘为德国AEG电器公司的设计顾问，并为其进行了统一的商标、包装、便条纸和信封设计，这为统一企业视觉起到了积极作用。

对商标、标识统一设计虽还不能视为严格意义上的CI设计，但却可以看作CI视觉识别的雏形。

CI正式发展于20世纪40~50年代的美国。在此期间，美国先后有3家企业采用CI设计，他们分别是CBC公司，IBM公司和西屋电器公司，其中以IBM公司的标志设计最为著名。因此，有人将当时IBM公司导入CI计划视为CI创立的标志。CIS的导入使很多企业取得了良好的经营业绩，如克莱斯公司在20世纪60年代初，一下子把市场占有率提高了18%；1970年可口可乐公司导入了CIS，改造了世界各地的可口可乐标志，结果在世界各地掀起了CIS的热潮。日本紧随美国潮流，20世纪60~70年代引入并发展了CIS，它发展和强化了“理念识别”，不仅进行了具有自己特色的CIS实践，而且对CIS的理论做出了贡献。

【知识窗】

IBM的CIS之路

IBM公司是美国最早导入CIS战略的企业之一。当时任IBM公司总裁的小托姆斯华生认为，为了使公司成为享誉世界的大企业，就非常有必要在电子计算机行业中树立一个响当当的形象。而这个形象不仅能体现出企业的理念，而且还要有利于市场竞争，特别是能

有意识地在消费者心目中留下一个具有视觉冲击的形象标记。于是，他们把公司名称的3个英文字头浓缩成“IBM”3个字母，并制造出富有美感的造型，并选用蓝色作为公司的标准色。就这样，IBM公司通过CIS战略的导入塑造了企业形象，使之成为美国公众心目中信任的“蓝色巨人”。

然而，使IBM公司成为世界计算机行业中首屈一指的霸主，这不仅仅是因为有了一个良好的视觉形象，而且由于IBM公司树立了以“IBM就是服务”为宗旨的理念，并自始至终为之奋斗不息。应该说，这才是IBM公司能够真正成为“蓝色巨人”的秘密所在。

“IBM就是服务”，这是IBM公司的一句广告语。它虽然十分简单，但是却清楚而又准确地阐明了企业的指导思想。也就是说，IBM公司就是要在为用户提供最佳服务方面独步全球。所以从这个意义上讲IBM公司提供的不仅是产品机器，而且是服务——即设备本身以及企业员工的建议和咨询；同样IBM公司训练的不仅是产品的推销员，而是培养出用户困难的解决者。因为IBM公司用这样的理念作为指导，所以使得公司在服务方面的工作可以说几乎达到无懈可击的地步，令人叹为观止。例如，公司在创办之初就要求对于任何一个用户提出的问题都必须在24h之内予以解决，至少要做出答复；后来发展成为顾客仅出租金就可以使用机器，公司还可以免费为用户提供维修、咨询和培训的服务；甚至如果对IBM公司提供的服务不满意还可以不付租金、退回机器……

正因为IBM公司能为顾客提供如此周到的服务，所以才能在广大顾客心目中留下如此美好的形象，才能使它在强手如林的计算机市场中“称王称霸”。为什么提供周到的服务能有如此巨大的“魔力”呢？其实道理十分简单。因为每个顾客对企业印象的认识，最主要的渠道就是自己的亲身感受。这种感受要比任何广告宣传的力量都要大得多。特别是在当前，许多产品的技术相差无几的情况下，企业能否提供周到、热情、主动的服务，就成为能否赢得顾客的决定性因素之一。而要达到这一目的，是与企业树立正确的理念分不开的。

IBM公司的成功再次告诉我们，导入CIS战略，绝不仅限于建立视觉识别，更主要的还是首先必须树立正确的理念。

20世纪80年代前后，CIS传入东南亚及我国港台地区，并取得了一定的成就。

我国改革开放以来，市场经济的发展，许多企业也渐渐重视并导入CIS，如太阳神集团、三九集团、健力宝、李宁运动用品等已取得有目共睹的战绩。近年来，我国出现了许多CI策划、设计等专业公司，为企业导入CIS，提高企业的竞争力做出了贡献。

（3）CIS的构成要素

企业识别系统（CIS）构成要素，基本上由三者构成：一是企业的理念识别（Mind Identity，MI）；二是企业行为识别（Behavior Identity，BI）；三是企业视觉识别（Visual Identity，VI）。企业的理念识别一般包括企业的经营信条、企业精神、座右铭、企业风格、经营战略策略、厂歌、员工的价值观等。企业的行为识别包括对内和对外2部分。对内包括对干部的教育、员工的教育（如服务态度、接待技巧、服务水准、工作精神等）、生产福利、工作环境、生产效益、废气物处理、公害对策、企业发展等；对外包括市场调查、产品开发公共关系、促销活动、流通政策、银行关系、股市对策、公益性及文化性活动等。企业的视觉识别一般包括基本设计、关系应用、辅助应用3个部分。基本设计包括企业名称、品牌标志、标准字、标准色、企业造型、企业象征图案、企业宣传标语、口号、吉祥物等；关系应用包括办公器具、设备、招牌、标识牌、旗帜、建筑外观、橱窗、衣着制服、交通工具、包装用品、广告传播、展示、陈列等；辅助应用包括样本使用法、物样使用规格及其他附加使用等。

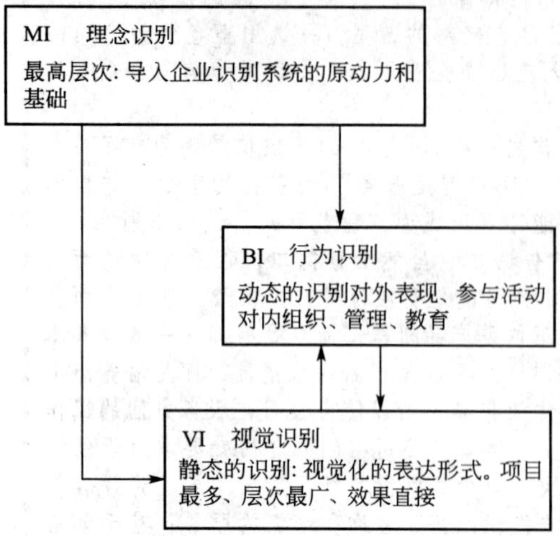

图2－3 企业识别系统（CIS）结构图

在MI，BI，VI三者之中，具有以下的结构层次关系（图2－3）。

从结构图中，我们可以了解到理念MI是CIS的中心和依据，企业经营理念和企业战略的确定是实施CIS的关键。理念的优劣直接关系到企业的发展方向及未来的前途。完善而独特的理念识别是活动识别的依据。作为企业的动态系统的行为识别BI是理念MI的具体表现，而且也直接关系到视觉识别VI这一以静态为特征的视觉传达系统。

MI是抽象思考的精神理念，难以具体显现其中的内涵，表达其精神的特质。BI是行为活动的动态形式，偏重过程。VI用视觉形象的表现来进行个性的识别，它的传播力量与感染力也是最直接最有力的，能够将企业识别的基本精神——差异性充分表现出来。

CIS中的核心是MI，企业理念中的价值观念、精神观念和理想追求可以视为CIS设计的种子，CIS的生成就是某种价值观念、精神境界、理想追求的发育与成熟，就是它们的展开与实现。没有它们，企业形象就缺乏生气，没有活力。经研究发现在众多优秀的企业中，它们之所以能够成功，其中重要的原因之一就是因为它们有一种独特的文化品质，这种品质使它们能够脱颖而出，获取成功。比如，著名的日本松下电器公司，从1917年的97美元创业到如今拥有20万职工的跨国公司，就是其领导人松下幸之助在实践中摸索出的20条经营哲学——企业理念的成功。这20条经营哲学内容包括：

- 树立正确的经营理念；
- 用生成发展的观点看待一切事物；
- 对人要有正确的看法；
- 正确地认识企业的使命；
- 顺应自然的规律；
- 利润就是报酬；
- 贯彻共存共荣的思想；
- 应该认为社会大众是公正的；
- 树立一定成功的坚定信念；
- 时刻不忘自主经营；
- 实行“水库式的经营”；
- 进行适度经营；
- 贯彻专业化；
- 造就人才；
- 集思广益；
- 既对立又协调；

● 企业的经营管理是一种艺术；

● 要顺应时代的变化；

● 要关心政治；

● 要心地坦诚。

另外，我们再看一下日本著名公司佳能（Canon）的企业理念识别构成。

目标：创造世界第一的产品，促进文化的提升；创造理想的公司，追求永远的繁荣。

社风：拥有自发、自觉、自治的三自精神；以实力主义为格言，追求人才的效用；互相信赖，促进了解，贯彻“和二”的精神；以健康与明朗的格言，促进人格的涵养。

企业的行为识别几乎涵盖了整个企业的经营管理活动。不同的企业，在内涵上又有所不同。如银行业重视外观形象和社会形象，销售企业重视外观形象和市场形象等。在企业行为中能直接作用到公众并形成公众的印象与评价的因素，主要可分为以下7种形象21项因素。

技术形象　技术优良；研究开发力旺盛；对新产品的开发热心。

市场形象　认真考虑消费者问题；对顾客服务周到；善于广告宣传；完善消费网络；增强国际竞争力。

公司风气形象　清洁；现代感；良好的风气；和蔼可亲。

未来性形象　未来性；积极形象；合乎时代潮流。

外观形象　信赖感稳定性高；企业规模大。

经营者形象　经营者具有优秀的素质。

综合形象　一流的企业；想购买此公司股票；希望自己或子女在其公司工作。

企业的行为识别偏重于行为活动的过程，消费者对其认识也需要一定的时间。而且随着时代的变化，企业的行为识别内容也在不断地进行调整，以符合整体CIS系统的变革。

企业的视觉识别（VI）在CIS所有活动中，其效果最直接，在短期内表现出的作用也最明显。统一的VI设计可以在企业对外宣传和企业识别上获得最有效最直接的具体效果。也正因为如此，很多人把视觉识别（VI）等同于CIS，甚至把VI等同于“企业形象”。在此，希望读者能引起注意。在企业视觉识别（VI）中，视觉的设计是论证VI成功的关键。一个良好的设计应该能具有以下几个要素：

● 能反映企业的理念识别（MI）基本特征；

● 能反映企业基本经营性质；

● 视觉设计必须容易辨认、记忆，具有系统性及严格区别于其他同类企业；

● 视觉设计必须符合美感，赏心悦目，能被绝大多数人接受并能引起他们的好感。

2.3.4.2　企业CIS战略的特点

(1) 把企业形象视为一种无形资源

CIS战略把企业形象视为一种无形资源要素，这是企业形象战略得以实现的根基。随着社会信息化的到来，科技出现了社会化和一体化的发展趋势，由技术所导致的产品及服务质量方面的差异被大大缩小了，大众型消费向个别型消费过渡，市场已转变为买方市场，商业竞争已成为综合能力的竞争，只有借助于综合优势，并采用科学信息的传达手段，充分了解市场，才能把握主动。

(2) 强调企业形象的差异化

企业CIS战略是企业形象的差异化战略。它特别强调信息传达的效率化、标准化和统一化的差别，并使企业产品的使用者及相关者明确企业的社会定位及存在意义，并加以认同。还使企业的视觉符号（如企业标志、名称、商标、色彩、等）被公众认识、依赖及产生好感。

(3) CIS战略成功的关键是对企业理念的开发

企业CIS战略成功的关键是企业对理念的开发、提供和自主化认同，这也是形成CIS系统中的核心MI的关键所在。

(4) 全员经营战略是CIS战略成功的基础

企业的CIS战略也是一种全方位的传达体系，是一种需企业全员经营的战略。企业在导入CIS的过程中，必须由自己的力量来完成企业理念的提供和开发工作，要动员企业员工的力量。

(5) CIS战略是企业的长期战略

它必须设计出一种可控制、能实际操作和检查改进的机制在企业CIS战略中，所要建立的企业识别系统就其实质来说就是企业文化系统，它既有理念的支持企业的价值观，也有企业的行为规范，同时也有表现理念及其配合行动的视觉符号系统。

2.3.4.3 CIS的功能

CIS战略作为建立企业形象的有效途径，是一个完整的、科学的、可操作和可控制的系统化战略体系。实施CIS战略，进行企业形象策划，不但能促进企业产品的销售和提高服务质量，而且还能提升企业整体形象和经营管理水平，使企业组织在各方面发生积极性的变化，促进企业经济效益和社会效益的全方位的提高。

(1) 有利于树立良好的企业形象

企业形象是消费者、社会公众以及企业内部员工和企业的相关部门与单位对企业、企业行为、企业的各种活动成果能给予的整体评价与一般认定。这种形象必然是企业形象的系统性表现。CIS的根本是树立具有独特个性的，为自身和社会大众认同的企业形象，并给企业带来经济效益和社会效益。因此，可以说CIS就是企业建立和维护良好形象的一个系统工程。

作为一个企业的形象，它有着其自身的显著特点。主要具有以下8种特性。

整体性 它是由企业内部的诸多因素构成的统一体和集中表现，是一个完整的有机整体。

社会性 企业形象是企业公众对企业综合认识的结果，决不是人们对某个企业的个别因素的认识结果，而是综合多方面的因素形成的，是不以人的意志为转移的社会现象。它还受一定社会环境的影响和制约，不可能脱离赖以生存和发展的社会和自然条件而独立存在。

相对的稳定性 一个企业的形象一旦在公众的心目中形成，便表现为相对的稳定性，一般很难改变，即使企业发生变化，这种变化很难马上改变企业已存在的形象模式。因为公众是倾向于原有企业已存在的形象，这是公众心理定势作用的结果。因此，相对稳定的良好的企业形象有利于企业利用其稳定特点开展经营管理活动，可以借助已存在的有利条件为企业创造更多的经济效益和社会效益。

对象性 企业形象作为人们对企业综合性认识是一种总的印象，在表现上反映出其主观性的特点，但社会大众的思维方式、价值观、利益观、审美高度等的不同，使得他们对企业形象的认识途径、认识方法都有所不同。

可变性 虽然企业形象具有相对稳定性的特点，但这种稳定性是相对的，随着企业内部因素和外部环境的改变，企业形象也会随之发生变化。只要变化足够大，时间足够长，并且这种变化正好是公众注目和关心的，那么，公众对企业的态度和舆论就会发生巨大的变化。

传播性 企业形象可以通过各种传播渠道从某一类公众传送给另一类公众。这一特征为企业形象策划达成自身的目的提供了理论依据。

偏差性 企业形象在传播中常会出现和客观实际不符的情形：企业形象超前或滞后于企业现实。出现偏差，是由于公众获得某一企业信息不充分所致，由于信息不充分，人们就主要从某些方面去臆测，以致于出现偏差现象。

创新性 企业形象是发展的，随着消费者的价值观和消费需求的更新，对企业形象也提出了创新的要求，所以企业形象具有把创新、继承、延续有机地结合起来的特征。

CIS 作为建立企业形象的有效途径，是一个完整的、科学的、可操作的和可控制的系统化战略体系。CIS 的综合性特点，基本体现在其整体性上，在企业理念（MI）的指导下，BI 作为企业的实际行动，VI 则全方位、全媒体地以各种方式传播企业的信息，公众可以在企业的整个社会性活动当中，以多种渠道、多个角度、不同方式、不同形式获得企业信息，而各种企业信息的共同性和互补性又起到了树立形象的效果。因此 CIS 要注意企业的视觉符号系统与企业的经营理念、经营活动的内在一致性，并尽力设计出易被大众所接受的视觉符号。

一旦建立起良好的企业形象，企业就有了长期受益的无形资产。CIS 强调的系统性、科学性，还需制定强有力的推广计划与实施方案，这样才能发挥 CIS 对企业形象的建立所起的作用。

（2）有利于加强企业文化建设

企业文化是 20 世纪 80 年代企业管理思想的产物，并被人们所公认为是现代企业管理的有效模式。企业文化作为企业的一个特殊化群体存在样式，它的生存和发展方式，具体体现为企业整体的思想、心理和行为方式，通过企业的生产、经营、组织和活动而表现出来，其中企业理念居于主体地位。企业文化是经过企业成员集体创造、享用、认同、继承和更新的。因此，在内部具有共性化，同时在外部又具有个性化，不同的企业文化也有不同的类型及模式。

企业 CIS 内部认同的最高目标是建立优秀的企业文化。CIS 体系中的 MI（理念识别），BI（行为识别），集中地表现了企业的精神、理念、价值观和行为准则。全面的 CIS 导入，是以企业对社会市场和企业内部环境的综合分析为依据的，对于企业组织结构与企业文化的存在状况，以及它们之间统一与协调的程度进行深入检查与研究，最终为企业经营者提供一个加强组织机制、提高企业环境适应能力与市场竞争的契机。

企业 CIS 导入的价值在于通过建立企业的共同价值观念与行为准则，为企业的全体员工提供向心力、凝聚力和归属感，并在一定程度上弥补企业文化团体的分离倾向。因此 CIS 导入，必须要以明确的方式表达企业文化的实际意义，使它成为全体员工的共识。另外，还要对企业文化已有存在方式进行全面的重新检查与测试，并在此基础上为企业的决策者提出达到目的的最优规则。

从企业文化的角度看，CIS 中的 MI 主要从4个方面来进行导入。

企业的价值观念 价值观念是企业经营者和全体成员的最高要求和衡量事物的标准。因此，价值观念对于企业的发展具有指导意义，企业价值观念对于企业的经济、技术因素和组成因素有支配作用。企业价值观念不是孤立存在的，它体现在企业的生产、经营、组织、生活等一切活动中，通过企业的经营思想、企业精神、企业道德、企业目标反映出来。企业价值观念应能代表成员的主导价值观，或者能够把成员的价值取向统一到企业价值观体系中来。

企业经营思想 企业经营思想是指企业经营的指导思想和方法论。具体体现为经营环境的适应和开发、经营资源的利用、经营组织机制和多种制度的运用等。主要包括：企业的社会责任感、企业的效益观念、系统观念，等等。

企业精神 企业精神是在企业长期经营活动中形成的，代表企业价值观和广大成员意愿的，反映企业目标和方法，具有推动企业发展的一种意识和精神力量。一般通过一些精炼、浓缩、富于哲理，又简洁明快的语言表现出来。

企业道德 企业道德是在一定社会制度、文化形式、道德形态下，调整企业之间、企业与成员个人之间及成员与成员之间的行为规范的总合。

在我国企业竞争日趋激烈的今天，建立企业文化作为一个企业管理的主要内容越来越重要。随着时代的发展与变迁，传统的社会文化、企业文化模式必须经过市场竞争的重新改良整合，才能树立起具有新时代的特色和中华民族传统文化相融合的新型企业文化模式。而 CIS，不仅能给企业创造一个良好的外部环境，而且能给企业创造一个内外如一具有新时代企业文化特点的，体现企业个性的全面企业形象，为我国企业的成熟、发展、走向国际化发挥作用。

2.3.4.4 CIS 的导入与实施策略

CIS 导入是指结合企业的具体情况，开始推行或再次推行（对以前已实施的 CIS 进行修改和变动）的全过程。CIS 导入是实施 CIS 的关键阶段，它确定了本企业 CIS 的各项基本要素的内容，形成 CIS 执行的关键文件《CIS 手册》，以及全面实施 CIS 的计划。CIS 导入一般要求在一定的计划时间内，保质保量按期完成。

CIS 全面实施是指根据 CIS 导入指定的计划和内容，进行全面执行和推广，它是具体实现 CIS 的阶段，也是 CIS 全面落实和获得效果的阶段。而且又是一个长时间需要严格管理的阶段。

（1）CIS 导入的内容和顺序

下面我们详细罗列了 CIS 导入的一般内容和顺序，CIS 导入必须严格遵从这个顺序。但是，对于不同的企业由于自身的特殊性，可能有所不同，企业可根据自身的具体情况仔细推敲决定。它是一项细致的工作，需要企业全体职工和所有部门的共同参与，如图 2-4 所示。

以上内容和工作顺序对于具体的企业应认真审核，并结合本企业实际情况加以修改、增减和完善。

（2）CIS 的全面实施

CIS 全面实施是指根据 CIS 导入制定的计划和内容，进行的全面执行和推广，它是 CIS 全面落实和获得效果的阶段，是一个长时间、需要严格管理的阶段。全面实施 CIS 主要包括以下工作。

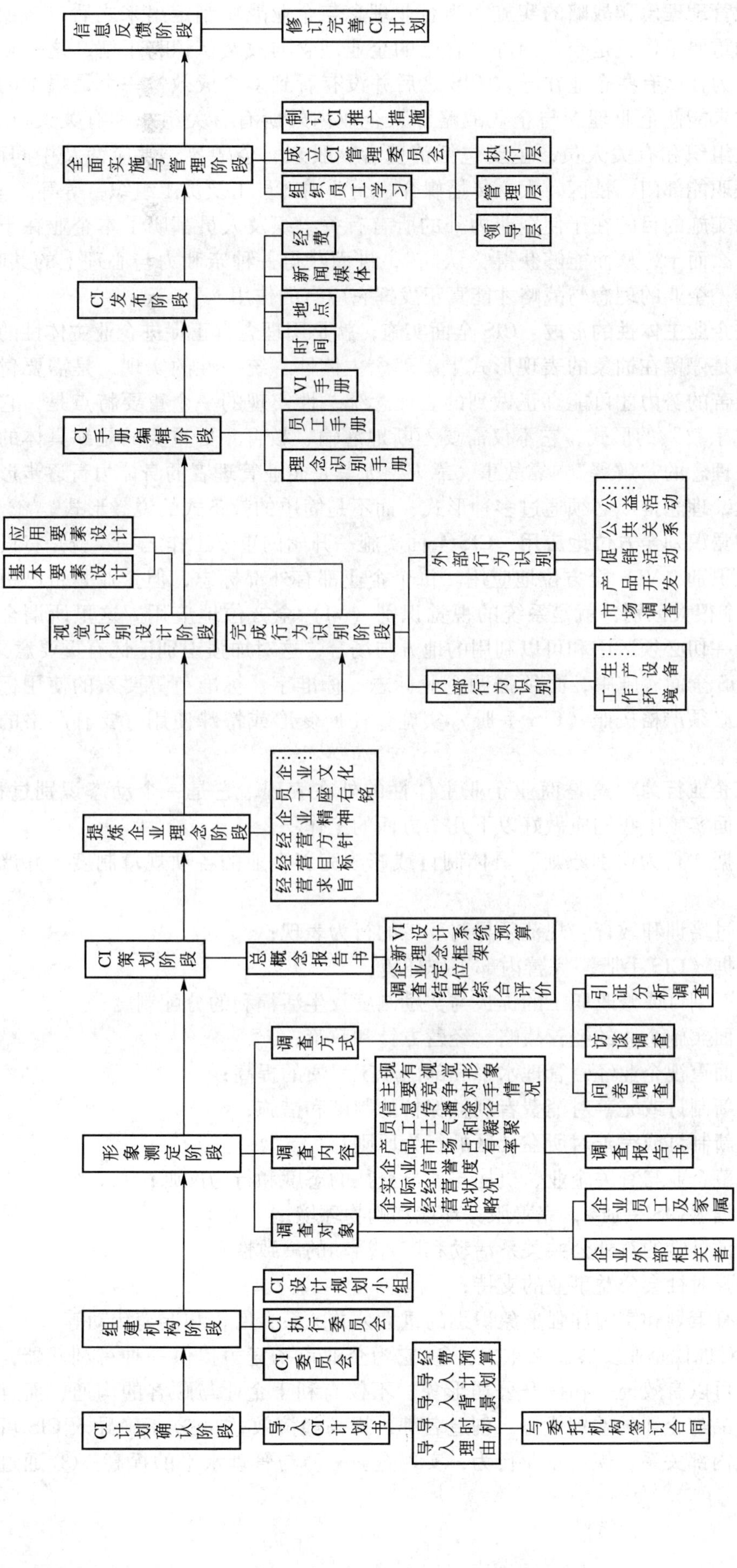
CI计划确认阶段
导入CI计划书
与委托机构签订合同
组建机构阶段
CI委员会
CI执行委员会
CI设计规划小组
形象测定阶段
调查对象
调查内容
调查方式
企业员工及家属
企业外部相关者
调查报告书
问卷调查
访谈调查
引证分析调查
CI策划阶段
总概念报告书
提炼企业理念阶段
视觉识别设计阶段
基本要素设计
应用要素设计
完成行为识别阶段
内部行为识别
外部行为识别
CI手册编辑阶段
理念识别手册
员工手册
VI手册
CI发布阶段
时间
地点
新闻媒体
经费
全面实施与管理阶段
组织员工学习
成立CI管理委员会
制订CI推广措施
领导层
管理层
执行层
信息反馈阶段
修订完善CI计划

图 2-4 CI设计流程图

企业管理理念和战略的实施 当企业理念与企业战略制定出来之后，一项必不可少的重要工作就是企业内外对自己的企业理念与战略认识与了解，这一点意义重大。为什么有些企业在导入 CIS 之后并没有看到多少成效？一个最根本的原因就是它未能使企业理念与企业战略深入企业内外所有有关组织和有关人员中。所谓有关组织和有关人员，主要包括消费者、股东、金融界、供应商及中间商、政府有关职能部门、社区、大众传播媒介、企业内部员工及员工组织，等等。

全面实施的目的在于使企业内外的所有有关组织及人员都明了本企业在干什么和为什么而干，从而能够获得“认同”，进而获得一种亲和力与心理上的共鸣，只有这样，企业的理念与战略才能真正发挥它应有的作用。

促进企业主体性的形成 CIS 全面实施，就是用理念真正促进企业主体性的形成，而不是停留在抽象的表现形式上。理念主体性、统一性的实现，是需要付出长期、艰苦的努力才可能真正做到的。理念统一性实现的一个重要特点是，它非常类似“宗教”的形式，它不仅需要不断地灌输、教育，更重要的是靠具体的事实对抽象理念的“解释”，靠故事、靠人、尤其是企业管理者的身体力行逐步形成的。当然，理念推广必须通过多种形式，而不是简单的教条式的说教形式。

将视觉识别全方位地应用 CIS 全面实施一开始的重要工作之一，就是将设计出的视觉识别（VI）全方位地应用。每个企业都有外部标志，但企业是否已引进 CIS 的一个很大区别，就是系统的视觉识别（VI）全方位地应用。这里所谓全方位，是指一切必须运用和可以利用的地方与场合，这对加强识别记忆有重要意义。

在 CIS 全面实施中，必须强调企业标志、标准字、标准色等要素的使用标准和方法；必须严格按照《CIS 手册》实施，任何变形或特殊使用，要有严格的审批制度。

规范企业行为 这是商业企业主体性的外在表现，它是一个动态识别过程。在 CIS 全面实施中我们应做好以下几个方面的工作：

- 根据“行为识别原则”具体制订或修改完善企业的各项规章制度，并严格执行；
- 通过培训和教育，规范领导与职工的行为表现；
- 根据《CIS 手册》完善内部工作环境；
- 重新制订或修改职工的提拔与奖励制度及生活福利的分配制度；
- 全面实施企业的经营战略、经营方针和政策；
- 全面重视企业经营管理水平和部门职工素质的提高；
- 重新制订或完善对消费者利益保护的制度和措施；
- 重新制订或完善对所在社区的行为原则；
- 规范企业与有关企业、机构与人员交往的态度和行为准则；
- 根据《CIS 手册》，完善服务环境和购物环境；
- 保证日常的对外公共关系活动和广告活动的一致性；
- 加强对社会公益事业的支持；
- 认真策划和实施加强形象识别的重大公共关系、广告和促销活动等。

CIS 对现代企业发展意义重大：① 它为企业市场竞争提供一种有利武器，良好的 CIS 可以有效统一和提升公司形象，不仅有利于企业与顾客的沟通，而且能够制造产品与企业的差别优势，创造名牌，提高经济效益；② 正确导入 CIS 可以理顺企业内部关系，规范企业行为，实现企业素质与管理水平的提高；③ 通过导入CIS，使企业文化得到优化，能有效提高企业员工的工作热情与积极性。同时，它还对社会文化环境的改善发挥一定作用；④ 通过导入CIS，可大大提高企业的信息传播率，减少浪费，同时使其无形资产迅速增值。

【思考题】

一、名词解释

XY理论、管理要素、CIS、MI、VI、BI、非正式组织、权变论、X假设、Y假设。

二、简述题

1. 简述泰罗科学管理理论的主要内容。
2. 简述马斯洛需求层次理论的主要内容。
3. 简述CIS的含义、构成要素及企业CIS战略的特点。
4. 简述法约尔14项基本管理原则。
5. 简述XY理论的主要内容。

【案例分析】

泰州原野大饭店CIS策划案

原野大饭店成立于1998年，它是一家股份制的公司。它坐落于古城泰州的市中心，南有东城河，西靠国道，离市中心仅1km，距汽车东站仅200m，地理位置优越。饭店占地6万m^2，有主楼1栋15层，副楼数栋，停车库1个，车位600个。饭店主要设施有：饭店、休闲中心、购物中心、运动场，等等。

一、饭店的理念识别系统

原野饭店在泰州市场众多的饭店当中规模并不大，资金势力也不是很雄厚，但是它有得天独厚的地理位置优势，靠近闹市区，人流量大，相对的休闲娱乐消费也较为集中，因此将饭店定位在休闲娱乐的领域。饭店的发展目标：在未来5年内将原野饭店建设成为泰州地区第一的休闲娱乐场所。为每位来原野饭店的顾客提供物美价廉的商品、系统全面的服务和快乐无上的心情。

原野精神：执行！合作！创新！以人为本，向用户提供最佳的服务！

原野理念：原野的生存空间在于整个世界。

原野的生命力在于适应市场。

原野管理的精髓在于不断挖掘潜力。

原野必须竭诚为社会提供优良的服务，促使资本增值，造福于社会。

原野文化：原野是一个学习的公司，勤于思考的公司，不断创新的公司，在不断的学习中去实现自己的目标，去完成自己的任务。

原野信条：原野与流行俱进。

原野经营理念：对内，和气生财、广纳贤良、团结奋进、勇争第一。

对外，唯一不变的就是变。顾客想要的就是我们要做的。

原野经营方针：以饭店为主体，以娱乐为中心，以旅行为辅，发展纵向一体化的企业。

原野管理原则：人本原则，效益原则，比赛原则。以人为本，以效益为中心，以比赛为方式。

二、行为识别

1. 对内

（1）组织制度：公司采用股份制，设董事长1名，副董事6名，内部竞争制，平行不干涉制，特派监督制。本公司自经理以下采用等级晋升制，每6个月为一个考核周期，考核项目有出勤、团队组织、业绩、成果创新，以及客户意见等。

(2) 行为管理规范：要求“站如松、坐如钟”“微笑式的服务”“倾情奉献”等；参照海尔工作人员三班轮换制。《员工细则》要求必须守时、敬业、认真、刻苦。对每个工作岗位都要制订出相应的工作细则，任何一员在岗职工进入公司前都必须进行为期7天的岗前培训，进入公司后员工还必须进行3个月的在职教育，直至出师为止，才配发正式工号，进入公司的季度考核规程中。

2. 对外

(1) 市场调查：想要走在时代的前列就必须充分了解市场，充分了解消费者需求，这一点对于服务性的企业单位尤其重要，因此企业应重视这方面的工作。公司的市场调查的主要目标是中层收入的人士、公司企业，因此调查也要体现服务至上的特点。

(2) 广告宣传：根据公司的财务状况，还不适合进行大规模的公开的广告宣传活动，因此公司将在实践中去开拓自己的品牌与市场，公司的宣传将以路牌灯箱为主，以电视为辅，以顾客为传播的主要介质，突出以人为本的人性化的宣传策略。

(3) 公益、文化性活动：饭店积极支持义务献血、助学等工程。

三、视觉识别

1. 基本要素

(1) 原野标志：一朵梅花中间有2个“Y”重叠平铺。梅花是泰州的市花，2个“Y”代表“原野”“永远”的意思。

(2) 原野标准色：以金色为主，红色、黄色为辅助色。给人一种气派、辉煌、稳健、充满活力，有着无限的希望和魅力。

(3) 原野标准字：以行楷书写的“原野大饭店”。

2. 应用系统

(1) 办公用品：信封、信纸、便签、名片、徽章、工作证、请柬。

(2) 内部建筑环境：内部部门标识牌、常用标识、楼层标识、企业形象牌、旗帜广告、POP广告、货架等。

(3) 服饰：经理服、管理人员服、礼仪服、文化衫、领带、工作帽、纽扣、肩章、胸卡等。

(4) 广告媒体：杂志、电视、报纸、路牌、网络。

(5) 公务礼品：T恤、领带、打火机、钥匙牌等。

(6) 印刷品：企业简介、年历等。

【案例思考题】

原野大饭店的CIS有哪些特色？给我们的启示是什么？

【本章推荐阅读书目】

1. 管理思想的演变. ［美］丹尼尔·A·雷恩（Daniel A. Wren）. 赵睿等译. 中国社会科学出版社，2000.

2. 管理学. 芮明杰. 高等教育出版社，2005.

第 3 章

现代饭店管理的理论创新

【本章概要】

本章着重阐述了饭店绿色管理的内容及其实施措施、人本管理在现代饭店中的运用、饭店管理中人本管理的误区、精益化管理在饭店业中的应用、饭店集团化管理的产生与发展及其优势和经营管理模式。

【学习目标】

- 了解饭店绿色管理、人本管理、精益化管理和饭店集团的内涵；
- 了解饭店绿色管理的产生及发展过程，掌握饭店绿色管理的原则和内容；
- 了解人本管理在现代饭店中的运用，懂得饭店管理中人本管理的误区，掌握人本管理在饭店业中的运行措施；
- 了解饭店实施精益化管理的必要性，了解饭店精益化管理的内容，掌握精益化管理在饭店业中的应用；
- 了解饭店集团化管理的产生与发展过程，了解饭店集团的经营管理模式，了解饭店集团在中国的发展。

【关键性术语】

绿色管理、饭店绿色管理、人本管理、精益化管理、饭店集团、员工满意策略、顾客满意策略、饭店绿色管理保障体系、控股管理、租赁管理、委托管理、准时服务制（JIT）。

只有能预测未来的人才算得上懂得管理的人。

——［美］哈浦尔

【章首案例】

湖滨饭店的创绿活动

湖滨饭店是一家四星级旅游涉外饭店，位于无锡市太湖之滨。从1995年9月起，湖滨饭店决策层在全国率先提出创建“绿色饭店”的5年计划，并于1996年1月成立了以总经理为组长的建设“绿色饭店”领导小组，从而既为周围环境与饭店本身的可持续发展提供保证，又为我国其他饭店做出一个创绿示范，以促使中国旅游饭店实施绿色管理。这个“绿色规划”包括十大专题，5年来，饭店上下扎扎实实、一步一个脚印地加以实施，对饭店的绿色意识、园林绿化和环境保护做了大量的工作，现已基本达到预期目标，成为无锡市首家省级环保先进企业。

第一专题：员工在工作区域内100%禁烟。

第二专题：倡导绿色“无污染”的语言和行为。

第三专题：洗衣房100%使用无磷洗衣粉。
第四专题：1500t/d 污水处理工程改造。
第五专题：建设无污染蔬菜基地2个。
第六专题：开发“绿色”新品菜肴。
第七专题：开辟无烟楼层及客房40间。
第八专题：客房100%使用棉织品洗衣袋。
第九专题：100万元节能降耗工程。
第十专题：1.62万 m^2 园林绿化工程建设。

一般来说，创新的速度和社会发展的速度是正比关系，在社会发展加快的时候，创新也随之加快。也就是说，发展是通过创新来完成的，一个创新得到认可后会得以普及，继而转化为传统，直到以后有新的创新来替代它。随着中国饭店业的迅速发展，已经历了由卖方市场向买方市场转变的重大转折，市场竞争越来越激烈，在此状况下，饭店管理的理论创新正成为饭店取得相对优势的决定性因素。本章主要从饭店绿色管理、饭店人本管理、饭店精益化管理和饭店集团化管理4个理论创新方面对现代饭店管理进行探讨。

3.1 现代饭店绿色管理

随着国际标准化组织制定的ISO14000环境管理系列标准的出台、可持续发展战略的实施和中国加入WTO，绿色经济的发展已成为我国企业日益关注的一个焦点，绿色产品与服务、绿色市场与营销、绿色消费与文化已成为大势所趋。这反映到饭店经营管理上，必然要实行和强化绿色管理。绿色管理相对于饭店以单纯追求经济效益最大化为目标的各种管理模式，它的实际创新价值是毋庸置疑的。

3.1.1 现代饭店绿色管理的产生与发展

世界旅游组织秘书长佛朗加利（Francesco Francialli）指出：“未来十几年，国际游客数目将增加3倍，从1996年的5.93亿将增加到2020年的16亿。我们更需努力地保护环境，否则问题会变得越来越严重。”这意味着发展旅游与保护环境所构成的矛盾已成为当今世界各国所面临的严峻挑战。而旅游业与可持续发展有一种天然的耦合关系，它对可持续发展的要求是本质的、内在的。旅游业的发展，只有在环保意识的推动下才能生生不息。饭店业是旅游业大系统中的一个子系统，也是旅游业发展的主体，同样，它也需要提倡环保，并在一系列绿色运动中维持自身的经营与发展。

3.1.1.1 国外饭店“绿色管理”的产生和发展

绿色时代的到来，各国政府越来越关注保护生态环境，加强绿色管理，以实现可持续发展。在这个大背景下，饭店业实施绿色管理也成为了一个热门话题。1991年，国际商会（ICC）通过了《可持续发展商务宪章》，对饭店规定了16条环境管理要求，在国际上产生了重要影响。同年“威尔士王子商业领导论坛”（PWBLF）创建了一个名为“国际饭店环境倡议”（IHEI）的机构。该机构是由世界上11个著名的饭店管理集团组成的一个委员会，它们是希尔顿、雅高、国际、万豪、喜来登、美丽殿、雷蒙达、奥尼“OMNI”、康来特“CONRAD”、假日国际集团、洲际饭店管理公司，后来香格里拉也加入了这一组织，由英国的查尔斯王子任主席，这标志着世界饭店业绿色管理的诞生。随后，来自国际饭店连锁组织的资深人士共同提议成立了非营利性组织“国际饭店绿色管理协会”，其宗旨是帮助所有饭店加强对环境的重视及管理，并保持饭店行业在国际环境保护方面的重要地位。1993 年，英国查尔斯王子倡议召开了饭店环境保护国际会议，并出版了《饭店环境管理》一书。1995 年，加拿大全国饭店协会委托泰勒乔斯环境服务公司制定了世界上第一部饭店业的“绿色”分级评定标准，主要从设施设备和经营管理两大方面考察饭店在节约水资源和降低能耗、废弃物的循环利用、危害自然环境物质的使用程度等方面的状况，对饭店加以评分，而后授予由低到高的1～5叶铜牌。1996 年，泰国饭店业协会和旅游局联合设立了“泰国旅游业环境保护促进局”，在全国饭店业内推行绿叶认证制度。与此同时，北欧饭店也开展了环境标志运动，美国饭店则推行“绿色印章”活动。1992 年，巴西举行的联合国环境与发展首脑会议上通过的《21 世纪议程》提出了绿色环球 21 标准体系，绿色环球 21 标准体系是目前全球旅行旅游业唯一公认的可持续旅游标准体系，同样它也适合于饭店业。实施绿色环球 21 标准的目的是为了增强旅游组织对环境和社会的责任感以及让公众了解该组织对环境与社会和谐发展的承诺。从 1999 年起，绿色环球 21 开始独立运作，成为国际绿色环球 21 基金会的一部分。绿色环球 21 总部在英国，现任主席是 WTTC 的前主席杰弗雷·李普曼先生，杰弗雷·李普曼先生同时也是世界旅游组织（WTO）的特别顾问。世界旅行旅游理事会（WTTC）通过与旅行旅游各行业密切合作，在全球推行绿色环球 21 标准体系。在过去短短的几年里，绿色环球标准体系先后得到地理理事会（The Earth Council）、联合国环境署（UNED）、亚太地区旅游联合会（PATA）、国际空中交通联合会（IATA）、国际旅馆饭店联合会（TH&RA）等 27 个国际组织的支持。绿色环球 21 标准体系已经成为旅游认证领域的巨无霸，先后吞并了包括 PATA 的“绿叶”和澳大利亚的“自然与生态旅游认证”在内的许多其他著名旅游认证品牌和体系，并且逐步与亚洲、非洲、太平洋、加勒比海、美洲和欧洲等地区的组织形成联盟，使绿色环球 21 标准在短时间内获得了国际旅游产业界和消费者的认同与信任。

3.1.1.2 我国饭店“绿色管理”的产生和发展

在中国，1989 年农业部就提出了绿色食品的概念，1992 年成立了绿色食品发展中心，1993 年中国开始实施环境标志计划。1995 年，我国政府批准发布的《中华人民共和国国民经济和社会发展“九五”计划与2010 年远景目标纲要》明确确立了可持续发展为我国的基本国策。作为改革开放以来最先与国际接轨的我国旅游饭店行业，对绿色管理理念的引进非常迅速，特别是一些由国外著名饭店管理公司管理的高星级饭店，从自身经营和市场的需要，在饭店经营管理中体现了较强的绿色意识。1999 年 3 月，浙江省率先在国内开展全省范围的“创绿”活动。2001 年，浙江省旅游局联合 3 个单位编制了绿色饭店地方标准，该标准从必备条件、节能管理、环境保护、降低物耗、提供绿色产品、社会效益、经济效益、环境效益 8 个方面对饭店进行考察。与此同时，其他省市的一些饭店企业也自发地运用 ISO14000 环境质量体系标准，开展建设环保型饭店的活动。2001 年，林刚从管理机制、绿色文化与生产、绿色服务与营销、绿色认证等方面对饭店的绿色管理进行了论证。2003年，吕建中从绿色技术等方面对饭店的绿色管理进行了论证。这些都为我国饭店业开展绿色管理做了有益的尝试和探索。同时，绿色环球21也在我国饭店绿色管理中得到了应用，到目前为止，全球已有超过2000家企业（中国有九寨沟风景区、黄龙风景区、太白山森林公园、长青自然保护区、三星堆博物馆、蜀南竹海风景区、九寨天堂旅游度假区、北京蟹岛绿色生态度假村、北京王府井大饭店、浙江世贸中心大饭店等）开展了绿色环球21认证，新西兰政府也连续2年拨出专款在全国旅游业大力推行绿色环球21标准体系。中国国家环保总局和绿色环球21于2002年10月15日签订了在中国推行绿色环球21可持续旅游标准体系的合作协议。绿色环球21有助于改善企业的环境与社会形象，提升企业的国际竞争力，并吸引新型消费者。

3.1.2 现代饭店绿色管理的原则与内容

绿色是生命之色，生命呼唤绿色。当今世界，人们都把绿色作为对人类与环境均有益而无害的代名词。20世纪90年代以来，以环境保护为主题的绿色市场、绿色消费浪潮声势日高，在这样的情况下，饭店实施绿色管理已成为了饭店迎接绿色挑战与机遇的必然选择。

3.1.2.1 饭店绿色管理的概念

“绿色管理”译自英文的“Green Management”，国外“绿色管理”一词是20世纪90年代初随着西方绿色运动的浪潮，而将“绿色”这一修饰语套用到企业经营管理领域而产生的。饭店“绿色管理”一词是将饭店管理用“绿色”来修饰，这是目前一种很通行的做法，当一个与绿颜色无关的名词被“绿色”所修饰时，就表示该事物与环境保护有关。饭店绿色管理就是饭店在顾客日益增长的绿色消费需求和环保舆论的压力下，在政府适当的激励与约束条件下，根据社会经济可持续发展的要求，把生态环境保护观念融入饭店的生产、经营与管理之中，从饭店经营的各个环节着手来控制污染与节约资源，以实现饭店的可持续增长，达到饭店经济效益、社会效益和环境效益的有机统一。

3.1.2.2 饭店绿色管理的“5R+2E”原则

饭店绿色管理是一种注重生态环境，着眼于追求经济效益、社会效益和环境效益最优化的新型管理。它主要包括研究（Research）、减量（Reduce）、再使用（Reuse）、开发（Research）、保护（Reserve）、经济（Economic）和生态（Ecological）7项原则。

（1）研究原则

要把对生态环境的保护，实现生态平衡列入饭店的议事日程，纳入饭店决策要素之中，重视研究饭店的生态环境对策，还要针对饭店的实际情况，编制环境管理手册，设计并推广绿色活动。国外一些成功的绿色饭店，设立了专门的组织机构，负责研究环境管理工作。

（2）减量原则

减量原则是指饭店采用新技术、新工艺、将部分产品小型化，改进设备和工艺以减少对资源的投入和有害物质的排放，从而降低成本。这方面最主要的措施就是采用先进的节水、节能，安装节能照明装置等能源控制设施，如感应水阀、节能灯、限能系统等。广州白天鹅宾馆与广州新菱冷气集团经过1年的合作，采用“驭马人99”中央空调水泵节能系统，共节约用电约43万度，按商业用电1元/度计算，节约电费约43万元，这是环保概念和高新技术完美结合的硕果。另外还可实行“节能卡”等措施去珍惜资源。如三亚凯莱度假饭店就用节能卡告示顾客，把需要更换的毛巾和床单放入藤篮，还有重庆扬子假日饭店等。

(3) 再使用原则

再使用原则是指饭店在确保不降低服务标准的前提下，变一次性使用为多次反复使用或调剂使用，延长使用周期。例如，饭店纸的用量较大，做好纸的回收和再利用是减少浪费的重要环节。饭店可以鼓励员工使用纸的正反两面。在新加坡，废纸的再循环计划是最受饭店欢迎的环保措施；德国的饭店客房则已开始试用3种不同用处的纸篓：一种用于废纸，一种用于有机废物，一种用于金属和塑料废物。这样做有利于垃圾分检，也有利于废物再生，而对旅客也只是举手之劳。又如，客房部报损的棉织品可以再利用，可以把局部有洞的大床单改成婴儿床单或枕芯套、吸尘器袋等，南京金陵饭店就是这样做的。

(4) 开发原则

开发原则是指饭店从产品的原料选择、功能、使用、废弃物处理等方面设计有利于环保的产品。

(5) 保护原则

积极参与社区内的环境整治，推动对员工和公众的环保宣传，树立良好形象。

(6) 经济原则

经济原则是指讲究经济实惠，即在处理环境与经济冲突时，必须追求既能保护环境，又能促进经济发展的方案，使经济与环境双赢。有时这一原则表现为彼此在遵守规则的前提下相互做出的一定程度的妥协，而不是双方都得到最大限度的利益。例如，装修简易化、体积小型化的迷你酒吧。

(7) 生态原则

生态原则是指讲究生态效益，将环境污染降至最低。在这方面，垃圾的处理十分重要。饭店应有专门的生活垃圾处理场，将垃圾对环境的污染降低到最低限度。上海希尔顿大饭店将所有集中的垃圾存放在密封的冷藏间里，与外界环境隔离。美国迈阿密的洲际饭店使用一种垃圾压缩容器，将不能回收利用的垃圾压实、塞紧，以减少存放空间，使饭店运送垃圾的次数从每周的一次减少到每3~4周一次，大大降低了垃圾对环境的污染。减少有害气体的排放也很重要，北京昆仑饭店投资300万元将原来使用燃煤的供暖锅炉改为燃气炉。另外，还应提倡使用无磷洗衣粉，国外一些饭店和国内少数饭店已开始使用无磷洗衣粉，其降低污染、保护生态的积极作用是显而易见的。

3.1.2.3 饭店绿色管理的基本内容

饭店绿色管理是知识经济时代的一种崭新的管理思想，其要点是融生态环境保护观念于饭店的经营管理之中，就其基本内容而言，可以概括为以下几个方面。

(1) 生产绿色产品

绿色产品是饭店履行环保义务的关键所在，也是绿色管理的支撑点。所谓绿色产品不仅指纯天然物品及其加工品，还包括绿色生产的初级品，即从生产到使用、回收处置的整个过程，对生态环境无害或危害极小，符合特定的环保要求，有利于资源再生回收的产品。我们可以根据顾客的绿色需求对产品进行开发。例如，一个地区的几家饭店可联手开辟专门的蔬菜、畜禽等生产基地。无锡湖滨饭店就是一个典型的范例。

（2）提供绿色服务

饭店的产品有其特殊性，主要体现为对客人服务。所谓绿色服务是指饭店提供的服务是以保护自然资源、生态环境和人类健康为宗旨的，并能满足消费者需求的服务。比如，餐饮服务，一方面要尽可能选择绿色无污染原料，在确保其营养成分的基础上烹制一系列的“绿色”菜肴；另一方面，餐厅服务员在向客人介绍菜肴时要适当宣传饭店绿色菜肴的有关知识，力求做到经济实惠、资源不浪费、营养配置合理。再如客房服务，开辟无烟楼层和绿色客房，在客人入住时征求客人意见是否要无烟客房、绿色客房，并告之必须遵守的规定。绿色服务的前提保证是饭店员工应具备绿色服务员的素质，如在工作区域，使用文明语言，倡导绿色消费。在这方面悉尼丽思卡尔登饭店的绿色服务做得极为到家。

（3）崇尚绿色环境

绿色环境的含义主要包括：饭店选址不破坏周围的生态环境；通过假山、喷水池、人工湖、树木等营造饭店的外部环境；通过绿色植被、观赏花卉、人工瀑布等增强内部环境的绿色空间。其中，绿化具有防尘和净化空气中有害气体，减少空气中细菌含量以及减少噪声等生态环境功能，是绿色环境的核心要素。

海南亚龙湾的凯莱度假饭店就投入近亿元巨资开展大面积的绿化工作。饭店共有绿化面积7万 m^2，其中草坪占60%的面积，花卉占20%的面积，100多个品种，共计158万株；树木占20%的面积，数十个品种，共计4800余株，这就大大美化、净化了饭店海滨环境。又如三亚山海天大饭店则将绿化与饭店服务功能巧妙地结合起来，把绿色引向汽车的轮胎下，别出心裁地创建了嵌草停车场——扶桑绿色广场。

（4）进行绿色营销

创建“绿色饭店”，走可持续发展之路已成为21世纪饭店业发展的必然选择。人们在生产和消费过程中，越来越关注资源与环境保护。虽然旅游饭店不像能耗大、污染严重的重工业给生态和生物带来严重的破坏，但也会给环境带来程度不同的隐性或显性的污染及资源浪费。我国可持续发展战略的确立，从政策上、法律上对我国饭店的经营行为做了规范，要求饭店必须实现营销绿色化；国际环境保护的潮流也对我国饭店产生重大冲击，要求饭店按国际环境标准从事营销。在国内外环保压力下，我国饭店应树立绿色营销意识。

绿色营销是在绿色消费的驱动下产生的。所谓绿色营销，是指企业顺应绿色消费潮流，从保护环境、反对污染、充分利用资源的角度出发，通过研制产品、充分利用自然资源、变废为宝等措施，满足消费者的绿色需求，实现企业营销目标。实施“绿色营销”有3条宗旨：① 节约材料耗费，保护地球资源；② 确保产品使用的安全、卫生和方便，以利人们的身心健康和生活品质提升；③ 引导绿色消费，培养人们的绿色意识，优化人们的生存环境。“绿色营销”旨在达到人们从环境中获得绿色消费，并还环境以绿色。

（5）营造绿色文化

随着饭店绿色生产和绿色活动的开展以及顾客绿色需求的增长，营造饭店绿色文化势在必行，饭店绿色文化是以发展绿色生产力为基础，以开展绿色活动为保证，以满足员工的需求为动力，实现员工、饭店、生态和社会持续发展的经营文化。它是饭店绿色管理模式的灵魂。绿色文化是制定和实施饭店绿色经营战略，实现饭店长远发展的前提；是增强员工凝聚力，提高饭店竞争力的关键。它为全体员工提供一种共同的理念与氛围，培训教育员工具备生态意识，给员工们的日常行为规范提供指导方针，促使他们积极贯彻饭店有关的绿色措施。营造绿色文化之后，不但有良好的社会效益和环境效益，而且有更好的经济效益，有关资料表明，环保投入产出比为1∶6。北京友谊宾馆商务楼层的改造就是循着这一思路展现了新一代的饭店绿色文化。该宾馆的硬件设计，超越了现代程式化的饭店布局，讲究人的个性、自然风格、文化品位等浑然一体的起居环境。

3.1.3 现代饭店绿色管理的实施

饭店绿色管理是一项系统工程，笔者十分赞赏魏小安先生在2000年12月15日发表的《“绿色”饭店贯穿饭店的每个环节》一文的基本观点，并认为，绿色管理应体现在“创绿”的全过程、各环节。

3.1.3.1 加强环保培训，树立绿色管理理念

实施绿色管理，饭店首先遇到的问题是称职的人员。由于饭店几乎没有专门的环境管理者，员工在这方面的意识也不强烈，所以，环境管理工作缺乏指导。解决这个问题可从2个方面入手：一是外请环境管理专家，但必须注意，环境管理专家需要懂得饭店管理，单纯的技术专家是很难帮助饭店实施环境管理工作的。二是对员工进行培训。培训要全方位展开，包括全面的内容和全体员工参与，培训老师的资格要求和外请专家的要求是一致的。只有在每一位管理者和每一位员工的心目中确立了绿色的思维和理念，才有可能发自内心地采取各种绿色行为。因此，饭店应定期进行绿色培训，并在员工中开展有关环境问题的讨论，鼓励员工积极参与环保活动，使之认识到环保不仅关系到饭店的生存和发展，也是与自己生存息息相关的事，是义不容辞的社会责任。

3.1.3.2 争取绿色认证

ISO14000是国际标准化组织所制定的一套关于环境管理方面系统的标准，目前在世界各国各行业得到了广泛的实施。ISO14001是这一系列标准中的一项可用于认证的管理标准，该标准对企业环境管理的基本管理方法做出了规定，要求企业对现行管理模式进行调整和变革，使企业的经济效益、社会效益和环境效益得到有效的结合。同时，企业在认证评估之前还必须通过绿色环球21达标评估，只有在达标评估成功之后才能进入认证程序。认证评估由独立的第三方实施，企业必须满足绿色环球21标准的各项要求，并且展示所取得的成就。希望通过认证评估的企业，必须力求达到绿色环球21最佳实践水平，并且为每年独立的年检过程做好准备。成功通过认证评估并达到可持续性评估基点水平的企业，将授予使用绿色环球21打勾徽标的权利，并进入绿色环球21认证合格状态。绿色环球21将给企业颁发绿色环球21认证合格证书。

饭店业是国际服务贸易的重要组成部分，是对外服务的窗口。我国饭店要与国际接轨，参与国际竞争，就必须重视环境问题，实施环境标志。因此，我国饭店业要积极争取ISO14001标志认证和绿色环球21认证，把环境标志视为环境保

护的新举措，打破一些国家正在积极设置的绿色贸易壁垒，使我国饭店业能够顺利进军国际市场。目前我国已有40多家饭店（香港的香格里拉、北京的香格里拉、无锡的湖滨饭店、杭州的萧山国际饭店和萧山金马饭店等）得到了ISO14001标准认证和绿色环球21认证，最早的是香港香格里拉大饭店在1997年5月获得ISO14001标准认证证书，成为亚洲、太平洋地区ISO14001标准在非制造业领域成功实施的范例，同时也大大提高了它的知名度。

3.1.3.3 建立饭店绿色管理的保障体系

绿色管理系统化、标准化是国际饭店管理的发展趋势。我国饭店要建设绿色饭店、实施绿色管理，经营者必须根据饭店的现实情况，以环保认证标准为参照，全面分析影响环境的因素，积极培养员工的环保意识，树立饭店的绿色理念，在产品设计生产、原料采购、产品包装、营销策略等经营管理的全过程建立健全标准规范的绿色管理保障体系（见图3－1）。

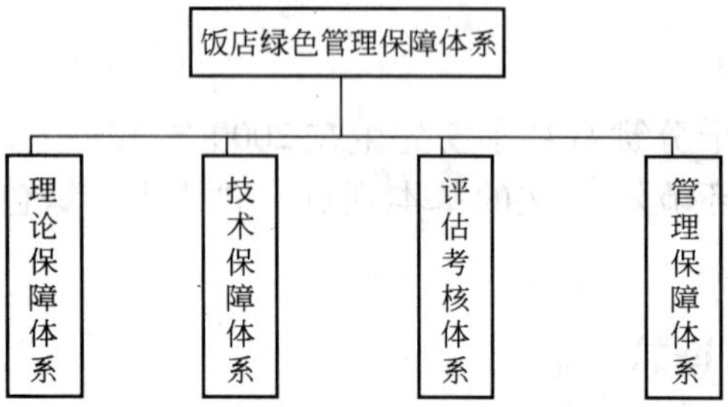

图3－1 饭店绿色管理保障体系示意图

（1）饭店绿色管理的理论保障体系

饭店绿色管理的理论保障体系主要包括人文管理科学（人事心理学、社会心理学、人力资源管理学等）、饭店管理学、绿色和谐理论、环境管理学等理论科学。饭店要针对这些理论科学对管理者和员工进行不断的培训和教育，以增强他们的文化修养。

（2）饭店绿色管理的技术保障体系

为了使饭店管理人员能随时通过个人终端计算机浏览，掌握员工节约资源、实施绿色标准、进行绿色服务等情况。建立“饭店绿色管理技术保障体系”可以大大提高管理人员的工作效率，确保饭店绿色管理的有效运行。该系统至少应包括以下几种功能。

日常管理信息系统 饭店日常管理信息的输入、查询、打印等功能。即随时了解饭店当天所做的事，看是否达到了绿色管理所要求的标准。

顾客投诉信息系统 顾客投诉输入、查询、统计分析、动态趋向等功能。

废弃物处理信息系统 了解废弃物处理情况查询、统计、是否达到标准、动态处理趋势图分析等功能。

环境评价信息系统 建立完善的饭店环境评估日指标体系、部门评估体系、整个饭店评估体系，实现输入、计算、统计、输出等运作功能。

（3）饭店绿色管理的评估考核体系

合理的评估考核体系、严谨有效的评估考核准则、科学的评估考核方法的建立是确保饭店绿色管理顺利实施的重要环节，通过评估考核，一是可以及时掌握饭店绿色管理的实施情况，针对评估中发现的问题，及时采取更有效的管理措施；二是对饭店绿色管理实施好的部门、个人给予激励，对效果差的部门、个人给予鞭策，从而更进一步地推动饭店绿色管理顺利实施。

（4）饭店绿色管理的管理保障体系

饭店绿色管理是为了达到一定的经济、环境与社会目标，通过计划、组织、监督、控制等手段，有效利用资源的活动。为了做到绿色管理工作经常化、科学化、严谨化，饭店要依据国家的方针政策、法令法规和制度标准，结合饭店实际特点制定一系列管理保障机制。

建立环境管理机制 饭店环境管理机制是对实施绿色管理的有力支持。因此我们在制订饭店的经营方针时必须包括饭店在环境方面的认识和宗旨（即环境方针），其主要内容为组织对污染防治和持续改进的承诺及对遵守法律、法规及其他要求的承诺，提供建立和评审环境目标和指标的框架。饭店的环境方针应向全社会公开，并使全体员工全面理解其要求和意义。为了保证饭店环境管理的正常运行，我们还得设置环保职位，例如，在饭店最高管理层即董事会中设置专职环保董事负责处理环境事务。

建立绿色会计与绿色审计机制 绿色会计是以货币为主要计量尺度，以有关环保法规为依据，研究饭店企业发展与环境保护的关系，记录饭店污染、环境防治、开发、利用的成本、费用，以评估饭店环境绩效及环境活动对饭店财务成本的影响；绿色审计是审计机构和人员依法对饭店的环境管理及其有关经济活动的真实性、合法性和效益性等情况进行审查，以评价饭店环境管理责任，促进饭店加强环境管理，实现饭店可持续发展战略的具有独立性的系统监督活动。国内外许多著名的工商界人士认为，绿色会计和绿色审计制度的建立对饭店实施绿色管理至关重要。

建立健全能源管理机制 为了实施饭店能源的统一管理，饭店必须健全能源管理机制，能源管理机制主要包括：饭店能源管理办法；饭店能源计量制度；饭店能源统计数据、报表管理制度；饭店能源管理档案、技术资料管理制度，等等。

建立健全绿色管理机制 绿色管理机制主要包括刚性的制度机制、弹性的保证机制、柔性的文化机制、塑性的反馈机制等。

3.1.3.4 加强政府的推动作用

饭店绿色管理模式的创建需要来自社会的力量和政府部门的协调与推动，主要又是政府的推动。政府推动的核心在于政府不是设计出取得成功的道路，而是对饭店恰当地运用适度的压力和杠杆作用力。政府不是在饭店出现问题时，再对饭店运用行政手段直接干预，而是要有意识地在推动的最初阶段就塑造出特定的初始利益、压力格局，迫使饭店走上自我实现的良性轨道。在这里，政府推动不同于传统的自上而下以行政手段推动的思路，总体而言，政府在实施管理时，要掌握的原则就是“多掌舵，少划桨”，因为那些为航船掌舵的人对目的地的影响力比那些划桨的人大得多。政府对饭店绿色管理方面的推动作用主要有 4 种方式：① 利益推动；② 压力推动；③ 协调推动；④ 法律法规推动。这四者需要结合起来共同发挥作用。

（1）利益推动

利益推动是指政府运用金融、税收等优惠政策诱导饭店实施绿色管理。如政府可以通过给予承诺实施绿色管理的饭店提供长期低息贷款、减免税收，甚至给予财政补贴等方式来刺激饭店企业实施技术改造，营造绿色环境。对饭店行业的利益推动可以帮助饭店挖掘自身潜力获得利益以及树立饭店的社会形象。

（2）压力推动

生存压力是迫使饭店企业改变其经济行为方式的最有效途径。当政府通过政策和制度代替市场竞争对饭店企业形成一定压力时，就能迫使饭店企业注重环境保护问题，这就是所谓的压力推动。例如，通过实行生产工艺排污许可证制度，提高排污收费标准等措施，把低效率、资源配置浪费的饭店淘汰掉，使总量资源得到更有效的利用，同时，也可提高饭店的经济效益。

（3）协调推动

协调推动指的是当饭店企业在实施环境管理中出现困难时，由政府出面加以组织和协调。在环境管理中，政府不仅要协调各职能部门之间的问题，还要协调饭店与消费者之间的关系，以保护各方的利益。

各职能部门由于有自身利益，都会从自身的角度考虑问题，这会对整个饭店行业的持续发展带来障碍，所以政府应努力协调各职能部门之间的关系，共同引导饭店行业的发展。

协调饭店与消费者之间的关系主要是做好对消费者的宣传及对投诉的处理工作。在创建绿色管理模式过程中，饭店会逐渐改变服务提供模式，消费者会产生某种不适应，甚至对饭店进行投诉，这时就需要政府部门来协调好这一关系。

（4）法律法规的推动

要尽快完善我国资源与环境保护法，建立科学的监督机制与工作程序。如《饭店环境保护法》、绿色会计和绿色审计制度，并依法强化对环境的监督管理，增强执法力度，杜绝包括地方保护主义在内的一切有法不依、执法不严、违法不纠的错误现象，为饭店推行绿色管理创造一个良好的宏观环境。

3.2 现代饭店人本管理

现代企业竞争归根到底是人的竞争，饭店也一样，要想赢得竞争优势，竞争要素必须从硬件转向软件进而转向“人件”即人本管理。总体来说，人本管理是建立在“社会人”基础之上的，它要求理解人、尊重人、满足人，充分发挥人的主动性、积极性和创造性。

3.2.1 人本管理的含义

关于人本管理的含义，有诸多不同观点。较为全面的一种解释是：人本管理是一种把“人”作为管理活动的核心和组织最重要的资源，把组织全体成员作为管理的主体，围绕着如何充分利用和开发组织的人力资源，服务于组织内外的利益相关者，从而同时实现组织目标和组织成员个人目标的管理理论和管理实践活动的总称。

首先，人是企业中最重要的资源，是管理活动的核心。其次，人本管理不是管理制度，不是管理技术，也不是为了提高劳动生产率而实行的管理方式，而是管理目标。人本管理是管理模式发展的必然阶段，是管理理念、管理制度、管理技术、管理方式的一次彻底转变和提升。

3.2.2 人本管理在现代饭店中的运用

随着饭店业的迅猛发展，饭店业内部竞争加剧。饭店之间的竞争还多表现为产品质量、服务质量的竞争，但是竞争实际上是饭店经营管理水平的竞争，而饭店经营管理水平的竞争实际上也是人的竞争。作为劳动密集型的行业，饭店的经营管理活动都是靠人（员工）来完成的，作为服务性行业，饭店经营管理活动的目标又是为人（顾客）服务而获得利润。饭店业是“人的行业”，更应重视人的作用。饭店运作中涉及的人包含了饭店经营与管理分别指向的目标——外部顾客与内部员工。

饭店企业价值的实现与员工价值、顾客价值的实现相互依存、紧密相连，形成一个价值体系。然而，饭店企业价值的实现是建立在顾客价值实现的基础上的。饭店的收入来自客人的消费，饭店之所以能够盈利，实现经济效益和社会效益，源于饭店满足了顾客的需求，顾客在饭店消费的过程中获取了利益。因此，顾客满意成为实现饭店企业价值的前提条件。马里奥特的“顾客永远是对的”和圣达特集团的“顾客是第一位的”的服务理念，都是饭店经营中顾客价值的基本体现。只有满意的员工，才能产生满意的顾客，饭店运行中顾客价值的实现前提是员工价值的实现。饭店员工始终奋斗在服务第一线，与顾客密切接触。顾客从饭店员工的服务中直接获取顾客价值。员工的每一个微笑、每一声问候、每一次关怀都能深深打动顾客的心，从而达到顾客满意，实现顾客价值。

综上所述，员工价值是产生顾客价值的前提，而顾客价值的实现又是饭店企业价值实现的基础，企业价值的实现才能够使饭店更好地为员工服务，从而形成员工价值。三者位于同一个价值体系中，相互作用，密不可分。

自20世纪后半叶起，饭店业就已经意识到了顾客价值、员工价值对于实现饭店企业价值的重要性。“顾客第一”“员工第一”“顾客满意”“员工满意”成为饭店业广泛采用的经营理念。从饭店经营来讲，顾客第一、顾客满意是首要的；从饭店内部管理来讲，员工第一、员工满意也是非常重要的因素。顾客满意和员工满意成为顾客价值、员工价值的直接体现，也是现代饭店经营管理所必须面对的第一要素。因此，饭店业的人本管理主要体现在2个方面：“以顾客为本”和“以员工为本”。现代饭店的“人本”策略——CS（Customer Satisfaction 顾客满意）策略和ES（Employee Satisfaction 员工满意）策略则应运而生。

3.2.2.1 “人本管理——顾客满意策略”在饭店管理中的运用

顾客满意策略指企业以顾客为本。在考虑顾客需求的基础上结合饭店自身特点来确定饭店的经营理念、经营方针，并以恰当的沟通方式与顾客达成良好的认同，使顾客满意是一种以顾客利益为导向的运营策略。顾客是饭店赖以生存的源泉，使顾客满意是饭店获取利润的根本途径。顾客满意策略在现代饭店中的运用主要体现在以下几个方面。

（1）建立“顾客至上”的服务理念

“顾客是上帝”“顾客总是对的”是饭店业自始以来亘古不变的服务理念。饭店业实行彻底的以顾客为中心的导向策略，把顾客满意置于所有目标之上，把顾客满意作为处理顾客与饭店、员工之间关系的准则，使顾客利益凌驾于其他利益之上，形成了饭店业独特的“顾客至上”的服务理念。

（2）建立客史档案

顾客是饭店的宝贵财富，掌握数量可观的客户资源可以引导企业占据有利的竞争地位。饭店业的普遍做法是建立常客项目或客史档案，追踪客人偏好，满足客人的个性化需求，并使之标准化，提供人情味、个性化的服务，从而提高服务质量，留住客人。

（3）形成以提高顾客满意度为目标的质量管理体系

饭店服务质量是饭店产品所能满足顾客物质、精神需求的程度。在“顾客至上”的服务体系中，服务质量的高低由顾客满意度来衡量。饭店服务质量的标准化管理（ISO 质量管理体系）中阐明饭店服务质量应以顾客为关注焦点，充分理解顾客当前和未来的需求，满足顾客的需求，并争取超越顾客期望。

3.2.2.2 “人本管理——员工满意策略”在饭店管理中的运用

员工满意策略则是指企业以员工为本，在考虑员工需求的基础上结合饭店自身特点来确定管理理念、管理方针，并以恰当的沟通方式与员工达成良好的认同，使员工满意，进而形成顾客满意。员工满意策略在现代饭店中的运用主要体现在以下几个方面。

（1）满足员工的需求

美国心理学家马斯洛的需求层次理论认为：人是有需求的，需求会产生动机和行为。饭店员工的需求是影响其行为的根本原因。现代饭店建立了合理的分配机制，通过工资奖金的发放，不但满足了员工基本的生活需求，而且采用报酬与责任大小、技能高低及强度挂钩等方式，打破平均主义，合理拉开收入差距，使员工利益与饭店利益联系起来，极大地提高了员工工作的积极性。此外，饭店为每一位员工都提供了成长、发展的机会，满足了员工的高层次需求。

（2）发展和赏识员工

现代饭店赏识每一位员工，致力于开发员工的潜力，并为每一位员工设计发展的路径。培训和激励是 2 条重要的途径。培训教会了员工知识、技能，再次深化了员工对饭店理念的认识，提高了员工的自信和自尊，并为员工提供了晋升的机会。激发了员工积极的精神状态和工作态度，调动了员工的积极性。

（3）关心员工

企业由许多员工构成，他们分别扮演着不同的角色，每个角色不论大小都是必不可少的。“饭店是客人的家外之家”，同时这个“家”也是员工的。在这个大家庭里，饭店尊重每一位员工，关心员工的生活、理解员工，为员工排忧解难，并为每一位员工精心选择能发挥其专长的岗位，人尽其才，各得其所。营造出温暖的氛围，使员工产生向心力和依附感，团结一致地为实现饭店目标而奋斗。

3.2.3 现代饭店管理中人本管理的误区

人本管理在饭店业中的运用取得了长足的成绩，但是却依然存在一些缺陷，主要体现在以下几个方面。

（1）重“顾客满意”轻“员工满意”

顾客是饭店的衣食父母。长期以来，饭店更加注重顾客满意策略的实施，将“顾客第一”放在饭店经营的首要位置，甚至不惜牺牲员工利益来换取顾客满意。“顾客第一”和“员工第一”发生冲突时，员工利益必然服从顾客利益。在许多饭店里，“员工满意”仍然只是一个口号，并没有付诸实施，其实施现状不尽如人意。然而，“没有满意的员工就没有满意的顾客”，顾客价值的实现与员工价值是紧密相连、不可分割的。“员工满意”策略的实施必须提到现代饭店建设的日程上来。

（2）有名无实

对于饭店而言，为员工创造轻松愉快的工作氛围，提高员工的素质，挖掘员工的潜能，才能增强员工工作的积极性和主动性，发挥员工的创造性。然而，许多饭店的员工依然处于高压的工作状况之下，员工的作用被管理者忽视，在饭店中不能充分发挥，从而使员工感到前途渺茫。“人本管理”成为华丽的修饰物，被束之高阁。

（3）重制度轻文化

规章制度是保证饭店业务正常运转、保证服务质量、制约员工行为，并为员工的行为提供法规性规范的准则。饭店的规章制度主要有员工手册、岗位责任制、作业程序等。饭店企业文化是饭店企业逐步形成的共同的价值标准、行为准则、基本信念以及与之相应的制度载体的总和。然而，饭店管理者往往重视制度的建设，轻视企业文化的建设，文化仅仅只停留在理念、价值观、信条等文字上，无法落实。在现代饭店中，制度的建设往往又是与以人为本的管理理念相互对立的。认为强调严格管理，就是忽视员工的地位和作用，而强调以人为本就必然松懈管理，当前饭店管理者已经把严格管理和以人为本摆在了对立的位置上。“以人为本”企业文化的建设与企业制度的融合成为当前饭店业急需解决的问题。

3.2.4 人本管理在现代饭店业中的运行措施

（1）人本管理的源泉——构筑以人为本的企业文化

饭店企业文化将饭店的价值观、理念、标准、行为准则与员工融合起来，将饭店价值与员工价值紧密联系起来。企业文化的建设是弘扬饭店企业精神的必要环节。饭店业是“人的行业”，饭店文化也就表现为塑造人的文化。饭店的企业文化，应该时刻把调动人的积极性放在主导地位，形成以人为本的企业文化，这样的文化才能保持长久的生命力。

饭店业以人为本的企业文化，强调以人为本的管理核心，构筑和谐进取、团结协作的环境和氛围，注重人本关怀，尊重并促进员工的自我实现，建立适合饭店自身特点的组织文化结构，形成顾客满意基础上的员工与企业协调发展。

（2）人本管理的基础——尊重人

饭店的人本管理是建立在尊重人的基础上的，顾客和员工都需要获得饭店的尊重。尊重员工就应该信任员工，给员工一定的发展空间。饭店可以通过授权和民主管理等方式将尊重员工落在实际管理中，促进员工自我价值的实现。

授权是指将部分权力下放。曾获得美国企业最高质量奖的里兹·卡尔顿饭店为了确保宾客的问题能迅速得到解决，所有员工都被授权发现问题就要立即采取使宾客得到安抚的行动。饭店有这样一项规定：任何员工只要能就地解决顾客对饭店的不满，可动用2000美元以下的金额来处理，无需请示。民主管理是指饭店要听取员工意见，使员工感觉到自己在企业中的地位和作用，并参与到饭店管理工作中来。这就要求饭店的组织结构尽可能地扁平化，管理层广泛听取各方面的意见，做到公平、公正、公开，使员工真正成为饭店的主人。

（3）人本管理的方法——满足人

饭店实施人本管理的方法就是不遗余力地采用任何可以采用的方式满足员工的需求。目前，员工跳槽频繁是饭店业面临的重要问题之一。据有关资料表明，

25%的员工跳槽是因为工资低，而50%的人是因为前途渺茫和对上司不满。也就是员工的需求没有得到满足。基于员工跳槽原因分析，我们可以将饭店员工的需求分为物质需求和精神需求。那么，如何满足员工的物质和精神需求呢？首先，建立合理的薪酬体系，为员工提供有竞争力的工资才能满足员工基本的生活需求，使员工安心工作。其次，饭店更需要建立培训、激励机制，为每一位员工规划未来发展方向，使员工感到有奔头、有前途，满足员工高层次的精神需求。

（4）人本管理的关键——更新观念

人本管理是管理理念、管理制度、管理技术、管理方式的一次彻底转变和提升。人本管理能够在饭店里得到彻底的实施，关键就在于管理者要更新观念，革新管理方式，真正意识到人的重要性和实施人本管理的必然性。不把人本管理当作一个响亮的口号，而是作为一种实在的管理方式，促进员工、顾客与饭店业的和谐发展。

总而言之，在21世纪随着社会的发展和旅游饭店业从业人员素质的提高，了解人、尊重人的价值观将会在饭店业中得到广泛认可。通过对饭店管理理论和实践的创新，人本管理的内容将会在饭店业中得到进一步的丰富和发展。

【课堂讨论】

设立委屈奖

位于芜湖市中心著名风景区赭山的铁山宾馆，是该市对外接待的主要窗口，不少重要的外宾和国家领导人曾在此下榻。

一个夏日的早上，宾馆总经理主持部门经理会议。在所有议程通过后，老总要求大家对宾馆的工作发表见解。

客房部经理首先发言："我们这家宾馆既接待政府重要客人，又面向社会大众，其中不少客人素质不高，在馆内寻衅滋事、酗酒胡闹。我们对员工强调'客人总是对的'，可是有些客人实在太不像话。员工时常受到他们的无理指责和谩骂，但却不能争辩……"客房部经理的话引起了在座很多人的共鸣。餐饮部和前厅部的2位经理相继插言，一连举了好几个例子，支持他的看法。

客房部经理继续发言，讲到动情处，颇有感触地说："我想，'客人是皇帝'的服务宗旨我们万万丢不得，但也不能让自己的员工整天哑巴吃黄连，有苦说不出。员工毕竟也是人，是有情感、有思想的人啊！"此时，在座的其他部门经理频频点头，无疑均有同感。客房部经理的话匣子打开了，滔滔不绝地接着说道："作为管理人员，我们必须清醒地看到，大部分员工干得很出色。他们在各自的岗位上常常受委屈，如果不是在宾馆，而是在社会上，至少可以据理力争，辩个是非曲直。可是由于在宾馆工作，他们牢记服务宗旨，坚持把'正确'让给客人，而自己只能回到房里暗自流泪。这是为什么？是为了我们宾馆！他们是为了宾馆的利益才委曲求全啊！在这种情况下，如果宾馆的领导不去理解他们、关心他们，给他们以温暖，让他们把在客人那儿所受的气彻底泄掉，又如何要求他们去爱岗敬业呢？"

客房部经理的这番话，使所有与会者的情绪都高昂起来，大家七嘴八舌，一片沸腾。最后，会上一致通过新增设一个奖励项目——"委屈奖"，向在服务过程中由于客人无端寻事而蒙受委屈的服务员颁发奖金奖牌，作为对受委屈员工的鼓励和关心。

这个措施公布1个月后，第一张红榜贴出来了。被表扬者是客房部服务员小晏。她在1个星期前被一位台湾客人指责偷窃财物。事实是这个客人喝醉了酒，打电话给大堂经理，说他下午放在旅行袋里的2瓶好酒不见了，并且一口咬定是服务员小晏拿走的。小晏为此哭了整整一个通宵。然而第二天客人酒醒后回忆起2瓶酒已于昨天送给了朋友，于是又向小晏道歉。宾馆领导嘉奖小晏为了维护宾馆形象，忍气吞声承受委屈，特发奖金200元，并张榜公布事迹。

【案例思考题】

请同学们谈谈你对铁山宾馆“设立委屈奖”的看法。

3.3　现代饭店精益化管理

精益化管理是美国研究人员通过大量实地考察与研究，在对西方大量生产方式与日本丰田生产方式对比分析的基础上，于1990年提出的最新管理方式。精益化管理正在世界企业管理领域掀起一场新的变革热潮。精益化管理时代是企业管理发展由科学化向现代化迈进的一个崭新时代。

3.3.1　精益化管理的内涵

精益化管理源于精益生产。精益化管理中的“精益”的“精”意指精干，“益”含义是“效益”。“精益”就是要以最小的投入，取得最大的产出，并用最快的速度设计生产出来，以最低的成本、合理的价格在市场上销售，以明显的竞争优势，全面、灵活、优质的服务和产品为顾客提供满意的服务，把成果最终落实到经济效益上。用一句话概括：精益即消除无效劳动和不必要的成本。其特点有以下几方面。

（1）精益化管理是一个哲理命题

它追求零库存、无缺点、无浪费、准时反应等极限目标，使企业及其产品达到理想境界。这一理念必将成为现代服务业赢得竞争的法宝，也值得其他领域学习。

（2）精益化管理强调的是一个过程

精益化管理不是一服现成的医治企业百病的灵丹妙药，它要求企业全体员工团结一致、群策群力进行永无止境的追求，在这个过程中，企业将变得身强体壮，所向无敌。

（3）精益化管理的核心是赢得最大的市场的竞争力

精益化管理的核心是通过彻底排除浪费，降低成本，提高生产率，赢得最大的市场竞争力。它以企业内部挖潜、强化管理为主扩大再生产，力求按需、准时生产出更好的产品，并提供更好的服务。

（4）精益化管理强调以“人”为中心

精益化管理强调一专多能，强调协作精神，使员工置身于一种企业主人而非雇用者的环境中，变过去那种上下等级森严、彼此相处紧张的人际关系为上下互通、彼此尊重、互相协作的人文气氛，充分调动员工的积极性。精益化管理从人的思想入手，提高人的素质，建立共同的价值观念，培养集体荣誉感，创造和睦的气氛，强调全体员工的参与意识。人的因素贯穿于整个精益生产过程，是精益生产的主旋律。利用自动化技术改善生产力是有限的，人的潜力是无限的。

（5）精益化管理注重全面质量管理

精益化管理强调质量是生产出来而非检验出来的，由生产中的质量管理来保证最终质量。精益化管理重在培养每位员工的质量意识，在每一道工序进行时注意质量的检测与控制，保证及时发现质量问题。如果在生产过程中发现质量问题，根据情况，可以立即停止生产，直至解决问题，从而保证不出现对不合格品的无效加工，全面追求尽善尽美。

针对上述特点，我们可以把精益化管理理论概括为“一个目标”“一大基础”和“两大支柱”。“一个目标”是低成本、高效率、高质量地进行生产，最大限度地使顾客满意；“一大基础”指的是从局部到整体的连续性的、旨在消除一切浪费的生产；“两大支柱”是实施准时化生产和人员的自觉化工作。

3.3.2 现代饭店实施精益化管理的必要性

加强科学的、精益化的管理，是一切企业经营管理的主题。据有关部门曾对2000家亏损国有企业进行调查，结果显示，政策性亏损的占9.09%，宏观方面原因的占9.2%，而因内部经营管理不善造成的亏损竟占81.71%。充分说明亏损摘帽的关键是大力加强企业内部管理，而“精益化管理”不失为治“困”良方。

精益化管理现已成为当今世界企业追求的热点，它首先进行企业管理的思维革新，进而在产品设计方式、企业组织模式、计划与控制方式、供销体系、质量保证方式、人力资源管理等方面进行创新，然后才是设备的添置，从而进一步提高精益生产方式的效能。因此追求精益生产，推行企业精益化管理，对缺少资金和管理水平还不高的中国饭店业来讲，具有很强的现实意义和指导意义。我国饭店业非常有必要引进“精益化管理”来扭转近几年来饭店经营效益的连续滑坡趋势。

【知识窗】

“方程式一号”饭店的破产

在法国巴黎，曾经出现了一个全自动化无人操作无人服务的饭店——“方程式一号”饭店。该饭店全面实行计算机程序作业，向客人提供按计算机程序进行作业的服务，原以为这样可以降低人工成本费用，只进行一次性投资就可以了。而刚开业的时候还能引起许多客人的青睐光顾，但是去住过该饭店的客人都深深感觉到在该饭店生活期间，感觉不到松弛、愉快，反而感到紧张、冷漠，因为处处时时是与机器程序打交道，空无一人，完全没有人情味。万一没有按其程序按钮或按错按钮都会给自己带来麻烦。开业不久这个饭店就无生意了，客人不愿意去住了，饭店被迫关闭。这一事实充分说明，科技再发达，饭店采用新技术再多，饭店再精减员工队伍，也不能没有员工。完全没有人服务的饭店，是没有前途的。因为像这样的饭店根本谈不上精益化管理，不能体现饭店服务与管理的特性。因此，21世纪的饭店是知识与劳动复合密集型的、具有高素质员工队伍的饭店，是更能体现精益化管理，掌握服务心理，提供高品质服务的饭店。

3.3.3 现代饭店精益化管理的内容

饭店要实现精益化管理，就要对饭店的管理思想进行革新，进而对管理方法进行革新。这些革新的过程就是精益化。饭店管理的精益化主要包括以下几个方面的内容。

(1) 科学定岗定员

饭店业属于劳动密集型服务性企业，活劳动在成本中的比重甚大，人浮于事的情况并非个别，克服最宝贵资源的浪费，潜力可观。饭店精益化管理是把反传统方式中的以物为中心的管理变为“以人为中心”的管理，实现以人为本的饭店业管理，这是饭店业在管理思想认识上的一次飞跃。它认为：“饭店即人”，饭店无人即止。“饭店即人”，一要为顾客生产高质量、低成本的产品并提供优质服务，二要为员工创造舒适的工作条件与环境。例如，日本饭店客房价格低于美国饭店客房价格，其中人的因素起了重要的作用。

（2）一切以顾客为中心

市场经济的发展，饭店的一切生产经营活动都要以市场为出发点，让顾客满意成为饭店制胜的武器，饭店产品只有满足顾客多样化、个性化、审美化、舒适化的要求，才能在市场上占有一席之地。饭店精益化管理以顾客为中心，不仅向顾客提供服务，而且把顾客看作经营过程的组成部分。对于顾客而言，饭店精益化管理注重寻求并维护一种长期稳定的合作关系，把长远利益放在第一位，有时甚至宁可牺牲部分短期利益。同时，饭店精益化管理还要求市场营销部在市场调查时要深入到顾客，全面了解需求并将有关的内容反馈到设计过程，主动销售，顾客第一。营销部的市场调查与研究是饭店经营过程的起点，而且通过完善的售后服务力求顾客满意，形成顾客信赖的饭店企业形象，为饭店赢得无数的回头客和大量的新用户。

（3）追求服务的有效性

饭店服务有有效与无效之分。精益化管理方式认为，只有能增加价值和附加价值的服务才是有效的，不能增加价值的服务是无效的服务，是一种浪费。用精益化的观点来分析饭店的经营管理过程，可以发现很多地方存在着浪费。如用人过多、超量生产、资产闲置、不合理的工作流程等。精益化管理就要使这些无效服务和浪费清楚地表现出来，使饭店决策者和管理者动脑筋、想办法，通过改进、改良、改造和加强管理，最大限度地消除无效服务和浪费。

（4）推行准时化服务

饭店中传统的服务过程是在客人的要求下进行服务的，我们可以把其称为“推式”服务。而精益化管理要求服务过程采用的是一种“拉式”服务，其核心是准时服务制 JIT（JUST－IN－TIME）。JIT 指的是“在客人需要的时候未等客人提出来就按照客人的需要为客人提供服务”，而这种准时化的服务是靠“拉式”管理模式和观察发出指令而实现的。

（5）改进经营服务流程

评价经营服务流程是否合理，可采用以下几个标准：① 产品按需确保供应；② 产品或服务流程清晰、明确，环节减少却又不致引起混乱，或影响服务质量；③ 前后作业连贯，却又避免重叠和无效服务；④ 流程既符合规范，又有一定的灵活性，便于自我调节。

（6）追求尽善尽美

饭店精益化管理将目标定在尽善尽美，追求即时服务、低成本、高效率及良好的人际氛围。精益管理方式认为，一个饭店如果存在服务质量方面的缺陷，会造成很多问题的出现。例如，因服务不规范造成时间耽搁，因服务质量差造成顾客投诉等。丰田公司有一句名言：“价格是可以商量的，但质量是没有商量余地的。”精益化管理的最终目标是追求无缺陷，追求完美，追求卓越以及永无止境的对尽善尽美的追求，使精益化管理模式焕发出强大的生命力，成为推动饭店管理向更高境地发展的重要通道。

3.3.4 精益化管理在现代饭店业中的应用

通过对精益化管理内涵的了解可知，精益化管理是使用于现代企业的组织管理方式。这种方式是以整体优化的方式，科学、合理地组织与配置企业拥有的生产要素，消除生产中的无效劳动，以“人”为中心，以“简化”为手段，以“尽善尽美”为最终目标，使企业进一步提高适应市场变化的能力。但是，饭店在应用精益化管理时，应该考虑中国饭店业的实际，具体而言，我国饭店自身现存在的问题大概有以下几点。

（1）员工

我国饭店员工的素质不高制约了精益化管理向下的推行。一方面管理层对精益理论缺乏深刻的理解，他们无法培训员工迅速提高服务技能；另一方面，经济的飞速发展、饭店数量的急速增加等原因亦造成中国饭店业人才的频繁流动，这也可能使已经起步的精益化管理陷入困境。

（2）文化

实施精益化管理的饭店必须对个人进行充分的授权，让员工尽可能多地提出各种管理方案。中国饭店的政策通常由上层管理者制订，一名普通员工在正式的管理链中通常不会主动去打破这种层级关系，而只是服从上一层领导的命令和控制。在精益化管理的推行中如果没有授权，持续改进是不可能实现的，而如果没有持续的改进，精益也就只是纸上谈兵而已。此外，根深蒂固的儒家文化使中国员工比较安于现状，即使存在明显的改进空间，他们也还是更愿意接受“已经够好”的产品或流程，这种安于现状的态度是精益原则的大忌。

（3）质量

产品与服务质量标准可能与管理层的期望不符是在我国饭店实施精益化管理所面临的另一问题。精益化管理的理念总是存在改进的空间。换句话说，在没有实现完美的产品、流程或服务之前，有些事情可以做得更好。但是，中国自古以来流行一种“够用即可”的哲学，即达到基本满足需求的质量水平即可，没有必要做进一步的提高。

解决以上问题的方法可以从以下几方面考虑。

转变思想观念 成功实施精益化管理的基础之一在于得到中高层管理者的支持。如果管理者缺乏能力或不愿授权员工去适应精益化管理，再好的管理方法也是无效的。因而，首先要转变管理层的思想，强调“第一次就做对”非常重要。精益化管理的最终目标是追求无缺陷，追求完美，追求卓越，永无止境地对尽善尽美的追求，使精益化管理模式焕发出强大的生命力，成为推动企业管理向更高境地发展的重要通道。

强调以员工为中心 不要随意支配员工的观念，约束员工的思想。采取适当的激励方式激发超越个体的责任感。例如，可以采取使用意见箱集思广益，或者公开表扬那些参与行动并提出能够提高服务质量方案的员工。

服务的高质量化 饭店服务的高质量化是精益化管理的前提条件之一。我们要尽可能地对员工进行有序的布置，这样可以缩短服务时间，缩短生产周期，节省人力，从而降低产品成本，提高服务效率。

建立一整套严密的切实可行的规章制度 精益化管理推行“及时”“主动化”“高质量”“少投诉”等非常优化的服务管理理念，没有一整套严密的规章制度是不可设想的，任何一个环节没有严格按规定去做都有可能导致客人的投诉。因此，依赖一套严密的规章程序去运行是必须的。

饭店组织的扁平化 长期以来，人们习惯于采用传统的梯阶控制结构来构造饭店企业的组织机构，即层次分明，高度集权的“金字塔”型，并认为管理幅度的增加会减少组织的控制力而使管理效能下降。然而，这种按职能分工的分层组织结构已被实践证明是造成目前我国饭店企业效益低下、缺乏市场竞争能力的主要原因。计算机技术和通信技术为减少管理层次奠定了坚实基础，而精益化管理中以人为本的管理思想使得饭店企业组织扁平化不仅没有造成效能下降，反而成为饭店企业增强凝聚力、提高工作效率和经济效益的有力武器。精益化管理中提倡的面向对象的组织（Object-Oriented Organization）是以“项目组”的形式表现的，它是一种多功能小组，它针对不同项目集中了多方面的人员，通过它大大减少了中间管理层，提高了员工参与管理的程度，实现了企业内部信息的有效沟通，适应了现代信息社会的变革。这种扁平化的网状组织结构的不断优化，使得饭店企业组织更加灵活、敏捷、有效率。

在市场需求多样化和饭店竞争日趋激烈的今天，传统的管理方式正在失去往日的风采，我国饭店应把转机建制、联合兼并、建立集团作为契机，走精益生产和精益化管理之路。饭店管理的精益化是提高饭店效益的有利举措，同时也是饭店实行集约经营的必由之路。

3.4 现代饭店集团化管理

21世纪的饭店业无疑将是集团化经营管理的世纪，这是饭店进入到现代饭店时期以来的一种必然结果。饭店的集团化问题，从宏观经济学的角度而言，是一个产业组织政策的问题；从市场学的角度来看，是一个市场结构与市场秩序的问题；从企业管理的角度去分析，则是企业在市场上的吸引力和竞争力的问题。可以说，饭店的集团化问题是一个综合性的问题，在21世纪中，随着国际、国内饭店市场竞争的日趋激烈，也将越来越成为一个突出和尖锐的问题。

3.4.1 现代饭店集团化管理的产生与发展

饭店集团是指饭店公司通过不同的方式拥有或控制2家以上的饭店，采用统一的名称、标志，执行相同的管理规范和质量标准来联合经营所形成的系统。

最早的跨国饭店集团是1907年成立的“里兹发展公司”，这是以饭店业的英雄塞萨·里兹命名的。它的出现使得国际饭店业进入了“托拉斯”式的垄断时代。“托拉斯”即经营关系密切的同类饭店，组成大垄断集团以扩大市场占有率、争夺投资市场、获取高额利润，它是一种高级的垄断组织形式。里兹发展公司通过签订管理合同迅速在欧洲扩张，成为当时世界上最大的饭店集团之一，时至今日，“里兹”的名字仍是豪华和第一流服务的同义词。“现代商业饭店的鼻祖”美国人斯塔特勒组建了第一个现代联号饭店经营模式。第二次世界大战以后，国际饭店业开始真正地大规模全球扩张。美国由于在战争中积累起来的大量财富开始了全方位地向世界输出资本和产品，这也给了美国饭店业千载难逢的发展机会。当时美国最著名的国际航空公司泛美航空公司迅速对饭店业的国际化趋势做出了反应。它于1946年成立了全资子公司“洲际饭店公司”，到1982年，泛美航空公司将

IHC 卖给大都会集团时，洲际饭店集团在全球已拥有 109 家饭店。1946 年成立的“希尔顿饭店公司”在美国收购了多家饭店集团（包括斯塔特勒的所有联号饭店）后开始向美国以外扩张，在此后的二三十年的时间，美国其他新崛起的饭店集团，例如，喜来登饭店公司、假日集团、马里奥特等，也先后加入了饭店国际化的行列。与此同时，欧洲的饭店集团也在美国饭店集团的压力下，从 20 世纪 50 年代开始逐步加入了饭店业国际化竞争的行列。20 世纪 50 年代初，总部设在巴黎的地中海俱乐部集团就开始在地中海沿岸建造度假胜地和饭店，而后又扩展到加勒比海地区。进入 20 世纪 80 年代以后，欧洲的饭店业加快了集团化的步伐，开始挑战美国饭店集团的垄断地位，雅高集团通过兼并成为欧洲最大的饭店集团；1987 年希尔顿饭店集团被拉德布鲁克集团（Ladbroke PLC）收购更表明了欧洲饭店集团已进入了全球战略。到 20 世纪 90 年代，欧洲饭店集团已成为国际饭店业中的一支重要力量。同时，亚洲饭店集团也逐渐加入到国际饭店业的竞争之中，日本的帝国饭店集团、新大谷集团，中国香港的半岛、丽晶集团等在国际饭店业中显得日趋活跃。

总体而言，饭店业国际化经营管理的进程速度是惊人的，到 1998 年，国际化经营涉及国家最多的巴斯饭店联号已经在世界上 95 个国家管理着饭店。

3.4.2 现代饭店集团化管理的优势

由于饭店集团往往由一个公司总部和若干家饭店组成，相对各独立经营的单体饭店而言，具有一定的优势。

3.4.2.1 品牌优势

品牌是企业对自己产品和服务规定的商业名称和标志。国际饭店集团统一使用的商标和标志向宾客承诺了某种预期的服务质量，这对饭店集团及其成员在竞争中扩大知名度和市场规模起着举足轻重的作用，特别是当旅游者在一个陌生的环境中消费时，标志和品牌能在很大程度上尽快树立起消费者对产品和服务的信心。

在使用统一的标志和品牌方面，国际饭店集团已经形成了各自统一的、完善的 CIS 企业形象识别系统。对于进行多元化经营或市场细分化经营的国际饭店集团，通常还在它们的企业名称后面加上产品和服务的品牌名称和标志，表明其各种不同类型的产品，这样做有利于各个品牌的市场宣传、品牌联想、质量预期和感知，同时，也成为许多国际饭店集团占领市场的有力武器。例如，福特饭店集团于 1991 年更名为礼物 PLC 集团，在全球范围内将所属饭店划分为 3 个不同的品牌：福特之家——经济型饭店联号；福特驿站——现代化饭店联号；福特之冠——高档商务饭店联号。另外，福特饭店集团还针对不同的细分市场发展了拥有自主产权的饭店联号，每一家都有自己的名字、风格和特点。如福特遗产饭店是一系列遍布英国的独特而又古老的饭店，从有历史背景的马车旅社到豪华的古代建筑都被翻修一新，向宾客提供传统的殷勤服务、美味佳肴和当地的特色啤酒；豪华福特联号则是一系列第一流的国际饭店，提供传统欧洲风格的、高水平的服务，例如，瑞士日内瓦的伯格斯饭店、华沙的布里斯托饭店和马德里的里兹饭店等。

3.4.2.2 规模优势

饭店集团通过规模经营可以实现规模效益，以及在饭店业竞争中取得由规模而带来的效率优势及由交易成本和信息成本而带来的成本优势。饭店集团的这种规模经营优势具体表现在以下几个方面。

采购优势 为严格监控采购质量，增强采购中的讨价还价的能力，获得供货单位的最大优惠，饭店集团通常采用集中采购的方式，发挥集团批量采购的优势。批量购买使得饭店集团所属饭店的经营成本大大降低，经营利润获得显著提高。

财务优势 在饭店集团的外部，饭店集团比独立的饭店企业更容易得到金融机构的信任，因而在筹措资金方面具有明显的优势，使它有可能得到某些机构的大额借款，而且往往条件优惠。这样，饭店集团就有能力及时对饭店进行改造，采用新的技术，更新服务项目，使其在同行业的竞争中处于有利的地位。在饭店集团内部，饭店集团总部可以通过资金的集中使用，来帮助集团内部某些资金短缺或者因其他因素造成暂时资金困难的饭店成员克服困难。

竞争优势 饭店集团与单体饭店相比具有较强的竞争优势，主要表现在饭店集团对客源市场和价格的垄断，以及在大规模促销活动中所具有的优势。

3.4.2.3 质量管理优势

饭店集团一般都具有经过实践检验可以达到理想效果的质量管理系统，与单体饭店的质量控制相比，其管理模式通常更为先进和完善。集团的成员饭店可以运用集团统一的管理程序和服务标准，使饭店在质量管理上更加制度化、规范化、程序化、标准化、等级化，从而显著提高饭店的管理水平和服务质量。因此，相比较而言，饭店集团具有一定的质量管理优势。另外，由于饭店的集团经营管理，使饭店集团内部的分工更加精细，这使得引进和使用高效能和专业化的机器设备成为可能，进而为饭店生产和技术上的专业化、部门化奠定了基础，最终达到提高饭店质量管理水平的目标。

3.4.2.4 人力资源优势

饭店集团充分显示出其人力资源优势。首先，在员工的教育培训上，许多饭店集团已经在集团总部或地区中心建立自己的培训基地和培训系统，用于轮训集团成员饭店的管理人员和培训新生力量。其次，集团统一的人力资源管理和安排也是其人力资源优势的表现。饭店集团可以从整个饭店集团的需要出发，集中工程技术、装潢、财务会计、市场营销、市场分析、人事管理、质量管理、电子计算机技术以及食品技术等各方面的专家，进行合理的调配，为集团内部的各个饭店服务。由于这些人员了解集团整体的经营战略与经营状况，熟悉集团的工作程序、标准和各方面要求，因此能够合理地解决饭店中存在的问题，并能帮助饭店特别是新开业的饭店打开局面，并在经营管理活动中发挥积极的作用。另外，饭店集团也比较注意培养使用本地的员工和管理人员，使他们既具有国际管理的意识和标准，又能够结合当地的文化背景和风俗习惯，开展科学的管理和营销活动。

3.4.2.5 市场信息优势

在现代饭店管理中，信息已经成为饭店的一种非常重要的资源。对饭店集团而言，利用先进的信息技术，快速准确地获得全球范围内的信息并迅速做出反应是其获得竞争优势的又一重要手段。计算机技术在饭店中的运用，使饭店集团收集和处理信息的能力得到大大加强。计算机技术在饭店业中的运用大致经过了HMS、CRS和GDS 3个阶段。HMS是指饭店管理系统（Hotel Management System)，主要用于预订、客房、客账的管理等，一般仅限于饭店的内部管理。CRS即中央预订系统（Center Reservation System），是饭店集团为控制客源采用的集团内部的计算机预订系统。CRS使得饭店集团在客源控制方面一直处于领先地位。20世纪90年代后，GDS即全球预订系统（Global Distribution System）成为国际饭店业开始广泛使用的新技术。GDS是一种共享的网络信息系统，使得中小型的单体饭店有可能利用网络技术扩大自己的市场范围。

由于饭店集团具有上述优势，随着饭店业的进一步发展，饭店集团化经营管理将成为一种大趋势，呈现出更为迅猛的发展态势。而分散的单体饭店也将通过各种方式，或形成自己的饭店特色，以特色取胜，或加入饭店集团的行列，通过集团的优势取得生存和发展的空间。

3.4.3　现代饭店集团的经营管理模式

世界上一些大的饭店集团，长期以来在经营管理中形成了各具特色的管理模式，并用以规范集团内各饭店的硬件设施和服务行为，通过管理人员的派遣、定期或不定期的检查、现场督导等措施，迅速扩大自己的“领地”和市场，据Hotels杂志统计，在2001年全球100家饭店集团的排名表上，我国最大的饭店集团上海锦江饭店集团位居58名，位居前10位的饭店集团依次是：美国圣达特、英国的六洲饭店公司、美国马里奥特国际公司、法国雅高集团、美国选择国际饭店公司、美国希尔顿饭店公司、美国最佳西方国际公司、美国喜来登国际饭店集团、美国卡尔森国际饭店集团、美国凯悦饭店国际公司。

世界各地饭店集团经营管理的模式或结构关系多种多样，归纳起来，通常有以下几种。

3.4.3.1　投资管理模式

饭店集团利用自己的资本，以投资或集资的形式建造或购买新的饭店，然后由集团利用其成熟的管理模式派员管理。这样的饭店就成为集团的全资企业，在以后的发展中，也可能成长为集团的核心企业。这种方式的优点是集团可以通过与所属饭店的产权所有关系获得财务上的利益，但是它需要集团大量的资本，建设周期长，所承担的风险也较大。在饭店集团的早期历史上，这是一种被经常采用的方式。

【知识窗】

马里奥特集团（Marriott International）

马里奥特国际股份公司是一家国际性饭店公司，主要经营管理直属的饭店和特许经营的饭店，其创始人是美国的约翰·威拉德·马里奥特。他起初经营莱根汽水店，1957年进入饭店业。第一家马里奥特旅馆是位于华盛顿市的双桥汽车旅馆，之后开始迅速扩张，1969年正式成立马里奥特旅馆公司，到20世纪70年代初，马里奥特公司已经发展成为一个大型的多行业的集团公司。马里奥特能够成为一家赫赫有名的国际性饭店与食品联号集团，在经营管理上有其独到之处，包括强调制度和标准化管理，一直坚持集权领导，坚持开展多种经营的方针，以竞争、跳跃、预测市场需求以及有效的组织机构实现目标管理，注重创新，重视宣传促销，认为地理位置是饭店与餐馆成功的关键。马里奥特还十分重视人力资源管理，通过建立公平的竞争机制、尊重员工的个人价值、重视感情投资、给予员工丰厚的待遇等措施发挥员工的工作积极性，留住优秀人才。目前，马里奥特的核心产品包括已经进入中国的著名品牌有万豪、万丽、万怡、丽嘉、华美达、新世界和行政公寓等。

3.4.3.2 控股管理模式

饭店集团通过对某一家饭店的股份控制而将其纳入自己的范围。一般来说，饭店集团在目标饭店股权单一的情况下，只要拥有目标饭店51%以上的股权，就可以控制该饭店。这样的饭店将接受集团的监督和决策，成为集团的一个分公司饭店。但是，由于集团对它并不拥有全部产权，分公司饭店具有独立的法人地位。集团在按股份分享分公司饭店盈利的同时，还会使得集团享有管理模式优先输出权的好处，这样，原本只能建造一家全资饭店的资金，现在可以控制数家饭店。这种结构的优越性是风险小，一旦某个分公司饭店经营失败，母公司不过只损失了投入分公司饭店的股份。

3.4.3.3 租赁管理模式

租赁管理是指饭店集团承租不属于本集团产权控制范围的饭店，取得对该饭店的经营管理权，该饭店便成为饭店集团的一员，但所有权仍属该饭店。租赁的形式有以下几种。

(1) 直接租赁形式

直接租赁是承租公司使用饭店的建筑物、土地、设备等，每月交纳一定的租金。在租借时，有的公司只租借大楼和土地，而所有者仍拥有饭店的设备和家具、用具。一家饭店要经营成功需要一段较长的时间，故在租赁合同中要规定租赁的年限，以免饭店集团在其经营成功之间，所有者将饭店收回。

(2) 分享盈利的租赁形式

在饭店行业中，有许多饭店集团采用分享经营成果的租赁形式。企业所有者愿意以收入或利润分成作为租金。因为各国都存在通货膨胀，土地和建筑物的价值也会随之增值，根据收入或利润分成可以消除通货膨胀的影响。根据收入或利润来计算租金，其计算方法一般有以下3种。

按总收入的百分比计算 比如，向出租者交纳总收入20%的租金。

按经营利润的百分比计算 比如，将80%的经营利润作为租金向出租者交纳。

按总收入和经营利润混合百分比计算 比如，向出租者交纳60%的经营利润和5%的总收入作为租金。

一般来说，出租企业者不愿意承担风险，比较喜欢根据总收入的一定百分比来计算租金。

(3) 出售-回租形式

出售-回租式租赁是企业在将饭店产权转让给他方的同时，又要求他方将饭店租回己方再继续经营的形式。企业出售饭店产权出于不同的动机，有些企业拥有饭店产权但急需使用现金，因此需将饭店资产转变成现金；有些企业想减少风险而不愿在经营某饭店的同时拥有这家饭店的产权；还有些企业是依赖贷款建造的饭店，负债沉重，故不想拥有产权。这些公司将产权出售给另一公司时，要求仍然经营该饭店，这就必须签订出售-回租协议，承租经营管理的饭店集团必须定期向饭店的业主交纳租金。对产权的卖方来说，这不失为一种筹措资金、扩大经营规模的方法。这种租赁形式在国际上比较流行。

3.4.3.4 委托管理模式

委托管理，又称管理合同关系。在饭店市场上，那些不善于或不愿意经营饭店的业主以签订管理合同的方式把饭店让给集团管理公司来经营管理。该饭店使用集团的名称，采用集团的管理模式，并成为饭店公司的一员。在这种情况下，对饭店集团来说，就形成了所谓的委托管理。有时，集团也会对所要管理的饭店进行少量的投资，以此作为取得管理权的条件。按集团收取管理费用方式的不同，委托管理可以有以下几种具体形式：

第一，收取占饭店总收入一定比例的管理费。例如，有的饭店以总收入的5%作为管理费。

第二，收取占饭店总收入一定比例的基本管理费，再加上利润的百分之几。例如，有的饭店以3%的总收入加上10%的经营利润作为管理费。

第三，收取一笔固定费用，再加上一部分鼓励性管理费。

管理合同关系与租赁关系有某些相同之处，如饭店的所有权和经营权分开，收取租金和收取管理费采取相似的分成方法，但这2种关系性质不同。在租赁关系中，经营饭店的公司在经营上完全独立于企业所有者，饭店的职工属于经营公司，他必须对职工负责。经营公司还必须承担经营饭店的风险，如果经营亏损（比如，租金大于经营利润），则亏损由经营公司承担。在管理合同关系中，管理公司是饭店产权所有者的代理人，它代理所有者经营饭店，不承担经营风险。饭店的职工是所有者公司的职工，所有者公司应该向职工负责，管理公司代理所有者公司管理企业和职工。

3.4.3.5 饭店名使用权转让经营模式

饭店名使用权转让（Franchising），又称特许经营权转让，是指饭店集团将其拥有的具有知识产权性质的著名饭店产品商标、成熟定型的饭店管理技术和先进的客房预订系统的使用权出售给某饭店所有者，收归其为集团成员，并借此获取利润的一种经营管理模式，即出让者企业出让某一已经出名产品的权利。近年来，饭店名使用权转让不仅在美国而且在世界上发展很快。出让者企业应先树立饭店形象、扩大声誉，然后才能向其他公司转让经营同名饭店的权利。在转让饭店名使用权的同时，出让者要为接受饭店名使用权的公司制定经营饭店的标准程序和方法，提供技术、市场营销方面的帮助，使接受者饭店成为饭店集团的一员，并能在经营质量方面名副其实。

饭店名使用权的接受者有责任确保企业达到饭店集团规定的经营标准。这些标准包括设备、设施的规格和质量等硬标准及设备的保养、服务项目的质量等软标准。接受者企业应向转让者交纳转让费，转让费包括转让初交纳的一次性转让费，这笔费用数量较大。另外，每月还要交纳一定的费用。这笔费用的交纳方式各异，有的每月交纳固定数额的费用加上预订系统预订客房的部分预订费；有的根据饭店总销售额的一定百分比计算；有的根据客房销售额的一定百分比计算。

世界上最成功的饭店名出让公司是假日饭店集团，它有1600多个转让名的饭店；其他饭店集团如希尔顿、马里奥特、哈瓦特·约翰逊、拉马达等在转让领域中也很成功。

3.4.4 现代饭店集团在中国的发展

改革开放以来，中国旅游业成就辉煌，旅游业已成为国民经济中发展最快、最具生机和活力的新兴产业之一。旅游饭店作为旅游业的支柱产业，经过20多年的发展历程，数量从少到多，产业规模从小到大，管理和服务水平从低到高，同样取得了辉煌的成就，旅游业与饭店业的发展也极大地促进了我国自己饭店集团的形成与发展，同时，随着我国加入世界贸易组织，中外经贸和人员的交流日益频繁，中国综合国力进一步提高，作为旅游大国的地位进一步加强。越来越多的国外饭店集团把中国作为进一步扩张的主要市场。

3.4.4.1 国际饭店集团在中国的发展

饭店行业是集中度非常高的行业，在全世界范围内，200家最大的饭店集团基本上垄断了饭店市场或者说主要饭店的市场。这种垄断和主导主要体现在以下3个方面：① 有统一的管理模式，在市场上形成了统一的标准，形成了消费者的高度信任感；② 有统一的品牌，这样统一的品牌遍及世界，使消费者感到非常方便；③ 有统一的饭店销售和组织网络，大的饭店集团内部彼此之间供应的客源一般可占到30%以上。由于集团经营在这3个方面的优势，使国际性的跨国集团在国际竞争中处于有利地位。

这些跨国饭店集团自中国改革开放以来就开始瞄准中国这个潜在的大市场，并逐步进入这个市场。1984年北京丽都假日饭店作为国际饭店管理集团进军的第一步，之后各个集团相继进入。到目前为止，大的饭店集团基本上在中国都有了自己的网点，并且正在逐步向网络化方向发展。现在规模最大的假日集团（已被六洲国际饭店公司购买）在中国已经管理了30余家饭店；香格里拉集团把重心放在了中国大陆，目前香格里拉集团已经管理了国内30余家饭店，成为在中国发展最迅猛的饭店管理集团之一。目前，国内的高星级饭店多数是由国际饭店管理集团经营管理，他们凭借着在信息收集与客房预订、宣传促销与管理、培训等多方面的优势，使其在中国管理的市场份额和经济效益各方面都处于我国饭店业的领先地位。如在表3-1中所显示出来的合资饭店中拥有500间客房以上的饭店和五星级饭店基本上是由跨国饭店集团进行管理的。从表中可以看出，合资饭店的数量占饭店数量的15.7%，但利润数占了81%。另外在合资饭店中500间客房以上的饭店和五星级饭店利润率分别高达18.86%和18.71%。

表3-1 中国旅游饭店利润集中化情况 单位：%

饭店类型		占饭店总数	占客房总数	占营业总收入	占总利润	收入利润率
国有饭店		66.4	64.7	42.0	24.2	2.36
合资饭店		15.7	22.0	43.9	81.0	8.46
合资饭店	500间客房以上的饭店	1.8	15.0	23.7	97.5	18.86
	五星级饭店	1.0	4.2	15.2	62.3	18.71

总之，饭店管理跨国公司进军中国目前已经达到了相当的规模，在竞争中也保持着优势的地位。就目前来说，优势并没有停止，而且有进一步发展的趋势。

3.4.4.2 我国饭店集团的发展

中国改革开放后，旅游业与饭店业的发展也极大地促进了国内自己饭店集团的形成。饭店集团的发展，体现了所有权与经营权的分离和饭店管理的专业化与商品化，它代表了先进的生产管理模式与发展方向。集团在追求规模经济效益的同时，也有利于提高落后地区饭店企业的管理水平和帮助部分效益不好的国有饭店走出困境，并有利于推广先进的饭店管理模式。因此，饭店集团和饭店管理公司的发展，得到了政府行政管理部门的肯定和大力推广。1993年国家旅游局颁布了《饭店管理公司管理办法》（旅办发1993第075号），鼓励国内饭店管理公司的发展，推广饭店管理公司科学化的管理方式和集团化的经营管理模式。截至2002年底，我国已正式批准成立了40余个饭店管理公司。其中，既有在我国饭店业中起步较早、知名度较高的上海锦江集团、建国集团、白天鹅饭店管理公司等，也有近几年发展起来的，如北京首旅集团、北京东方饭店管理有限公司、大连亚洲饭店管理有限公司、上海衡山集团饭店管理公司等。

（1）我国饭店集团发展的特点

依托于经营成功的饭店　我国饭店集团多数依托某一经营成功的饭店发展起来，经营者希望将他们成功经营某一饭店的经验能够推广起来，如白天鹅、汕头金海湾、上海锦江宾馆莫不如此。

集中在经济与旅游业发达地区　我国饭店集团多数集中在旅游业发达与经济发达地区，如北京、上海、福建、珠江三角洲地区，广大的中西部地区则很少。

形成了具有特点的管理模式　我国饭店集团也积累了一定的经验，形成了具有特点的管理模式，如富有东方情感的服务模式。

饭店集团以星级饭店为主　我国大多数饭店集团的成员为星级饭店，尤其是三星级以上的饭店。

经济型连锁饭店正在兴起　目前以北京首旅集团和上海锦江国际集团的锦江之星为代表的经济型连锁饭店正在兴起；如家快捷在全国有80余家连锁店；锦江之星在全国有100多家连锁店。

（2）我国饭店集团化管理的不足之处

从总体上看，我国饭店集团规模较小，发展的地域性不广，扩张较慢，在全国有影响的饭店集团很少，在管理规模和档次上还处于初级阶段。近几年，国家旅游局公布的数据表明，星级饭店营业收入前十强和外汇收入前十强，大部分隶属于国际连锁饭店集团，在各类星级饭店的评比活动中，国际饭店集团隶属饭店的成绩始终引人注目。海外饭店集团，以其先进的管理经验、雄厚的人才和技术优势以及国际连锁经营网络，占据了我国合资饭店和四星、五星级高档饭店的大部分市场。从战略上看，我国饭店集团与饭店管理公司，除存在旅游企业集团普遍存在的集团财务控制能力不足、战略规划与战略管理能力不足外，还主要有以下不足之处。

服务与经营模式不够成熟　目前，我国饭店管理公司的管理，多限于服务规范、服务操作程序与质量标准，集团业务能力不足，如对管理对象的客源、借贷、培训与财务资助方面的能力很弱，服务与经营模式仍不够成熟与稳定，缺乏一套科学的经营管理运作体系。

管理体制上存在缺陷　目前，我国的饭店集团在处理集团与管理公司的关系、形成资产连接纽带或形成集团核心层、紧密层、松散层的母子公司体制等方面，缺乏应有的规范，核心层也缺乏强有力的控制能力，组织管理体制存在缺陷，未形成企业集团规范的组织体制。

缺乏先进的预订销售系统　我国的饭店集团营销能力不足，销售、预订网络也不发达，尤其缺乏中央预订系统、国际销售网络、信息系统与价格政策，在国际促销上无法与外国同行抗衡，无法实现集团内的统一营销、统一对外广告宣传、互相推荐客源等，也缺乏集团范围内的营销规划。

资金运作能力弱　我国大部分饭店集团由于资金短缺、财务融资能力不强、无法筹集足够的发展资金，从而制约了集团的发展。

集团扩张形式单一　我国大多数集团成员以自有、参股、委托经营的居多，特许经营权转让形式较少，集团扩张的形式比较单一。

以上原因，导致了我国饭店集团扩张缓慢，在与国外饭店集团抗争中处于劣势。我国饭店集团必须努力学习外国饭店集团市场化运作的成功经验，加快改革步伐，缩小与外国饭店集团的差距，形成我国饭店集团的管理特色，按照我国的国情，努力走出一条深化改革、创新发展的路子。

【思考题】

一、名词解释

饭店绿色管理、人本管理、饭店精益化管理、饭店集团、控股管理、租赁管理、委托管理、准时服务制（JIT）。

二、简述题

1. 简述饭店绿色管理的“5R＋2E”原则。
2. 简述人本管理在现代饭店中的运用。
3. 简述饭店精益化管理的内容。
4. 简述饭店集团化管理的优势。

三、论述题

论述饭店绿色管理的实施措施。

【案例分析】

沙特阿拉伯客人前来完婚

内容提示：沙特阿拉伯是一个穆斯林国家，国民普遍信奉伊斯兰教。木哈买提就是沙特阿拉伯一位虔诚的伊斯兰教徒，准备中秋节在乌鲁木齐市举办婚礼。

1996年中秋节，位于大西北新疆乌鲁木齐市的徕远宾馆，住进了一位来自伊斯兰教圣地的沙特阿拉伯客人——木哈买提。据其本人说，他是慕名而来的。

出租车在宾馆大厅门前停下，迎宾员开门时，没有以通常的方式用手遮住车门上框请客人下车，这一细节赢得了这位虔诚的教徒的好感。因为按穆斯林国家的习惯，遮头是不允许的，木哈买提下榻徕远宾馆的决心更坚定了。

宾馆的王总经理从服务员那儿得知，这位客人来乌鲁木齐是专办喜事的，于是决定将坐东朝西的620房给他，以便他做祷告。借着乘客人去见未婚妻的间隙，组织员工布置新房。总经理亲自动手，窗帘换上粉红色的，以增加喜庆气氛；原来驼色的地毯上又覆了一块波斯地毯，使客人产生在家办婚事的感受；另外还配备一块小地毯，专供客人做宗教仪式用，墙上特地挂上穆斯林地毯，一间典型的穆斯林式新房就这样很快布置完毕了。

2h后，沙特阿拉伯客人回到房间，眼前突然的变化使他欣喜若狂，他只不过向服务员吐露过一句关于举办婚礼的话，没想到徕远宾馆竟做得如此完善，而且还有那么高的工作效率。他没顾得上喝茶，便直奔总经理办公室，赞不绝口地说："热合买提，热合买提(谢谢，谢谢)。"

沙特阿拉伯客人果真在徕远宾馆举办了婚礼。新婚期间，宾馆专门为他配备2辆专车提供昼夜服务。婚礼结束后，新婚夫妇在外出旅游前对王总说："请为我们保留这个房间，等我们回来后还要住，房租照付。"

此后，这位客人又来过乌鲁木齐市多次，每次都住在徕远宾馆。

【案例思考题】

阅读上述案例后，请运用本章知识点谈谈徕远宾馆的管理特色以及给你的启发？

【本章推荐阅读书目】

1. 现代饭店经营管理学. 张士泽，张序. 广东旅游出版社，2000.

2. 21世纪的管理. Subir Chowdbury. 云南大学出版社，2002.

3. 现代饭店管理创新. 余昌国. 北京燕山出版社，2005.

第 4 章

现代饭店生产管理

【本章概要】

本章着重阐述了现代饭店生产管理的定义、内涵，饭店生产中的计划管理、成本管理及质量管理的主要特点与方法。

【学习目标】

- 了解生产管理的历史、发展阶段，掌握饭店生产管理的概念、内涵及内容；
- 了解饭店生产过程中的计划管理、成本管理的特点及方法；
- 掌握饭店生产的质量管理内容及控制方法。

【关键性术语】

饭店生产管理、计划职能、组织职能、控制职能、分析职能、计划管理、成本管理、质量管理、全面质量管理、PDCA循环、预算控制法、定额指标控制法、制度控制法、服务设施设备质量、实物产品质量、服务用品质量、劳务活动质量、服务环境质量、宾客满意程度、生产服务质量检查。

质量是企业的生命线，也是企业克敌制胜的法宝。

——美国万豪国际饭店集团成功秘诀

【章首案例】

上海大厦全面质量管理

TQC小组：早在20世纪80年代末，首批被评为三星级饭店的上海大厦领导由于客人对洗衣质量投诉较多和内部布局损耗量较大而伤透脑筋。总经理办公室为此召开多次会议进行研究，但与会者认为洗衣布草质量管理问题太大，积重难返，一时拿不出有效的整改方案。

“我们从1986年起就开始搞全面质量管理，迄今已经解决了一些疑难问题。布草管理虽比较复杂，但是否属于‘不治之症’呢？”大厦总经理在一次会议上又提出这个问题，他的态度是十分明确的。

会上，质量管理办公室主任决定把解决大厦布草管理作为一次攻坚战，决心务必攻克这个难题。

布草QC联合小组很快成立了。布草使用面广，几乎涉及饭店每个角落，但QC小组突出重点，抓住了餐饮、客房等使用部门和承揽布草洗涤的总洗衣厂。他们做的第一件事是调查研究，把导致布草损耗和洗涤质量不高的原因一一查明，并依次排列，运用因果分析法找出了52条原因，最主要的几条是：使用不当、管理不善、洗涤不净、运输设备不洁而污染布草。

QC小组针对这几条主要原因，绘制出对策表，明确各项整改措施，以及完成达标的时间和预计的质量结果，并确定目标管理的执行者。

由于这项工作面广量大，光靠1个QC小组是不够的，于是饭店又成立了7个QC小组。

“以前由于我们管理不善，个别服务员用台布擦餐桌，甚至擦地面。领取台布手续不严，大小台布的保管制度漏洞极大。我们QC小组的任务不光要查明原因，更重要的是解决问题。”餐饮部QC小组负责人如是说。他们最后又制定了一系列新的布草收发、领用和保管制度，规定各种布草由专人负责，专车运输。

客房部QC小组认为，过去布草失落多，主要原因是疏于管理，有些人认为一家大饭店不必斤斤计较一两条毛巾。针对这种思想，QC小组成员一方面向大家讲解节流开源的意义；另一方面则在健全布草的领用制度上下工夫，有效地控制了毛巾流失和“公巾私用”的现象。

大厦质量管理办公室汇总了各QC小组的整改措施，把行之有效的32条措施用文字的形式正式确立下来，成为今后大厦管理制度的组成部分。经过2年多的努力，上海大厦布草损失和洗涤质量不高的问题很快得到解决，并且布草小组还被评为全国先进QC小组。

4.1 现代饭店生产管理的概念与内涵

生产是一种功能，也是一个过程，是一切社会组织将它的输入转化为输出的过程。生产管理作为一门学科最早出现于西方，是和现代化的机器大工业紧密相连的。生产管理的内容随着科学技术的进步，已成了企业赢得市场竞争的重要环节。

4.1.1 生产管理的发展历史

从历史发展的线索看，生产管理大体上经历了如下几个阶段。

泰罗：作业标准、时间标准；管理与操作分工；动作的标准化等。

福特：作业分工、大量生产原理、标准化、通用化、流水生产线。

行为科学：管理的重点由物转向人。

管理科学：优化模型、运营管理的有效性。

信息技术：实现运营、营销、财务信息的集中管理。

丰田生产方式：准时制、全面质量管理、计算机集成生产系统、柔性制造系统。

服务质量和生产率：高质量有价值的标准化服务（麦当劳）；全面质量保证体系；供应链管理；企业过程重组。

4.1.2 现代饭店生产管理的研究对象

（1）饭店生产管理及所解决的基本问题

饭店在经营过程中无论其运作的模式如何的特殊，它都无一例外地涉及两大问题：① 提供或生产什么？② 如何提供？因此，可以说生产活动是饭店业的基本职能，是饭店业必须面对的问题。只有通过生产活动，才能为饭店业的长远发展提供一个新的发展领域。

生产是一种功能，也是一个过程，是创造产品或提供服务的行为，是对它投入的生产要素转化为有形或无形的产出过程。

饭店生产管理是指对饭店生产活动的计划、组织、分析和控制。它所关注的两大问题是：① 产品和服务是如何生产出来的。② 如何降低产品生产过程中的资源消耗。根据其研究对象包括内容的不同，可将其分为广义和狭义 2 个层次。

广义的饭店生产管理，是指对饭店生产活动的全过程进行综合性的、系统的管理。其研究对象是饭店的整个生产过程，包括产品的采购库存、生产制造、产品的输出和反馈 4 个环节，研究对象为饭店产品（服务）形成的全过程。其内容十分广泛，包括饭店生产过程组织、生产计划与控制、劳动组织与劳动定额管理、生产技术准备、设备管理、新产品开发的组织与管理、物资管理、质量管理、价值工程和网络技术等内容。

狭义的饭店生产管理的研究对象是产品的生产过程，是指对饭店的生产技术准备、原材料投入、工艺加工、生产过程组织、生产技术准备、生产作业计划的编制、生产控制直至产品验收等具体活动过程的管理。

（2）饭店生产管理解决的基本问题

What：产品和质量战略。

Where：选址和现场布局。

When & Who：生产计划和排列。

How：工作方法与生产流程。

（3）饭店生产管理的内容

生产过程与战略：生产过程的原理、特征；生产方式的选择；技术、工艺管理。

生产系统的配置：选址、布局、设备配置及布局。

生产系统运行的计划与控制：生产计划、作业计划、生产控制。

生产作业活动的组织：劳动组织、作业分工、工作流程设计。

生产要素管理：材料、设备、人力等。

4.1.3 生产管理在饭店管理中的地位

饭店是一个综合性的服务性的企业，是一个有机的整体，饭店管理就是一个完整的大系统。它是由许多子系统组成的，生产管理作为一个子系统，在饭店管理中所处的地位是由生产过程在饭店全部生产经营活动中所处地位决定的。

生产功能与财务、人力、信息等项功能之间存在密切的关系。生产过程是饭店生产经营活动的重心，是饭店销售活动的前提，是饭店盈利的保证。

（1）生产管理与经营决策的关系

生产是一切组织存在的前提，生产管理是饭店管理的一部分。它要根据饭店经营决策所确定的一定时期中的经营意图，即经营方针、目标、战略、计划的要求以及下达的具体任务，组织生产活动，并保证实现。从饭店管理的分层来看，经营决策处于饭店的上层，即领导层；生产管理处于饭店的中层，即管理层。所以，它们之间是决策和执行的关系。生产管理对经营决策起保证作用，处于执行性地位。

（2）生产管理和销售管理的关系

生产管理活动改善了人们生活的质量。生产管理是销售管理的前提条件。它为销售部门提供用户满意的、适销对路的产品和服务。搞好生产管理工作对于开展销售管理工作、提高产品的市场占有率有着十分重要的意义。所以，生产管理是销售管理的后盾，对销售管理工作起着保证作用。它们在饭店管理系统中，同处于执行性地位，保持十分密切的协作关系。

从以上饭店生产管理与经营决策、销售管理的关系可以看出，在饭店管理系统中，经营决策处于核心地位。因为，它决定着饭店的全局，为饭店管理其他各个子系统提供正确的奋斗目标和方向，而其他各个管理子系统则是围绕着保证饭店的经营目标实现而活动的。

4.1.4 现代饭店生产管理的职能

（1）计划职能

通过对市场需求的预测，饭店生产管理根据消费者与市场的需求，编制各种生产计划。

（2）组织职能

制订了详细的生产计划和生产作业计划以后，饭店生产管理的组织功能要求对参与饭店产品生产的原材料、设备、服务人员等各要素，生产过程中的各个环节、各个方面进行合理的组织和协调，进行生产工作，保证按计划完成生产任务。如原材料采购的组织与协调、生产前的组织与管理、劳动力的组织与调度等。

（3）分析职能

根据生产计划的组织执行情况，饭店生产管理要经常开展分析工作。一方面，对生产过程进行诊断和评价，综合反映生产的各个阶段、各个方面完成生产计划的情况；另一方面，分析工作可以给以后的计划工作反馈信息，提高计划的科学性和可执行性。同时，可以根据分析发现生产中出现的偏差，及时采取各种措施，改进生产组织，实现优质、高效的生产。

（4）控制职能

在饭店的生产管理实践中，为了保证计划能够顺利完成，能最经济地按质、按量完成生产任务，必须对分析工作得出的有关生产过程的信息及时反馈，与生产计划相对比，纠正偏差，这就是生产控制工作。

4.2 现代饭店生产的计划管理

饭店生产计划是对饭店的生产任务做出统筹安排，规定了饭店在计划期内产品的具体品种、质量等内容。饭店生产计划确定以后，为了便于执行，还要编制生产作业计划，它把饭店全年的生产任务，在时间和空间上具体展开，详细分配到各个部门、班组及服务人员，规定各自在月、旬、日、轮班、小时的工作任务。

4.2.1 饭店计划管理的概念

计划是管理的一项基本职能，饭店计划是指饭店根据市场信息情况，预测未来发展全景，拟订饭店发展目标，从而制订出具体的规划和安排。要使计划制订得正确、合理，不招致失败，制订时先得深入客源市场，做认真的调查分析，搜集各方面的信息，掌握大量的第一手资料，然后根据自己的实际情况，如员工素质、管理水准、有形设施、发展资金等，制订一个切实可行的发展计划。

饭店计划管理就是饭店根据内外环境条件，用目标管理的方法，通过对计划的编制、执行、控制，确定饭店的经营目标，指导饭店的经营业务活动，保证饭店取得良好的效益。计划管理有双重含义：一是指对计划编制本身的管理；二是实施计划，用计划管理饭店。

4.2.2 饭店计划的类型

饭店的计划按照不同的标准可分为不同的类型。

4.2.2.1 长期计划和短期计划

这是从时间长度的角度来进行划分的。

(1) 长期计划

饭店的长期计划是指长时间的综合性的经营发展计划。饭店的长期计划是一种战略性计划，它规定饭店的发展方向和所应达到的目标。饭店制订长期计划是一个决策过程，是一种战略性、纲领性、决策性的计划。饭店通过对旅游市场的调查研究，在掌握了可靠的数据和对国内外饭店的发展水平有了正确估计的情况下，把饭店在这段时间内的经营决策具体化并作为长期计划。长期计划的核心是饭店的发展目标，由于这些目标不是在短时间内能达到的，因此，长期计划不仅要指出目标，而且要指出达到目标的途径。饭店的长期计划主要有以下内容。

饭店目标 从总体上确定整个饭店的未来目标，其中包括所要达到的各项主要指标，对饭店等级、水平、标准、规模、经营方向、经营内容等的描述，饭店对市场的预测和市场占有情况，饭店各项经济效益指标增长情况等。

饭店建设与投资 饭店在计划期内对固定资产投资的总体规划。饭店要确定各种固定资产建设的目标和方向，饭店扩建改建项目，确定对现有固定资产的更新改造、新设备的设置、职工福利设施建设等。饭店要计划所有这些项目的投资额、资金来源、投资安排（投资总额的分配、分期投资额）、投资效益测算、跨年度工程进度安排等。

饭店经营管理 饭店在计划期内经营管理要达到的水平，如管理体制改革、组织的调整和新模式、管理人员的配备和业务文化素质的培养、管理手段的更新方向、中外方管理的更替和交接等。

饭店规模 规划饭店发展的规模和接待能力。

职工培训计划 是对饭店管理人员和职工的来源、要求的规划，提高人员素质所要达到的标准，以及为达此标准所需要的培训层次、培训方式、时间安排等。

(2) 短期计划

短期计划是根据长期计划制定的，通常为1年或1年以内，是长期计划的具体化，它要规定具体工作程序和落实措施，主要是指导饭店的日常经营、管理，内容比较具体、可行。短期计划主要是由中层管理人员即部门经理一级制定的，主管一级参与短期计划的制定。因为他们都负责日常的管理工作，对基层情况非常了解。

短期计划的目标往往用百分比表示，如“本年度营业收入增加20%，食品成本降低5%，利润增加30%”。

长期计划是战略性的、总体的、全面的；短期计划是战术性的、局部的、具体的。

4.2.2.2　内部计划与外部计划

这是从空间或环境的角度进行划分的。

外部计划是饭店为了实现自己既定的目标，通过预测经营环境（包括政治、经济、社会、法制、科学技术等诸多方面的变化）制订的对应策略。外部环境属于战略性的长期计划。

内部计划是以既定的外部计划为前提，制订出饭店的实际营业操作程序。内部计划明确了饭店的发展目标和各项具体指标，属于战术性短期计划。

4.2.2.3　各部门计划

根据各部门达到的饭店目标分类，可分为市场营销计划、前厅接待部计划、客房部计划、餐饮部计划、商品部计划、劳动工资计划、设备建设和维修计划、物资计划、财务计划和基建及改造计划，等等。

（1）市场营销计划

从市场实际出发，规划饭店接待人数和客源结构，确定客源及市场占有率。规划与客源单位的联络方式及确立契约关系。确定对客源单位的营销联系方式、市场推销的主攻方向和市场推销策略。

（2）前厅接待部计划

前厅部根据经营业务总计划，确定全年接待总人数，各业务季、月的接待人数，计划全年客源组织形式，确定散客预订人数、团体宾客人数、零散宾客人数，做好业务组织形式的规划。对其他部分如电话总机、行李班组等也要制订相应的计划，对前厅各个部门的服务质量提高及服务质量控制提出计划。

（3）客房部计划

根据经营业务总计划，具体核定本部门的接待能力、接待人数，这些指标在时间上的分段分配和各单元的分配。为达到饭店计划指标，本部门要完成的营业收入和利润指标。为此制订客房部的经营决策，如客房部新增的服务项目，设备设施的添置和更新改造，客房种类结构变化，房内用品及服务员服务用品配置等。计划要规定客房的劳动组织形式，人员安排和编制定员，各工种的劳动定额、业务组织形式，人员培训等。同时客房部计划还要在计划中提出服务质量计划、物资消耗计划等。

（4）餐饮部计划

餐饮部计划包括餐饮部收入计划及为达到此目标的经营决策计划。餐饮部根据经营业务总计划，确定餐饮部的营业收入、营业收入构成（如宴会、团会、风味、酒吧、咖啡厅等部分的收入在营业额中的比例）。为达到计划目标，餐饮部要确定经营决策，如菜单的制订、投料单及菜食价格的确定、各类菜食毛利率的确定、餐饮设施的更新改造等。在计划中要确定餐饮部流动资金占用及来源，食品及原料的存储和采购量，厨师技术力量的配备和培训计划，服务形式的基本设计，服务质量计划，餐饮设备设施的配置与更新，物料能耗测算和成本控制计划等。

（5）商品部计划

确定商品经营的内容、经营方式、各类商品的经营方针和经营策略。商品部要核定流动资金的占有和周转，确定商品采购形式、采购计划，确定优质服务、售后服务等方式和控制方法。

(6) 劳动工资计划

劳动工资计划主要对饭店的人员及劳动报酬制订目标，做出决策。劳动计划要确定饭店正常运转所需人数、饭店职工人数，职工分类，职工构成比例，招用临时工计划，职工人数的部门核定，招聘技术工种或特殊工种人数，需增加或裁减人员数。计划要确定人员素质标准，劳动组织的基本形式，计划确定的招收、培训、学习、上岗等具体人数的时间。核定饭店全员劳动生产率。

(7) 设备建设和维修计划

设备建设和维修计划是对饭店设备进行投资建设、保养维修的计划。该计划要制订设备的需用量、需添置设备的种类、数量、资金来源、制订设备更新改造和报废计划。

(8) 物资计划

物资计划是为饭店各部门完成接待和供应任务而且提供各种物资保证的计划。

(9) 财务计划

财务计划是根据各部门和全饭店的决策和预算，为保证这些决策的实施而在财务上所做出的相应规划。它主要包括固定资产计划、流动资金计划、利税计划、专用基金计划、财务收支计划、成本费用计划等。

4.2.3 饭店生产计划中的主要指标

饭店生产计划指标是反映饭店企业在一定时期内经营管理所要达到的目标和水平的各种数值。主要包括以下几种类型。

(1) 客房或床位数

客房或床位数是表示饭店接待能力的最基本的指标。

(2) 接待人数

饭店经营的直接成果是饭店的接待人数。接待人数可以通过以下 2 个指标反映。

住宿人数　它是指一定时期内到饭店住宿登记的人数，即通常所说的人数。1 名宾客不论在饭店连续住宿几天都只算 1 个住宿人数。

人天数　1 个宾客在饭店住宿 1 天称 1 个人天数。饭店要考核的是人天总数，利用住宿人数和人天数计算的客人平均逗留期。

人均停留天数 = 报告期客人住宿天数之和/报告期住宿人数之和

人均停留天数 = 过夜数/到店数

(3) 客房出租率

客房或床位出租率是表示饭店客房设施利用状况的基本指标。它反映出饭店客源市场的充足程度、经营管理成功程度。饭店的盈亏百分比也是以客房出租率表示的。

以月为基础，其计算方式为：

客房出租率 = 月出租房数 ÷ (可供房间数 × 月天数) × 100%

以年营业日为基础，其计算方式为：

客房出租率 = 年出租房数 ÷ (可供房间数 × 年天数) × 100%

(4) 饭店的营业收入

饭店营业收入是以货币表现的，是饭店在营业中提供的服务和商品的价值总和，是由饭店多种营业收入汇合而成的，从营业收入的结构看主要包括客房收入、餐饮收入、商品部收入和其他收入。

(5) 利润和税金

利润是考核饭店经营活动成果和质量的综合性指标；税金则表现饭店对国家所承担的经济责任。确定饭店利润指标，主要是要确定各经营部门的利润指标，包括各部门的毛利率、毛利额、利润率、利润额等，具体的计算方法如下。

人均实现利税　指饭店平均每一职工实现的利润和上缴国家的税金总额。

人均实现利税 =（报告期饭店利润 + 税金总额）÷ 报告期内饭店平均职工人数

利润率　指报告期内饭店实现的利润总额占营业收入总额的比重。

利润率 = 报告期内饭店利润总额/报告期内饭店营业收入总额 × 100%

(6) 劳动生产率

饭店的劳动生产率指全员的劳动生产率，它反映饭店劳动效率状况，一般用劳动生产率和人均创利2个指标反映。

全员劳动生产率 = 报告期内饭店营业收入之和/报告期内饭店平均职工人数。

人均创利 = 报告期内饭店利润总额/报告期内饭店平均职工人数。

4.3 现代饭店生产的成本管理

4.3.1 生产成本结构

4.3.1.1 生产成本的组成

饭店生产成本由营业成本、营业费用以及管理费用3部分组成。

(1) 营业成本

营业成本是指饭店直接为客人服务所发生的支出。主要包括：餐饮部耗用的各种原材料、调料、配料等支出；商场销售商品的进价成本；洗衣房（也叫布草房）耗用的洗衣用品、用料等费用。

(2) 营业费用

饭店在生产服务过程中发生的间接费用，这些费用构成各部门的营业费用。饭店的营业费用包括：营业部门员工的工资及各项津贴、营业部门耗用的各种燃料费用、营业部门按规定提取的折旧费用、修理费用、低值易耗品摊销、营业部门的管理费用，等等。

(3) 企业管理费用

指饭店为组织与管理饭店经营活动而发生的费用。包括饭店管理部门人员的工资及各种津贴等。

不同部门的成本构成各不相同，餐饮部门的成本包括营业成本、营业费用与企业管理费用；客房部门的成本则由营业费用和企业管理费用2部分构成。

4.3.1.2 生产成本的分类

成本是饭店为获得经营所需的各项资源而付出的代价，但是其具体内涵的确定取决于经营决策的目的不同。与饭店经营决策有关的成本主要有以下几个。

(1) 不变成本与可变成本

不变成本是指在一定时期内不随饭店接待客人的数量或饭店营业收入的增减

而变动的成本，又称固定成本。如饭店服务设施的折旧费用、财务费用、管理人员的工资、员工培训费用等。

可变成本是指在一定时期内伴随客人数量或饭店营业收入增减的成本支出，也称为变动成本。如食品的原材料、客房的易耗品、临时工的工资等。

还有一类成本介于上述2种成本之间，它随着产量的增减而变动，但与产量的变动不成比例。如饭店水、电、煤的耗费，客房餐厅用具的损耗，在饭店成本管理中经常把这类成本按一定比例分摊为固定成本与变动成本。

(2) 增量成本与沉没成本

增量成本是指与饭店经营决策相关的成本，它往往随着经营决策的变化而变化。如果成本不因决策的变化而变化，或者说成本的发生与当前的经营决策无关，这类成本称之为沉没成本。在饭店经营活动中，决策通常会导致客人数量的改变，从而导致可变成本的改变，故可变成本多为增量成本。但是，并非所有的增量成本都是可变成本，因为决策还会涉及不变成本的增加。运用增量成本进行决策的原则是：由决策引起的增量收入大于增量成本时，则该经营决策方案就是可以接受的方案。

(3) 可控成本与不可控成本

可控成本是指在会计期间由一个责任单位有权确定开支的成本费用。例如，餐饮部经理对售出食品的成本、工资费用等可以施加影响，因此这些费用对餐饮部经理来说就是可控成本。

不可控成本是指在一定时期内责任单位对成本费用的发生无法控制的项目。例如，折旧费用对于餐饮部经理来说就是不可控成本。

(4) 边际成本、机会成本与会计成本

边际成本是指饭店在一定的经营水平下增加单位供给所需付出的代价。增量成本是边际成本概念的发展，这2种成本概念均适用于饭店经营的动态决策。

会计成本是在账簿上记录下来的历史成本。机会成本是指被放弃的其他用途中可以得到的最大收入。在饭店经营决策中，机会成本是决策的重要依据。饭店营业收入扣除机会成本为饭店经济利润，该利润大于零说明饭店资源配置较优，否则尽管饭店会计利润为正，也无法证明饭店经营最佳。

(5) 标准成本、计划成本和实际成本

标准成本是一种预计成本，就是预先通过精确的调查、分析与技术测定而制定的，在正常的业务经营条件下应当发生的成本。它是衡量工作效率和评价实际成本的尺度。

计划成本是一定时期工作开始前，根据计划资料计算的一种预订成本，又称预算成本，它规定计划期应当达到的成本水平。

实际成本就是一定时期（年、季、月）工作进行以后，根据实际资料（如发货票、领料单、合同等记录资料计算的一种成本，它反映报告期已经达到的成本水平。计划成本的组成项目及其内容，应与实际成本相一致以便比较分析。

(6) 隐性成本与显性成本

显性成本是指饭店在经营活动中实际支出的成本，通常能够在会计账上反映出来。隐性成本是指在饭店会计账上无法反映但是实际已经发生的成本。在饭店经营决策中，我们不仅要考虑实际支出的成本，同时也应该充分认识经营成果中隐性成本所起的重要作用。

4.3.2　饭店生产成本计划和管理

4.3.2.1　饭店生产成本计划

饭店生产成本控制的首要工作是制订成本计划。成本计划是饭店财务计划的一部分，也是饭店年度综合计划的组成部分。成本计划是规定饭店营业的总耗费水平和各部门的具体耗费水平，并规定成本降低程度的计划。成本计划由饭店费用要素计划和部门成本计划构成。

（1）饭店费用要素计划

饭店费用要素计划是饭店规定计划年度各种费用要素耗费量的计划。这一计划从总体上确定全饭店的费用耗费总量和各类费用的耗费量。这一计划一般由2部分组成，即费用要素耗费量的计划和费用要素调整部分。费用要素耗费量的计划是按费用要素的类别，分别定出费用要素的耗费指标；而费用要素调整部分则是根据饭店计划中预计接待量的变化和服务质量的变动以及物价等因素的变动，加减有关费用要素的量，从而确定饭店成本总额和机动额。

（2）部门成本计划

各部门根据本部门特点，按成本项目的内容来制订本部门的成本计划。部门成本计划要有一定的计划指标，包括耗费定额指标和单耗、总耗等指标。

客房部成本计划　该计划指标由各类客房单耗计划指标和客房部各类费用总额计划指标组成。客房部要按成本项目，分别计算各种不同类别等级的客房，以及在不同季节满房、空房一天所需耗费的费用。这些费用有直接费用，如物品、低值易耗品摊销、水电费、杂费等，也有间接费用的摊销。饭店对各种不同等级、类别的客房要制订成本计划表。有了成本计划表，一方面可以控制劳动耗电量费；另一方面可以确定客房的成本价格。客房部要提出部门的费用支出总额计划。客房部在制订客房单耗水平计划后，根据客房部计划的接待人数、客房利用率和客房使用天数，核定部门完成接待计划和营业额所需的费用支出总额，从而制订部门成本计划。

餐饮部成本计划　该计划指标主要有各种菜食单耗水平，酒水单耗水平。各种单耗水平要核定投料量水平和单位量食品投料进价。餐饮部还要按成本项目、厨房、餐厅、仓库各种费用支出总额，进一步确定菜食毛利率、毛利额和净利。餐饮部在一定时期要分别对各式零点菜、团体菜、各式宴会、点心、快餐、酒水等，分类分餐确定食品原料（包括主料、调料、辅料）的投料标准和投料进价标准。这些费用都计入直接费用。根据厨房和餐厅各种间接费用开支统计资料，再加上净利额，按不同的比例摊入各种菜食中，就形成毛利。从而使各种菜食的投料进价和毛利率有了数量标准。

商品部成本计划　由流动资金占用、流动资金周转和流通费用总额指标等组成。商品部的费用计划一般参照商业部门的做法来确定。

饭店成本计划是在各部门成本计划的基础上制定的。饭店在对各部门的成本计划进行分析审核、综合平衡后，摊入应摊的间接费用，如利息、企业管理费等，再扣除重复计算的部分，按费用要素项目列出各种费用总额，并把各项费用分解下达到各部门，最终形成饭店的成本计划。

4.3.2.2　饭店成本计划制订应注意的问题

● 服务接待的规格标准、质量要求和饭店的经营决策；

● 饭店的年度综合计划和其他计划，包括饭店的总体计划和各部门计划，特别是计划的各项指标；

● 市场供应情况；

● 饭店经济制度的体系和方法；

● 报告年度预定的成本和成本分析资料；

● 同行的成本水平资料；

● 国家有关成本的规定，国家对饭店的成本和成本降低标准。

4.3.3　饭店生产的成本控制

在实际工作中，做到成本支出与目标要求完全一致是不可能的，饭店在规定指标的同时，还应根据每个服务项目的具体情况规定其超支或节约的变动幅度。所谓成本控制就是将成本的实际发生保持在预先规定的目标成本允许变化的区域范围所采取的措施。饭店生产过程中成本控制一般采用以下方法。

4.3.3.1　预算控制法

预算是饭店未来一定时期计划的货币数量表现。预算成本费用是按标准成本费用计算的一定业务量下的成本费用开支额。预算控制法是以预算指标作为经营支出限额目标，即以分项目、分阶段的预算数据来实施成本费用控制。这种控制方法是以预算指标作为控制成本费用支出的依据，通过分析对比找出差异，采取相应的改进措施来保证成本费用预算的顺利实现。具体做法是，把每个报告期实际发生的各项成本费用总额与预算指标相比，在接待业务不变的情况下，要求成本不能超过预算。为了使预算具有有效的控制力，首先要求有科学的预算指标。一般采用滚动预算，使预算具有较大的灵活性，更加切合实际情况。

4.3.3.2　定额指标控制

为了有效地控制成本与费用，饭店对经营过程中各种服务资源的消耗与支出都需要制订相应的定额（目标成本），并按照服务接待的数量与定额控制消耗与支出。因此，各项定额指标应该先进合理，反映自己饭店较高的经营管理水平，并能够让多数员工经过努力可以达到或做得更好。定额应当根据饭店经营条件的变化及时加以修正。在成本与费用控制中，能够有效发挥控制作用的定额主要有以下几种。

（1）材料物品消耗定额

各种原材料、燃料、物料用品及低值易耗品等都应根据不同服务项目制订相应定额。材料物品的消耗定额是仓库发料与使用消耗的标准，严格按接待数量、消耗定额发放与使用材料物品是饭店成本控制的重要环节。

（2）工作量定额

按不同工作种类制订的工作量定额是饭店组织业务活动、配备人力资源的重要依据，也是考核员工劳动效率的标准之一。饭店应按照工作总量合理配备人力资源，以减少人工费用支出。用工作量定额控制工资费用的支付也是降低饭店成本的重要手段。

4.3.3.3 制度控制法

这种方法是利用国家及饭店内部各项成本费用管理制度控制成本费用开支。国家规定的成本开支范围及费用开支标准，以及上级主管部门的有关规定，是饭店进行成本费用控制时所应该遵循的。饭店必须建立健全各项成本费用控制制度和相应的组织机构来有效地控制成本费用。比如，各项开支消耗的审批制度，日常考勤考核制度，设备设施的维修保养制度等。成本费用控制制度中还包括相应的奖惩制度规定，对于努力降低成本费用并有显著效果的要予以重奖，对成本费用控制不力造成超支的要给予惩罚，这样才能真正调动员工节约成本，降低消耗的积极性。

4.4 现代饭店生产的质量管理

质量是企业的生存之本。没有质量，就没有顾客，也就没有效益，企业也将无法生存。质量管理是指确定质量方针、目标和职责，并通过质量体系中的质量策划、质量控制、质量保证和质量改进来使其实现的所有管理职能的全部活动。随着科学技术的进步，生产力水平不断提高，质量竞争日益激烈，质量管理在企业管理中的地位日渐重要，质量管理理论也不断发展和完善。随着旅游业的快速发展，饭店间的竞争日益激烈。在这种情况下，饭店经营成败的关键就在于服务质量。谁的服务质量好，信誉高，谁就能在竞争中求得生存和发展。因此，加强饭店的全面质量管理是当务之急。

4.4.1 质量与饭店服务质量

质量管理中的质量概念，有狭义和广义之分。狭义质量是指产品或服务的质量；广义的质量则是指全面质量，即除了产品或服务质量外，还包括工作质量。在本章里，我们把质量的概念理解为广义的，所以对饭店来讲，质量包括服务质量和实现这种服务所做的工作质量。

饭店服务质量是以饭店设施设备或产品为依据所提供的劳务，适合和满足客人物质和精神需求的程度。适合和满足的程度越高，服务质量就越好。服务质量的内容主要包括6个方面。

（1）服务设施设备质量

饭店的服务设施设备质量来自于饭店的物质技术装备水平，它包括动力设备、加工机械、冷冻机械等生产性设施设备和客房、家具、空调、餐厅、餐桌、电话等服务现场直接发挥服务功能的设施设备。饭店的设施设备是饭店提供服务的基础，是饭店服务的有形依托和表现形式。饭店服务质量对饭店设施设备的基本要求是：① 服务设施设备的总体水平应达到与星级标准相应的水准；② 服务设施设备应尽可能完善，让宾客感到实用、方便；③ 各种设施设备应处于良好的状态；④ 对各种设施设备应有严格的维修保养制度，确保饭店的接待服务正常运转。

（2）实物产品质量

饮食产品质量 饭店的饮食产品质量，主要包括内在的质量特性（如营养价值、卫生标准、原料配备等）、外在的质量特性（如色、香、味、形、器、名等)、经济特性(如成本、价格等)。其质量的高低主要取决于烹饪者的技术水平、原材料的质量以及设备水平等。

购物商品质量 饭店的购物商品质量,主要包括商品质量、商品结构、花色品种、民族特色、纪念意义、外观形态等,最终以商品本身的内在质量为主。饭店商品应货真价实、品种丰富、结构合理、外观精美,所供商品符合宾客的购物偏好。

(3)服务用品质量

饭店的服务用品包括多次性消耗品、一次性消耗品及服务和服务人员使用的各种用品。

服务人员使用的各种用品是提供优质服务,保证客人需要的重要条件;消耗品则是满足客人物质消费需要的直接体现。

(4)劳务活动质量

即以劳动为直接形式创造的使用价值的质量。它是一种特殊的商品质量,主要包括服务人员的服务态度、服务技能、服务方式、仪容仪表、服务纪律、服务工作效率等方面。劳务活动的质量高低主要取决于服务人员的素质高低、劳动过程的组织和管理水平的高低。劳务活动质量是饭店服务质量的本质体现。

(5)服务环境质量

服务环境的良好程度是满足客人精神享受需要的重要体现。良好的服务环境能够给宾客提供舒适、方便、安全、卫生的服务,是饭店服务质量的重要组成部分。服务环境的质量主要表现为服务设施、服务场所的装饰布置、环境布局、空间结构、灯光气氛、色调情趣、清洁卫生、空间形象等方面,同时也包括饭店与客人的人际环境、文化吸引性与相融性、饭店内部人际关系等因素。良好的服务环境可以给客人带来感觉上的享受和心理上的愉悦,因而是饭店服务质量的有机组成部分。

(6)宾客满意程度

宾客满意程度是饭店服务的最后体现,饭店服务是为客人提供的,也是在客人的支配下进行的。其质量高低最终都要靠客人检验和评价。客人满意程度主要表现为他们在消费过程中享受到服务劳动的使用价值,得到物质和心理满足的感受、印象和评价。上述5个方面的质量高低最终都通过客人的满意程度表现出来。因此,提高饭店服务质量必须从客人的消费需求、消费心理出发,有针对性地提供各项服务,并随时掌握客人心理变化,不断改进服务工作,才能提高客人的满意程度,取得高水平的服务效果。

饭店的设施设备质量、实物产品质量和服务用品质量是有形的,它们是服务质量的依托。劳务活动质量、服务环境质量是无形的,它体现了饭店服务工作的特色。无形的服务与有形的产品有机结合,便形成了饭店的服务质量。饭店全面质量管理的目的,就是促使它们的质量得到全面提高,这样才能使顾客达到心理的满足与满意。

4.4.2 饭店全面质量管理

全面质量管理,简称TQC(total quality control),最先由美国菲根堡姆博士提出。它是指以保证和提高产品质量为中心,全体职工及各个部门同心协力,综合运用一套完整的科学管理理论体系、专业技术和科学方法,对影响产品质量的全过程和各种因素实行控制，力求经济地开发、研制和生产，销售用户满意的产品的系统管理活动。饭店全面质量管理的目的在于通过让顾客满意和本企业所有成员及社会受益，进而实现企业健康可持续发展的目标。因此，饭店全面质量管理是指饭店全体员工和各个部门，同心协力，综合运用现代管理手段和方法，建立完整的质量体系，通过全过程的优质服务，全面地满足宾客需求的管理活动。

（1）全员的质量管理

服务质量优劣是饭店各个部门、各个环节全部工作的综合反映，涉及饭店的全体员工。要做好服务工作，绝不仅仅是面对宾客、身居第一线的服务人员能够做到的，虽然他们是服务的“前方”，处于直接服务现场，起着关键作用。但是，若没有间接服务部门人员的工作作为保证，例如，采购、保管、维修保养、财务、治安保卫、人事培训等，那么直接对客服务也只能是一句空话。因此，必须把饭店全体员工的积极性和创造性充分调动起来，不断提高工作人员的素质，树立质量意识，人人参与质量管理，人人关心服务质量，各部门各司其职，密切配合，共同提高饭店服务质量。

（2）全过程的质量管理

饭店服务工作的全过程包括服务前的准备工作、服务过程中的对客服务和服务后的一切善后工作3阶段。这3个阶段是一个不可分割的完整的过程，把服务工作全过程各个环节加以管理，形成一个综合性的质量体系。

（3）全企业的质量管理

全企业的质量管理主要是从组织管理这个角度来理解的。每个饭店的质量管理，都可以分为上层、中层和基层的质量管理，其中每一个层次都有明确的质量管理活动的重点内容。上层管理侧重于质量决策，并统一组织、协调饭店各个部门、各环节、各类人员的质量管理活动；中层管理则要实施领导层的质量决策，对基层工作进行具体的业务管理；基层管理则要求每个员工都要严格地按标准、按规章制度进行操作，严格检查实际操作情况。

（4）采用多种多样的管理方法

随着经济的发展，人们对饭店服务质量的要求越来越高，影响饭店服务质量的因素越来越复杂。既有人的因素，也有物的因素；既有饭店内部的因素，又有饭店外部的因素。为了有效地控制各影响因素，必须将各种现代化管理方法灵活、广泛地应用到饭店生产管理过程中。

【课堂讨论】

VIP服务

在APEC会议中，布什总统曾经下榻北京国际俱乐部饭店。北京国际俱乐部饭店为布什总统的光临，用了大量人力物力，做了精心准备。

在总统下榻饭店期间，由于日程安排得非常满，活动很多，除了在饭店2层的宴会厅接待过一次美国驻华大使馆的工作人员之外，他没有在饭店吃过正餐，只是要过一些小食品。于是饭店工作人员针对他的口味，专门为布什总统和他的随员们准备了汉堡包、巧克力等食品。

饭店工作人员还为布什夫妇特地赶制了2件分别绣有他们夫妇二人名字英文缩写字母的浴袍，为布什总统设计的是一件白色的绣有布什英文缩写字母“G. W. B”的浴袍。

同时，总统套间的工作人员还特地打通了另一个标准间，屋内原有设备已经搬走，一个从意大利进口的跑步机占据原来床的位置，因为据悉，布什总统在美国白宫时的生活习惯是早上5：00起床跑步。然而在开会期间，无法保持这项活动了，所以饭店工作人员就把这台跑步机从健身房搬上来。房间里还特地添了一张按摩床，饭店工作人员专门安排了一位按摩师可提供24h服务。

【案例思考题】

在饭店如何有针对性地为客人提供满意服务和个性化服务？

4.4.3 饭店生产质量管理的检查与控制

4.4.3.1 饭店生产质量管理的检查

要提高生产质量，管理人员必须认真听取本企业的外部顾客、竞争对手企业的顾客和本企业的内部员工三方的意见。这就要求饭店建立完善的生产服务质量信息系统，并经常进行生产服务质量调查和检查。

(1) 例行检查

按照既定的时间、内容和标准对饭店进行全方位质量检查，即明查。例行检查必须以饭店质量标准为依据，检查内容既包括硬件又包括软件。例行检查必须坚持经常化、制度化，并严格按标准检查，检查要认真细致，发现问题要及时记录并责令有关部门解决。

(2) 抽查

抽查就是事前不做任何通知的检查。抽查以检查人员少，内容重点突出，手法灵活多变为特点。抽查的着重点一般为客人接触多、容易引起投诉的部位。例如，前厅的行李部、接待部、商务中心；餐饮部的餐厅、厨房和酒吧吧台；客房部的房务卫生、低值易耗品的品种和质量等。抽查时一般只通知有关部门领导到场，当时发现问题当时解决，并可将抽查情况及时向有关部门通报。

(3) 暗访

暗访是质量检查中最为有效的手段，它不仅能够发现对客服务的各种问题，还能对饭店管理水平做出客观的评价。暗访一般都是选择一位颇有经验的内行人，以普通客人的身份进住饭店，按事前约定，店方不向任何人透露暗访信息，员工也不认识检查员，一切检查都在秘密中进行。暗访员可按一般客人住店程序进行操作：预订、接站、车务、行李服务、总台登记、送入客房；然后是餐厅、娱乐、美容、桑拿等多项活动程序、标准的操作技能技巧的考核，其中还要设置服务难题来考查员工的应变能力，最后要根据每一项服务环节的操作实况做出文字评估，并提出改进意见。

4.4.3.2 饭店生产质量管理控制——PDCA循环

PDCA循环是全面质量保证体系的基本运转方式和科学的工作程序，是由美国质量管理专家戴明提出的。质量保证体系活动的全过程是按照计划（Plan）、实施（Do）、检查（Check）、处理（Action）4个阶段不停地周而复始地运转。

(1) PDCA循环的内容

PDCA循环包括4个阶段、8个步骤。

计划阶段（P） 确定企业的质量目标、活动计划、管理项目和措施方案的阶段。计划阶段包括4个步骤：第一步分析现状，找出存在的质量问题；第二步分析产生质量问题的各种因素；第三步找出影响质量的主要因素；第四步制订措施方案，提出措施执行计划和预定效果，并且具体落实执行人、时间、地点、进度、方法，等等。在计划拟订过程中必须明确以下几个问题。

Why：为什么要制订这些措施？

What：要达到什么目标？

Where：在哪个部门执行？

Who：由谁负责执行？

When：各项措施开始和完成的时间？

How：如何执行和完成这些措施计划？

执行阶段（D） 根据预定目标和措施计划，组织计划的执行和实现。

检查阶段（C） 检查计划执行情况，将结果与目标衡量，找出不足。

处理阶段（A） 针对执行结果，进行总结和分析、处理问题。这一阶段包括2个步骤：一是总结成功的经验和失败的教训，对成功的经验进行标准化，以利于今后遵循；对失败的教训有针对性地提出防范性意见。二是把没有解决的遗留问题转入下一个循环，作为下期循环应考虑的目标。

（2）PDCA 循环的特点

第一，PDCA 循环按顺序进行，靠组织力量推动，像车轮一样向前进，周而复始，不断循环。

第二，大环套小环，相互推动。PDCA 循环作为一种科学运转方法，适用于企业质量管理的各个方面和各个层次。整个企业的质量管理活动是一个大的 PDCA 循环，各个部门、班组乃至个人又是各自的 PDCA 循环，形成大环套小环的综合循环体系。各级管理循环既是上一级管理循环的组成部分和具体保证，又是下一级 PDCA 循环的根据。通过大小循环互相推动的有效运作，使企业各方面质量管理活动有机地联系起来，彼此协作，互相促进，以保证企业总的质量目标的实现。

第三，螺旋式上升。PDCA 循环好似一个转动着的车轮，但它不是仅仅停留在原地运动，而是犹如爬楼梯，是逐步上升的运动。每次循环就解决一批质量问题，质量水平就有了新的提高，遗留问题和又出现的新问题继续进入下一次循环。

第四，PDCA 4个阶段的关键在 A 阶段。因为它是承前启后，保证质量改进活动具有连续性的重要一环，也是使质量改进取得的经验转入标准中去的重要一步。

【思考题】

一、名词解释

饭店生产管理、饭店计划管理、饭店成本管理、饭店质量管理、饭店全面质量管理、饭店服务质量。

二、简述题

1. 什么是饭店生产管理？主要包括哪些内容？
2. 简述饭店生产计划管理的种类。
3. 简述饭店生产服务质量检查的方法。
4. 简述饭店生产计划中的主要指标。
5. 简述饭店服务质量内容。
6. 简述饭店生产成本种类。

【案例分析】

下脚料的妙用

广州酒家在国内餐饮业中是数一数二的老字号，他们为了控制售价，紧紧抓住原材料采购和初加工等环节，努力降低成本，减少跑、冒、滴、漏。在进货价格上，要求采买人员货比三家，价比三家，并加强了原材料市场价格的调查和对采买人员的监督检查，把原材料采购成本控制到一定的水平。在原料使用上，他们尽量挖掘潜力，回收利用下脚料，做到粗料细作，灵活善变，精料精制，合理使用，减少损耗，降低成本。比如，一般餐馆当成废料的鱼肠、鱼扣、龙虾头等下脚料，经过广州酒家厨师之手，又变成一款款风味小菜，不仅增加了酒家供应的菜式品种，而且提高了原料利用率，降低了成本，增加了收入和利润。

【案例思考题】

饭店生产成本管理应从哪些方面入手？此案例对你有哪些启迪？

【本章推荐阅读书目】

1. 国际饭店管理.［美］Chuck Y. Gee. 谷慧敏主译. 中国旅游出版社，2002.
2. 饭店战略管理. 邹益民，周亚庆. 旅游教育出版社，2006.

第 5 章

现代饭店营销管理

【本章概要】

饭店营销管理是现代饭店管理的一项重要职能，饭店营销管理的好坏直接影响饭店的生存与发展。本章从简要概述饭店营销管理的内涵及其职能入手，着重从营销基础管理、战略管理和策略管理3个方面，系统阐述了饭店市场营销环境调研、饭店消费者行为分析、饭店市场细分与目标市场选择定位，以及饭店营销管理战略的模式选择和以产品、价格、渠道、促销等策略为主要内容的饭店营销管理流程。

【学习目标】

- 准确理解和把握饭店营销管理的内涵、职能及其发展阶段与特点；
- 熟悉掌握饭店营销基础管理的相关内容，学会进行市场调研、市场细分和目标市场定位；
- 全面了解饭店营销管理的战略模式，学会根据饭店的不同情况进行战略模式的选择；
- 系统掌握现代饭店营销管理的策略体系，学会灵活运用不同策略进行饭店营销管理；
- 了解并把握饭店营销管理的发展趋势，学会利用基本理论与方法进行营销管理的创新。

【关键性术语】

饭店市场、饭店营销、营销环境、市场调研、消费者购买行为、饭店市场细分、饭店目标市场、市场定位、饭店营销战略、饭店营销策略、产品策略、价格策略、渠道策略、促销策略、网络营销、营销计划。

“营销在于使销售变得没有必要。”

——[美] 菲利普·科特勒

【章首案例】

麦当劳：用方便创造财富

2004年，北京的麦当劳食品有限公司推出一项新举措，在所属57家麦当劳餐厅内代售公交月票。麦当劳在对北京发售月票网点的调查后知晓，北京有600多万人使用月票乘公交车，而发售月票的网点只有88处，乘客深感不便。于是他们便“拾遗补缺”干起了“代售月票”的营生，为广大乘客创造便利条件。此举一推出就吸引了大批食客络绎而来。

其实，这种“好人好事”麦当劳做了不少并且一直在做。早在去年高考前夕，在麦当劳宽敞明亮的餐厅里就坐着不少手拿书本只要一杯饮料就待上好几个小时的考生，面对此景，麦当劳不但未赶他们走，反而特意为这些学子延长了营业时间。

一提起麦当劳，人们就会想到汉堡包、想到炸薯条。熟悉它的人，还会联想到遍布全球115个国家的2.5万多家连锁店，联想到地球上每天都有1%的人正在品尝着一模一样的汉堡包、炸薯条和苹果派。然而，此时此刻，有谁会想到，拥有如此高知名度和雄厚“家底”的餐饮业“巨无霸”却要无偿地为学子学习延长营业时间，为普通公众代售公交月票，两则案例都是麦当劳自找麻烦，如此做法，不能不让人由衷地感叹赞赏，其实这正是麦当劳与众不同的高明之处。在别人看来，拒之唯恐不及，麦当劳却视为己任，这就是一个跨国企业在中国“讲述”的一系列平凡而可贵的经典商业故事。在这种独创思维支配下采取的营销举措，无疑给我们留下了极为深刻的现实启示。

5.1 现代饭店营销管理概述

随着饭店买方市场主导地位的确立，市场全球化、多元化格局的形成，顾客需求个性化、细微化程度的增强，以及消费者行为理性化、专家化水平的提高，现代饭店营销管理及其创新日趋重要。

5.1.1 营销与营销管理的概念

(1) 营销的概念

“营销”一词源于20世纪初的美国，作为一门学问产生于20世纪30年代，真正成为一门科学则在第二次世界大战后的50年代，80年代以后营销管理从经济学的大范畴中分离出来形成独立的学科体系。现代营销之父菲利浦·科特勒这样定义营销：“营销是个人和组织通过创造、提供出售，并同别人自由交换产品和价值来获得其所需所欲之物的一种社会活动和管理过程。”从市场的角度简而言之营销是个人和组织识别、预测和满足顾客需求以达到盈利目标的管理过程。

(2) 营销管理的概念

所谓营销管理就是通过创造，建立和保持与目标市场之间的有益交换和联系，以达到组织的各种目标，而对市场营销进行的分析、计划、执行、控制与评估等。经过1个世纪的发展，营销管理不仅成为了主导商战的一门艺术，而且已演变为研究现代管理的一门科学。

5.1.2 营销观念的产生与演变

营销学作为一门建立在经济学、行为学、社会学和现代管理理论基础之上的应用科学，从20世纪初以来先后经历了生产观念、产品观念、推销观念、市场营销观念、生态营销观念、社会营销观念和大市场营销观念等阶段的演进（见表5-1）。其核心理论也由经典的4Ps即产品（Product）、价格（Price）、渠道（Place）和促销（Promotion），发展到6Ps，另加政治权力（Politic/Power）和公共关系（Public relation），7Ps即再加上人（People）。

随着营销在其他领域特别是非营利性组织的广泛应用，其内涵与外延空前拓展，新的观点甚至理论层出不穷，如关系营销、直复营销、服务营销、网络营销、绿色营销、品牌营销以及口碑营销等，对应服务营销还产生了相关的4Cs和8Ps理论。

表5-1 营销观念的发展阶段

阶段导向	市场背景	出 发 点	经营理念	经营目标
生产观念	短缺经济	增加产量	以量取胜	在销量增长中获利
产品观念	卖方市场	提高质量	以质增效	提高质量而获利
推销观念	供过于求	促销至上	公关促销	扩大销售而获利
市场营销	买方市场	顾客需求	市场营销	满足顾客需求而获利
生态营销	激烈竞争	企业优势	整合营销	凭企业优势满足需求而获利
社会营销	资源经济	社会利益	全面营销	以维护长远满足需求而获利
大市场营销	贸易保护	市场环境	整体营销	满足特定市场需求而获利

4Cs 即顾客（Customer）、成本（Cost）、快捷（Convince）和沟通（Communication）。

8Ps 即上述4Ps 加上项目包装（Packaging）、协调合作（Partnership）、活动策划（Programming）和以人为本（People）。

5.1.3 饭店营销管理的产生与发展

在饭店产品与服务日益被商品化的同时，饭店业市场和饭店营销管理便自然应运而生。饭店营销就是饭店经营者的市场供给与顾客的市场需求之间所进行的各种持续不断的交易行为和管理过程。也是把饭店所有资源优化配置到顾客需求上去，并根据市场变化调整饭店整个经营管理系统以不断适应环境的动态过程。其主要内容包括：① 充分的市场调研；② 详尽的需求分析；③ 准确的市场定位；④ 合理的战略选择；⑤ 周密的营销策划；⑥ 科学的管理决策；⑦ 适时的跟踪控制等。其目的是不断适应和满足顾客的需求，从而获得合理的利润。

饭店产品及服务的无形性、不可储藏性、生产与消费的同步性、所有权与使用权分离性等特点，以及饭店市场特有的异域性、季节性、高弹性和脆弱性等特征，要求饭店营销管理要更加关注人文、重视人本、通达人性。饭店营销观念同样经历了生产观念、产品观念、推销观念、市场营销观念、生态营销观念、社会营销观念和大市场营销观念等阶段的演进（见表5-2）。

表5-2 饭店营销观念的发展阶段及其特征

阶段导向	经营核心	主导思想	经营模式	典型特征
生产观念	重生产数量	饭店有什么卖什么	以产定销	皇帝女儿不愁嫁
产品观念	重产品质量	有啥卖啥，提高质量	以产定销	酒好不怕巷子深
推销观念	重公关销售	生产什么就推销什么	以产定销	王婆卖瓜自己夸
市场营销	重顾客需求	顾客需要啥就生产啥	产销对接	顾客就是上帝
生态营销	重饭店优势	客人需求与饭店优势协调	产销对接	我只在乎你
社会营销	重社会利益	满足顾客需求和社会利益	产销对接	追求可持续发展

5.1.4 饭店营销管理的实质

从饭店营销管理的定义可知，饭店企业对思想、产品、服务等进行调研、分析、计划、执行和控制的最终目的是满足顾客的需求，并与其建立长期的互惠关系。因此，其实质就是市场需求管理和顾客关系管理。当然，这种管理包括饭店内部员工的需求与关系管理。

因为饭店提供给顾客的是面对面的服务产品，服务的主体和客体都是人，因此饭店营销管理必须以人为本。美国假日饭店的创始人威尔逊先生曾说："The happy guests are served by the happy employees."（有幸福愉快的员工，才有幸福愉快的顾客。）员工的精神状态、工作热情和服务技能直接影响顾客的感受，或者说顾客对产品和服务的满意在很大程度上取决于一个员工的行为和服务，要满足顾客的需求，饭店必须首先了解和关心员工的需要，搞好员工的需求管理；其次是顾客的需求管理，通过满足顾客需求来获得利益是营销管理的核心，然而营销管理的任务不仅仅是满足现有市场的需求，而且还要引导、调节和创造需求，因此顾客需求管理包括对顾客需求的激发，这样才能确保饭店供需状况的有效持续。最后是顾客关系管理，饭店员工在提供产品和服务时只有与顾客和谐相处，友好沟通，才能让顾客真正满意，只有当顾客获得"宾至如归"的愉悦体验时，才会与饭店融为一体，从消费者成为饭店管理的参与者和利益的维护者；而不断的愉悦体验和满意刺激，又会让顾客成为饭店高度的忠诚者和利益的共享者。这样，顾客在忠诚于饭店的同时，可享受到更加优质和超值的服务，而饭店则自然能在顾客长期的忠诚基础上赢得更大的利益。所以说良好顾客关系的建立与保持是饭店有效管理的实质。

5.1.5 饭店营销管理的职能

饭店营销管理是饭店不断调整自身系统以适应需求变化的动态过程。在这一过程中饭店的各部门必须按程序充分协调、高速运转；否则，就会影响到营销管理的效果。具体程序如图 5-1 所示。

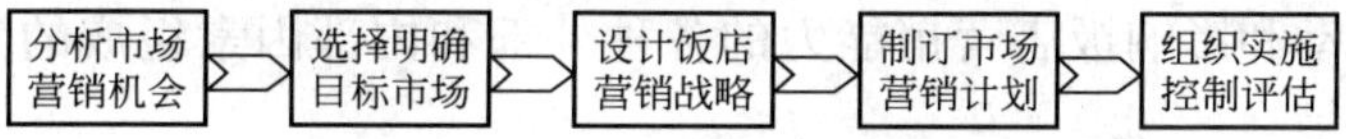

图 5-1 饭店营销管理过程示意图

与饭店营销管理过程相对应，饭店营销管理的职能可概述为 PRICE 职能体系。即计划（Planning）、研究（Research）、执行（Implementation）、控制（Controlling）和评估（Evaluation）五大职能。具体表现在顾客需求管理、内部员工管理、营销活动管理和供需关系管理 4 个方面。其中分析预测顾客需求是营销管理的基础，不断满足顾客需求，赢得饭店长期利益是饭店营销管理的出发点和落脚点，故需求管理是营销管理的首要职能；营销活动管理是饭店直接面对顾客或中间商，按既定计划，有组织、有目的地实施执行营销策略的过程，即所谓 7Ps 或 4Cs 策略的具体执行过程，是饭店营销管理的核心职能。

【知识窗】

目前世界十大饭店集团排名

1. 英国	洲际饭店	饭店总数 3520 座	客房总数 536 318 间
2. 美国	圣达特	饭店总数 6403 座	客房总数 518 435 间

3. 美国	万豪	饭店总数2656座	客房总数479 882间
4. 法国	雅高	饭店总数3894座	客房总数453 803间
5. 美国	精品国际	饭店总数4810座	客房总数388 618间
6. 美国	希尔顿饭店	饭店总数2161座	客房总数349 965间
7. 美国	最佳西方	饭店总数4110座	客房总数310 248间
8. 美国	喜达屋	饭店总数738座	客房总数229 247间
9. 美国	卡尔森	饭店总数881座	客房总数147 624间
10. 英国	希尔顿国际	饭店总数412座	客房总数99 364间

5.2 现代饭店营销的基础管理

饭店的营销管理作为现代饭店管理的一项重要职能，自然有其自身的理论系统。我们可以把这一系统分为战略管理、策略管理和为战略与策略管理提供支撑的基础管理三大系统。其中基础管理系统包括营销环境分析、消费者行为研究和市场细分与定位等。

5.2.1 饭店营销环境分析

5.2.1.1 营销环境的概念

美国著名营销学家菲利浦·科特勒这样定义营销环境：市场营销环境是指影响企业的市场和营销活动的不可控制的参与者和影响力。简单地说就是与企业营销活动有潜在关系的所有外部力量和相关因素的集合，是影响企业生存和发展的各种条件和因素。相对饭店营销而言，营销活动需要多方参与，共同作用，因此我们可以把推动和影响饭店营销能力的各种外部和内部因素组成的生态系统，称为饭店营销环境。

饭店营销环境包括内部环境和外部环境两大部分。内部环境主要指饭店的组织结构、资源状况、饭店文化等，是饭店自身可以控制的环境因素；外部环境又分为宏观和微观2方面，是饭店自身不可控制的环境因素。对饭店而言各种环境因素既相对独立又相互关联，并且往往是交叉渗透，共同作用和影响饭店的营销管理，因此对饭店营销环境的调研分析十分重要。

5.2.1.2 饭店营销环境因素

饭店营销环境因素从宏观上说包括自然、政治、法律、人口、经济、文化和科学技术等，微观而言主要有饭店自身内部条件、顾客、竞争者、中间商和相关公众等。宏观与微观的诸多因素是市场环境系统中的不同层次，微观因素一方面要受宏观因素的制约，另一方面又对宏观产生影响，二者共同为饭店提供发展的机遇和空间，也同时给饭店经营带来威胁和风险（见图5-2）。

(1) 宏观环境因素

宏观市场环境是饭店外在的不可控制因素。饭店职能通过调整自身的人、财、物及产品、定价、渠道和促销等可以控制的手段来适应其变化。主要包括：自然环境、政治法律环境、人口环境、经济环境、社会文化环境、科学技术环境等。

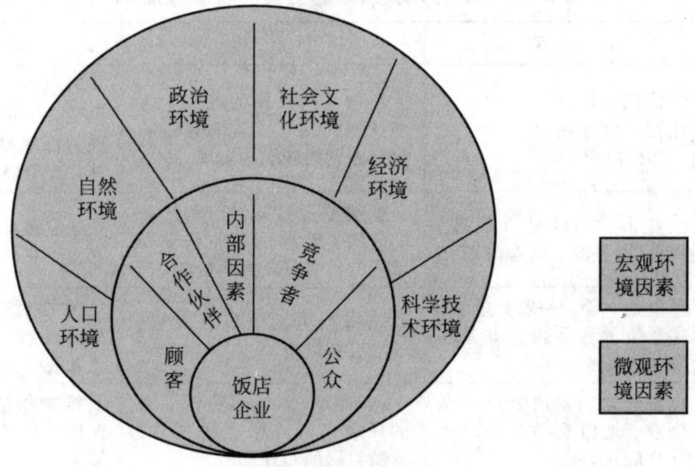

图 5-2 饭店营销环境因素

从市场营销角度看，这些因素的发展变化，既给饭店企业带来严重威胁，同时也会创造更多的市场机会，使得机遇与挑战同在。饭店企业在营销管理过程中必须高度重视对宏观环境因素的调研分析（见表 5-3）。

表 5-3 宏观环境因素及其对营销的影响

因　素	内　　容	影　　响	要　　求
自然环境	自然资源、环境状况、能源、原材料	环境恶化、能源危机、成本增加	保护环境、节能降耗、绿色营销、可持续发展
政治法律环境	方针政策、法律法规、社会治安、战争等	规定发展方向、影响发展速度、制约消费需求	依法经营、调整目标、因势利导
人口环境	人口总量、地理分布、年龄性别、教育程度、民族、家庭规模	人口是构成市场的基本要件、不同群体的消费行为和需求各不相同	全面调研、科学分析、认真细分、准确定位
经济环境	经济制度、发展阶段、收入水平、支出方式、货币信贷、国际贸易、通货膨胀、物价	经济结构、经营体制、购买能力、消费水平、开放程度	充分掌握信息、及时把握机遇，顺势创造市场
社会文化环境	道德信念、价值观、审美观、宗教信仰、民俗风习	影响购买行为、引导消费倾向、蕴含市场机遇	通过引导形成市场、通过挖掘开发市场
科学技术环境	新知识、新材料、新工艺、信息技术、网络技术等	催生新的产品、转变生产方式、改变消费观念	充分应用新的技术和工艺、运用新材料降低成本、应用新方法提高效益

（2）微观环境因素

微观环境是生产营销学研究的一个新领域，指的是企业内部环境、饭店的合作伙伴、竞争者、顾客和各种公众等因素。微观环境虽然与宏观环境一样都是饭店外部因素的集合，但它与宏观环境是有区别的：① 微观环境比宏观环境对饭店的市场营销的影响更为直接；② 微观环境中的一些因素在饭店经过努力下，可以程度不同地加以控制（见表 5-4）。

表5-4 微观环境因素的主要内容及其影响

因素	内容	影响	要求
内部因素	经营理念、管理体制、目标计划、企业精神、企业文化、部门协作	影响营销目标的确立、营销计划的制订、营销战略的执行和营销职能的实现	树立以人为本的内部营销观念、依靠科学决策合理制订战略，发扬团队精神，充分协调统一
合作伙伴	供应商、中间商（代理、经销）、服务商、劳务市场等	影响原材料的供应和产品的分销、制约信息的获取和市场的占有以及人力资源	建立战略伙伴关系、树立合作共赢格局
竞争者	愿望竞争者、一般竞争者、形式竞争者和品牌竞争者以及潜在进入者	加速饭店的变革和发展，增加经营风险	区别对待、有的放矢，积极创新、主动防御，知己知彼、合理规避
公众	金融公众、政府公众、媒介公众、地方利益公众、社会（一般）公众	推动或妨碍饭店经营活动的开展、品牌形象的树立、营销目标的实现	维护饭店的品牌形象、保持良好的公众关系、统筹兼顾公众利益
顾客	产品或服务的购买者、消费者	顾客是饭店一切营销活动的出发点和落脚点，是最重要的环境因素	以顾客需求为中心，以顾客满意为重点，以顾客忠诚为目标

5.2.2 饭店消费者的购买行为分析

市场营销管理的实质是需求管理。即发现、引导和创造目标顾客的需要和欲望，并比竞争者更有效果和更有效率地满足其期望。分析顾客需求、了解其消费特点、研究其购买行为是现代饭店制订营销战略和实施营销活动的核心。

【知识窗】

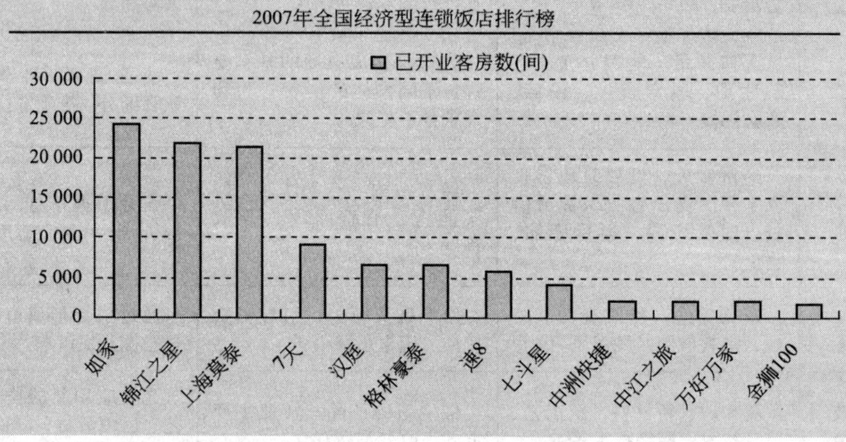

5.2.2.1 饭店消费者与消费者行为模式

（1）饭店消费者概念

饭店消费者是饭店营销活动的主体，是饭店得以生存和发展的关键影响因素。饭店消费者是指由于观光旅游、商务或会议等原因外出而购买使用饭店产品或接受饭店服务的个人或团体。

饭店消费者按消费的目的划分，可分为旅游、探亲、购物、会议、学习、商务等类型，其中旅游和商务消费者一般是饭店消费者的主要组成部分。

(2) 消费者行为概念

消费者行为是感知、认识以及环境的动态互动过程，是人们履行市场交易职能的行为基础。饭店消费者行为是指购买饭店产品或服务的人们在选择和购买时的思维方法、行为方式、决策过程以及购买后的各种表现与反应。消费者行为具有目的性、选择性、序列性和可诱导性。

(3) 饭店消费者购买行为类型

饭店消费者购买行为依据参与程度和品牌间的差异程度可以分为以下 4 种类型，即复杂的购买行为、寻求多样化的购买行为、寻求平衡的购买行为、习惯性购买行为（见表 5－5）。各种类型又表现出不同的特点，在营销管理过程中要根据不同情况区别对待（见表 5－6）。

表 5－5 饭店消费者购买行为类型

参与程度 / 品牌差异	高参与度	低参与度
品牌差异大	复杂的购买行为	寻求多样化的购买行为
品牌差异小	寻求平衡的购买行为	习惯性购买行为

表 5－6 消费者购买行为的类型特点及要求

类　型	购买行为特点	营销要求
复杂的购买行为	单位产品价值高且重复购买率低 消费者对产品不熟悉 需要一个学习、了解的过程 收集信息、产生偏好、慎重决策	需要提供大量信息 突出优势与特色宣传 强化品牌特征
寻求平衡的购买行为	单位产品价值较高且重复购买率低 消费者对产品不熟悉 产品差异小，决策相对轻率 购后易产生不协调感	需要提供大量信息 加强与消费者沟通，减轻不协调感 加强售后跟踪服务
习惯性购买行为	单位产品价值较低且重复购买率高 消费者对产品熟悉了解 产品差异小，决策源于对产品熟悉	强化宣传广告的视觉效应 加大信息传播的密集度 运用价格和促销手段推动销售
寻求多样化购买行为	单位产品价值较低且重复购买率高 消费者对产品熟悉了解 转移购买并不是不满意，而是为寻求变化	增加产品的花色品种 注重产品的差异变化 加强广告、低价、折扣等促销手段

(4) 饭店消费者的行为模式

消费者的购买行为是一个解决自身需要问题的过程。在这一过程中，既有表露在外面的市场行为，又有看不见的心理活动行为。心理学家认为动机驱动行为，按照“刺激－反应”的观点，人们的消费动机是一种内在的心理过程，像一只“黑箱”一样难以捉摸，客观的刺激经过黑箱（心理活动过程），产生反应，引起行为（如图 5－3）。

图 5－3 饭店消费者的行为模式

营销刺激是指饭店营销活动的各种可控因素（如产品、价格、渠道、促销等）和消费者所处环境因素（如政治、经济、文化等）的影响。这些刺激通过黑箱产生反应，引发行为。不同因素的刺激往往会产生不同的购买行为（如图5-4）。

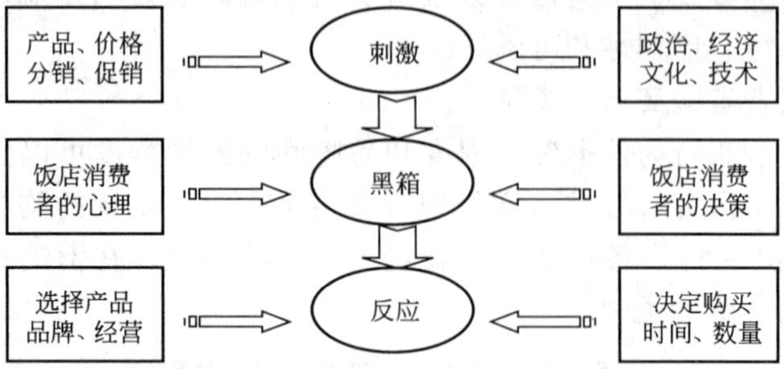

图5-4 饭店消费者行为的具体模式

5.2.2.2 饭店消费者购买行为的特点与过程

（1）饭店消费者行为特点

行为学家科特·莱文认为，消费者行为可用公式 $CB=f(P+S+E)$ 表示。其中，CB 指消费者行为，f 代表消费者购买行为函数，P 指消费者个人特点，S 指社会影响因素，E 指环境因素。公式表明消费者行为是其个人特点、社会影响因素及环境因素的函数，三者相互联系并相互作用。饭店消费者的行为动机往往是多种多样，其行为特点也各不相同。归纳起来有以下5种（见表5-7）。

表5-7 饭店消费者购买动机

动机类型	主要目的	突出特点
健康动机	缓解压力、放松心情、强身健体、磨炼意志	强调环境、追求舒适
求实动机	追求时尚、参与体验、异地购物	价格敏感、经济实惠
求知动机	热衷异域风情、新生事物、知识文化等	求知、求新、求奇、求异
求往动机	探亲访友、商务往来、故地重游、文化交往	消费弹性大、重形象礼仪、恋旧
求名动机	显示身份与实力、展示地位与能力	重视品牌、强调服务、享受成功

饭店消费者按购买对象还可分为零散（个体）消费者和组织机构（团队）消费者。其中零散消费者又可按购买动机划分为休闲度假、商务等消费者类型；组织机构消费者也可按购买目的分为最终消费者组织机构和中间商组织机构等，不同类型的消费者因其购买消费动机、购买目的等方面的差异，其特点也各不相同（见表5-8）。

（2）饭店消费者购买过程

饭店消费者购买过程是由一系列相关活动构成的，具有阶段性，一般而言分为5个阶段：确认需求、收集信息、评估选择、购买决策、购后评价（如图5-5）。

表 5－8　饭店消费者购买行为特点

消费者类型		行为特点	主要对象
零散消费者	休闲度假	消费的季节性强、选择的自由度大、价格因素敏感、关注环境氛围、情感因素较多、方式上结伴同行多	同窗好友、工作伙伴、新婚燕儿、家庭等
	商　务	消费的弹性大、硬件设施要求高、重视饭店位置、追求服务质量、强调配套功能	业务员、公司领导及其他商务人士
组织机构消费者	最终消费者	购买量大，消费总额高；对价格的敏感程度较低；购买决策所需时间较长；购买饭店产品与时间的规律性较强，对饭店服务规范程度要求严格；对饭店的品牌形象比较关注；重视会议服务设施及其配套功能；对饭店餐饮服务的质量与安全敏感等	公司企业、政府机构行业协会、学术团体
	中间商组织机构		饭店零售商、批发商、会议代理商、旅游经纪商等

图 5－5　饭店消费者的购买决策过程

第一，每一购买过程都是从消费者对其需求的确认开始的。所谓确认需求，就是消费者发现现实的状况与所要达到的理想状况之间的差异，并产生了相应解决问题的需求。当未满足的需求变得十分主要时，就能激发消费者对解决问题的渴望。因此，饭店营销人员应不失时机地采取有效策略，唤起消费者对需求的强烈渴望。

第二，需求受到激发后的消费者会积极进行有关信息的收集，会对饭店产品的价格、服务项目、服务水平和环境等进行咨询了解。

第三，在消费者收集到足够的信息时，就会不自觉地建立起对饭店的一套评价标准，并依据这套标准对信息进行分析、处理、评估并选择。

第四，消费者在对需求进行评估后，便会形成某种购买倾向，这种倾向一般就是最能满足其需求的产品。倾向一旦确立，购买行为也就会随机实现。

第五，消费者会对自己的购买行为进行评价。购后评价主要是一个满意度的评价，如果饭店提供的产品和服务达到或超过了消费者的预期水平，消费者自然会感到满意；反之，则不满意。满意与否，他们都会将这种体验告诉给亲朋好友，并对饭店产生相关影响。

（3）饭店消费者购买行为的影响因素

消费者的购买行为是受其内在需求和欲望驱使的，但又要受到主观和客观各种因素的影响，消费者购买行为的产生过程，实际上是一个主、客观因素对消费者的刺激与反应过程。影响消费者行为的主要因素有经济因素、社会因素、文化因素、心理因素和个人因素等（如图 5－6）。

经济因素对消费者购买行为的影响主要表现在经济发展水平、个人和家庭经济收入状况及消产品的价格等方面，相对饭店消费者而言，可支配收入的状况直接影响其购买行为；从社会因素分析来看，相关群体、家庭、地位和角色等对消费者购买行为影响较大。人们习惯于把自己的行为与相关群体、同等地位和相关角色的标准进行对照，如不符合这些标准，就会改变这些行为。在家庭这一特殊

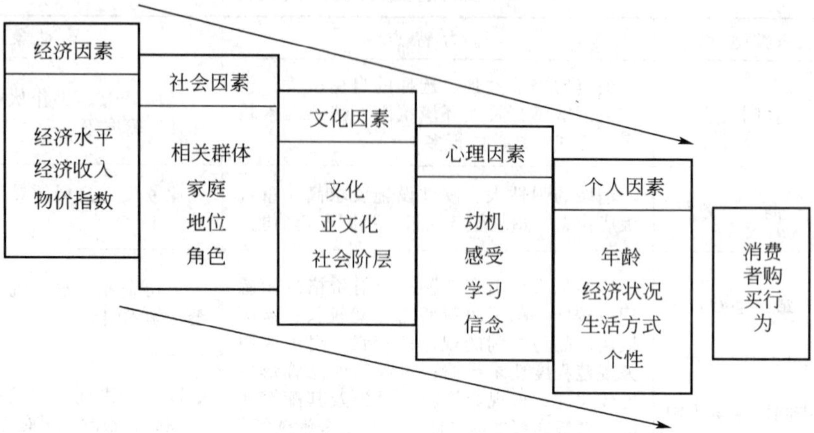

图5-6 影响饭店消费者购买行为的因素

群体中，成员之间的关系、地位和家庭的不同生命周期对消费的影响很大。此外，消费者在购买饭店产品时，因受其文化影响会形成不同的习惯和特征，特别是由于受种族、民族、政治、宗教信仰、伦理道德等因素的影响，在主流文化背景下的亚文化元素，如民俗风情、宗族禁忌等对消费者购买行为的影响更为直接和深远。人们生理、安全、社会、自尊和自我实现的多重多层需要，往往会主导人们的消费行为。知识和经验的学习与积累，会改变人们包括消费行为在内的所有行为方式；对饭店产品积极肯定的态度与认知会推动购买行为的完成。一个人的年龄、职业、收入水平、支付能力、社会地位和生活方式以及包括兴趣、爱好、能力、气质和性格在内的个性特征，在影响消费者购买行为的诸多因素中，是更直接、更具体和最具决定意义的因素。研究饭店消费者购买行为的影响因素，有利于营销策略的选择和制定，是饭店营销管理的基础性工作。

值得注意的是，在分析组织机构购买行为时，我们还要特别关注经济政策、政治法律、社会文化和环境技术等宏观因素和经营宗旨、组织机构、企业文化及购买者特点等微观因素对其所产生的影响。一般而言，宏观经济政策和企业经营宗旨会直接影响其经营状况和实际购买力，政治法律、社会文化、组织机构及购买者特点的变化会制约和影响其购买的方式与价值取向。

5.2.3 饭店市场细分

对于任何一家饭店而言，无论其实力多强、规模多大、管理多好，面临日趋多样化、多元化、国际化和个性化的市场需求和激烈的市场竞争，一切都是有限的。只有在科学细分市场的基础上，选择与自己资源匹配并最具吸引力，且自己能为之提供有效服务的目标市场，然后准确定位，实施营销管理，才能在现代饭店业竞争的狭缝中求得生存并赢得长远发展。

5.2.3.1 饭店市场细分的概念与作用

（1）饭店市场细分的概念

市场细分概念是美国市场学家温德尔·史密斯在20世纪50年代提出的。所谓市场细分，就是从区别消费者的不同需求出发，根据消费者购买行为的差异性，按照一定的标准，把整体市场划分成2个或2个以上具有类似需求的亚市场群，并从而确定饭店目标市场的过程，具有以下3层含义：① 市场细分的过程是一个按标准先分后合的过程；② 市场细分的标准是不同消费者的类似消费特征；③ 市场细分的终极目标是为了科学选择和确定饭店的目标市场，使得饭店现有的生产能力、产品供应和服务水平能够最大限度地去满足顾客的需求，以此来维持或扩大饭店的市场份额，并最终实现饭店的经营目标。

（2）饭店市场细分的依据

饭店要进行有效的市场细分，就必须要找到适当而科学的划分市场的依据，其实这个依据就是导致顾客需求出现差异的那些因素。一般来说包括人口因素、经济因素、地理因素、心理因素等。此外，还有购买动机、购买方式、销售渠道和其他社会人文因素都可作为细分市场的标准。具体相关变数见表5－9。

表5－9 市场细分的依据与变量

细分变数		具体变量
人口因素	年龄	儿童、青少年、成年、中年、中老年、老年等
	性别	男性、女性
	职业	农民、教师、公司职员、机关干部、学生、商人等
	民族	汉族、回族、苗族、壮族、藏族、蒙古族等
	教育程度	初等教育、中等教育、高等教育、职业教育等
	家庭规模	3口、4口之家、大家族等
	宗教信仰	佛教、基督教、天主教、伊斯兰教等
	家庭生命周期	未婚期、新婚期、满巢期、空巢期、鳏寡期
	收入水平	高收入、中等收入、低收入
地理因素	地区、国别	亚洲、中国、美国、欧美、东南亚、华东地区、南方、北方等
	人口密度、规模	大（中、小）城市、郊区、乡村等
	气候、地质	热带、亚热带、温带、沙漠、高原、草原等
经济因素	发展水平	发达（富裕）、发展中、落后（贫困）
	经济收入	年收入3000元以下、3000～10 000元、10 000元以上等
心理因素	追求利益	经济、便利、声望、安全、新奇等
	购买类型	保守、自主、依赖、追潮、时尚等
	性格特征	外向、内向、张扬、孤独等
	营销因素敏感度	质量、价格、服务、环境、广告、品牌等敏感度高低
	购买动机	公务、商务、旅游观光、休闲度假、会议、考察等
购买方式	零散购买	商务散客、旅游散客、包价散客、优惠与折价散客
	团体购买	旅游团队、会议团队、科考团队、展销团队等
购销渠道	直购市场	个人（电话、传真、信函、网络）直购、委托或组织代理预订
	中间商市场	旅行社、航空公司、信用卡公司、饭店预订组织、运输公司
其他人文因素	购买频率	新顾客、老顾客（常客）
	滞留时间	常住客、过路客
	消费水平	高档豪华、普通经济、低端个性化

（3）饭店市场细分的作用

饭店市场细分是分析饭店市场需求的一种手段，目的是选择和确定目标市场，是饭店制订和实施有效的市场营销策略的基础。具体作用如下：一是有利于分析、寻找和挖掘市场机会。通过市场细分，饭店可以了解到不同消费者群体的需求状况以及未被满足的程度，从而获得足够的信息去迅速占领未被满足的市场，赢得先机。二是有利于饭店制定最佳营销战略。在市场细分的过程中，饭店可以更为直观、系统、准确地了解和把握目标市场的需求，也自然就为饭店营销战略的制订和产品、价格、渠道、促销等营销策略的调整提供了全面信息。三是有利于饭店制订灵活的竞争策略。对市场需求特征的充分了解，有利于饭店合理优化资源配置，发挥优势，创出特色，从而提高竞争能力。四是有利于饭店对市场的开发和渗透。五是有利于饭店自身管理的完善。

5.2.3.2 饭店市场细分的原则、方法

（1）饭店市场细分的原则

饭店市场细分是为了更好地发现市场机会，便于饭店更为有效地制定和实施营销战略和策略，促进营销管理。因此，在市场细分时必须遵循以下原则。

识别性原则　就是说细分出来的各个市场、顾客特征、市场范围和购买大小等轮廓清晰、特征明显并可以衡量。

进入性原则　是指饭店对该细分市场能有效地进入并为之服务的程度。市场细分目标必须是饭店可能进入并占有一定份额的部分，否则就没有现实意义。

衡量性原则　是指细分市场的规模以及购买力可量化程度的高低。如果市场上有些细分变量难以捉摸、不宜衡量和测算的话，那么这种市场细分是没有意义的。

稳定性原则　是指在一定的时间和条件下，饭店市场细分的标准及其性质能够保持相对不变，这样饭店进入后在一定的时期内不必改变目标市场，有利于制订和实施比较长期而稳定的营销战略。

营利性原则　就是说饭店的各个细分市场必须具有一定规模的现实与潜在的需求，有一定的市场容量和购买力，能让饭店有利可图。如果说饭店为某个细分市场所确定的营销组合无法使得饭店获得预期的利润。这种细分市场就不值得去吸引或占领。

相关性原则　饭店在细分市场的过程中，往往难以按某一单独的变量实施细分，一旦要以多个变量进行市场细分时，必须考虑各个因素的相关性和重叠性。如性别与年龄、地区与收入水平等就有较强的相关性。

差异性原则　就是说各个细分市场中间的需求要有明显的区别或差异，同时同一市场的内部又有较高的一致性。如果一个细分市场的内部需求的个性大于共性，而各个细分市场之间的个性又大于共性的话，这种市场的细分就是失败的。

适度性原则　一般而言，饭店细分市场的标准如果过细，则细分市场就会多而零乱，无法选择准确的目标市场，相反如果过粗，则市场又会大而庞杂，饭店无法有效占领，因此饭店细分市场的规模要适度并能与饭店自身的职员能力相适应。

（2）饭店市场细分的程序

市场细分是饭店营销的一项重要的基础性工作。市场细分的步骤因市场类型的不同而各有差异，借鉴美国市场营销学家麦卡锡提出的七步细分法，饭店市场

细分的步骤可归纳如下（见图 5－7）。

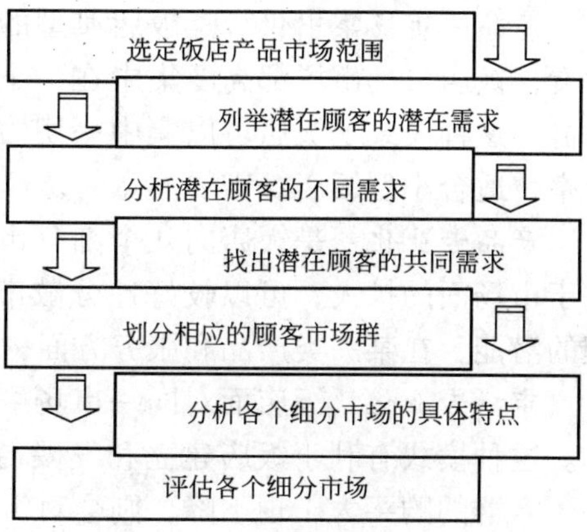

图 5－7 饭店市场细分的程序

饭店市场细分的方法较多，依据细分市场变量的多少，细分方法有：单变量细分法和多变量细分法。所谓单变量细分法就是选择影响饭店市场细分的最显著变量作为细分的唯一依据，对市场中不同消费者群体进行划分的方法。这种方法比较抽象，不利于对市场的深刻分析与研究。多变量细分法顾名思义，就是选择 2 个或 2 个以上主要影响市场需求的变量作为依据，对饭店市场进行细分的方法。这种方法较为准确具体，有利于饭店合理地制订市场营销策略，是实际工作中常用的市场细分方法。

5.2.4 饭店目标市场选择与定位

5.2.4.1 饭店目标市场的概念与选择

（1）饭店目标市场概念

饭店市场细分的目的是使饭店的产品与营销策略有效地服务于最有吸引力的机会市场——目标市场，也就是说饭店市场细分的最终目的是为了更为有效地选择饭店的目标市场。

所谓目标市场是饭店为满足现实或潜在的消费需求而开拓的特定市场，是饭店在市场细分和确定营销机会的基础上形成的。目标市场与市场细分是 2 个既有区别又密切联系的概念，市场细分是发现市场上未满足的需求与按不同的购买欲望和需求划分消费者群体的过程，而确定目标市场则是饭店根据自身条件和特点选择某一个或多个细分市场作为营销对象的过程。市场细分是选择目标市场的前提和基础，而目标市场的选择是市场细分的目的与归宿。

（2）饭店目标市场的选择模式

目标市场是饭店准备进入和服务的市场。选择目标市场的模式大致有以下 5 种（如图 5－8 所示）。

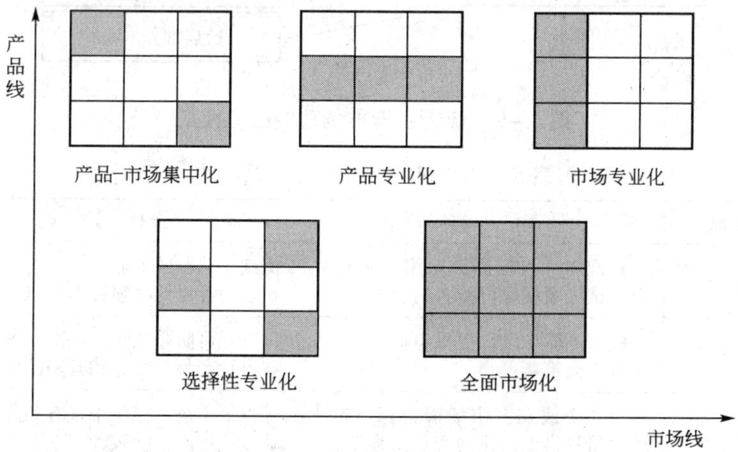

图 5－8 饭店目标市场选择模式

产品-市场集中化　是饭店典型的集中化模式。无论从产品角度还从市场角度看，饭店目标市场都高度集中在一个层面上，用单一产品服务与某一类特定顾客群。这种模式下饭店可以集中一切力量，在一个细分市场上获得较高的市场占有率，适合小型饭店。需要注意的是经营风险较高。

产品专业化　是饭店向几个细分市场提供同一产品与服务的模式。这种模式由于市场面的扩大，可以较好地分散市场风险，同时有利于发挥生产、技能和管理的潜能，在某一类产品和服务方面树立品牌。

市场专业化　饭店面对同一市场顾客群提供他们所需的各种产品和服务的模式。这种模式有利于饭店建立和发展与顾客的关系，降低其交易成本。但如果这一顾客群的购买力出现下降，则会对饭店的收益产生较大影响。

选择性专业化　是饭店有目的地选择和进入几个细分市场，并有针对性地提供产品与服务，以满足不同市场需求的模式。这种模式可以较好地分散经营风险，是饭店的一种多角化的经营方式。

全面市场化　饭店为所有细分后的各个市场提供各种不同的产品和服务，分别来满足各类顾客的不同需求，以其去覆盖整个市场的模式。这种模式对实力雄厚的大饭店适用，有较大风险。

（3）饭店目标市场的营销战略

饭店选择的目标市场不同，其提供的产品和服务就不同，进入目标市场的营销战略或策略也会存在差异。具体而言，饭店进入目标市场的营销战略主要有以下3种模式（如图5-9所示）。其内容和优缺点见表5-10。

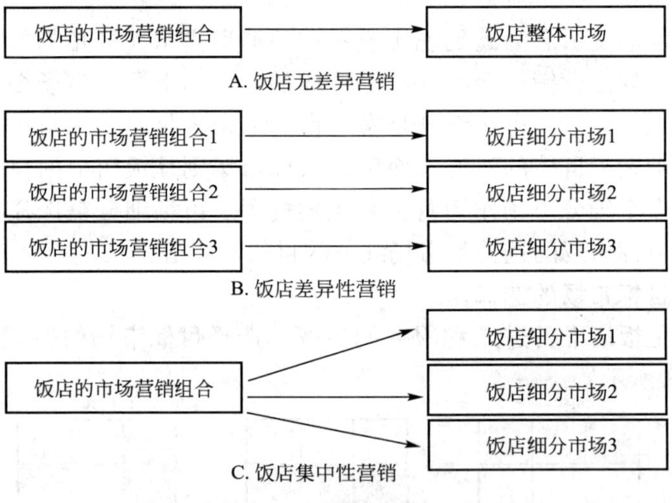

图5-9　饭店目标市场营销战略模式

表5-10　饭店目标市场营销战略

目标市场战略	内　容	优　缺　点
无差异战略	只推出一种产品，运用一种组合，试图吸引尽可能多的顾客	优点：单位成本低 缺点：针对性不强，不能充分满足需求
差异性战略	针对不同市场，提供不同产品、采取不同策略	优点：可防止风险，提高市场占有率 缺点：产品、服务和营销的成本增加
集中性战略	以一个或几个市场为目标，集中力量提供专门化的产品与服务	优点：市场目标集中，有利降低成本 缺点：市场风险较大

5.2.4.2 饭店市场定位步骤与策略

(1) 市场定位的概念

市场定位是饭店明确或显化自身优势、品牌形象及产品价值，以帮助目标顾客准确认识并理解本饭店区别于其他竞争者的形象行为过程。市场定位是市场营销组合的基础，有利于饭店塑造产品与服务的市场特色，树立鲜明的市场形象，是饭店参与现代市场竞争的有力武器。

(2) 饭店市场定位的步骤

饭店市场定位的主要任务就是使消费者能把自己与其竞争者区别开来。一般要进行以下工作：① 确认自己的目标市场；② 分析目标市场的顾客选择饭店时的重要标准；③ 确定谁是自己的竞争对手；④ 分析比较与竞争者的优劣势；⑤ 明确自己产品与服务的特色；⑥ 树立自身的市场形象；⑦ 评估自己的形象特色；⑧ 准确地传播自身的市场形象。概括地讲，市场地位是饭店明确潜在的竞争优势，选择相对竞争优势并显示独特竞争优势的过程（如图 5－10 所示）。

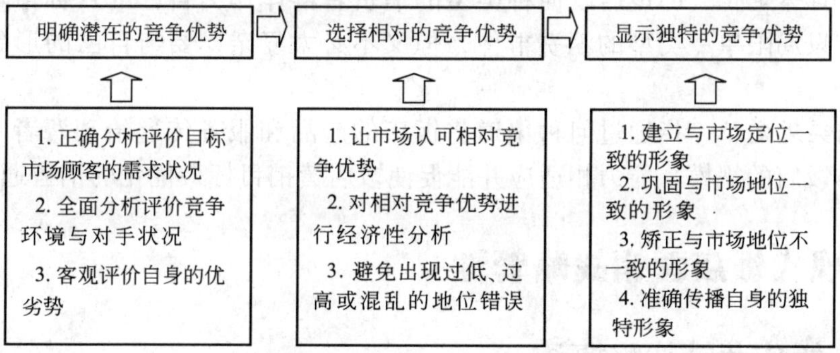

图 5－10 饭店市场定位的步骤

(3) 饭店市场定位的战略与策略

饭店可以通过不同的定位策略来实现与目标市场的沟通，市场营销组合的要素通常也可以作为市场定位的要素。大体上，饭店市场定位的战略主要包括以下 4 种类型。

市场领先战略 即饭店在目标市场之中始终保持第一的优势，无论在产品或服务的质量和规格上都自始至终以领袖者的地位主导这一市场的消费需求的发展方向。具体可实施阵地防御、侧翼防御、先发防御、反攻防御、运动防御、收缩防御等策略。

市场挑战战略 挑战战略是一种与强大竞争者对着干的市场地位战略。就是把自己饭店产品或服务的特色定位在与强大竞争者产品或服务相似的位置上，和竞争对手去争夺同一细分市场。这是一种比较危险的战略，要求饭店必须具备较强实力。具体可实施的策略有正面进攻、侧翼进攻、围堵进攻和迂回进攻和游击进攻等。

市场跟随战略 就是不向竞争者发起进攻，而是跟随其后并自觉维持共处局面的战略。这种战略有利于饭店节约或降低产品和市场的开发成本，主要是效仿竞争者为市场提供类似的产品和服务。具体策略是紧紧跟随、有距离跟随和有选择跟随等。

市场利基战略　就是饭店专注于某些被大家忽略的细分市场，在这些所谓小市场上通过专业化经营以获得最大限度收益的战略。对相对弱势饭店而言尤为重要。

(4) 饭店市场定位的主要内容

饭店市场定位的内容很多，主要有形象定位、产品定位、价格定位、顾客群定位、服务标准定位、营销渠道定位等。

形象定位　是指饭店以何种形象面对目标市场，为顾客提供何种产品和服务，其档次和星级标准如何等。这里所探讨的形象主要是指饭店的外观，包括饭店的建筑外观、名称、标志、标准字体和颜色等。

产品定位　是指要明确界定饭店为顾客提供何种类型的产品。定位时必须强调产品的特色，详尽说明产品能提供的各种利益，明确与竞争者的产品差异。具体表现在饭店规模、服务水准、地理位置和产品档次与星级标准等方面。

价格定位　是饭店最困难、顾客最敏感的问题。要根据饭店的营销目标和战略选择而定，同时应充分考虑消费者欲望程度的变化，必要时可采用弹性定位法。

消费群体定位　即饭店以何种类型的消费者群体作为自己的目标市场。通常饭店不会只局限单一类型的消费群体，但又不必太复杂，要与自己的形象定位相匹配。

营销渠道定位　指通过何种渠道将饭店的产品和服务传递给消费者。理想的渠道是与饭店的规模、能力相适应并能促使饭店营销目标最优化的销售通道。

5.3　现代饭店营销战略管理

5.3.1　饭店营销战略概述

"战略"（strategy）一词源于军事术语，在市场激烈竞争，商场犹如战场的今天，"战略、战术"被饭店经营管理者广泛运用自在情理之中。

5.3.1.1　饭店营销战略的界定

(1) 营销战略

在企业经营领域，战略是指企业为生存和发展而制定的企业目标与达到目标所采取的各种政策的有机结合体。营销战略是其中的一个主要组成部分，它主要基于市场现状分析、预测和SWOT分析，为企业编制短期营销计划提供坚定的信息基础和明确的指路方向。

(2) 饭店营销战略

饭店市场营销战略不是企业营销战略在饭店营销管理中的简单应用，基于饭店服务产品和饭店需求的特殊性，饭店市场营销战略就有更丰富的内涵，饭店营销战略是指饭店依据外部营销环境和内部优劣势（包括硬件设施、经营理念、员工素质、企业文化、经营能力等）的变化情况，对未来较长时间内整个营销活动和经营发展方向的预定目标及行动方案的系统规划和总体构想。

(3) 饭店营销管理的战略与战术

营销战略与战术是2个联系紧密但又区别明显的概念。一方面它们是饭店营销规划的2个不同层面；另一方面营销战略着眼于市场现状方向预测和SWOT分析，侧重于饭店营销管理的市场定位、目标导向、宏观规划、长远期望和预期效益等。而对于营销战术而言，确定饭店各部门甚至个人的工作目标或某项促销活动等并设计出具体的行动方案是其工作重心，侧重于分散出击、阶段推进、具体行动和短期收益。

(4) 饭店营销战略的特点

饭店营销战略的主要特点如下。

全局性　饭店营销战略代表着饭店的发展目标和营销活动的行动方针，其制订必须体现发展的大局，兼顾饭店的整体和长远利益并有利于各项工作的顺利开展，一经确定短期内不会也不能轻易改变，因此具有全局性。

方向性　是饭店营销战略的基本特点，营销战略因明确了饭店的战略地位和奋斗目标，在某种意义上说是饭店的发展蓝图，一经确定就决定了饭店的发展方向；同时营销战略又为营销计划的制订与营销策略的选择确立了框架，指明了方向。

长远性　饭店营销战略是饭店为谋求长期生存和发展而制订的，是对饭店未来构想的长期性计划，必须妥善处理好长远发展和短期利益的关系，做到统筹兼顾。

灵活性　饭店的一切活动都要受到内外部营销环境的影响和制约，任何一个因素的变化都有可能影响饭店的活动，因此饭店的营销战略要在不违背整体营销策略的原则下，留有可供适度调整的空间，以便随时应对可能发生的变化，以适应市场和自身生存发展的需要。

预警性　饭店营销战略是在对未来发展方向和趋势分析预测的基础上确定的，而市场变幻莫测，难免出现偏差，在战略实施的过程中，遇到一些意想不到的变化，致使营销战略实施受阻甚至难以执行是有可能的，故在制订战略时应考虑到一些动态预案或补救措施，以应对意外，降低风险。

5.3.1.2　饭店营销战略的决策过程与内容

(1) 饭店营销战略的决策过程

饭店战略决策是饭店分析、预测、识别、选择、发展甚至创造市场机会的过程；是饭店为了使自身的资源和能力同市场环境动态适应，以强化饭店应变力和竞争力，从而保证营销活动顺利进行，实现预期战略目标的管理过程（如图5-11所示）。

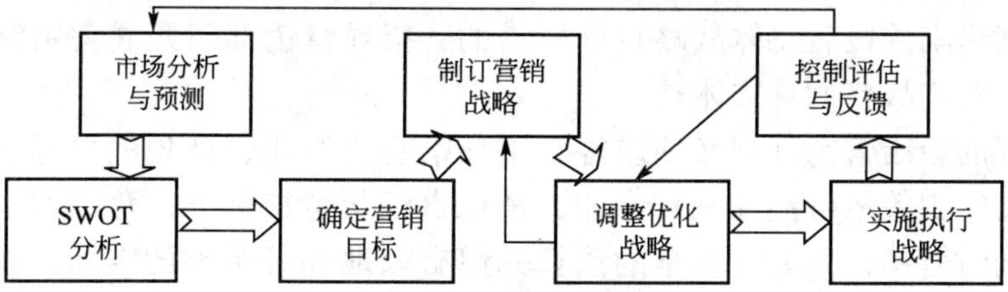

图5-11　饭店营销战略管理过程

(2) 饭店营销战略的基本内容

饭店营销战略主要用来处理饭店同市场、竞争者和顾客的关系，即说明饭店在某一目标市场上应该做什么、怎样做，需要回答三大问题：目前饭店处于什么位置？未来饭店准备达到什么位置？如何到达该位置？

在不考虑战略制定的前提下，饭店营销战略主要包括以下内容：一是饭店发展的战略目标，即饭店在未来某个时期希望所处的市场地位。一般从销售量、产品类型、市场占有率、盈利水平等方面进行概括性描述。二是目标市场相选择。目标市场作为饭店营销回答的主要承受者，其科学选择是饭店制订产品（服务）—市场组合及产品（服务）—市场增长策略的基础。三是饭店及其产品定位。准确的产品（服务）定位是饭店赢得竞争优势的重要前提。四是营销预算的制定。主要指饭店为实现战略目标而进行营销活动所编制的财务预算。五是营销组合方案。即饭店针对产品（服务）—市场组合制定的营销活动计划，包括各种营销策略的制订，是营销战略的核心内容。

饭店营销战略的关键作用是为了明确较长一段时间饭店的经营目标，并使饭店能动态地适应不断变化的市场环境，最终在满足概括需求的过程中获得利益。战略的模式较多，不同的模式其特定的价值取向不同，归纳起来主要表现在以下4个方面：有利于明确饭店目前所处的战略定位；有利于统一规划饭店的营销活动；有利于饭店经营活动的稳定开展；有利于激励员工的工作热情。

星级宾馆的由来

“米其林指南”起初只是一本简易方便的手册，为驾车者提供一些实用资讯及行车路线推荐、汽车修理行的地址以及饭店、餐馆的地址，等等。后来米其林轮胎开始每年为餐馆评定星级，并因此而著名。此后饭店风行的星级标准就源于此。

米其林评定星级需要花费18个月时间，他们派出资深评论家，以普通住客或食客的身份，亲身体验饭店、餐馆的服务，并根据自己的感受填一份表格。表格上列有几百种服务项目，每项服务都有优、良、一般3种分数，饭店餐馆能否登榜取决于总分的多少，而不是请评审员白吃白喝白拿的结果。故而，登榜的饭店餐馆平时对待普通住客也极为细心——谁知道哪位是米其林评论员。

5.3.2　饭店营销计划制订与编制

5.3.2.1　营销计划的概念与分类

（1）营销计划的概念

凡事预则立，不预则废。饭店的营销如果缺乏预先的计划与安排，就会陷入盲目甚至是混乱的境地，营销计划是饭店营销战略的起点，也是其最终体现。饭店营销计划是实施饭店总体战略目标所需的，指导营销部门开展营销活动的规划与安排，是营销战略的具体体现。

一个好的饭店营销计划必须以客观市场信息为基础，计划的目标任务、各项措施及活动组织等尽可能详细和专业，量化责任与考核标准，营销活动的安排要程序化，同时营销计划要有科学的预算并留有余地和可调整的空间，而计划编制又要清晰明了，关键的关键是必须与饭店的战略计划协调匹配。好的营销计划可以使饭店营销活动有明确的行动方案、科学的活动程序、有效的执行过程和一个控制编制，最终确保饭店总体战略目标的实现。

（2）饭店市场营销计划的分类

营销计划类型很多，饭店营销计划的类型是由饭店的规模、市场状况、战略的目标等多方面的要素决定的。不同的划分标准会有不同的计划类型（见表5-11）。

表 5-11 饭店市场营销计划类型

标准	类型	内容	特征
按形式划分	正式营销计划	一般由饭店的专门人员，按一定程序和规范形式编制，作为饭店经营管理的纲要性文件	正式、规范
	非正式计划	一般指饭店的高层针对市场环境的变化亲自编写的临时方案或计划，没有规范的形式	灵活、可调
按组织层次划分	饭店整体计划	是饭店所有业务计划的集合。它规定饭店的使命、发展战略、经营目标和决策措施等	宏观、综合、指导性强
	职能部门计划	主要包括饭店各职能部门的发展及盈利目标。规定部门的营销职责及相应的财务、市场和人事等	具体、直接、针对性强
	产品线计划	是产品线目标、战略和战术的具体规定性文件，一般由产品线经理制订	具体、直接、针对性强
	产品项目计划	是对一个特殊产品或产品项目的战略战术的具体规定，一般由项目经理制订	具体、直接、针对性强
	品牌计划	是对系列产品中某一品牌的营销目标、营销战略与策略选择的规定性文件，一般由品牌经理制订	具体、直接、针对性强
按时间跨度划分	长期计划	一般指时间跨度 5 年以上的计划，其内容多涉及的是饭店发展战略、发展目标等	稳定性、方向性强
	中期计划	一般指时间跨度 1~5 年的计划，其内容与中层和一线管理人员的工作直接关联，是饭店制订计划的重点	稳定性、针对性好
	短期计划	是指时间跨度在 1 年以内的相关计划，包括年度计划与相关适应性计划	具体、操作性强
按功能分	销售计划、分销计划、促销计划、广告计划、价格计划、包装计划、产品开发计划等		

5.3.2.2 饭店营销计划的内容与编制

（1）饭店营销计划的内容

饭店营销计划一般分为计划大纲、基本原理和实施计划 3 个部分。计划大纲是关于营销计划主要部分的概述。基本原理则解释说明营销计划的事实分析和假设基础，包括营销战略、目标市场、定位方法及各阶段的营销目标。实施计划则详细说明营销预算、员工职责、活动策划、时间进度和控制、测量及评价营销行动的方法。一般营销计划目录见表 5-12。

（2）营销计划的编制

在了解营销计划的内容后，计划的编制就比较简单了。一般按分析现状、确立目标、制定战略、评价战略和综合编制的程序进行。现状分析是基础，营销计划必须建立在对饭店市场现状、竞争者情况、分销渠道、促销工作等问题详细周

表 5－12 营销计划目录内容

A. 营销计划大纲	
营销计划概要	
B. 营销计划的基本原理	
1. 重要的事实分析（饭店现在身处何处） a. 环境分析 b. 区位分析 c. 主要竞争者分析 d. 市场潜力分析 e. 服务分析 f. 营销定位和计划分析 g. 主要的优势、劣势、机遇和风险分析	2. 营销战略选择（饭店希望达到什么目的） a. 市场细分和目标市场选择 b. 营销战略 c. 营销组合 d. 定位方法 e. 营销目标
C. 实施计划	
1. 行动计划（饭店如何到达目的） a. 针对各个目标市场制订营销组合要素的行动内容 b. 活动安排与人员职责 c. 时间日程与行动方案 2. 营销预算（饭店如何到达目的） a. 目标市场的营销预算 b. 各个营销组合要素的预算 c. 备用预算	3. 控制过程（饭店如何保证达到目的） a. 各项活动的预期效果 b. 报告和测算过程 4. 评价过程（饭店如何确认已经达到目的） a. 测算分析 b. 绩效标准 c. 评价程序

密的调研分析之上，才会有效；在确定目标时，既要针对当前情况做客观分析，又要对前一阶段计划的执行情况进行研究，将二者结合起来，才能提出积极有效和切实可行的营销目标；在制订战略和策略时，饭店各部门应制订几个可供选择的方案，以便最后编制计划时可以有更多的选择和优化的余地；营销计划的最后一环就是综合编制，即按照一定的格式规范编写成文本形式。饭店的营销计划通常由饭店的副总经理或营销总监在汇总各部门的计划基础上，经过协调、修改、补充和完善后制订，再交由饭店高层集体研究、决策确定，经总经理审批后便可付诸实施。具体营销计划制订的步骤如图 5－12 所示。

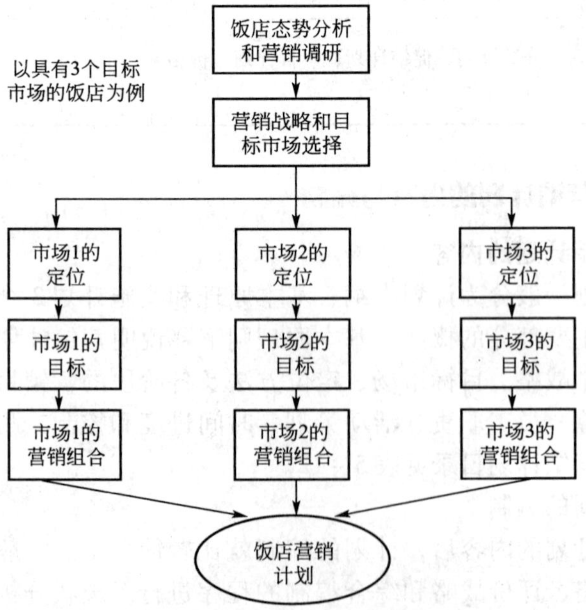

图 5－12 饭店营销计划的制订步骤

【案例】

香港海景饭店××××年营销计划（文本）纲要

1. 前言（包括饭店上年度的经营状况、饭店能力和市场宏观预测的概述）

2. 营销目标说明书
   a. 最大限度提升饭店形象
   b. 进一步提高员工的服务意识和技能
   c. 主要财务指标达到“喜来登”“香格里拉”同等水平
   d. 将高增长和高产出的细分市场作为目标市场。例如，奖励旅游海员、机组市场
   e. 关注 GLOBALⅡ系统所提供的高产出市场并争取最大限度的份额
   f. 更加密切与 INTERNATIONAL TRADEMARK 之合作，争取好的其全部商务活动和展览的接待权

3. 饭店竞争分析
   a. 本饭店与竞争对手的出租律对比（近3年）
   b. 本饭店与竞争对手平均房价对比
   c. 竞争对手上年度客房营销分析
   d. 中国香港饭店业市场分析，即信息分析
   e. 本饭店及商务市场 SWOT 的分析

4. ××××年市场营销目标
   a. 实现客房预算收入××××元，比上年增长16.6%
   b. 将高收益和低收益客人比控制在62.4∶37.6的水平上
   c. 将全年的平均客房价在上年基础上提高10.7%，达到××××元/间天
   d. 客房出租总量较上年提高5.3%，达到全年××××元/间天

5. 客源结构及销售目标
   a. 高收益客源结构
   b. 低收益客源结构
   c. 本饭店客房销售年度及项目对比

6. 市场细分－目标和策略
   a. 全价房及其策略　b. 协议公司及其策略　c. 其他协议客户及其策略
   d. IHC-GLOBALⅡ及其策略　e. 家庭包价与策略　f. 观光旅行客人策略

7. ××××年客房营销预算（略）

8. 销售/营销活动计划（略）

9. ××××年公共关系/广告宣传计划（略）
   a. 目标　b. 方法　c. 特别活动　d. 执行要求　e. 媒体选择

5.3.3 饭店营销战略的模式选择

在饭店营销活动中，凡本质上具有全局性、深远性和导向性问题的决策，均属饭店营销战略之列。饭店营销战略选择主要有市场覆盖战略选择、市场定位战略选择、市场竞争战略选择、产品生命周期的战略选择、营销组合战略选择和未来发展战略等。关于市场覆盖战略、定位战略和竞争战略前面已经阐述，这里主要就产品生命周期战略、营销组合战略及未来发展战略进行简介。

5.3.3.1 饭店产品的生命周期战略

(1) 产品生命周期的概念

随着饭店市场环境的不断变化，饭店产品会经历从进入到退出市场的过程，这一过程称为其生命周期。一般来说，饭店产品通常会经历投放、增长、成熟和衰退4个阶段（如图5－13所示）。针对不同的阶段，应采取不同的营销战略，以期实现其价值和效益的最大化。

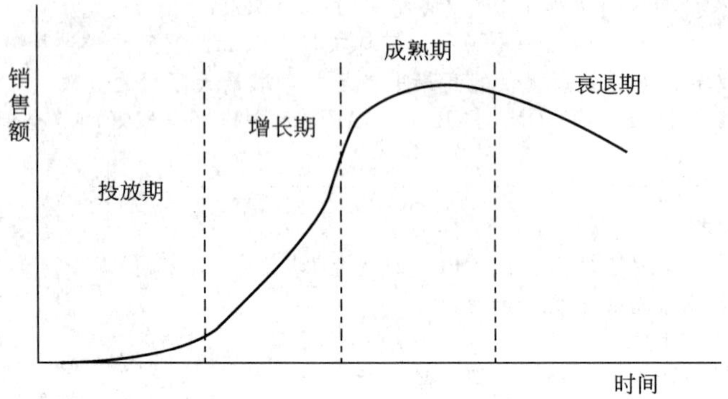

图5－13 饭店产品的生命周期

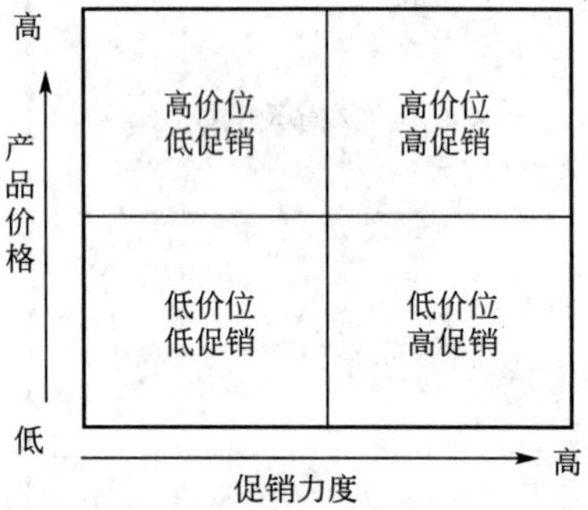

图5－14 饭店产品投放期战略选择

(2) 产品周期特点及战略选择

投放期 这一时期是饭店产品与服务进入市场的初始阶段。传统上被认为是一个低收益时期，因为消费者对该产品信息不甚了解，知名度不高，销售额增长缓慢，销售渠道较少，产品开发和市场开拓的成本很高。这一时期属新产品营销，有4种战略可供选择：缓慢撇脂——高价位低促销；快速撇脂——高价位高促销；缓慢渗透——低价位低促销；快速渗透——低价位高促销（见图5－14）。

增长期 饭店产品逐步被消费者所接受，知名度不断提高，销量增加，利润增长，竞争者进入，竞争加剧是这一时期的特点。这一时期饭店可采用的战略有：开拓新的目标市场；使用新的分销渠道；改进和提高产品或服务的质量及特色；降低价格以吸引对价格敏感的顾客；实施品牌营销战略等。

成熟期 这一时期是饭店的主要销售阶段。特点是产品成为名牌或老牌产品，市场需求趋于饱和，销售增长趋缓，竞争十分剧烈，饭店利润开始下降。可采取的战略有：① 市场调整，刺激现有市场的需求或寻求新的细分市场；② 产品调整，显著改变产品的特性，向顾客提高新的利益，实质是重新创造饭店的产品与服务；③ 营销组合调整，即通过改革饭店的营销组合来刺激销售。

衰退期 衰退期的显著特点是销量急剧下降，利润大幅降低甚至亏损，消费者期待新的产品，竞争者纷纷退出等。可供选择的战略有：撤退（迅速或逐步）战略、维持（连续或集中）战略、榨取战略。也就是我们经常所说的"转、改、撤"三字战略。

【课堂讨论】

希尔顿饭店的服务生

在希尔顿饭店大堂来了一对老夫妇订房间，服务生查了一下计算机，保留的房间都订完了，“先生，太太，我们附近还有几家档次不错的饭店，跟我们都一样的，要不要我帮你试试看。”服务生礼貌地说。他们先领老夫妇去喝杯咖啡，一会儿服务生过来说：“我们后面的喜来登大饭店还有一个房间，档次跟我们是一样的，还便宜 20 美金，要不要?”老夫妇高兴地说“Why not?”之后服务生又把老夫妇和他们的行李送上车。

【案例思考题】

请运用营销学的观点分析讨论以下希尔顿饭店服务生的这种做法对饭店营销有什么影响和作用?

5.3.3.2 饭店现有业务营销组合战略

饭店在明确任务和目标的基础上，对业务组合进行分析，做出哪些需要发展、扩大，哪些需要收缩、淘汰的安排，以便饭店把有限的资源合理地分配给现状、前景并不相同的战略业务单位，从而能最有效地利用市场机会和占领市场。制订饭店业务组合计划的典型方法有 2 种。即著名的波士顿咨询公司法（BCG）和通用电器公司法（GK）。

(1) 波士顿咨询公司法（BCG）

又称成长－份额矩阵法，如图 5－15 所示，图中纵坐标表示市场增长率，以 10% 为分界线分高低 2 个部分。横坐标表示战略业务单位的市场占有率与竞争对手市场占有率之比，为相对市场占有率，以 1.0 为分界线分高低 2 个部分。矩阵中的每个圆圈代表一个战略业务单位，其大小表示该战略业务单位的销售额占饭店总销售额的比重，圆圈的位置表示该业务单位市场增长率和相对市场占有率的情况。各个战略业务单位的单位会随着时间的推移而发生变化，并具有其相应的生命周期。因此，饭店必须时刻关注各战略业务单位的发展动向，根据其现状与饭店实际采取相应的战略。针对图中 10 个不同的战略业务单位，应采取不同的战略。具体有以下 4 种战略。

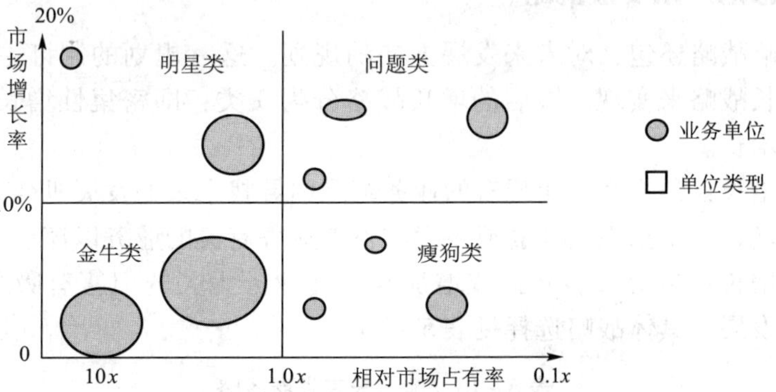

图 5－15 波士顿咨询公司成长－份额矩阵

发展战略 采取这种战略的目的是扩大战略业务单位的市场占有率，必要时为实现长期战略而放弃短期利益，适合问题类中有希望转为明星类的业务单位。

维持战略 目的是保持战略业务单位的现有市场占有率，该战略适用于金牛

类的业务单位。

收割战略 目的是增加战略业务单位的短期收益，放弃长期目标。适用于金牛类中没有转机的业务单位和瘦狗类与问题类的相关业务单位。

放弃战略 这种战略是变卖和处理某些业务单位，以便使饭店资源能转移到那些可盈利的业务单位上去。适用于没有希望转变现状的某些瘦狗类和问题类的战略业务单位。

(2) 通用电器公司法（GK）

又称多因素业务矩阵法。是根据2个由多种因素综合评价而得出的指标——业务优势和市场吸引力而建立的矩阵，借以对饭店目前业务组合进行分析。也叫"战略业务计划方格"（Strategic Business Planning Grid），如图5－16所示。

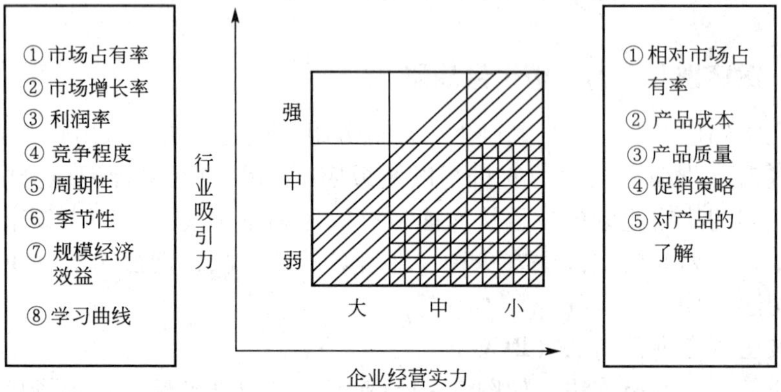

图5－16 通用电器公司多因素业务组合矩阵

如图5－16所示，纵轴代表市场吸引力及其有影响因素，横轴代表企业战略业务单位的竞争力及其影响因素。左上方3个方格代表"大强""大中""中强"，是市场吸引力和最富竞争力的战略业务单位，应采取发展战略；对角线上的3个斜线方格代表"小强""中中""大弱"，是竞争力和吸引力均处于中等状态下的业务单位，宜采取维持战略。右下角3个网状方格代表"弱小""中弱""中小"，是市场吸引力和竞争力都较弱的区域，宜采取收割或放弃战略。

5.3.3.3 饭店未来发展战略

饭店影响战略还包括对未来发展方向的规划。这一规划的制订主要是通过制订饭店的增长战略来实现。饭店的增长战略分为3类：即密集性增长、一体化增长和多角化增长。

密集性增长：是指在饭店现有的业务范围内寻找未来的发展机会。

一体化增长：是指饭店建立或少卖与目前业务有关的业务以谋求未来发展。

多角化增长：是指饭店开拓或增加与目前业务无关的但富有吸引力的业务，谋求未来的发展。具体战略选择见表5－13。

表5－13 饭店未来发展战略

类　型	战略选择		
密集性增长	市场渗透	市场开发	产品开发
一体化增长	后向一体化	前向一体化	水平一体化
多角化增长	同心多种经营	水平多种经营	综合多种经营

5.4 现代饭店营销策略管理

5.4.1 饭店产品策略

饭店市场营销是以消费者寻求为导向的，而消费者需求的满足只能通过饭店的某种产品和服务来实现，因此产品策略是饭店市场营销策略的出发点，是其他相关策略的基础。饭店的生存与发展，关键在于其产品满足消费者需求的程度。

5.4.1.1 饭店产品的概念与构成

(1) 饭店产品的概念

饭店产品包含的意义十分广泛，从不同的角度看会有不同的内涵。

从供应商的角度看：饭店产品是饭店的经营者凭借物质、非物质的产品向顾客通过服务的总和。具有组合性的特点。从顾客的角度看：饭店产品是花时间、精力和金钱来享受购买的一次经历，具有体验性。从供应者的角度看：饭店产品是指饭店企业为了满足顾客食宿、休闲等需求而凭借各种设施设备和环境条件向顾客提供物质产品和服务产品的总和。从市场概念的角度看：饭店产品是指饭店向市场提供能满足人们某种需要和利益的物质产品和非物质形态的服务。其中物质产品包括饭店实体及其品质、特色、品牌等，非物质形态的服务主要包括产品形象、质量保证、声誉等。

饭店的核心产品是饭店提供给客人的基本效用和利益，如食宿等；形式产品是饭店向市场提供的实体和外观，是饭店真实有形的产品，包括位置、建筑、装潢、设计、设施、设备和服务项目等；其延伸产品是指饭店能为顾客带来的额外利益和体验。如订票服务、景点咨询和品牌形象等。饭店产品的构成主要包括饭店的地理位置、饭店的设施设备、饭店的服务内容和水平、饭店的环境氛围、饭店的形象特征和饭店的价格等。

(2) 饭店的产品组合

所谓饭店的产品组合是指饭店经营的全部产品线和产品项目的组合方式。包括饭店的地理位置、各种客房、餐厅、娱乐设施、产品形象、服务水平和产品价格等。饭店的产品组合是由饭店产品的广度、长度和深度的一致性所决定的。广度是指饭店拥有多少项分类产品，如客房、餐饮、健身、酒吧等；长度是指每一项分类产品中所拥有的不同服务项目数，如餐厅中的中餐厅、西餐厅、日式餐厅等各式风味特色的餐厅等；深度是指每一项产品中能提供的产品品种数，如每个餐厅能提供的菜肴、饮料和酒水的品种多少等。合理地拓宽、加深和增长饭店的产品线，有利于充分发挥自身潜能，更好地满足顾客需求，更多地占领市场份额。

5.4.1.2 饭店的产品策略

(1) 饭店产品的组合策略

饭店产品的组合策略主要是针对产品的深度和广度，进行扩充和开发。具体策略有以下 5 种。

扩展策略 是指饭店为扩充经营范围、扩大产品广度而采取的策略。有利于充分利用饭店资源，适应多样化和多层次的消费者需求，扩大市场，并分散经营

风险。

简化策略　是饭店缩小产品组合广度的策略。有利于饭店在激烈的市场竞争条件下，集中力量和优势，经营少数产品，减少资金的占用，提高资金的利用率，及时为市场提供适销对路的产品。

改进策略　是饭店对现有产品加以改进完善、节约开发投资、减少风险、增加细分市场、吸引更多顾客的策略模式。

高档策略　是指增加高档产品项目，有利于提高现有产品的档次，增加声望，促进销售的策略模式。

低档策略　是指在高档产品中，增加廉价产品项目。借高档产品的声望吸引消费者，适合中低层次的消费需求，以提高市场占有率，增加销售额。

(2) 饭店新产品开发策略

所谓新产品是指与市场上已有产品存在一定差别或完全不同的产品。

新产品概念　新产品大致分为4类：① 全新产品；② 换代新产品；③ 改进新产品；④ 仿制新产品。相对饭店而言，全新产品可以是一些全新的功能性的设施设备，也可以是新的产品组合和管理模式。其他饭店已经使用而本饭店尚未开发和应用的产品、在已经存在的产品线上增加新的品种或服务项目、对原有产品进行局部或形式上改进的产品等，都可以视为是新产品。

新产品开发的作用　饭店新产品的开发是饭店市场剧烈竞争的必然结果，是消费者需求日益多元化、多样化的必然要求，是饭店应对市场求得生存和仿制的必然选择。新产品开发对饭店的作用举足轻重，有利于吸引更多的顾客，提高饭店的市场占有率；有利于规避风险，提高饭店的市场竞争力；有利于保持饭店的活力，提高饭店市场的知名度；有利于吸收新的理念和技术，提高饭店的经营效益。饭店应从饭店内部、顾客、竞争者、合作者以及其他各个方面集思广益，不失时机地进行新产品的开发。

饭店新产品的开发程序　新产品的开发涉及饭店的人力、财力和物力等各个方面，事关饭店生存与发展，必须依靠严密的组织和管理作为保障，并科学有序地进行。一般新产品的开发分为8个步骤，如图5－17所示。

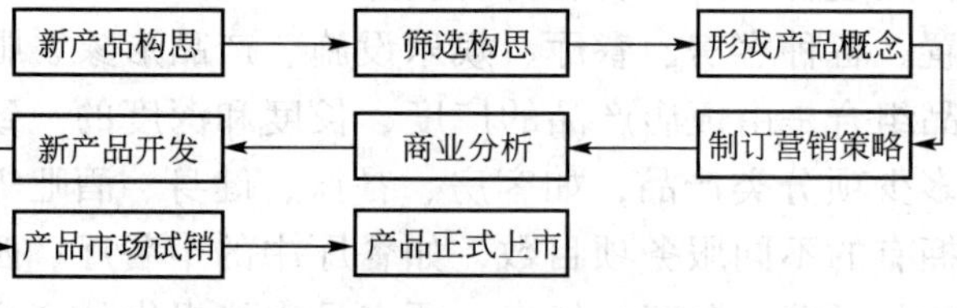

图5－17　饭店新产品开发程序

饭店新产品的开发原则　为了使饭店的新产品开发真正收到实效，创造效益，饭店在研究和开发过程中应遵循以下原则：① 必须以市场和顾客需求为导向；② 必须以饭店自身的资源为依托；③ 必须以赢得良好效益为目标；④ 必须以不断创新为手段。

(3) 产品的品牌策略

在饭店产品趋于同质化的今天，如何使自己的产品区别于其他产品呢？产品品牌化就是一种有效的方法。品牌策略已成为饭店产品策略的重要组成部分。只有品牌才能给饭店带来顾客忠诚和稳定的消费群体。

品牌概念 所谓品牌，根据菲利浦·科特勒的定义，它是一种名称、标志、符号或者设计，或是它们的组合运用，其作用是用以标识一个或一群营销者的产品或劳务，并使之与竞争对手的产品或劳务区别开来。通常包括品牌名称、品牌标记、可注册的商标等3部分。名称是品牌中能够发音并能被读出的部分，例如，喜来登、万豪等。标记是品牌可以通过视觉辨认，能用语言描述，但又不能用语言直接称呼的部分，往往是一些符号、图案、色彩等。商标是一个法律术语，品牌（包括名称和标记）可经国家有关部门注册登记后成为商标，但商标不等于品牌，所有的商标都是品牌，但并非所有的品牌都是商标。

品牌的层次与命名 品牌层次：饭店品牌的作用有利于使自己显著区别于竞争对手。在营销活动中，品牌并非是符号、标记等的简单组合，而是饭店产品的一个复杂识别系统。它包括以下6个层次。

属性 是品牌所能带来的，符合消费者需求的产品特征。例如，“奔驰”就代表高贵、稳定、精良等属性，是消费者判断品牌接受性的第一要素。

利益 是产品属性所能转化成的功能。如“华天”的“高雅”属性带给顾客的是身份享受的情感利益。

价值 品牌价值包括营销价值（品牌效应）和顾客价值。

文化 品牌中所蕴涵的文化是品牌能获得市场高度认可的深层次要素。顾客对品牌的偏好实际上是对品牌内在文化的认可。

个性 品牌个性是顾客对品牌产生认同和归属的焦点。“可口可乐”所塑造的“尽情享乐”的个性，目的是为了迎合消费者追求自由快乐的需求。

使用者 是品牌对使用该品牌产品的消费者的基本界定。“奔驰”使用者的界定就是“事业成功人士”。

品牌命名 品牌的命名包括名称命名和标识设计，是品牌设计的第一步。品牌命名应遵循如下原则：① 易于发音、拼读和记忆；② 独特新颖、深蕴文化，如美国一家眼镜店取名为“OIC”，读音为“oh，I see.”；③ 能暗示产品特色；④ 回避各种忌讳。关于标识设计应遵循的是：① 简洁明了，新颖独特；② 好记易懂，启发联想；③ 功能主导，传播方便。

品牌决策 品牌决策主要包括名称决策和战略决策2个方面。

品牌名称决策 是指饭店如何在产品组合中使用品牌名称。一般有4种方法：① 统一使用品牌。即饭店产品组合共同使用一个品牌名称。② 使用个别品牌。即饭店对产品项目，都分别使用不同品牌。③ 使用个别的统一品牌（使用系列品牌）。指在产品组合中对产品项目依据一定标识分类后，按类分别使用不同品牌。④ 使用统一的个别品牌。即将个别品牌与饭店的名称标记联用。

品牌战略决策 依据对产品系列和品牌的新旧标准的划分，品牌战略决策可分为以下4种（如图5-18所示）。

第一，产品线扩展：是指饭店在现有的品牌下，在相同的产品种类或产品线中，加入新的产品项目。如饭

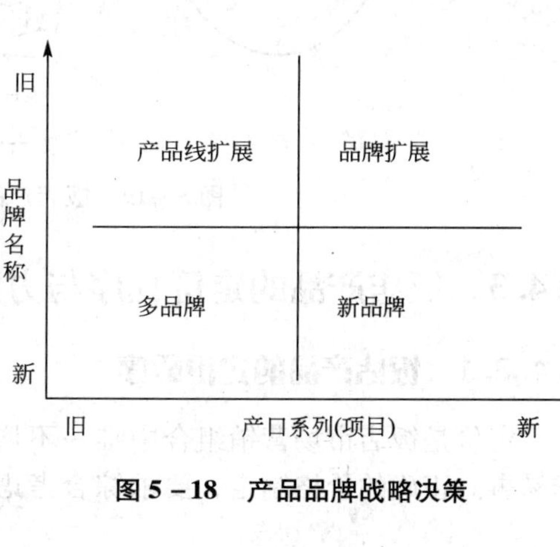

图5-18 产品品牌战略决策

店在原有餐饮产品的基础上，针对顾客市场需求，增加日韩料理等。

第二，品牌扩展：饭店在现有的品牌下推出新的产品系列。如某品牌饭店加入旅行社行业，并推出相关产品，就是品牌扩展的表现。

第三，多品牌：是指在同一产品系列中设立多种品牌，借以满足消费者的不同需求，从而占据较大市场份额。如在饭店中餐的产品系列中，可以根据不同的菜系设立多种品牌。

第四，新品牌：就是指饭店向市场推出或提供一个新的产品品牌。在使用这一策略时要特别注意新品牌与老品牌（现有品牌）的关联性，应充分考虑对现有品牌的影响程度。

5.4.2 饭店价格策略

饭店价格是饭店营销组合中重要而敏感的因素。价格是否合理对饭店的经营影响极大，价格合理往往意味着物有所值。

（1）饭店价格的概念

饭店价格是饭店顾客购买饭店产品所需支付的货币量，是饭店产品价值的货币表现形式。通常由产品的成本、产品的税收和饭店产品的利润等因素共同决定。由于受供求关系、竞争状况和市场环境等多种因素的影响，价格常常会出现围绕价值上下波动的状况。

饭店价格除了具有一般价格的常规形式外，还有差价、优惠价等特殊价格形式。其中差价又分为：地区差价、季节差价、质量差价、机会差价和批零差价等；优惠价可分为：对象优惠价、常客优惠价、支付优惠价、购量优惠价以及协议优惠价等。

（2）饭店定价的影响因素

饭店价格的制定要受到多方面因素的制约和影响。主要因素见图5－19。

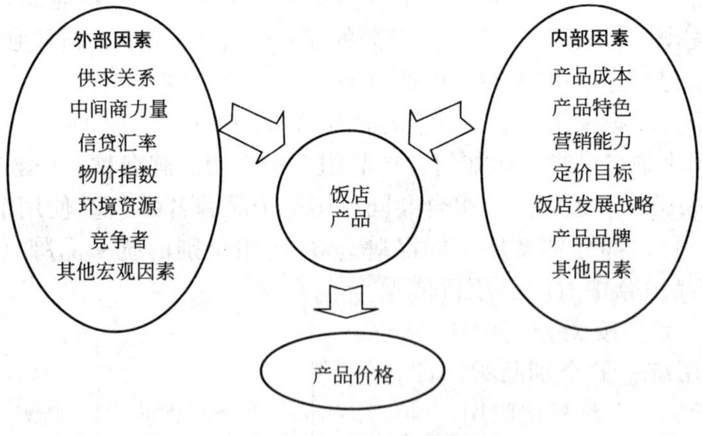

图5－19 饭店产品定价的影响因素

5.4.3 饭店产品的定价程序与方法

5.4.3.1 饭店产品的定价程序

定价是饭店市场营销组合中唯一不增加成本的因素，但制定出合理的价格绝非易事。正确的价格制定，要求综合考虑影响产品定价的诸多因素，采取科学的程序。一般而言，饭店定价应遵循以下 8 个步骤：① 明确饭店的定价目标。价格目标是饭店产品的价格在实现后饭店可达到的目的，是饭店选择定价方法和制定价格策略的重要依据。主要定价目标有扩大当前利润、扩大销售额、扩大市场占有率、获得投资报酬率、维护饭店企业形象、应付和防止竞争、保持良好的分销渠道、稳定价格、维持市场等。② 进行市场调研。饭店应充分了解自己目标市场的消费者对饭店产品的需求程度、购买能力和对产品价格的态度，科学判断和准确测算需求的价格弹性。需求价格弹性通常有 3 种表现形式，即需求弹性不足、需求无弹性和需求弹性大。需求弹性的计算公式为：

$$需求的价格弹性系数=\frac{需求量变动\%}{价格变动\%}=\frac{需求增减量/原需求量}{价格增减量/原价格}$$

③ 分析产品的成本构成。在正常的市场环境下，需求确定价格的上限，而成本决定价格的底线。成本即市场产品的费用，分为可变成本和固定成本 2 种。④ 进一步明确产品的需求量、成本与利润之间的关系。常常采用边际分析法，即饭店的产品或者服务的最佳价格应该能使饭店的总营业收入与总成本费用之差最大。⑤ 全面分析影响饭店产品价格的各种因素。⑥ 兼顾考虑饭店营销其他的策略因素，包括产品策略、分销策略和促销策略等。⑦ 选择定价策略和方法。⑧ 确定饭店产品的价格。

5.4.3.2 饭店产品的定价方法

饭店产品的定价方法是饭店在特定的定价目标的指导下，运用定价策略对产品价格进行具体计算的方法。饭店定价目标、定价策略和定价方法是一个有机的整体。定价方法的正确选择，是关系到饭店定价目标能否实现的重要因素。饭店要在全面了解与把握产品成本、市场需求和竞争者折扣的前提下，选择有效的定价方法。常见的定价方法有 4 种：成本导向定价法、利润导向定价法、需求导向定价法和竞争导向定价法。

（1）成本导向定价法

成本导向定价法是按饭店自身意图的定价方法。它是以产品的全部成本作为定价的基础，就是在成本的基础上加上饭店的目标利润或规定利润的定价方法。具体有成本加成定价法、因素定价法、实际成本定价法、收支平衡定价法等。所谓成本加成定价法就是：产品价格＝平均总成本＋预期利润。因素定价法是成本加成定价法的一种变形。即根据饭店产品所包含的组成因素来确定产品的价格。实际成本定价法主要是对饭店的餐饮部门比较适用，这种方法并不是用来计算产品的单价，而只是为产品的成本确定一个上限，由营销人员按这一上限而相应地制定其价格的方法。收支平衡定价法是运用损益平衡原理来进行定价的方法，就是以盈亏分界点的总成本为依据来确定产品的价格。其计算公式是：

收支平衡保本单位价格＝饭店应摊固定成本/总产品量＋单位变动成本

其中，保本产量＝饭店应摊固定成本/单位产品价格－单位产品变动成本。

（2）利润导向定价法

利润导向定价法是饭店根据饭店的总成本和计划产品总量，加上按投资收益（利润）制定的投资报酬额，作为定价基础的方法。计算公式为：产品价格＝（总成本＋投资报酬）/产品总量。常常使用的方法有“千分之一法”和目标定价收益法。所谓“千分之一法”是饭店的一种经验定价方法，即以饭店的建筑总投资额为基数，按照饭店总造价的0.1%来划定饭店客房产品的平均价格。目标收益定价法是饭店按照与其获得的利润量来确定自己产品价格的方法。

（3）需求导向定价法

需求导向定价法是以市场顾客对产品的理解、认识程度为依据的一种定价方法。包括理解价值定价法和需求区别定价法。理解价值定价法就是根据顾客认知产品的价值以及对该价值肯定程度的高低来进行定价。需求差别定价法的基本理论是对同一产品或服务，制定出2种或2种以上的价格，然后运用到各个需求程度不同的消费市场上。如饭店客房就可根据客房的面积、装潢、朝向及内部设施等反映在其价格的差别上。

（4）竞争导向定价法

竞争导向定价法是指在定价时主要以自己的竞争对手的价格为参考依据的定价方法。使用最为普遍的方法是追随定价法。

饭店产品的定价方法还有边际贡献定价法、边际成本定价法、反向定价法、招标定价法等。

5.4.3.3 饭店产品的定价与调价策略

（1）饭店产品的定价策略

价格策略是饭店进行价格决策的指导思想和定价准则，又是饭店进行价格竞争的方式和手段，直接为实现饭店的定价目标服务。不同的饭店因所处的市场地位、环境和拥有的资源各不相同，应相应采取不同的定价策略。饭店的常用定价策略有：心理定价策略、折扣定价策略、差别定价策略、新产品定价策略以及薄利多销策略、厚利限销策略、阶段定价策略、议价定价策略、“君子”定价策略、随行就市定价策略和垄断定价策略等。具体见表5-14。

表5-14 饭店的定价策略

心理定价策略			
根据顾客对饭店产品的主观评价、个人情感等心理因素制定价格的策略	尾数定价	又称奇数定价，暗示价格准确可信	9.9元、1.39元
	整数定价	取整数不要零头，暗示产品的优质	适合高档产品
	声望定价	针对顾客求名的动机制定价格	暗示产品质优
	招徕定价	为招徕而对“特定品”采取的“特价”	利用好奇心
	习惯定价	按顾客习惯可接受的价格定价	适合日用品
	期望定价	根据顾客的期望进行定价	适合高档产品
折扣定价策略			
有意识地降低产品的基本定价水平，争取顾客的策略	数量折扣	根据数量的多少给予相应折扣	鼓励大量购买
	现金折扣	给现场现金支付的折扣	加快资金回笼
	季节折扣	对淡季购买给予折扣	刺激淡季购买
	同行折扣	给予中间商的一种折扣	强化行业合作
差别定价策略			
将相同产品以不同价格销售的策略	地理差价	地区或环境不同，价格就不同	因地制宜
	时间差价	针对不同时间制定不同价格	因时而异
	质量差价	按质量的差异制定不同价格	各取所需

（续）

新产品价格策略			
针对新产品面市的价格策略	撇脂定价	高价格策略	追求高利润
	渗透定价	低价格策略	追求市场份额
薄利多销策略	指饭店有意识地以相对低廉的价格刺激需求的策略		
厚利限销策略	为把需求控制在规定范围内而有目的地提高价格的策略		
阶段定价策略	根据产品不同生命周期而制定不同价格的策略		
随行就市策略	就照现行市场行情进行定价的策略		
议价定价策略	就是现场“讨价还价”的策略		
垄断定价策略	利用某一种或多种饭店产品的垄断地位进行定价的策略		
“君子”定价	是一种更为开放的定价策略，只标明成本价或进货价，由顾客自行定价		

（2）饭店产品的调价策略

饭店在制定了自己产品的价格之后，由于客观情况的变化，经常还要对价格进行一些调整。调整的方式有2种，即主动调整与被动调整。无论主动还是被动，饭店都需要充分考虑调价后顾客的反应和竞争对手的反应。

主动调价策略　饭店在认真分析和研究顾客和竞争者对价格调整的反应后，可主动实施产品的价格调整。具体策略有主动调高和主动调低价格2种策略。一是调低价格；二是调高价格。

调低价格　饭店在下列情况下可调低价格：① 市场上同类产品供过于求，总接待能力过剩；② 饭店在剧烈的竞争中市场占有率下降，尤其是淡季；③ 饭店的产品成本低于竞争者时，可降价扩大市场占有率。

调低价格应遵循的原则。这里介绍一下美国市场学家 Hinkie 提出的五大原则：① 淡季降价比旺季降价有利；② 同一产品降价次数太多会失去市场占有率；③ 短期内降价不足以阻止新品牌的进入；④ 新品牌降价比旧品牌的降价效果好；⑤ 在销量下降时降价效果不一定理想。

调高价格　饭店为了适应市场环境和内部条件的变化，可调高产品的原有价格。依据如下：① 通货膨胀，产品的成本提高；② 产品供不应求；③ 产品改进或质量提升。在调高价格时可采用明调或暗调2种方式。明调就是其他条件不变，把销售价格调上去的办法；暗调就是表面上产品的价格不变，但实际上价格已经提高的办法。如减少服务环节、减少折扣等。提高价格时一定要做好以下工作：一是要限制提价幅度，不能太快太高；二是要及时通告顾客并给出合理原因和说明。

被动调价策略　被动调价是饭店对竞争者调价的一种反应模式和应对策略。通常有3种选择，即跟进、不变和反向调整。总之，饭店的价格策略是一把双刃剑，需要营销人员认真研究与把握。

5.4.4 饭店的销售渠道策略

5.4.4.1 饭店销售渠道的概念和类型

（1）饭店销售渠道的概念

饭店销售渠道是指饭店产品和服务从饭店向顾客移动时取得这种产品或服务

的使用权，或者是帮助转移产品使用权的个人或组织。也就是说出售或代理出售饭店产品和服务的个人与组织。包括向饭店代订客房、餐饮或其他服务项目的代理人（中间商），批量出售饭店客房的批发商或预订机构。简单地说，饭店销售渠就是有利于实现顾客对饭店的产品和服务需求满足的、介于顾客和饭店之间起中介作用的一切机构和个人。良好的销售渠道有利于加速饭店产品的流通，提高市场占有率；有利于降低销售成本，提高经营效益；有利于更广泛地了解市场信息，提高饭店对市场的把握度。

（2）饭店销售渠道的类型

饭店的销售渠道可以从不同的角度进行分类。通常按渠道所含有的成员数的多少，将其划分为直接和间接销售渠道。其中间接渠道又分为长渠道和短渠道等。

直接销售渠道　又称零渠道，是指饭店产品和服务在流向顾客的过程中，不经过任何中间环节的销售渠道。具体体现为顾客未经预订直接住店或直接通过饭店的预订系统亲自预订产品，也包括饭店或饭店的营销人员直接向顾客宣传自己的产品与服务，或上门进行推销等。

间接销售渠道　是饭店产品与服务从饭店流向顾客的过程中所经过的一层或多层的中间环节。可分为长渠道和短渠道。短渠道：一般指经过一个中间环节的渠道模式：即饭店产品→饭店零售商→最终消费者。长渠道：又可分为多级、多层或多级多层渠道。一般具有至少2个中间环节或层次（如图5－20所示）。

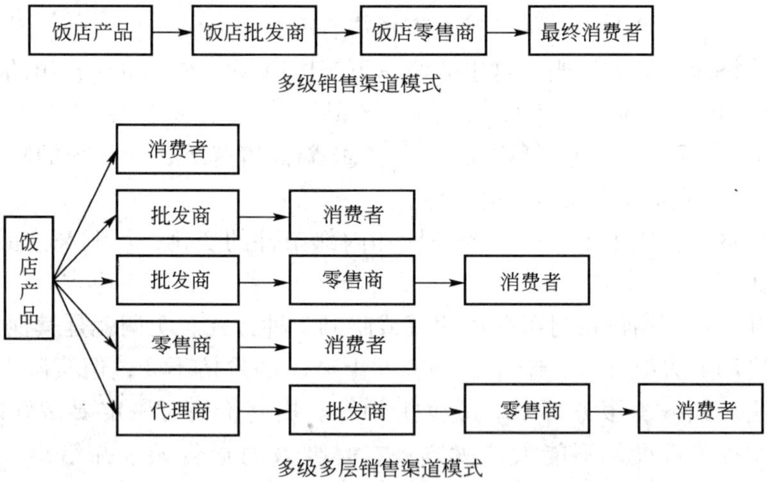

图5－20　饭店销售（长）渠道模式

（3）影响渠道模式选择因素

饭店要在经营上取得成功，都必须在了解营销环境的前提下，正确选择其产品的销售渠道。选择何种渠道模式，不单取决于饭店的主观愿望，还应考虑下列因素（见表5－15）。

饭店在选择确定了渠道模式后，就要对中间商进行有效的选择。饭店必须从众多的中间商中挑选出最有利于饭店经营和发展的对象作为本饭店的渠道成员。

表 5－15 影响渠道模式选择的因素

产品因素	市场因素
a. 产品的单位价格 b. 产品的自然属性 c. 产品的体积与重量 d. 产品的技术含量 e. 新产品	a. 现实或潜在顾客数 b. 目标市场分布状况 c. 市场竞争程度 d. 消费者购买习惯
饭店自身因素	政府环境因素
a. 企业实力 b. 管理能力 c. 对渠道的控制能力 d. 饭店可提供的条件	a. 方针政策 b. 法律法规 c. 其他因素

5.4.4.2 饭店销售中介

饭店销售中介即饭店销售中间商，是处于饭店与消费者之间，参与饭店产品销售的组织或个人。常见的饭店销售中介有旅行社、旅游批发商、饭店代理商、会议中介、饭店组织以及全球预订系统等。

（1）旅行社

旅行社的组团预订是饭店特别是度假型饭店主要的客源之一。旅行社分为旅游经营商和代理商，旅行社代理商旅游经营商组织的旅行线路并代为游客预订客房和交通工具。我国根据旅行社经营的业务范围分国内社和国际社两大类。国际社经营组织接待外国客人包括华侨、港澳同胞、台湾同胞来华或大陆的旅游业务，这两类旅行社都兼有旅游批发商、零售商和经营商的职能，是饭店最主要的客源组织者和可靠的中间商。

（2）旅游批发商

旅游批发商是指从事旅游产品的组合设计和批发销售的中间商。他将饭店、餐饮、观光、娱乐、购物等加以组合，然后将这些组合产品提供给旅游市场。这些旅游批发商一般与饭店持续签约，包订大量客房等，也是饭店最有效的中间商。旅游批发商分：度假旅游批发商、商务旅游批发商、会议旅游批发商、特殊旅游批发商和综合旅游批发商5类。

（3）饭店代理商

饭店代理商是指替饭店进行销售宣传并接受客人预订的组织和个人。国际上主要旅游客源国都有饭店代理机构，他们是代理的经济组织。主要业务是同时为世界各地的饭店进行某一地区的销售工作。他们了解市场，熟悉客户和中间商，因而能较经济并有效地搞好该地区的销售工作。饭店可在重要的目标市场建立合适的销售代理机构。

（4）饭店（酒店）联营组织

饭店（酒店）联营组织是指一些饭店出于互惠互利的愿望而同意相互处理客人预订的机构。大致可分为3种形式；即合作性饭店集团、自发形式的饭店协会、特许经营集团。饭店联营组织有一个预订系统，通过这一系统，为各成员饭店提供客源。

联营预订系统的建立与运营对各成员饭店及客人均可带来较大的利益。主要表现在：能及时得到肯定性的预订价；能改善饭店的出租率；能提供方便、快捷的预订；能及时添补因预订取消而引起的空缺；有利于对饭店出租数据做不断的分析；能提高饭店预订人员的工作效率。国际上著名的饭店都拥有独特的预订系统。例如，假日饭店集团的预订系统成为“Holidex”，马里奥特饭店集团的预订系统称为“Marsha”，希尔顿、喜来登和凯悦等饭店集团也都有一个协作性的预订系统。关于饭店协会，目前全球最有影响的是“世界一流饭店集团”（Leading Hotel of the World）。所谓特许权经营集团组织包括授权者和被授权者，双方通过某种契约达成协议，授权者愿意将饭店的名称、商标、预订系统等授予给对方的饭店，而被授权者必须向授权者支付一定的费用，并严守约定。

（5）全球预订系统

全球预订系统（GDSS）是一种计算机化的预订系统。它可以被看作是代理商和其他接待业产品分销商的产品目录。这套系统首先是由航空公司为了拓展自身业务范围而开发的。经过一系列的联合与兼并，形成了六大系统：即亚美达斯/系统一号（Amadeus/System）、阿波罗/伽利略系统（Apollo/Galileo）、阿克塞司系统（AXESS）、凡塔希亚系统（Fantasia）、塞伯系统（SABRE）和沃斯本/艾伯克斯系统（Worldspan/Abacus）。

5.4.4.3 饭店渠道策略与管理

（1）饭店渠道策略

饭店渠道策略是饭店开拓市场，实现营销目标的重要策略之一。常用渠道策略有普遍性销售渠道策略、选择性销售渠道策略和专营性销售渠道策略、复式销售渠道策略等。

普遍性销售渠道策略　是指饭店尽可能通过许多适当的批发商（或代理商）零售商宣传推销其产品的策略。

选择性销售渠道策略　是饭店在某一目标市场仅通过少数经过精心挑选的、合适的中间商来宣传推销其产品的策略。

专营性销售渠道策略　是饭店在特定范围、特定时间，针对特定目标市场，只选择一家中间商宣传推销其产品的策略。

复式销售渠道策略　是饭店通过2个或2个以上的渠道（中间商）将同一产品提供给不同目标市场的销售策略。

（2）饭店的渠道管理

饭店在完成渠道调研与设计后，应加强渠道的管理。具体做好成员选择、考核评价、激励促进和提高完善等工作。

第一，在渠道成员的选择上，要根据饭店自身特点、产品特性、营销目标等，对渠道成员的选择制定严格的标准和程序，特别是中间商信誉、经营能力、协作精神、人员素质、发展潜能、现有市场和客户等要详细了解，建立起一个健康有效的渠道。

第二，饭店在对中间商进行管理的过程中，要定期对他们进行考核评价，及时掌握中间商销售量的增减情况，销售利润与发展趋势，中间商在所经营产品中的优劣势情况，中间商对顾客服务的质量与信誉情况以及其合作态度和忠诚度等，始终保持对渠道的有效控制；再者，饭店在对中间商进行考核评价后，要不失时机地采取一系列激励措施，如发放奖金、提高折扣等，对业绩好、潜力大的中间商进行奖励，保持渠道的活力。

第三，饭店在应对市场变化和发现中间商问题时，要根据市场需求及时对中间商进行调整，相应做出个别调整、部分增减，甚至全盘重组的反应，确保渠道通畅。

第四，树立渠道的整体营销意识，加强与中间商的沟通和配合，在沟通努力下实现共赢目标。

5.4.4.4 网络营销

（1）网络营销的概念

网络营销是指借助联机网络、计算机通信和数字交互式媒体的威力来实现营销目标的一种新型营销手段和模式。网络营销与传统的营销模式相比，具有成本更加低廉、深度更加快捷、市场更加广泛、效益更加明显等优势。

（2）网络营销的优势

第一，成本低。无需店面租金，可减少包装、贮运、邮递等成本。

第二，具有极强的互动性。企业可利用网络进行即时信息收集与发送，消费者可随时发表意见，营销决策可更加有的放矢。

第三，可实现全程营销。从市场调查、提供信息到收款、售后服务等一气呵成。

第四，具有全球性。可超越时空的限制，每天24h可不间断地提高全球营销服务。

第五，更加个性化。网络营销通常采用一对一的方式，可最大限度地满足顾客需求。

第六，更加方便。网上购物可以足不出户，节省时间与精力，提高效率。

第七，消费者更加主导。采取自愿形式，没有强迫感，真正百问不厌、百挑不烦。

（3）网络营销策略

按产品、渠道、价格及促销策略理论，解释网络营销策略，其内容见表5-16。

表5-16 网络营销策略

产品策略	在企业与消费者之间开辟网上讨论区 提供网上自动服务系统 开辟网上消费者自我设计区	渠道策略	设立虚拟的商店橱窗 联合相关企业进行网上展销 开发网络与银行转账系统的联网技术
价格策略	提供网上价格查询 实行网络会员制 建立自动调价系统 开发网络议价系统	促销策略	利用网上对话功能 举办网上公关活动 利用网上竞赛、抽奖等 形式多样的广告

（4）网络营销的发展难题

第一，安全问题。由于网络本身是开放性的，因此网上交易自然也就面临许多危险。如卡号被盗等。

第二，税收问题。网上交易税收管辖权难以确定，难以稽查，漏洞很多。

第三，法律问题。网上交易，缺少面对面的沟通交流，必然引发系列法律问题。如网上欺诈、无理拒付等。

第四，具体操作问题。网上交易有2个基本问题：一是如何配送发货；二是资金结算。有许多技术环节目前无法根本解决。

5.4.5 饭店促销策略

5.4.5.1 饭店促销的概念与组合策略

（1）饭店促销的概念

面对激烈的市场竞争，饭店不仅要能生产出适销对路的好产品，还要能通过各种途径进行促销，吸引顾客购买和消费本饭店的产品。成功的促销策略，常常会带来意想不到的成功，可以说它是市场营销活动中最为丰富多彩的环节之一。

所谓促销，就是饭店为了激发顾客的购买欲望，影响他们的购买行为，扩大自己产品的销售而进行的一系列联系、宣传、报道和说明等促进工作的总称。促销作为饭店与市场联系的主要手段，包括了多种活动，其中主要有人员促销、广告促销、营业推广以及公共关系等诸多内容。营销人员有必要对各种不同的促销活动进行有机的组合以形成促销计划。各种不同促销活动的有机组合就构成了饭店的促销策略。

（2）饭店促销组合的要素

饭店的促销组合是指饭店为达到一定的营销目标，将各种促销工具进行优化配置的过程，目的是实现最佳的促销效果。这些工具包括各种形式的宣传、报道和联系活动等，其中最为主要的是广告、人员促销、营业推广和公共关系等（见表5－17）。

表5－17 饭店促销组合的要素

促销方式	优　点	缺　点
人员推销	面对面沟通；较为人性化；信息反馈及时直接	成本高；对人员素质要求高
广告促销	辐射面广；渗透力强；公众性和艺术性好	成本高；信息有限；购买滞后
公共关系	可获得信任；树立良好形象和声誉	见效慢；要求高
营业推广	刺激性强；吸引力大	短期效应

（3）饭店促销组合策略

饭店促销组合的策略很多，归纳起来，常见的有以下3种。

推拉策略 这一策略是促销组合中最基本的策略。所谓“推”就是饭店积极主动地，主要以人员推销的方式或举办营业推广活动将产品直接推向目标市场，强化顾客的购买动机，说服顾客尽快购买。所谓“拉”就是饭店以广告和营业推广为手段，直接激发消费者对饭店产品的兴趣和欲望，并最终实现将他们拉到饭店身边的目标。

锥形促销策略 这是一种非均衡突破策略，是指饭店将多种产品排成锥形阵容，以最具特色和招徕性品牌产品作为锥尖，通过它快速突破目标市场，然后再层层跟进，推出其他相关产品。实施这种策略常常采用以人员推销为主组合营业推广和广告宣传要素的策略。

创造需求策略 就是饭店以自身的优势或产品特色为前提，举办一些独特的活动以诱发顾客的购买行为，从而创造出新需求的一种策略。如店庆、节庆或艺术表演等。

在实施促销组合策略时，饭店要充分考虑各种因素对促销组合策略的影响，特别是要认真分析和把握饭店与自己产品的特性、目标市场的需求状况、竞争对手的情况、饭店的促销预算以及顾客对促销方式的接受程度和产品的生命周期状况等对饭店促销组合的要求，只有这样才能在实施促销组合策略时，做到有的放矢，游刃有余，取得事半功倍的效果。

【知识窗】

饭店绿色营销

世界进入了“环保时代”“绿色时代”。绿色时代的到来对世界经济发展产生巨大影响，饭店业也不例外。人们在生产和消费过程中，越来越关注资源与环境保护。我国可持续发展战略的确立，从政策上、法律上对我国饭店的经营行为做了规范，要求饭店必须实现营销绿色化；国际环境保护的潮流也对我国饭店产生重大冲击，要求饭店按国际环境标准从事营销。在国内外都很重视加强环境保护的大环境下，我国的饭店业也开始树立绿色营销意识。

所谓绿色营销，是指企业顺应绿色消费潮流，从保护环境、反对污染、充分利用资源的角度出发，通过研制产品、充分利用自然资源、变废为宝等措施，满足消费者的绿色需求，实现企业营销目标。

实施“绿色营销”有3条宗旨：① 节约材料耗费，保护地球资源；② 确保产品使用安全、卫生和方便，以利人们的身心健康和生活品质提升；③ 引导绿色消费，培养人们的绿色意识，优化人们的生存环境。“绿色营销”旨在达到人们从环境中获得绿色消费，并还环境以绿色。

5.4.5.2 饭店人员推销策略

饭店人员推销策略又称人力促销或直接促销，是饭店的营销人员通过与顾客（或潜在顾客）面对面的接触和沟通交流，从而激发购买，推动销售的促销方法。人员推销具有寻求市场开拓，传递产品信息，提供示范服务和促进产品销售等职能作用。

（1）人员推销的流程

人员推销是一项富有挑战和创造的促销活动。要求推销人员必须具备稳定的心理素质、良好的职业道德、较强的推销能力、丰富的促销知识、娴熟的沟通技巧等。具体推销过程是一个千变万化的过程，没有定法。但其基本流程可以归纳如下（见图5－21）。

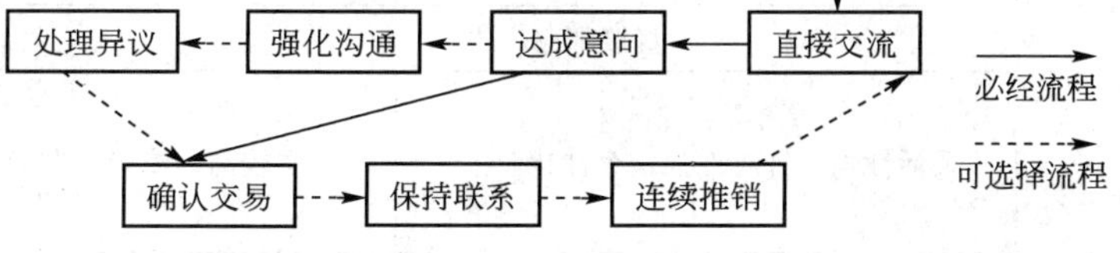

图5－21 人员推销的流程

（2）人员推销的基本形式

人员推销的基本形式有上门推销、柜台推销、电话推销和会议推销等。它们的特点及内容见表5－18。

表5－18　人员推销的基本形式

基本形式	内　容	特　点
上门推销	销售人员主动直接走访顾客，促进销售	主动接近顾客便于情感沟通
柜台推销	前台或销售人员向光顾饭店的顾客接待推销	顾客主动靠近、成本较低
会议推销	利用各种会议的形式借机销售产品	群体作战、集中推销
电话推销	利用电话推销产品	成本经济、成功率低

人员推销是饭店促销的重要促销方式，饭店要加强人员推销的管理，认真搞好推销人员的招聘、培训和考核，必要时给予有效的激励，指导他们合理运用试探性、针对性和诱导性等人员推销的相关策略，努力实现饭店的营销目标。

5.4.5.3　饭店广告促销策略

饭店广告是就是饭店通过购买某种宣传媒介的空间或时间，来向饭店的公众或是特定目标市场的潜在顾客进行产品推销或形象宣传的一种营销工具。广告作为饭店的一种重要的营销手段对传播饭店的形象、宣传产品的特色、展示服务的水平提高市场竞争力等具有十分重要的作用，对刺激市场需求，促进顾客消费，提高经营效益有着深远的影响。

（1）广告的媒体选择

一个饭店的广告做得是否成功，在很大程度上取决于广告媒体选择是否合理得当和广告决策是否科学有效。广告的种类很多（见表5－19），可供选择的媒介也越来越多（见图5－22），饭店必须要根据自己的实际情况，以营销目标的实现为目的，科学预算，精心设计，合理选择，有效决策。

表5－19　广告媒介的种类

种　类	优　点	缺　点
大众宣传媒介广告		
a. 报纸	面较广、速度快、费用低、制作易	不易保持、单调、稳定性差
b. 杂志	针对性强、图文并茂、易于保存	覆盖面窄、成本较高、时效性弱
c. 电台	覆盖面大、传播迅速、灵活低廉	转瞬即逝、弱刺激性、难于记忆
d. 电视	覆盖面广、感染力强、容易记忆	速度太快、成本太高
户外广告		
a. 道路指示牌 b. 建筑物 c. 交通工具等	传播范围广、制作成本低、保持时间长	针对性差、信息量少、不易记忆
直接邮递广告		
a. 商业信函 b. 宣传册子 c. 明信卡片	灵活性强、针对性强、个性化	成本较高、浪费较大

（续）

种　类	优　点	缺　点
网络广告		
a. 电子邮件 b. 电子公告 c. Flash 广告	更加自主、方便、快捷、成本低廉 "一对一"模式，更加个性化 信息量巨大，非线性，感染力极强	缺乏安全感、可信度受损、信息量太杂

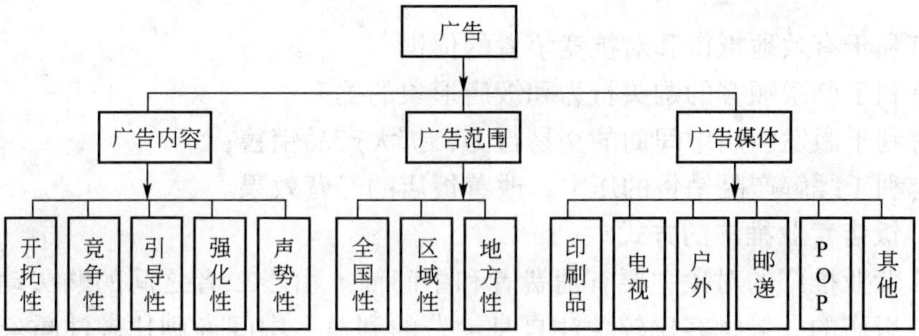

图 5-22　饭店广告的分类

（2）饭店广告的决策

饭店营销广告的决策在某种意义上讲是一项复杂而系统的过程。决策前要针对饭店所处的市场环境因素、营销目标以及其他营销策略的制定与选择进行全面具体的调研分析，决策过程中又必须对广告的目标、预算、信息和媒介选择等进行精心的设计，最后还要对广告的效果进行有效评价等。具体决策内容包括：广告目标选择、广告预算决策、广告信息决策、广告媒介选择和广告效果评价（如图 5-23 所示）。

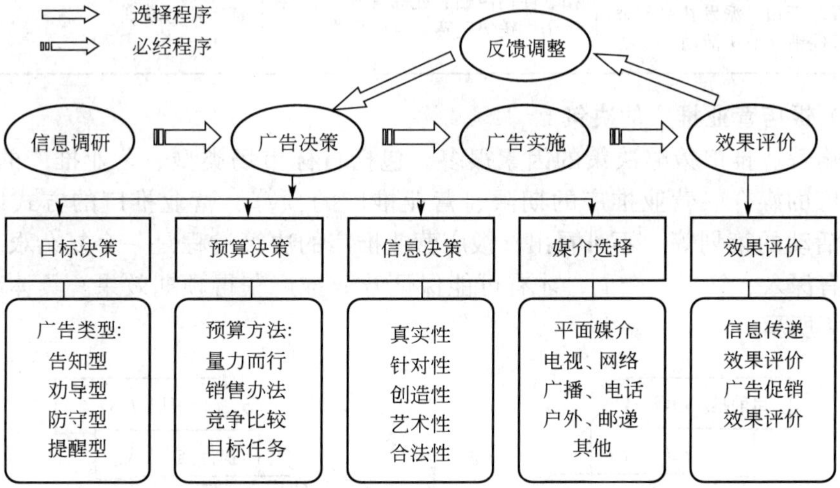

图 5-23　饭店广告决策程序与内容

5.4.5.4　饭店营业推广策略

（1）饭店营业推广的概念与作用

营业推广又称销售促进，是指企业利用各种短期诱因激发消费者购买本企业产品或服务的一种促销方式。饭店营销的营业推广是指饭店所进行的除了直接促销、广告促销和公共关系以外的，用来刺激顾客购买或中间商经销饭店产品与服务的各种短期的、非定期的营销活动。目的是在短期内迅速刺激购买，从而增加产品销售，改善饭店经营效果。其基本特征是：不规则、无定式、短期效果明显。

（2）营业推广的作用

饭店营业推广所产生的作用常常会体现在以下几个方面：

- 有利于加速饭店新产品进入市场的进程，如对新产品采用免费试用或体验等；
- 有利于有效地抵御和对抗竞争者的促销；
- 有利于刺激顾客的购买行为和饭店形象的提升；
- 有利于激发饭店中间商的交易行为，扩大产品销售；
- 有利于缓解产品销售的压力，改善饭店的经营效果。

（3）饭店营业推广的方式

饭店营业推广的对象主要有消费者和中间商。由于二者之间的购买动机和需求不同，饭店的一般顾客比较关注自身消费的利益，中间商则比较注重经济效益的获得，所以饭店在进行营业推广活动时，要视时间、地点和对象，区别对待，以期达到饭店营业推广的最优效果。常见的营业推广方式有：实行价格优惠、举办抽奖活动、赠送产品样品、退款和折扣、特殊顾客维系、派发红利和奖金、实行会员制、开办饭店俱乐部、举办节庆活动、投放礼品纪念品等。以上各种方式可独立或组合实施，具体操作要因地制宜，因人而异，因势利导（见表5－20）。

表5－20 营业推广的方式

顾　客	对中间商	营销人员
赠送样品、免费体验、赠送证券、抽奖竞赛、消费信用、现场展销、现金折扣、派发礼品纪念品、服务促销、节庆活动	批量折扣、活动补贴、现金折扣、促销津贴、礼品配送、特许经销、销售竞赛、合作广告	利润提成、分发红利、促销竞赛、业务培训

（4）饭店营业推广的决策

影响营业推广策略决策的因素很多。包括目标市场类型、营业推广的对象、营业推广的媒介、营业推广的期限、营业推广的预算、营业推广的方式以及营业推广活动的策划等。不难看出，饭店营业推广的决策过程是一个复杂艰难的过程，只有深入、细致、全面，才有可能保证营业推广获得预期效果。具体程序如图5－24所示。

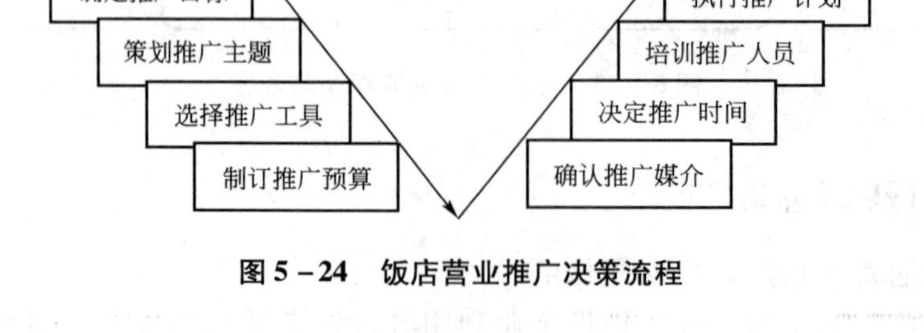

图5－24 饭店营业推广决策流程

5.4.5.5　饭店公共关系策略

饭店公共关系是一种内求团结，外谋发展的经营管理艺术。“公共关系”（Public Relation）一词，最早出现于1807年韦氏新九版大学词典之中，简称“PR”。

（1）饭店公共关系的概念

饭店公共关系是指饭店为了使广大公众对饭店本身及饭店的产品和服务等产生并具有好感，树立饭店良好的公众形象，从而选用各种传播手段，广泛开展舆论宣传和相关活动的一种促销方式。也就是说，饭店为增进和社会公众、内部员工之间的了解、信任、支持与合作，而做出的各种有目的、计划和持续不断的沟通及有关活动，并通过建立与顾客、竞争者和社会公众等良好合作关系，从而提升饭店形象，增强内部凝聚力，改善经营环境的一种策略选择。它由饭店主体、公众客体和相关媒介组成。三者是共同构成饭店公共关系不可缺少的基本要素。

（2）公共关系的特征

● 饭店公共关系的主体是饭店，客体是社会公众，个人关系不属公共关系的范畴；

● 饭店公共关系的核心是塑造饭店良好的企业形象；

● 饭店公共关系的价值取向是饭店自身利益和社会整体利益的统一；

● 饭店公共关系的手段是信息的双向沟通和交流；

● 饭店公共关系是饭店管理职能的重要组成部分，具有长期性。

（3）饭店公共关系的作用

概括地讲，饭店公共关系的作用主要表现在以下几个方面：① 饭店建立和维护饭店良好信誉和社会形象的有力武器；② 有利于加强饭店与消费者之间的双向信息沟通与了解；③ 有利于饭店及时有效地传播各种信息，化解误导，消除信任危机；④ 有利于增强饭店的内在凝聚力，协调与外界的关系。

（4）饭店公共关系的程序

饭店在开展公共关系活动时，要想能够顺利进行并达到预期目标，必须遵照一定的程序进行。常规程序如图5－25所示。

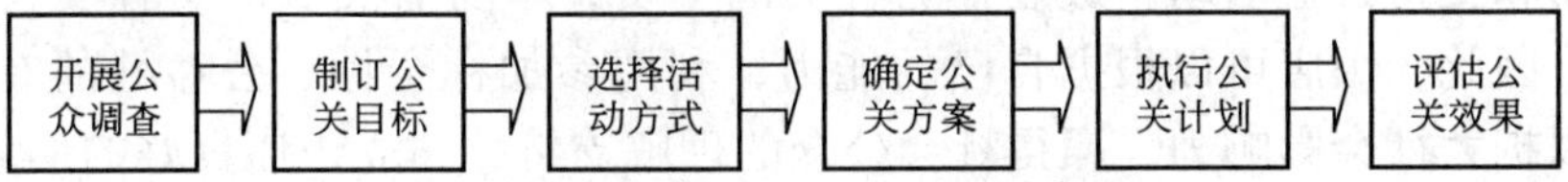

图5－25　饭店公共关系活动程序

（5）饭店公共关系的基本原则

饭店公共关系活动的灵魂在于因势而动、顺势而为，最高境界是无为而治。以上程序仅仅只是一个大致框架，在具体开展活动时一定要具体问题、具体分析、具体对待。当然不管怎样，有些基本原则还是必须坚持的，这些基本原则如下。

真实性原则　真实性是公共关系及其活动开展的生命所在。饭店宣传信息和沟通关系的过程中，歌功颂德、扬长避短是可以理解的，但报喜不报忧，甚至刻意隐恶遮丑是不道德的，必须坚持真实性原则。实际上在某些时候勇于揭丑亮短、以退为进也是一种策略。

平等互利原则　无论是公共关系的主体——饭店，还是客体——公众，一旦进入了公共关系的实践环境，都希望得到对方的信任和尊重，并且具有强烈的公平互利意识，以其在公平对等的交往中实现和满足各自的需求。

诚信原则 公共关系的目的是为了树立饭店良好的公众形象，而良好的信誉是饭店搞好公共关系的基本前提。

遵从社会规范原则 饭店是社会的一个单元，饭店的公共关系必然受到一定社会规范的制约和影响。这些规范有强制的，如法律、法规等，也有非强制的，如道德、习俗等，但不管怎样，唯有遵从，才是饭店真正建立良好公共关系的基础。

(6) 饭店公共关系的分类

饭店的公共关系可分为2种，即饭店内部公共关系和外部公共关系。

饭店内部公共关系 就是指饭店为提高员工的工作积极性、增强员工的主人翁精神和培养员工工作的自豪感与归属感而进行的各种公共关系活动。例如，员工生日聚会、员工旅游奖励计划等。

饭店外部公共关系 是指饭店和除自身员工以外的一切公众之间的关系。包括与顾客、竞争者、传媒、社区等社会公众的关系。首先，是要处理好与顾客（包括中间商）的关系，因为顾客是饭店的上帝。忽视与顾客的关系无异于堵塞饭店生存与发展之路。其次，要注意处理好与传媒的关系，在当今社会信息已成为饭店存亡的重要资源和力量，而传媒与传媒工作者恰好是信息的收集、整理和传播者。因此，建立好与传媒之间的关系十分重要。最后，正确处理好与竞争者、政府公众（当地社区），以及金融机构等之间的关系同样有着十分重要的作用。

(7) 饭店公共关系的方式

饭店开展公共关系活动的方式很多，这与饭店的规模、活动范围、产品或服务的类型以及目标市场的特征等密切相关。常见的活动方式有以下6种。

利用新闻媒介 新闻媒介包括报纸、杂志、广播、电视、网络以及专家、学者和名人政要等，面向社会，涉及范围广，影响大，能够支配社会舆论，引导公众意见，具有很强的说服力。饭店应争取一切机会与他们建立良好的联系，并通过他们传递关于饭店经营方略、企业文化和产品或服务的优势、特色等，以扩大饭店的影响，展示企业形象。

赞助和支持公益活动 饭店作为社会的一员，本身有义务和责任支持各项公益活动。因此，饭店可以根据自己的能力，利用参加社会性、公益性的有些公关活动，以扩大社会影响力，赢得社会公众的理解支持，树立饭店良好的形象。

参加各种社会活动 饭店通过定期或不定期地举办座谈会、答谢会、联欢会或新闻发布会等，借此向社会公众宣传饭店、推介产品，以建立广泛的社会联络与合作。

开展公关广告 饭店可参与或赞助为形成某种社会进步的或具有积极意义的社会风气和新的意识而进行的公益广告，例如，吸烟有害健康、爱护树木花草等。从而提高和树立饭店的知名度和美誉度以及关心社会公益事业的良好形象。

印制饭店的宣传品 饭店编辑印制介绍和宣传企业发展历史、经营宗旨、产品说明以及企业文化的宣传品，并以免费的方式赠送给顾客，或者通过印制意见建议问询调查表、顾客满意度调查表等，也是饭店传播和收集信息，树立良好品牌形象的重要方式。

建立健全饭店内部的公共关系制度 内部营销是当今饭店营销的重要组成部分。饭店应当关心员工福利，鼓励他们的工作积极性和创造性。积极开展针对员工家属等的公共关系活动，深入并持之以恒地密切与员工的公共关系。

（8）饭店公共关系的活动目标

饭店的公关活动应根据自己的实际情况，有计划、有目的地开展，切忌病急乱投医，盲目进行。

第一，在新产品上市前，饭店可开展适当的公关活动，让消费者或中间商对新产品有足够的了解。例如，举办产品新闻发布会等。

第二，饭店或饭店集团在扩大投资或经营规模时，可开展相关的公关活动，以提高投资者的信心和兴趣，吸引更多投资。例如，座谈会或恳谈会等。

第三，在饭店的意图遭受误解、产品或服务的经营造成不良影响时，饭店可及时开展诸如说明会、听证会等方式的公关活动，及时化解风险。

第四，为让政府及有关部门和人士了解饭店经营和发展状况，求得相关支持和理解时，可开展相关公关活动。如答谢会或联系会等。

第五，为扩大饭店影响力和知名度、改善与新闻媒介的关系等，可开展相关公关活动。如公益广告、活动赞助或答谢会等。

随着第三产业，特别是旅游业的快速发展，现代饭店业的发展空间、发展速度和管理理念同样在发生日新月异的变化。现代饭店营销管理已经从后台走向前台，并正在逐步承担带动现代饭店全面管理的职能。新的观念和理论层出不穷，如饭店绿色营销、全员营销、整合营销、顾客满意营销、战略连锁营销等。因篇幅限制，在此不做赘述。

【思考题】

一、名词解释

饭店营销管理、消费者行为、营销环境、市场细分、营销计划、营销战略、市场定位、饭店营业推广、网络营销、饭店公共关系。

二、简述题

1. 简述饭店的营销环境因素。
2. 简述饭店消费者行为模式及其影响因素。
3. 简述饭店产品的生命周期及其特点。
4. 简述饭店产品的定价方法及其程序。
5. 简述饭店人员推销策略及其基本流程。

【案例分析】

要让员工们懂得市场营销计划的重要性

刘易斯·凯特最近被任命为梅特卡夫集团的市场推广经理。梅特卡夫集团经营着沿昆士兰海滩的连锁饭店。刘易斯是一个经验丰富的市场工作人员，集团希望她能帮助企业组建一个正规的市场营销部门。

企业曾经的市场营销非常成功，但随着员工队伍的壮大，企业内部的沟通变得越来越混乱。由于缺乏明确的广告战略，市场获得的信息不准确，而且这些信息往往与销售人员推销的内容不同。

刘易斯熟悉情况之后，与集团 CEO 就企业发展方向进行了一次交谈。她聘请了一家咨询公司对目标市场进行了解。咨询公司向各度假饭店的员工了解当前住店客人的特征，同时对客人也进行了调查，找出目标市场及影响客人选择饭店的因素。

在一定资金的支持下，刘易斯根据所掌握的市场信息和未来6个月的目标任务制订了一份市场营销计划。然后她召集了一次跨部门的会议讨论计划的实施、效果的评估和未来市场营销的思路。这时她遇到了第一个困难，所有员工都习惯于独立工作，不习惯长期加入到某个合作项目中去。

参加会议的每个人都为市场营销计划献计献策，但很少有人全面理解了整个计划，对各部门协作缺乏认识。大部分员工都已经了解企业CEO对经营目标的希望，但都各自以各自的方式去实施，丝毫没有意识到他们在向市场传递不统一的信息。刘易斯在会议上发现很多员工对现在就做6个月以后的决策，而且要和很多其他部门合作的想法感到困惑。

刘易斯很快意识到她需要让员工们懂得市场营销计划的重要性，以及员工如何利用营销计划让整个项目运转起来。她决定给员工今天阅读这个报告，然后在本周晚一些时间再召开一次会议。

【案例思考题】

1. 为什么市场营销计划对梅特卡夫集团的发展是重要的？
2. 为什么所有员工需要为一个计划一起工作？
3. 刘易斯是如何解释市场营销战略重要性的？
4. 你觉得刘易斯在制订营销计划时有没有员工个人的任务和目标？
5. 她应该怎样控制各自为战的局面？

【本章推荐阅读书目】

1. 饭店市场营销和管理案例. ［加］罗伯特·C·刘易斯. 郭淑梅译. 大连理工大学出版社，2003.

2. 宾馆饭店营销. 梭伦. 中国纺织出版社，2005.

3. 旅游服务营销. ［美］阿拉斯塔·莫里森. 朱虹等译. 电子工业出版社，2004.

第 6 章

现代饭店服务管理

【本章概要】

本章着重阐述了现代饭店服务理念、饭店服务质量管理的内涵、内容、质量管理分析方法及饭店质量管理模式、现代饭店优质服务的方式和手段。

【学习目标】

● 了解饭店服务理念的内涵，掌握现代饭店的“复合型”的服务理念；

● 了解现代饭店服务质量管理的内涵、构成内容、饭店服务质量管理的标准体系，掌握现代饭店质量分析方法和现代饭店服务质量管理模式；

● 了解现代饭店优质服务的基本特性，掌握现代饭店优质服务的基本形式，重点掌握饭店进行优质服务、差异化服务和服务创新的策略。

【关键性术语】

饭店、饭店服务理念、“复合型”服务理念、饭店服务质量、服务质量标准、饭店服务质量分析、IPA 法、圆形分析图法、因果分析图、饭店服务质量管理模式、PDCA 饭店服务质量管理模式、全面质量管理、饭店全面服务质量管理模式、饭店交互服务质量管理模式、饭店优质服务、饭店超值服务、饭店差异化服务、饭店服务创新。

如果我是客人，我宁愿住在只有破旧的地毯，但处处都充满微笑的饭店，而不愿走进只有一流设备却不见微笑的地方。

——[美] 唐纳·希尔顿

【章首案例】

丽嘉饭店的超值服务

丽嘉饭店的信条卡中有这样一条服务信念，就是为客人提供独特、难忘和个性化的体验，也就是要针对不同的客人满足他们不同的个人偏好，提供个性化的服务。这是标准化与优质服务要求之上的服务，对顾客来说，常常意味着意外、惊喜、感动，意味获得了物超所值、带有更多附加价值的服务。这样的超值服务为丽嘉饭店获得了高度的顾客忠诚，成为其成功的重要原因之一。如果你在丽嘉饭店预订了房间，在你到达饭店的时候，不用奇怪他们竟然能称呼你的名字向你问好；而如果你所预订的房间中恰好有你喜欢的巧克力，你也不用奇怪，因为丽嘉饭店总会想方设法在你进住饭店前了解你的爱好，并按照你的喜好来为你提供相应的服务。在丽嘉饭店，每一位员工在为客人服务时，都会非常注意细节。比如，如果水果盘里的水果每天都剩了香蕉，那么，服务人员下次就可以在送水果的时候把香蕉去掉。如果发现这位客人喜欢吃葡萄，那么，在他下次入住时，水果盘里就会以葡萄为主。并且，员工会把留意到的东西随时记录下来，这些喜好，以及客人的姓名和照片可以交给经理或者交给相应的部门，直接输入全球互联网的饭店系统——客户识别数据库（Customer Loyalty Anticipation Satisfaction System）进行存档，以后不断补充。在提供服务的同时为客人的第二次入住做好准备。比如，某位客人因为腰部问题要了2床被子。当他以后再下榻丽嘉的时候，房间里总会多一床被子。为了鼓励员工记录，饭店每天都会表扬记录最详细的员工。员工既是客户识别数据库中信息的收集者，也是信息使用者，这也是除了仔细观察之外，丽嘉饭店的员工预测客人需求的一条更正规的途径。当然，很重要的一点是员工在收集信息时也会运用自己的判断力。比如，如果某位很在意自己体重的客人，因为饥饿而到酒吧买了一块巧克力。便被员工的“好心”将这一信息收录到数据库中，并在这位客人每次住店的时候都在他床边放块巧克力。

每天，世界各地丽嘉饭店的员工都会收到2份要学习的资料：一份是总部传过来的重要客人的信息；另一份是所在饭店当天客人的信息。所以，当你再次踏进全球任何一家丽嘉饭店时，你会惊喜地发现，房间的摆设竟然已经变成了你喜爱的风格，饭店提供的餐饮也完全合你的口味。你的点滴喜好都被饭店视为最值得尊重的东西。丽嘉饭店认为，他们的客户是全球5%顶尖的商务人士，他们不在乎饭店是否给他们打折，是否提供免费服务。他们在意的是服务，丽嘉不依靠优惠卡、会员卡来吸引客户，丽嘉提供的是“隐形的会员卡”，因为客人所有的喜好，丽嘉都有档案记录。丽嘉饭店的做法无疑是精明的，因为他们知道，维持一个老客户忠诚的费用远远低于开发一个新客户。

6.1　现代饭店服务理念

现代饭店服务理念是指每个饭店的决策者、管理者和实务操作者在组织、谋划、实施饭店服务活动中所依据的指导思想和行为准则，它是饭店经营管理者对提供服务的根本态度和看法，是现代饭店一切经营管理活动的出发点，也是现代饭店经营的一种商业哲学或思维方法。一种服务理念的形成不是凭人们主观臆造出来的，而是一个复杂的社会过程。现代饭店服务理念是一定社会经济发展的产物，它是饭店的决策者与管理者在饭店所处的特定的内外环境下，为了有效地实现饭店的经营目标而在其经营实践中逐渐地产生和形成的。独特有效的饭店服务理念一旦形成，又会反过来对饭店的经营管理活动产生积极的能动作用，有力地指导和推动饭店的经营管理活动。

饭店业是一种服务性行业，它是旅游业的三大主体之一，是随着旅游业的发展而发展的。现代饭店业的兴衰除了受旅游业大环境的影响外，关键还在于其服务理念，这主要取决于饭店业经营产品的内在独特性。饭店业生产的产品是满足人们精神需求的服务性产品。服务性产品的特点，如生产消费不可分割、不可储存和易损等，饭店产品都具备，同时饭店业产品本身，还具有其他服务产品所没有的特性，如需求弹性大、季节性强和满足综合需求的特点。因为饭店服务是满足人们高层次的精神需求，因此产品的特色、质量、吸引力和价格都必须适合目标市场的需求，否则，顾客就会改变购买决策。因为饭店提供的是住宿、餐饮、娱乐等多方面的综合需求，只有当这些方面的需求都得到满足时，才能实现一次饭店需求的满足，否则，宾客就感受不到美好的住店经历。针对饭店业服务产品的这些特性，本文提出现代饭店的经营管理者和服务提供者必须具备“复合型”服务理念，其基本框架如图6－1所示。

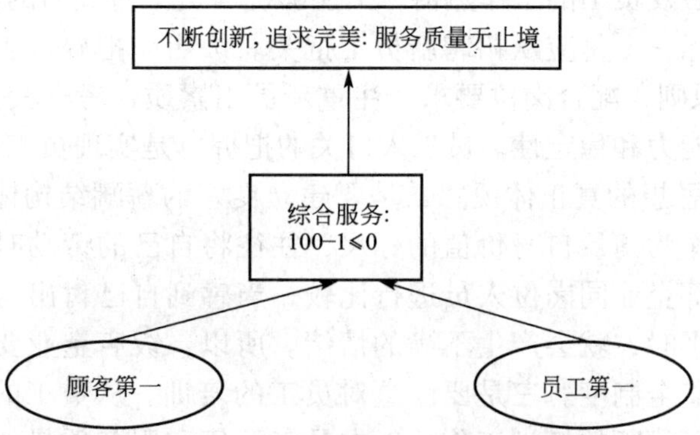

图 6－1 现代饭店服务理念框架图

6.1.1 “顾客第一”的现代饭店服务理念

“顾客第一”是指饭店所提供的各种服务都必须以饭店顾客的需求为中心，为实现顾客的最大满意度为最终目标。20 世纪 80 年代，饭店经营管理提倡的是实施标准化服务，以服务规范周到赢得顾客满意；到 20 世纪 90 年代，饭店提供的是个性化服务，以满足顾客的特殊需求赢得顾客满意；现阶段，饭店经营管理则强调提升顾客满意度，以增值服务创造顾客满意，从而实现“顾客第一”的服务理念。现代饭店要创造良好绩效依赖于顾客忠诚度的提高，顾客忠诚度由顾客满意度决定，顾客满意度由其获得的价值大小决定。因此，现代饭店经营管理中要关注并想方设法满足顾客各种现实和潜在需求，为顾客提供尽可能多的增值服务项目就成了饭店创造顾客满意的主要策略。在实际服务的过程中要以客人为中心，以客人的需求为服务的起点，以满足客人的需求为服务的终点，尊重客人、关心客人、理解客人，细心观察客人的举动，随时满足客人的要求，真心为客人提供满意的服务，营造一种轻松、舒适、自然、自由的环境气氛，让客人体会到人际交往中的那份亲情和真挚。该理念强调的是从饭店客人的角度出发，按客人的生理和心理需求设计产品和服务，并且将随着客人需求的变化而不断创新产品和服务。要站在客人的角度上了解需要，包括从对人性的认识、尊重，客人的身体结构、行为特征到需求特点及其发展变化趋势等，针对各种需求提供产品或服务，要将“顾客第一”的服务理念贯穿于整个服务全过程，要将硬件的完好程度、安全程度、舒适程度、方便程度以及软件上的服务态度、服务效率、服务技能、服务方式、服务流程等在对客人服务的整个过程中体现出来，使客人从入住到离开均有新体验与感知。

6.1.2 “员工第一”的现代饭店服务理念

“员工第一”的思想产生于组织行为学理论，给被管理者一个比较“仁慈”的人性假设，认为人都是上进的，会主动承担责任和为目标而奋斗。饭店的管理者在实际管理过程中要将一线员工的利益和个人价值的实现放在首要地位，这样会大大增加员工的积极性、主动性和创造性。饭店管理尤其是高层管理者一定铭记“没有满意的员工就没有满意的顾客”。员工是现代饭店经济收入的直接创造者，饭店应深入贯彻“宾客至上、员工第一”的思想，推行“以人为本”的管理模式，营造和谐工作氛围并充分尊重每一名员工，使员工满意。这样既能够增强员工的自信心，激发员工的工作热情，又能够提高员工对饭店的满意度和忠诚度。为了达到这一目标，一是应从招聘新员工把关。饭店应把好员工的入口关，坚持“宁缺毋滥”的原则，配合岗位要求，注重新员工素质，考察其个性特征与目标、工作经验、适应能力和稳定性。员工入口关的把握，是实现员工个人价值的前提，是“员工第一”思想的真正体现。二是要建立良好的薪酬结构体系。许多员工以企业支付的薪资作为衡量自身价值的标尺，往往将自己的劳动时间和劳动强度与身边的人、与外部企业同岗位人员进行比较，当感到自己付出与所得到的回报不相匹配或不尽公平时，就会产生不满的情绪。所以，饭店企业要合理调整薪酬待遇，要完善绩效奖金制度。三是要注重对员工的培训。从员工的录用到上岗，饭店应开展大量的不间断的培训工作，以求员工队伍和服务质量的稳定。尤其是要对新员工进行企业文化培养，树立员工的归属感，使员工对本饭店和本职工作形成一个正确认识。四是要给员工一定幅度的授权。员工常常面临的“巧媳妇难为无米之炊”尴尬境地可以通过饭店的一定授权得以解决。在员工得到授权后除能更好地向客人提供服务外，员工本身的自尊心和虚荣心也得到了极大的满足，而且有效地促使员工在本饭店安心地工作下去。五是在饭店内部形成有效激励的氛围。马斯洛把人的需要从低到高分为：生理、安全、社交、尊重、自我实现的需要。据调查显示，为实现自身发展需要而跳槽的占相当大比例。因此，先满足人才的物质需求、提供良好的待遇后，更重要的是重视、关心和尊重人才，为其实现自身价值提供发展空间；加强企业文化建设，营造良好的人文环境，建立共同价值观。让人才在饭店有事业、有成就、有感情，形成价值认同，做到待遇留人、事业留人、文化留人、感情留人。同时，饭店应避免出现因所有权造成的“外行管内行”现象。

6.1.3 “100 − 1≤0”的现代饭店服务理念

完整的现代饭店服务质量不仅体现在饭店设备设施、服务项目、服务环境等技术性质量上，而且还体现在服务程序，服务态度和服务技能等功能性质量上。由于消费者的“晕轮效应”，在消费者体验服务过程中，任何一个方面或环节出现问题都会影响到服务质量，这也就是饭店业常说的“100 − 1≤0”的内涵。因此，饭店服务质量是一个完整的、有机的整体概念，具有系统性、全面性的特征，现代饭店业必须推行综合全面的服务质量管理，实行“100 − 1≤0”的现代饭店服务理念。综合现代饭店所提供服务产品的特点，饭店全面的服务质量管理理念的构成因素主要为以下几点。

构建良好的企业文化 良好的企业文化是以价值为核心，以知识为基础，以事业为共同追求，以职业道德、相关法令、制度和政策为导向的全体职工和企业领导的长期共识。良好的饭店文化能够提升员工的服务意愿，使得员工更加发自内心地去为顾客服务，而消费者在接受这种服务，感受这种企业文化的同时会自发地提升对本饭店服务质量的认同。

注重树立优质服务的理念 饭店服务项目管理应注重树立“优质服务＝常规化服务＋个性化服务”的理念。饭店服务员不能仅仅停留在提供的标准化、规范化的共性服务产品上面，而应该在挖掘以顾客为导向的细微服务、个性化服务上下工夫。

实行综合的顾客行为管理 客人在面对面服务过程中是影响服务质量的最直

接因素之一，顾客为服务人员提供必要的信息，配合服务人员的工作，才能获得优质的服务。因此，饭店要从根本上提高服务质量就不能忽视对客人行为的管理。

搞好质检质量管理 如果质量的好坏仅凭厨师和服务人员的自我感觉和管理人员的表面认可，对客人也就谈不上质量保证。饭店在公司内必须设置专门质量控制、监督、检查的职能部门，把不合格产品消灭在形成过程中。

抓好关系质量 要增强顾客的信任感，饭店必须遵守商业道德，自觉地接受顾客的监督，并通过优质的服务，形成良好的市场声誉。

搞好饭店服务的补救管理 对于服务上出现的差错，不能认为是理所当然的，要想尽一切办法补救。只有重视差错补救工作，并将其列为服务质量范畴的重要组成部分，才能不断提高饭店的整体服务质量。

注重服务承诺的管理 在饭店广告宣传中，如果饭店向顾客做出的承诺过度，脱离了实际，将会诱导顾客建立过高的服务期望，加大顾客的服务预期质量和体验服务质量之间的差距，最终导致顾客感知服务质量的下降。饭店应该加强服务承诺的控制，使其对顾客和服务质量形成良好的影响。

抓好饭店的技术质量管理 饭店不仅应采用高新科技成果，创造高效的服务操作体系，而且应将高新技术设备质量管理工作作为整体质量管理工作的一个重要组成部分。

6.1.4 “服务质量无止境”的现代饭店服务理念

饭店是一个特殊的行业，它所提供的产品就是服务。饭店不断提供服务的过程就是一个服务质量不断提升、服务质量不断创新的过程，饭店服务质量的提升无处不在，永无止境。在现代市场经济条件和行业激烈竞争的环境中，谁能始终提供优质服务，谁就能兴旺发达；反之，必然被淘汰出局。因此，内部管理和优质服务是现代饭店生存和发展的两大车轮。饭店员工要提供优质服务，提高服务质量，就必须具有强烈的不断创新服务方式的意识，不断更新自己的专业知识，还要有处理问题的灵活性和一定的权力做保障。饭店服务的实践中服务员经常会面对这样的情况：餐厅客人点了许多菜，希望赠送一份点心，服务员却无能为力。饭店规定退房结账时间是在12：00以前，但某位客人的火车晚2h再离店最合适，前台接待人员却爱莫能助。酒吧出现质量问题，客人感到非常不满，要求立即进行赔偿和补救，吧员却只能回答：“我得和我的主管商量一下”，甚至会听到：“我希望能为您做点什么，但是现在我什么也做不了……”可以设想，遇到如此尴尬的情景，客人不悦之情是显而易见的。但是如果饭店管理过程中能够不断进行服务创新，能授权服务员打破规章制度，自发和灵活地处理一些问题，结果很可能会令客人感到满意。所以，现代饭店只有在服务过程当中所有员工都必须不断追求“服务质量无止境”的现代饭店服务理念，才能真正在实践中不断提升饭店的服务水平。

6.2 现代饭店服务质量

在我国旅游事业快速发展的推动下，饭店业也得到很快发展，据国家旅游局统计：到2007年止，我国已评定星级的饭店宾馆12 000多家。与此同时，到饭店消费的顾客需求与期望越来越高、越来越多。为了提高饭店的管理水平，近几年来，有些饭店先后导入了ISO 9000系列标准，建立和实施了质量管理体系，取得了一定成效。本节结合我国近几年三星、四星与五星级饭店质量体系认证的培训、咨询、审核工作实践，就饭店服务质量标准的建立及其饭店服务质量管理模式等问题，做深入分析。

6.2.1 现代饭店服务质量的基本概念、内涵及其构成内容

(1) 现代饭店服务质量的基本概念

现代饭店服务质量是指饭店提供各项服务所能满足顾客需要的各种自然属性，通常表现为满足客人的物质需求和精神需求。在饭店质量管理过程中，把这些“自然属性”统称为质量属性，不同的饭店服务具有不同的质量特征，不同的质量特征分别满足顾客不同的需求，同一种饭店服务，由于质量特征的水平不同，其满足顾客需要的程度也不尽相同。因此，现代饭店服务的这些自然属性能否满足顾客物质和精神上需要，以及满足程度如何就是衡量饭店服务质量优劣的主要标志。现代饭店服务质量可分为功能质量和技术质量两大类，前者指提供顾客“什么”，后者指“如何”提供服务。

(2) 现代饭店服务质量的特点

现代饭店服务质量的主观性成分　饭店服务质量的评判具有很强的主观性，在一定环境和道德的前提下，消费者会根据自身的需要和期望，评判服务质量是“什么”，就是“什么”。

现代饭店服务质量的多环节性　无论有形设施还是无形劳务都必须保证质量，饭店的每个运行环节都是服务质量的重要组成部分，都会对服务质量产生较大的影响。

现代饭店服务质量的多变性　当顾客的需求发生改变，饭店的服务质量也应随之而改变。饭店必须不断提高服务质量，通过严谨的策略和制度，加强人员管理，来满足或超值满足现有及潜在的内部和外部顾客的需求和愿望。

(3) 现代饭店服务质量的构成

现代饭店服务质量要想达到理想的效果，最终要通过服务质量的具体构成内容来得到体现。饭店服务质量主要来自于2个方面：硬件设备质量和软件质量，其构成内容的结构体系如图6－2所示。其中饭店设施质量是指饭店的建筑物和内部设施的规格和技术水平，包括饭店服务项目的多少，设备的完好程度、舒适程

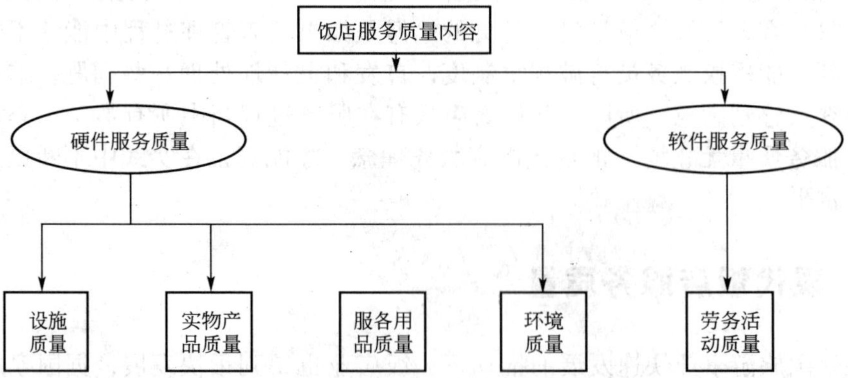

图6－2 现代饭店服务质量的内容体系图

度等；饭店实物产品质量是指饭店提供的餐饮和购物品的质量，包括实物产品的花色品种多寡、质量好坏等；饭店服务用品质量是指饭店提供住宿、餐饮而必备的服务用品，包括布草、餐具等；饭店环境质量是指饭店所处的自然环境和人际环境的水准，自然环境包括饭店内外部自然风景、绿化布局等；人际环境指饭店的服务员、管理层与客人之间的相互关系；饭店的劳务活动质量是指饭店员工对客人提供服务时表现的行为方式，是饭店服务活动质量的本质体现，包括服务人员的气质、服务方式、服务技巧、服务效率、礼节仪表、语言风度、职业道德、团队精神等。

6.2.2　现代饭店的服务质量标准

现代饭店服务质量标准是指饭店为了提供预定的服务质量所制定的各种技术水平标准、操作规范与标准化的业务流程。饭店在制订各种服务质量标准时必须分析目标消费群体对饭店服务的期望。

（1）饭店在制定服务质量标准时要遵守的基本准则

以客人的需求为中心　客人需求即是服务质量，客人满意便是服务质量标准。

标准的适合与适度原则　适合是指饭店的服务质量要适合各类目标顾客的要求。适度是指要根据不同目标客源的等级要求，以合理的成本为目标客源提供满意的具有适度质量的饭店服务，以实现饭店服务长期利润最大化的目标。

简单、明确、可操作性原则　标准要适中，既不要高不可攀，又不要唾手可得，要便于员工理解和掌握。

定性与定量相结合的原则　标准尽量使用量化条款，对不能量化的标准要用清晰、准确的文字来表达。

配套与协调原则　标准必须配套、相互协调，自成体系。标准的实施要坚持检查和考核，并不断加以修订使之完善、协调，不相互矛盾。

（2）制订饭店服务质量标准的程序

饭店在制订相应服务质量标准时不要随心所欲，必须坚持一定的程序。一般来说，其基本程序如图6－3所示。

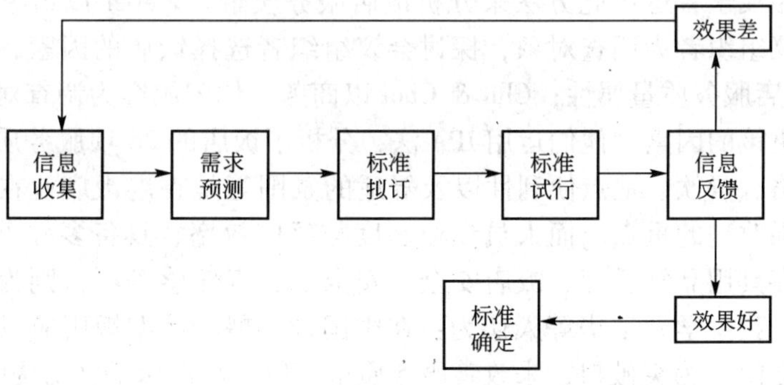

图6－3　现代饭店服务质量标准制订的流程图

首先，饭店可以通过问卷调查和面谈的方式了解客人对饭店服务的意见和要求，以及对服务质量的期望值，也可以通过鼓励员工提出合理建议，了解现有标准的可行性、合理性，以搜集制订服务质量标准所需的信息和资料。其次，根据所搜集到的各个方面的信息和资料，饭店管理者经过分析，可以初步预测客人对服务的需求和对服务质量的期望，为制订服务质量标准提供指导性的依据。再次，在初步预测的基础上，由各部门的管理者与饭店高层管理者初步制订出各种服务质量标准，并准备试行。最后，在饭店的各个部门试用新的服务标准，并了解客人和员工对新标准的意见和建议。在试行新标准的过程中，应及时将有关信息反馈给参与制订新标准的有关人员，如果反馈的效果好，则可以将此标准在饭店中予以确定，如若效果较差，则应重复上述过程，对新的服务标准进行反复修订，才能最后确定。

(3) 现代饭店的服务质量标准的基本内容

饭店的服务质量标准的基本内容主要包括如下几个部分。

设施设备质量标准 它不仅是指设施设备本身的质量标准，更重要的是指操作标准和规范。

实物产品的质量标准 指以饮食为主的生产操作规程、烹饪技术要求和产品质量规格等。

劳务质量标准 即劳务服务标准，是指服务人员为客人提供服务时应该达到的工作标准。这是饭店服务最重要的质量标准。一般来说，应有如下内容：清楚地规定提供服务的全过程；每一项服务的提供特性；规定每一项服务提供特性的验收标准；服务资源的要求和配置；服务的法律、法规和社会要求。

6.2.3 现代饭店服务质量分析

现代饭店服务质量分析是指饭店管理者利用一定的定量或定性分析方法，找出饭店服务质量所存在的问题及其产生的原因，从而找到有针对性地解决服务质量问题的方法和措施，以保证同类服务质量问题不再出现。饭店在对服务质量进行分析时常用方法有 IPA 法（重要性分析法）、圆形图法、排列图法、因果分析法等。

6.2.3.1 IPA 法

IPA（Importance Performance Analysis），即重要性与表现性分析。这种分析方法最初是营销领域中用来评价企业品牌、产品以及服务优势和劣势的一项分析工具。最近，相关学者运用此方法来分析饭店服务质量。Weber 以 3 家连锁饭店会议场所的会议组织者为调查对象，探讨会议组织者选择饭店的因素，并用 IPA 分析了 28 项饭店服务质量属性；Chu & Choi 以商务、休闲旅客为调查对象，探讨香港饭店住客决策的因素。他们运用 IPA 法，分析了饭店的 26 项服务质量属性。研究表明，价格、餐饮、地点便利性以及舒适的氛围等是香港饭店业在服务属性上迫切需要加强改进的重点，而人员专业态度与反应效率、具备多种语言能力、环境之清洁、寝具用品舒适度、饭店安全、安全人员责任感等项目则为应继续保持的服务属性。我国学者王华等人认为：在中国，发展经济型饭店应以“经济、卫生、安全、方便”为突破口，来改善服务质量，以小巧温馨的客房为吸引力。

IPA 法是让顾客对饭店服务属性的重要性以及该属性实际表现绩效 2 个维度评分，并将 2 方面的平均得分绘制于一个二维坐标系中。其中，横坐标表示客户对饭店服务属性的满意程度，纵坐标则表示客户对饭店服务属性的重视程度。分别以总评分均值作为区分得分值高低的标准，由此形成 4 个象限。① 集中关注区（Concentrate here）：表示顾客对象限的服务属性重视度高，但满意程度不高；② 继续保持区（Keep up with the good work）：表示客户对此象限的服务属性重视度及满意程度均高；③ 低顺位区（Low priority）：表示客户对该服务属性的重视度及满意度均不高；④ 过度努力区（Possible overkill）：表示客户对服务属性重视度不高，但满意程度却很高（见图6-4）。

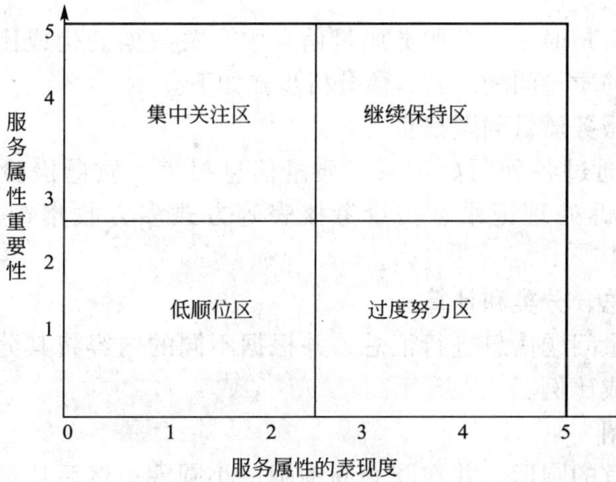

图6-4 现代饭店服务质量分析的IPA图

IPA分析方法的基本步骤如下。

(1) 选择研究对象

选择不同层次10家左右的饭店作为研究对象，便于比较不同饭店之间服务质量所存在的差距。

(2) 问卷设计与调研实施

问卷主要包括如下内容，第一部分为被调查者个人资料部分；第二部分则由饭店服务要素构成，要求问卷回答人从对这些要素的重视程度以及现实中被选饭店的实际表现加以评价。对于服务要素的重视程度测量方式采取李克特五点量表给予评价，区分为：1=非常不重要、2=不重要、3=一般、4=重要、5=非常重要；对于表现绩效采取类似的测量方式，区分为：1=非常不满意、2=不满意、3=一般、4=满意、5=非常满意。

(3) 调查数据的信度与效度分析

信度是测量每一个概念的内部一致性与稳定性程度的指标，即量表重复使用的结果是否具有一致性。可以通过计算问卷的Cronbah-α系数来得到，若该系数接近于1，则具有较高的内部一致性；效度是指量表能测量理论的概念或者特质的程度。该指标一般看所选择的概念指标是否符合专家效度与表面效度。大多研究都是参照以前相关研究成果，所以，基本上能够达到效度标准。

(4) 饭店服务质量的IPA分析

将各个服务属性从顾客的重视程度以及绩效表现程度进行统计汇总，利用IPA分析工具，分别以重要程度与表现程度为横坐标与纵坐标，将每个服务属性在这2个维度上的得分绘制成散点图。并以各项属性的重要程度与表现程度的总均值数为划分标准线。

(5) 分析结论及其建议

针对各个服务属性重要性和表现程度的比较，提出饭店在各个服务属性上所存在的问题，并提出相应的对策，如哪些服务属性的服务质量应加以改善，需要增加投入；相反，哪些服务属性上可以相应地降低服务标准，从而减少部分投入等。

6.2.3.2 圆形分析图法

圆形分析图分析是通过计算服务质量信息中有关数据的构成比率，以图示的方法表示饭店存在的质量问题。其具体分析步骤如下。

（1）收集饭店服务质量问题信息

饭店管理者应通过各种原始记录、质量信息报表、质量检验结果、客人意见调查表、客人投诉处理记录、质量考核表等方式多方收集饭店现存的质量问题。

（2）信息的汇总、分类和计算

对收集到的质量问题信息进行汇总，并根据不同的内容将其分类，然后计算每类质量问题的构成比例。

（3）画出圆形图

首先画一个适宜的圆形，并在圆心周围画一小圆圈；然后从最高点开始，按顺时针方向，根据问题种类及其构成比例分割圆形，并用直线与小圆圈相连；最后在分割的圆形中填入相应的问题种类及其构成比例。至此，根据圆形图即可一目了然地掌握饭店存在的服务质量问题。

如某饭店客房在2007年12月份共发现服务质量问题45例，其中设备问题17例，服务态度问题15例，服务项目问题6例，安全卫生问题4例，其他问题3例，如图6-5所示。

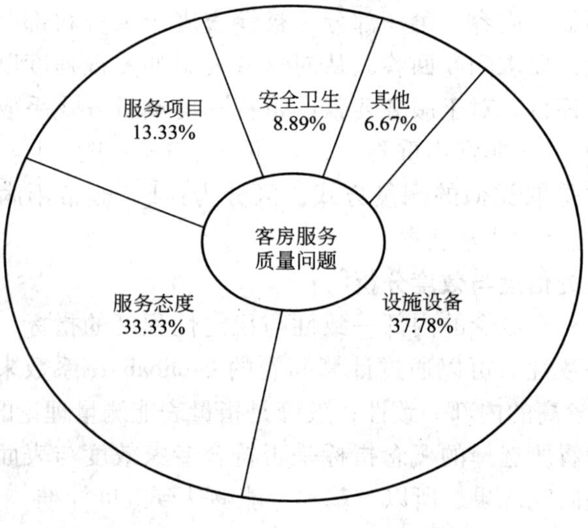

图6-5 现代饭店服务质量分析的圆形分析图

6.2.3.3 因果分析图

因果分析图又称鱼刺图（如图6-6所示），是分析质量问题产生原因的一种有效工具。在饭店管理过程中，影响服务质量的因素错综复杂。因果分析图通过对存在的质量问题及其产生原因进行系统的整理分析，并以图形的方法直观地表示两者之间的因果关系。其分析过程如下。

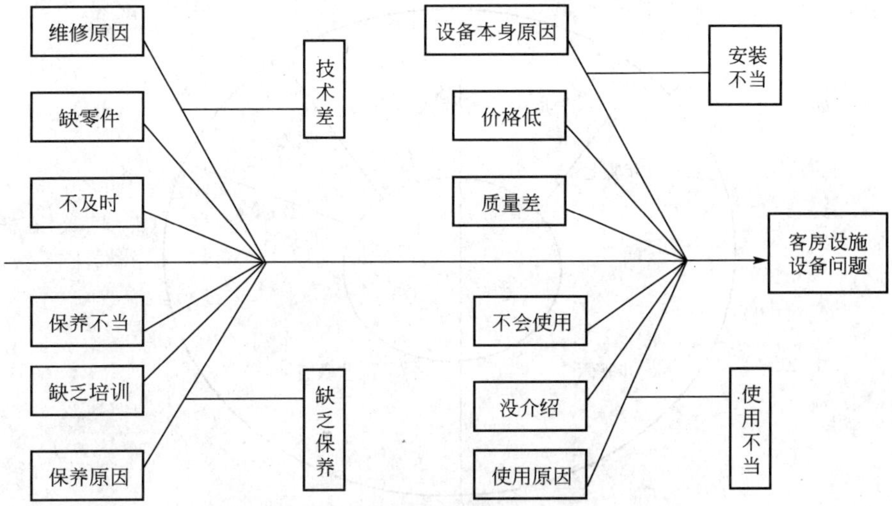

图 6-6 现代饭店服务质量分析的因果分析图

第一，用圆形分析图找出现存的质量问题。

第二，找到应对措施。通过讨论分析找出产生问题的各种原因，应从大到小，追根究源，直至找到应对的具体措施为止。

第三，画出因果图。罗列找到的各种原因，并按因果关系画出因果分析图。

6.2.4 现代饭店服务质量管理模式

要想真正提升现代饭店服务质量，为客人提供令其满意的服务，使饭店取得良好的经济效益，饭店必须实施有效的服务质量管理模式，针对提供服务的不同环节，实施有效的措施。目前，饭店中通常采用的服务质量管理模式有如下几种。

6.2.4.1 PDCA 饭店服务质量管理模式

PDCA 饭店服务质量管理模式是一种质量管理的循环方法。它将饭店的服务质量管理活动分为 4 个阶段：计划（Plan）、实施（Do）、检查（Check）和处理（Act），也就是说针对饭店服务质量管理工作按照计划、实施、检查和处理 4 个阶段组成的循环模式来进行。

(1) PDCA 饭店服务质量管理模式的内容

PDCA 饭店服务质量管理模式是一种科学的质量管理工作程序，它在解决饭店服务质量问题上按照 4 个阶段和 8 个基本步骤来进行。它可以用图 6-7 来表示。

计划阶段 其主要工作是制订服务质量管理目标和计划。饭店在目标和计划中要明确规定达到质量标准的时间和要求，由谁来完成、用什么方法完成等内容，分为 4 个步骤。

步骤一：发现和分析服务质量问题。在饭店服务质量工作现状的基础上，利用上一节所述方法找出饭店存在的服务质量问题，分析存在的服务质量问题，并从中找出对饭店影响最大的主要服务质量问题。

步骤二：运用因果分析法分析产生饭店服务质量问题的原因。

步骤三：从分析出来的原因中找出关键性原因，即影响最为严重的原因。

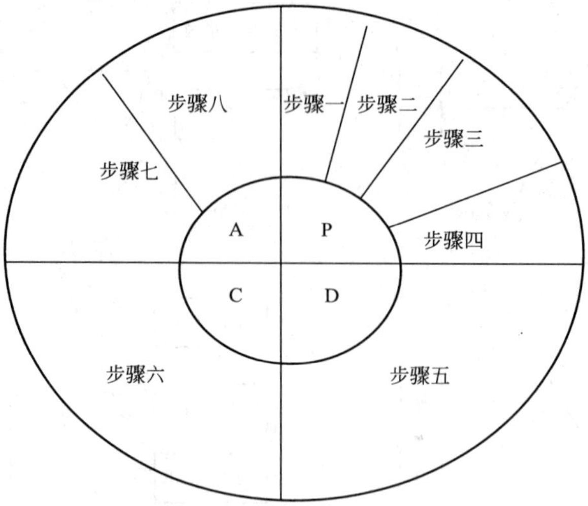

图6-7 现代饭店服务质量管理模式的PDCA图

步骤四：提出要解决的质量问题，并在此基础上制订解决饭店服务质量问题要达到的目标和计划，提出解决饭店服务质量问题的具体措施和方法及其责任者。

实施阶段 这个阶段就是要求饭店的各个管理部门严格按照业已制订的计划和目标，认真地将其付诸实践，它是第五个步骤。

步骤五：按业已制定的目标、计划和措施认真执行。

检查阶段 此阶段的主要工作就是对实施后所产生的效果进行检查，并与实施之前饭店服务质量进行比较，确定新的管理目标、计划和措施是否有效果，还要将实施结果与计划阶段的目标和计划进行对比，以发现实施阶段还存在哪些问题，此阶段是第六个步骤。

步骤六：在执行步骤五后，再运用圆形图分析方法对饭店服务质量情况进行分析，并将分析结果与步骤一所发现的饭店服务质量问题进行对比，以检查步骤四提出的改进饭店服务质量措施和方法的实施效果。同时，要检验在完成步骤五的过程中是否存在其他问题。

处理阶段 此阶段中的工作，要把成功的经验形成标准，并确定以后的工作按这个标准来进行。对不成功的地方要进行经验教训总结，以避免重犯类似的错误，对没有解决的问题也要进行重点关注，留待下一个循环解决。此阶段包括2个步骤。

步骤七：首先要对已经解决的饭店服务质量问题提出巩固措施，并使之标准化，以防止同一问题在下次循环中再次出现。在此，要求制订或修改饭店服务操作规范和工作标准，制订或修改检查和考核标准以及各相关的规定与规范。其次是对步骤五中已经完成，但未取得成效的质量问题也要总结经验教训。

步骤八：提出步骤一中已经发现而未解决的其他服务质量问题，并将其转入下一步循环中去，从而使得与下一个PDCA循环的步骤一衔接起来。

（2）PDCA饭店服务质量管理模式中应注意的事项

第一，PDCA饭店服务质量管理模式必须按顺序进行，4个阶段8个步骤既不能缺少，也不能颠倒。它就像车轮一样，一边循环，一边前进，这个车轮必须依赖饭店全体人员的力量和努力去完成。

第二，PDCA 饭店服务质量管理模式必须在饭店各个部门、各个层次同时进行，各个部门有各自的 PDCA 循环，整个饭店有一个最大的 PDCA 循环体系，只有这样大循环与小循环之间环环相扣，互相促进，才能产生协同效应，如图 6－8 所示。

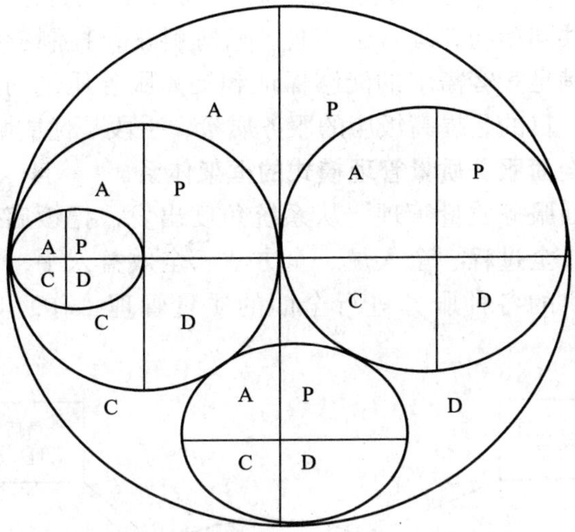

图 6－8 现代饭店服务质量 PDCA 管理模式的部门协作图

第三，PDCA 饭店服务质量管理模式不是简单的原地循环，而是在原有循环基础上的"阶梯式上升循环"，即每一次循环都是在原有循环的基础上向前推进了一步。每经过一次循环以后，饭店的服务质量水平有了新的提高，如图 6－9 所示。

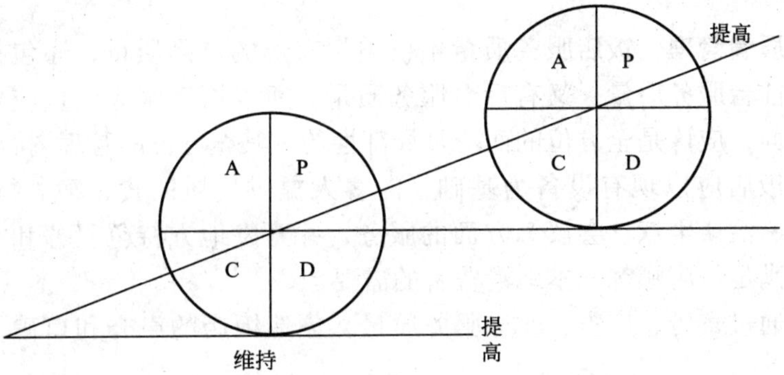

图 6－9 现代饭店服务质量 PDCA 管理模式的阶梯式上升循环图

6.2.4.2 现代饭店全面服务质量管理模式

(1) 全面质量管理的内涵

全面质量管理（Total Quality Control，TQC）源于 20 世纪 60 年代的美国，首先在工业企业中应用，后又推广到服务性行业，取得了较好的效果。其基本内涵是指在企业的经营管理过程中将经营管理、专业技术、数据统计和思想教育结合起来，形成从市场调查、产品设计、制造直至使用服务的一个完整的质量体系；企业所有员工、全方位、全过程地参与产品或服务的质量管理工作，使企业质量进一步科学化、标准化。日本在推行全面质量管理中取得了卓越的成果，并使之又有了很大发展。我国在1978年引入目标管理等的同时引入了全面服务质量管理的方法，并开始在工业企业中推行，后又将其引入商业、饭店业等服务性行业，并取得了一定成效。

（2）现代饭店全面服务质量管理的内涵

现代饭店全面服务质量管理是指饭店为了实现其发展目标、达到利润最大化，组织饭店全体员工共同参与，综合运用现代管理科学，控制影响服务质量的全过程和各因素，全面满足宾客需求的能够保证和提高服务质量的系统管理活动。其出发点是系统观念，目的是提高饭店的服务质量，手段是优质服务创新。

（3）现代饭店全面服务质量管理模式的框架体系

现代饭店的全面服务质量管理，从系统角度出发，把饭店作为一个整体，从饭店服务的全方位、全过程、全人员、全方法、全效益入手，以提供优质服务为目的，对饭店所提供的各种服务进行全面的质量管理工作，其结构体系可以用图6－10来表示。

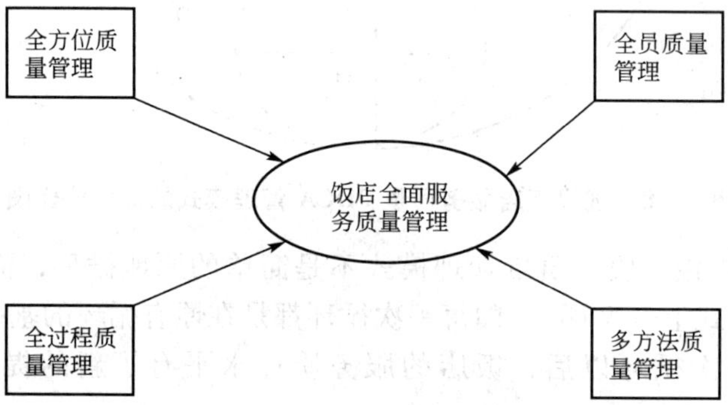

图6－10　现代饭店全面服务质量管理模式的结构体系图

全方位质量管理　饭店服务质量不仅包括有形的产品质量，还包括无形产品质量，既有前台服务质量，又有后台服务质量。所以饭店服务质量应包括饭店工作的各个方面，应该是全方位的而不是局部性的。其全方位的管理内容主要如下。

第一，饭店应以现有设备为基础，向客人提供优质的食、宿、行、娱、购、健身、交流、洽谈生意、会议等方面的服务，并开发地方特色服务和本店特色服务产品，以满足住店顾客和本地消费者的需要。

第二，通过宣传、广告、改进服务质量，创造饭店的声誉和口碑，招徕更多的客源。

第三，通过与有关商品生产部门、工艺部门协作，提供高质量的旅游生活必需品和旅游纪念品，以扩大饭店的服务项目。同时，要加强与相关行业的联系，为客人提供多途径的服务项目。

第四，通过专业和岗位培训，提高管理人员和服务人员的专业水平和服务能力。

第五，加强饭店人力、财力、物力的计划、组织、协调与监督工作，以提高饭店的管理效率和管理水平。

全过程质量管理　因为饭店服务质量的构成是全面的，且评价其服务质量是以服务效果为最终评价的，所以影响服务质量的因素应是全方位的，既有服务前的组织工作，又有服务中的对客人的服务工作，还有服务后的善后处理工作，而3

个方面又是一个不可分割的完整的过程，所以，现代饭店的全面服务质量管理应是一种全过程的管理。且这个过程主要有3个连续性质量管理阶段。

饭店服务预备阶段的质量管理 主要包括客房预订、餐厅酒水、菜肴原料采购、储藏，以及商场商品采购供应等方面的质量管理工作。

饭店服务附件质量管理 它主要包括总台入住登记、房间分配、行李提送、房间清洁、洗衣服务、餐厅迎宾、上菜斟酒以及美容、购物等服务质量的管理。

饭店服务后阶段的质量管理 它主要是通过客人意见卡、留言簿、投诉、座谈会以及其他各种方式征集客人住店后的意见和反映，以分析研究提高饭店服务质量的方法与手段，以便在未来的服务质量计划中提高标准。

全员质量管理 饭店服务基本上是通过员工的手工劳动来完成的，因此，饭店中的每位员工及其工作都与服务质量密切相关。所以说饭店服务质量管理是一种全员的质量管理。这种全员的质量管理主要是指各级管理人员、决策人员、操作人员、服务人员等各层次人员都得投身于服务质量管理之中。服务质量管理贯穿于饭店各层次人员的计划、实施目标，要将饭店及各个部门各自的质量计划、目标落实到每个员工、每个岗位，使饭店上下各层次人员对质量计划、目标有统一的认识。

多方法质量管理 饭店服务质量的多方法管理是指采用多样性和全面性的管理方法，以达到高质量服务的目的。这些方法包括行政方法、经济方法、法律方法、科学方法、思想教育方法以及定性定量的分析方法、数理统计方法等。另外，饭店服务质量的构成丰富，且影响服务质量的因素复杂，既有人的因素，又有物的因素，既有客观存在的因素，又有企业和员工的主观因素，既有内部因素，又有外部因素。因此，也要求管理者利用各种方法来灵活应对，以提高饭店的服务质量。

综上所述，现代饭店的全面服务质量管理是饭店以客人需求为依据，以客人满意为标准，以全过程管理工作为核心，以饭店的全体员工共同参与为保证，以多种科学的方法为技术手段，运用经典的全面质量管理的思想和观念推行的饭店服务质量管理，以实现饭店最佳服务效果和长期利润最大化的一种有效的管理模式。

6.2.4.3 现代饭店交互服务质量管理模式

现代饭店服务的生产和消费往往是同时进行的，顾客要参与饭店服务生产，与饭店发生多层次和多方面的交互作用。交互过程的好坏直接影响顾客对服务的评价，决定着服务质量的高低。下面从交互的角度来分析一下饭店交互服务质量管理模式。

(1) 饭店交互服务质量的本质分析

“交互”即交替、相互，就是指一种使对象之间相互作用而彼此产生改变的过程。萧斯塔克（Shostack）于1985年提出了“服务交互”（Service Interaction ）的概念，他是指较广泛意义的“顾客与企业的直接交互”，既包括顾客与服务人员的交互，又包括顾客与设备及其他有形物的交互。事实上，除了上述几方面外，在服务过程中，顾客之间也存在着交互作用，而且这种交互也直接影响顾客对服务过程的评价。

现代饭店服务质量是饭店顾客预期服务与感知服务之间的差异。Lewis 和

Booms 认为，服务质量是一种提供的服务质量水平和顾客期望相比较的衡量结果。提供服务就意味着在一致的基础上尽量符合顾客的期望。现代饭店服务质量大体包括饭店交互服务质量、自然环境质量和饭店产出质量。其中饭店交互服务质量是影响顾客对饭店服务评价的主要因素。饭店交互服务质量是指顾客在与饭店中的存在物（包括人、过程和环境）相互作用的过程中感知到的饭店服务质量。这种相互作用的表现形式既有动态的也有静态的。动态的相互作用是指能够通过语言或行为表现出来的一系列连续的过程；静态的相互作用是指作用物之间彼此客观存在、没有语言或行为上的往来，但是彼此之间却能够互相影响。因此，提出一个扩展的现代饭店交互服务质量模型，如图 6 – 11 所示。由于饭店服务中人际交互具有特别重要的意义，本文重点探讨饭店服务过程中的人际交互关系所产生的交互服务质量。

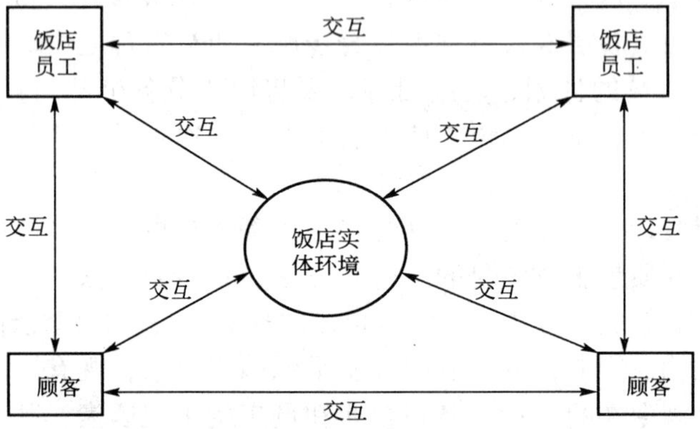

图 6 – 11 现代饭店交互服务质量管理模式的结构图

饭店员工与顾客之间的交互 这种交互是饭店服务交互中最主要的类型，由于饭店服务生产和消费的同步性，决定了顾客必然要参与到饭店服务的生产过程中。这种交互类型又可以分为 3 类。

第一，饭店顾客与饭店员工之间的友好交互。友好的交互可以使员工顺畅地为顾客提供服务，顾客同时也获得体验的满足，从而使得整个服务组织达到最佳状态，最终导致成功交易，实现双方互赢。这是饭店最希望达到的交互效果类型。

第二，顾客与员工之间的不友好交互。这种交互会产生与前者截然相反的结果，导致交易的失败，这不但危及饭店的服务质量，而且也损害饭店的形象。这是饭店最不希望看到的交互效果类型。

第三，顾客与员工之间的过于友好交互。这种交互也会对交互双方带来不良的影响，过于友好的交互会使员工分心，不能集中精力，从而影响对客服务的质量。

顾客与顾客之间的交互 在接受饭店服务的过程中，顾客与顾客之间也会由于交互作用而对彼此产生一定的影响。这种交互影响主要体现如下。

第一，顾客言行方面的影响。例如，在一家以安静、优雅而著称的西餐厅，一对情侣由于矛盾而破口大骂，对其他在此就餐的顾客可谓是大煞风景，产生不良的影响。

第二，顾客数量方面的影响。顾客数量的多少也会对其他顾客产生一定的影响，顾客数量过多，会使得环境拥挤，而顾客数量过少，会使得现场气氛冷清，从而使得顾客对该饭店的服务水平提出质疑。

饭店员工与员工的交互 在饭店服务的过程中，员工与员工之间的交互作用也会影响到饭店服务质量的提高。员工与员工之间的交互可以划分为友好交互和不友好交互。友好交互可以促进员工之间的协调，调动员工的积极性，对提高团体协作，更好地为顾客服务有着积极的影响。这种交互应该是饭店积极倡导的，同时它也应该成为饭店管理的重要内容。而不友好的交互，容易激发员工之间的矛盾，甚至有的员工还迁怒于顾客，不但不利于与顾客的沟通，更损害饭店的利益和形象。

(2) 现代饭店交互服务质量管理策略

现代饭店交互服务是由顾客、饭店和饭店员工共同参与完成的，交互服务质量的不稳定性使得交互服务质量管理的难度加大。所以，饭店需要采取积极的交互服务质量管理策略。

提高饭店员工满意度与加强对顾客管理的有机统一 在饭店交互服务活动中，有2个主体：一是饭店员工，一是顾客。他们都影响着交互过程以及质量的提高。众所周知，只有满意的员工才会有满意的顾客，服务人员的满意度，是为顾客提供满意服务的基础。尤其是在服务人员每天接待大量顾客、身心极度疲惫的情况下，员工满意度的提高就显得尤为重要。为此，饭店不单要员工为顾客提供服务，同时还要让员工适当参与顾客服务相关决策的制订，作为饭店内各部门及非一线服务人员还要为员工提供满意的服务和内部支持，这样才能充分调动员工的积极性。而作为另一个主体的顾客，加强对他们的管理也是十分重要的。饭店要正确引导顾客扮演好自己的角色，为此，饭店可以通过图片的展示、编写顾客手册、标识等对顾客加以引导，帮助顾客认识在服务交互过程中的角色。对于同时接受服务的顾客要善于进行有效组合，以吸引相似顾客群。例如，饭店制定顾客的“行为规则”，诸如抽烟、着装的规定，不准携带宠物等。这样，在提高员工满意度和加强对顾客管理有机协调的基础上，就会对提高交互服务质量产生积极意义。

顾客间信息交流控制和管理 顾客间的信息交流主要存在2种方式：一种是面对面的交流；另一种是通过互联网、书信、电话等的远程交流。现实生活中，顾客间面对面的交流由于受到时间、空间和交流对象随机变化的影响，企业很难对此做出管理决策。而以互联网等为基础的远程交流却为企业和顾客提供了一个交流平台，企业可以利用多种方式，如论坛或网站等形式引导和加强顾客间的交互，并通过信息反馈系统及时调整公司的服务战略。无论是在现实生活中还是在互联网上，都存在某特定产品领域的倡导者，这些倡导者积极地从大众媒体和其他信息源收集相关信息，并对信息进行整理加工后将自己对产品或服务信息的理解传达给群体中的某些成员。因为其建议通常对顾客的购买消费行为起着重大影响。在营销实践中饭店应该学会识别各种交互方式的倡导者，积极地引导其成为饭店良好口碑的信息传播者。

加强员工技能培训，提高员工人际交往能力 饭店交互服务过程是员工与顾客之间直接的面对面服务，这在很大程度上决定了饭店员工服务技能的高低将直接成为顾客感知的交互服务质量的高低。服务人员的工作，就是一种服务“表演”，表演水平的高低主要取决于服务人员服务技能的水平。因此，加强对员工的服务技能的培训便成为交互质量提高的重要因素。除此之外，员工交际能力的培养也是至关重要的，与员工交互的顾客具有不同的类型和心态，员工要针对不同的顾客，采用不同的交际方式，从而把握好顾客的心理需求，这对提高饭店服务的交互效果有着重要意义。

适度的员工授权，提高饭店员工与顾客交互过程中的灵活度 20世纪90年代，向饭店服务员工授权的管理思想，引起了饭店管理实践者的重视，他们期望通过员工授权来改变服务质量差、服务绩效低的状况。对于绝大多数服务来说，顾客会不同程度地参与进来，与服务员工发生直接接触。适度授予员工完成他们的日常工作及处理意外事件的权力，对提高服务交互质量具有重要作用。许多管理者不愿授权，他们或者认为员工不具备单独做出决策的能力，或者担心失去手中的权力。因此，管理人员必须转变观念，认识到授权对于提高服务质量及组织成长的必要性。对于任何一个组织来说，管理者不可能事必躬亲，更不可能为每一位顾客亲自服务。适度的授权不会削弱管理人员手中的权力，只会使管理人员从日常琐事中分身出来，有更多的时间对组织的发展做出长远考虑。要提高服务交互质量，适度的员工授权是必要的。具体来说，授权有利于：① 提高员工的满意度。拥有权力和自主性是员工的自然要求，人们有成长和实现自我的愿望。授权有利于增强员工的成就感和自豪感，提高满意度。② 提高处理应急事件的能力和为顾客提供个性化的服务。顾客的服务要求不同且难以预测，如果员工得到授权对顾客特殊的需要做出快速反应，就有更大的可能性在短暂的“关键时刻”让顾客满意。③ 发挥员工的主动性和创造性，充分利用蕴藏在员工中的资源和智慧。一线员工与顾客直接接触，他们清楚哪些政策和规定是可行的，哪些是不可行的，顾客对企业的反映如何。此外，成功的授权还可以通过减少员工的缺勤率和流动率降低成本，改善盈利状况。

成功的授权需要提供给员工必要的信息，使员工具备更好地为顾客服务的知识和能力，同时，建立有效的奖酬机制，将员工的工作业绩与奖酬紧密联系起来。因此，可以把授权视为：授权 = 权力 × 信息 × 知识 × 奖酬，乘积关系表明，授权要取得预期效果，4个方面缺一不可。这一原则说明，授权必须同时具备这4个条件，只要其中一个条件不具备，授权就难以取得预期的效果。也就是说，在授予员工权力的同时，必须为其提供必要的支持。员工应该知道组织的目标是什么，他在整个服务提供过程中处于什么位置。员工的报酬应该与员工利用权力、知识和信息所带来的服务质量的提高以及组织绩效的提高结合起来。

加强饭店服务的现场督导和监控 由于顾客直接参与饭店服务生产过程，现场督导和监控显得十分重要。首先，与生产活动不同，饭店服务过程暴露在顾客面前，成为顾客感知的一部分，饭店服务生产过程中的任何疏漏都可能给顾客留下不好的印象。其次，顾客作为饭店服务的合作生产者，他们的投入对饭店服务的顺利进行至关重要。对于某些比较复杂的饭店服务或者新的服务项目，顾客对他们承担的角色和所需要的投入常常缺乏了解，因此，加强饭店服务的现场帮助和引导是必要的。不少饭店虽然设立了值班经理或咨询台等，但往往形同虚设，没有真正发挥作用。经常可以看到现场咨询或值班人员旁若无人，对顾客缺乏热情，有的甚至睡大觉，严重破坏了饭店的形象。另外，当顾客遇到的有些问题超出一线员工的职权范围时，来自更高层次的管理人员在现场的出现有利于问题得到及时解决。

加强饭店顾客的族群管理 族群是指那些具有相似的生活方式和个体统计特

征的群体，使其在文化上和心理上彼此认同。同一个饭店顾客族群的成员在需求偏好上具有相似性。饭店不可能为所有的族群提供服务，因为必须对自己的产品或服务定位，选择那些适合本饭店发展的细分市场，通过分析被服务族群的心理特征和文化特征，推出符合需求的产品或服务。饭店通过定位和细分，可以将一部分不符合族群特征的消费者排除在外，但由于服务场所通常都具有较高的顾客流动性，饭店不可能保证服务场所内的所有顾客有相似的特征。而在瞬间服务的过程中，不同族群之间的顾客差异会影响顾客对服务质量的感知，饭店解决这一问题的有效办法就是合理地布置服务场地，使那些具有明显特征差异的顾客分别处于不同的服务区间，而使那些具有相似特征的顾客处于同一个服务区间。当然在设置场地的过程中，应尽量避免不公平的现象发生。

【知识窗】

饭店“零干扰服务”

近年来，我国饭店行业为了提高服务质量，倡导微笑服务、服务细微化、“规范化服务”。但是，太规范化，不去领悟客人们的需求，把“过分热心”强加给客人，造成了对顾客的一种干扰，甚至引起客人的不满和投诉。饭店要尊重客人的“个性化需求”，尽量为客人提供一种零干扰服务。

饭店零干扰服务是指服务员与客人保持适当的距离，为客人提供适度的服务，在客人不需要时感受不到，在客人需要时招之即来的服务。在饭店服务工作中，常常发生这种情况：尽管服务员满腔热情地为客人提供服务，但客人有时不仅不领情，反而流露出厌烦或不满的情绪。是客人不通情达理吗？当然不是。这里有一个很重要的原因，那就是服务员未能充分了解客人的需求，在服务中无意干扰到客人。在饭店业中，机械的规范服务并不能换取客人百分之百的满意，这是因为服务需求的随意性很大，尽管服务员已尽心尽责，但客人会因其自尊、个人癖好、意外情况、即时需求等原因提出服务规范以外的各种要求。这也说明，标准化的规范是死的，而人的需求是活的，饭店服务必须满足客人形形色色的需求，才能上一个新台阶。就客人的需求而言，“无需求”本身也是一种需求，客人的各种各样的需求中当然也包括“无需求”这种需求。从社会心理学的角度来看，对这种“无需求”的需求提供的服务是为了满足客人个人空间的需求，使饭店的服务达到尽善尽美。因此，充分了解客人的这种“无需求”，有针对性地提供零干扰服务，对于提高饭店服务质量具有十分重要的意义。

零干扰服务是一种较新的服务观念，它是针对旅客在消费过程中的心理特点提供适时、适度的服务，使旅客得到良好服务的需求能够充分满足，体现了服务质量的更高层次和服务水平的更高境界。任何事物都有自己的度，零干扰服务重在认识旅客的需求和心理特点，并根据不同旅客的具体情况研究和把握其最佳度。旅客在住店过程中的心理活动有一定的过程，按一定的时间发展，零干扰服务重在抓住最适宜的时间提供适度的服务，体现了“时”与“度”的高度结合。零干扰服务，是对热情服务“度”的把握的一种尝试，目的在于为顾客创造一个和谐、宽松、舒心的服务环境。它不是对主动热情服务的背叛，而是洞察旅客心理承受力和适应性的“三思而后行”。它在服务和语言等技巧方面提出了更高要求，要实现“用嘴服务”朝着“用心服务”的转变，这就从根本上消除服务员与顾客之间具有的隔膜，使客人真正享受到规范而具个性化的适度服务。

零干扰服务的优势是能避免过度的干扰性的热情给客人造成压抑外，并能够极大地满足消费者的个性化服务需求。与传统的饭店服务相比，零干扰服务具有明显的优越性，体现出了现代营销观念“以人为本”的核心内容。随着人们生活水平的不断提高和收入的不断增加，现代消费者更加注重精神的愉悦、个性的实现、感情的满足等高层次需要，而零干扰服务正是从客人角度出发，以他们的需求、兴趣、心理等作为服务的基本出发点。它可以充分发挥客人在接受服务过程中的自主性、主动性。而且零干扰服务所体现出来的对客人的信任感和尊重感，使整个服务过程更加人性化，更富有人情味。在零干扰服务过程中，客人的心理状态是放松的、自由的，能最大限度地得到自尊心理的满足，这恰恰是现代生活条件下，客人产生消费行为的必要前提。零干扰服务可以实现“服务创造”顾客这一目标，即零干扰服务不仅在最大限度、最高层次上满足消费者，也为饭店带来利润。

相反，零干扰服务的劣势在于它没有固定的模式，难以把握和操作，它要求饭店拥有高素质的服务人员。如果有成千上万的顾客，那么就可能有成千上万的不同的需求，不同的对服务的“时”与“度”的要求，对干扰程度的界定等。而且目前饭店服务人员素质普遍较低，这就更增加了操作的难度。所以，饭店应采取相应的措施来进行解决。

6.3 现代饭店优质服务

饭店的优质服务是满足饭店业健康有序发展的一个重要方面，无论是饭店硬件提供，还是软件的保障，都是带给客人的服务，其优质的服务在整个饭店服务中具有一定的共性，又具有各自的特性。本节先讨论优质服务的特征，然后，具体分析饭店提供优质服务的途径。

6.3.1 现代饭店优质服务的特征

6.3.1.1 饭店基础设施要在“物尽其用”的最佳状态下运行

所谓物尽其用是指饭店中的各种设备设施应该能够正常为客人提供良好的服务，发挥其作用，是饭店优质服务的物质保证。不能认为确保电灯在亮，水管有水，设施能用就行，而必须是每处环境、每个部件、每样设备都处于最佳的灵敏状态。这不仅是工程维修部门的事，更是使用部门的责任。这不仅是“硬件”设施在饭店中的应用，更是“软件”在饭店中应发挥的作用。任何设施设备，在提供给客人之前，必须逐项检查，使之处于正常状态。要注重现代信息技术的应用。无论是总服务台的业务管理，还是客人的通讯；无论是客人订票，还是商务活动等，都离不开现代信息技术的应用。在以往的电话、传真、复印机等设备配备的基础上，随着时代的发展，不断推出现代化的计算机（自动订票系统、自动购物系统）、触摸显示屏等。饭店提供的硬件设施提供再也不能按照以往的标准，必须以发展的眼光不断满足时代的变化。

6.3.1.2 创造出“恰到好处”的情景氛围

饭店是个小社会，服务对象是“人”，以“人”为中心，“恰到好处”地满足形形色色不同程度、不同职业客人的“愿望”，是饭店优质服务的内在属性。当然，创造出舒适又方便的环境已不容易，而创造出情与景交融的心理氛围就更难。“五星级”饭店的硬件标准很具体，但谁能说出“五星级”饭店的“心理”标准呢？当今世界，无论是富人还是穷人，无论是外国人还是中国人，无论是伟人还是凡人，都有各种各样的欲望，但最大的愿望莫过于“心灵的平衡”。如果饭店能创造出一种最易沟通、最易交融、最易理解的“家”的氛围，岂不更有意义吗？从小事做起，“恰到好处”，把握客人的心理脉搏，服务到实处，亲切而不是殷勤，周到而不是繁琐，标准而不是呆板，热情而不是流于形式，让客人从内心自然舒适，从而产生“享受人生”之感，虽然人已走，但情未尽，回味无穷，希望再度光临。细致周到，就是善于分析客人的心理和特点，懂得从客人的神情了解客人的需要，服务在于客人开口之前，效果超乎客人期望之外。

6.3.1.3 饭店优质服务要能创造出“唯我独有”的饭店个性

“饭店，一是住店，二是吃饭”，这只是道出了饭店的共性。但是真正体现饭店的个性的，仍然是一些不为人注意的“细微”之处。“假日饭店联号”以廉价、舒适、洁净、安全而著名于世；“希尔顿饭店联号”以高效率服务和管理严格而赢得人们的赞誉；麦当劳以其 Q（Quality），S（Service），C（Cleaning），V（Valuable）经营战略而称雄世界快餐业……它们的成功之处都在于严格的管理和周到的服务。无论是“硬件”设施，还是“软件”方面，不放松每个“细微”之处，这是他们成功的奥秘。甚至饭店的主体、服务员的服装、发型、装饰、餐具的颜色都能体现出有别于“其他”的“我”的这个饭店的特色。饭店服务质量的内容包括饭店的设施条件和服务水平，所以无论从设施方面来讲，还是从服务水平方面来讲都应从普遍中、从细微中体现出“唯我独有”的饭店个性，表现出你无我有，你有我优，你优我专的特色。

6.3.1.4 饭店优质服务是一切“以人为中心”的服务

饭店是以“人”为中心的行业。服务对象是“人”——给饭店带来财源的是“客人”；而给饭店创造财富的也是“人”，是每时每刻默默无闻从事平凡琐事的员工。尊重人、关心人、理解每位员工的个性，最大限度地发挥他们的潜能，从他们的一言一行中洞察到折射出的企业精神光辉，是企业管理最核心的问题，也是企业领导者最根本的任务。要让每位员工发挥潜能，就必须让他们具备发挥潜能的技巧和素质。为此，对每个岗位，每道程序，制订出具体的操作性强的标准规范，是饭店最基本的课题。硬标准、硬培训、硬执行也是饭店管理的基本功。这几“硬”过关，员工的服务技能也就过关。他们工作起来也就得心应手，许多“细微”之处也就能在“熟能生巧”的过程中得到尽善尽美的发挥。

6.3.1.5 正确对待客人的投诉是饭店优质服务的重要体现

对饭店员工来说，如何正确对待客人的投诉使其满意，是服务中的重要一环。尤其是现场面对投诉者，往往是处理者怀有良好愿望，使出浑身解数，结果却总是适得其反。正确对待客人的投诉，首要的一点应该主动寻找“投诉”。因为在人和人的交往中，尤其在饭店这个复杂的大环境之中，人与人的摩擦避免不了，只有主动寻找“投诉”，才能避免更多的投诉。关于客人投诉，有一组数据很能说明问题。在对宾馆服务不满意的客人中，96%的客人并不投诉，91%的客人不再入住该宾馆。这意味着一个不满意的客人将减少宾馆 10 个客人，可见，要吸引和稳住客人仅靠被动接受与处理客人投诉，是很不够的，称不上优质服务。应主动走近客人，征求客人意见，及时采取措施，调整我们的工作思路。主动走近客人寻找“投诉”，可将投诉消灭在萌芽状态，赢得客人的信任，稳定现有的客源，争取新的客人。无论什么样的投诉者和投诉状，在对待处理中都有一定的原则和技巧，应真心实意帮助投诉者解决问题，理解客人，设身处地为客人着想，认真倾听客人诉说，不随便打断客人，保持平静。倾听过程中注意与客人交流感情。在语言表达形式中，语气、语调、身姿、手势、表情等均应从有益于解疑出发，借以传达信息，抒发感情，增强感染力，取得当事人双方之间的共识和理解。正确巧妙地处理投诉，有时能使坏事变成好事，会在该饭店的优质服务中再加一个重重的砝码，反之，则会毁坏饭店优质服务的招牌。所以说，正确对待投诉问题也是影响饭店优质服务的一个重大因素。

6.3.2 现代饭店超值服务

6.3.2.1 饭店超值服务的内涵

现代饭店在其提供服务的过程当中越来越关注超值服务。饭店超值服务是指饭店提供常规服务之外的超出客人期望值的服务。客人期望值与实际感受之间的相互关系，可以归纳为一个公式：顾客的满意程度 = 顾客的实际感受 - 顾客的期望感受。饭店超值服务超越了传统服务的空间和时间，旨在奉献爱心、诚心、耐心的基础上，与客人之间建立起全新的亲情关系。其价值超出了服务本身的价值范围，创造出了新型的经营文化，树立了饭店的信誉和形象，推动了现代精神文明和商业道德建设的发展。

饭店客人在接受服务之前，总会有一种"事先期待"，即一种期望感受，而在得到该项服务之后，必然会对服务的实际水平进行评价。当顾客的实际感受高于顾客期望感受时，即顾客得出"比听说的还要好！"的评价，该顾客对服务肯定是满意的，因为企业提供了超越顾客期望的服务，他也有可能成为再次光临的"回头客"。当顾客的实际感受低于顾客的期望感受时，就会有"怎么这么差"的评价，该顾客肯定对服务不满意，这必将会失去这一顾客。当顾客的实际感受和顾客的期望感受没有差别时，就会被顾客认为只不过是受到一般的、理所当然的服务而已，不易留下印象。所以，企业要想能够提供超值服务，有2种最基本的方法：一种是尽量降低顾客的预先期望；另一种是尽量提高顾客的实际感受。

6.3.2.2 饭店提供超值服务的途径

（1）超值——用心来奉献

追求利润是企业的本质，在竞争激烈的饭店行业中，这一点体现尤为突出。目前，超值服务这一经营理念，已被许多饭店企业所接受。如汇东商务饭店所追求的服务就是规范、个性、超值，甚至是令客人倍受感动的服务，以满足多层次、多方面、多变化的服务要求。这家饭店在服务中，利用微机建立起客人用餐档案，详细记录了客人身份、性别、年龄、用餐的口味特点、生日等，建立了常客登记表，记录客人用餐需求特点，据此制订出优惠打折的方法。当客人生日时，饭店及时与客人联系，送去祝福，并告知客人为其准备的礼品和饭店新添的菜点等信息，使客人在品尝美味的同时，还体验到了超值的感受。这种超值服务的付出，不仅给饭店带来了良好的经济效益和社会效益，而且还为饭店巩固客源扩展市场奠定了基础。例如，宏源饭店的用心服务也是提供优质服务的典范。戴眼镜的人都知道，眼镜片遇热就会蒙上一层雾气，影响视线。而在这家以经营四川火锅为主的饭店，凡是戴眼镜进店的进餐者，服务员都会及时将一块擦眼镜用的绒布递上，供其擦拭眼镜用。这种细心而周到的超值服务之举，令众多的"眼镜"客人倍感亲切和温馨。只因注重了超值服务的细节，使其生意就比其他饭店好得多。

(2) 超值——以客人对精神需求的渴望为突破口

北京御香苑山东临沂分店是一家全国餐饮连锁机构，主要以经营火锅为主。在临沂商城，经营火锅的餐饮店不下100家，而独具特色的御香苑的生意却出奇地兴隆。御香苑是如何在激烈的市场竞争中脱颖而出的呢？从御香苑临沂分店何总的一句话里我们可以找到答案："谁说吃火锅没有档次，这种档次就是将火锅的饮食文化融入服务之中。"在这里顾客可以随时体验到文化的气息。在菜品的经营和餐厅设计、服务的细节上，处处都显现着浓郁的餐饮文化，让客人在就餐的同时，还学到许多餐饮文化知识，可谓一举多得。在济南市南外环附近，有一家"乡村别墅"饭店，这家饭店无论从装饰还是经营特色上，都给人一种浓厚的乡土气息和文化品位，其乡土气息的表现：在饭店的楼顶上，搭建了一些蔬菜大棚，里面有多种无土栽培的新鲜蔬菜和瓜果，消费者既可欣赏到绿色田园的美景，又能品尝到亲手采摘的新鲜果蔬。在文化氛围的设计上，饭店在整个房间和大厅里悬挂各种挂件，介绍济南的名人、名士，以及各种关于菜品的由来和典故，使整个饭店洋溢着浓郁的文化气息，让客人在品尝美味的同时，咀嚼历史和民俗的醇厚味道，得到了精神上的满足。

(3) 高科技——提供超值服务技术支撑

新科技革命的兴起与发展，生产技术、社会需求以及市场竞争的日新月异改变了饭店的经营方式。饭店能否在竞争中得以生存和发展，它所提供的产品能否符合时代的要求，首先在于饭店能否及时更新和运用各种高科技手段，能否迅速地在员工之间传递和分享高科技带来的信息，特别是能否把各种高科技融合到服务产品之中，融合到饭店的整个经营管理行为之中。利用科技手段建立尽可能完善的消费者信息数据库，可以使饭店更加了解是什么样的消费者在消费自己的产品，这样有利于饭店更有针对性地拓展延伸服务产品和潜在服务产品；利用信息技术，饭店可以通过客史档案统计并检索顾客个人的需求和品位，从而在全世界范围内为顾客提供超常化的个性化服务，进一步建立顾客对饭店的消费依赖关系，提升顾客满意度。高科技带给顾客的增值服务最先体现在客房的全副武装上，通过增加饭店现有服务产品的科技含量，为顾客提供更多的额外服务。如在客房配备上，以前只能在商务中心才能见到的计算机、高清视频会议等设施已悄悄进入星级饭店的客房，为商务顾客提供了更多的方便和快捷。据美国运通公司商务旅客调查表明，29%的受访者表示最想得到的服务项目是客房内的互联网的接入。另外，客房针对顾客的不同需求提供不同种类的计算机服务、饭店内部局域网账单的查询等带给了顾客更多的便利和实惠。这些科技成果的运用为顾客创造了物超所值的体验和感受，同时也为饭店实现可持续发展获得了充足的客源市场。

(4) 创新服务产品——提供超值服务的无尽源泉

创新是发展的源动力，现代饭店的竞争更多的体现为产品和服务的创新，饭店必须不断开发新的产品，才能带给顾客更多的惊喜和满意。海尔总裁张瑞敏认为，海尔的成功秘诀就是以最快的创新来满足顾客个性化的需求。提升顾客满意度是现代饭店经营宗旨，而顾客满意是顾客接受饭店服务后所产生的一种独特的情感定位。当顾客的实际感受超越了他在饭店消费所产生的期望时就会感到满意；否则，就会不满意。因此饭店要超越传统满意思维，走在顾客思想与意识的前端，深入研究顾客潜在需求以及顾客需求的动态变化，充分考虑顾客潜在需求，开发潜在产品和延伸产品，拓展产品的附加价值，拓宽产品的服务功能，创造超常化的独特服务项目，凸显饭店服务亮点。如为顾客尤其是长住客、常住客组织一些附加价值高的活动，包括组织重要顾客的年会、春季踏青、夏日避暑、秋天郊游活动等，加强与顾客之间的关系；组织企业家论坛、为青年旅馆的背包旅游者寻找同伴等，为顾客提供有附加价值的信息。另外，饭店还可以为顾客提供其他便利服务，如托婴服务、陪护服务等。这些服务功能尽可能地把饭店自身的产品延伸拓展到吃、住、娱等饭店传统的要素之外的其他内容，甚至是饭店业之外的其他领域，让顾客在饭店同质化服务产品中领略到具有差异性、独特性和人性化服务产品所带来的独特享受，从而获得愉悦和满足。

(5) 提升饭店服务文化附加值——提供超值服务的灵魂

饭店服务的文化是饭店文化的具体化，它是饭店的味道、饭店的气息，这种味道和气息虽无形但可感知。一家饭店服务如果没有文化气息，就不会有内涵和品位，就难以给顾客留下深刻的印象。不少饭店已开始关注对饭店软服务的重视，努力提高服务文化的附加价值。如对客房和餐厅视野的利用、客房用品对地方符号的利用，等等。对顾客来说，在享受饭店提供的优质物质产品的同时享受饭店独特的服务文化同样重要。如主题餐厅、主题客房、主题美食节、主题文化周等的运用，饭店在装潢、布置、服务、音乐、服务员的声音、服装以及产品都围绕着一个特定的主题，营造一个特定的文化氛围，服务文化也就提高了品位。这样，顾客在吃、住之外得到了一种超越物质享受之外的精神享受，同时，饭店通过所提供的服务文化在提升顾客满意过程中也实现了自身的增值。

(6) 提升饭店品牌形象——提供超值服务的推动力

知名品牌市场覆盖面广，社会知名度和美誉度高，有巨大市场穿透力，是饭店发展的后劲，也是饭店竞争力的体现，它是饭店最重要的无形资产。法奎尔认为，品牌能给产品带来超越其功能的附加价值或附加利益。品牌产品有助于扩大饭店在公众和目标市场中的声誉和影响，帮助消费者在大脑中建立一个持久的与众不同的形象，使消费者认可这种产品的品质。这样品牌就赋予产品一种附加价值，产生一种超越饭店产品基本属性之外的增值效应。这种增值效应对消费者产生了映射作用，使得消费者的身份和价值得到了充分体现甚至增值。因此，品牌产品能为顾客带来认同感和舒适感，能使消费者产生购买的联想。饭店借助品牌可以为消费者在服务上创造超过其价值之外的满足，而顾客满意又可以为饭店创造良好的效益，从而创造顾客和饭店双赢局面。

6.3.2.3 提供超值服务应遵循适度的原则

饭店的增值服务是在饭店服务过程程序化、服务行为规范化、服务管理制度化、服务结果标准化的基础上给顾客创造的一种意料之外的惊喜和体验。但是，饭店提升顾客满意度应把握增值服务的原则。

(1) 增值服务的项目设置要适度

饭店是社会经济的一部分，饭店要满足顾客需求，提升顾客满意度，在实施增值服务时却不能违反社会精神文明，提供一些赌博、色情、伤风败俗的服务项目，这必然会影响饭店声誉，增值服务也就失去了方向。

（2）增值服务的实施方法要适度

增值服务项目必然要与饭店等级规格相适应，而且要做到数量合理，以满足顾客的多层面需求为目标，但不能为了少数顾客的偶尔冲动盲目过多地铺张和浪费，更不能以破坏生态环境作为代价。

（3）增值服务的对象要适度

增值服务的目的是提升顾客满意度，饭店提供的增值服务可以是其他饭店所没有的，也可以是超出顾客意料之外的，或是与众不同的独特服务，但饭店提供的服务不能有失顾客的身份或者违背顾客意愿，而应凸显和提升顾客的身份和地位。因此，针对不同顾客应提供不同的增值服务项目，使增值服务更具针对性，更能提升顾客满意度。全球范围的竞争，强化了饭店企业价值链上的每一关键环节的竞争。饭店要通过高技术的连续积累和不间断的创新，逐步确立自身服务产品在行业的先行者形象和权威地位。一旦树立行业最具代表的品牌形象，在消费者追新求异的潮流中，饭店就可以通过为顾客创造更多的增值服务来提升顾客满意度，在创造满意顾客的同时创造饭店自身良好的社会效益和经济效益。

6.3.3 现代饭店差异化服务

6.3.3.1 现代饭店差异化服务的内涵

当今服务市场的竞争日趋激烈，分析顾客消费行为为基础的消费过程差异化就越发显出其重要性，成为现代饭店获取竞争优势的重要来源。所谓饭店差异化服务是指以顾客需求为中心，在满足顾客共性需求的基础上，针对顾客的个性特点和特殊需求，主动积极地为顾客提供差异性的服务，以便让接受服务的顾客有一种自豪感、满足感，从而留下深刻的印象，赢得他们的忠诚而成为回头客。它有2层内涵：一是指以标准化服务为基础，但不囿于标准，而是以客人的需求为中心提供各种有针对性的差异化服务及超常规的特殊服务；二是指饭店在服务中提供自己有个性和特色的服务项目。可以看出差异化服务的内涵主要表现在2个方面：满足顾客的个性需求和表现服务人员的个性。差异化服务与标准化服务是并行不悖的。标准化服务是差异化服务的基础，差异化服务是标准化服务的归宿。饭店也应该在标准化服务的基础上实施差异化服务。实施差异化服务能够培育顾客的忠诚度，有利于市场扩张，避免因产品雷同而导致的顾客满意度下降，能够体现饭店经营特色。在标准化服务的基础之上，饭店应该采取有效措施来实施差异化服务。

6.3.3.2 现代饭店差异化服务的特点

（1）服务的灵活性

指针对不同的时间、不同的场合、不同的顾客，灵活而有针对性地提供相应的服务。如客人走进房间，看到送来的鲜花是自己喜欢的君子兰；客房所有布置均是自己喜欢的颜色、装饰；放在床底下的皮鞋，已经被擦得又黑又亮；帮商务客人印名片、找旅行社等。

（2）服务的特殊性

指针对客人的消费偏好、生活习俗提供特殊的服务，也就是“特别的爱给特别的你”。如有位常住东方饭店的美国人，因为宗教信仰原因星期五不乘电梯，如果他星期五抵店时，接待员就把他安排在2层，以便他步行从楼梯出入。

（3）服务的多样性

差异化的服务也意味着为顾客提供更多的选择，以让顾客可以挑选适合于自己的服务项目。如夏威夷的 Waikoloa 饭店就深谙此道：如果你是个赛车迷，你可以随时坐上一辆法拉利赛车在饭店的私人赛车场上狂奔；如果你喜欢游泳，你可以选择与海豚一起畅游；如果你喜欢健身，你可以参加健美俱乐部，等等。

（4）服务的全能性

为了提供优质的差异化服务，饭店应事先预测到顾客各种各样的需要，并对顾客的需要做出全方位的反应。它的内容包罗万象，如修鞋补裤、雨天借伞、托管婴儿、照看宠物、充当导游、承办宴会、助客理财、提供无烟客房、客房用餐、商务秘书、网络服务、旅游信息等。

（5）服务的情感性

在差异化服务中，要重视顾客的心理感受，要尽最大的可能满足客人提出的要求，使顾客感到心灵的满足与放松。如有位30年后再次访问曼谷的英国客人，无意中讲出他昔日睡在蚊帐里的乐趣，客人所在的东方饭店立即派人送来一顶大蚊帐，设在这位客人带空调的房间里，为客人找回了当年的情境。四川锦江饭店取消客人进房后马上送茶送毛巾的服务程序，尽量避免对客人的干扰。汉堡四季饭店的两人房间，设有2个单独的藏衣室和互不干扰的2个大浴缸，充分尊重特别强调隐私的客人。

（6）服务的超满足性

传统的饭店力求提供100%的满意，但是现代饭店的营销理论认为，即使顾客达到完全满意后，由于求奇求新的心理，他还有很大的可能去转换饭店品牌的选择。因此，为了使顾客成为某一品牌的忠实拥护者，就必须使其得到 $100\% + n\%$ 的满意度，这额外的 $n\%$ 就是意外的惊喜、超值的享受、让顾客难以忘怀的经历，并使饭店能将自己的品牌区别、突出于其他众多的饭店品牌之上的关键因素。如汉堡的四季饭店，客房送餐的服务员会带来一个小皮箱，里面装有2套适合饮用不同饮料的玻璃杯，每套2杯，男女各1套。

6.3.3.3 现代饭店差异化服务的对策

（1）创造饭店服务消费过程的可进入性差异

饭店服务消费过程的可进入性是由于顾客对饭店某项服务的熟悉程度的大小及其消费过程的控制程度的高低而产生的风险感和距离感。由于饭店服务的无形性和经验性特征，饭店服务缺乏严格的同一标准，使得饭店服务质量软性化。与有形产品相比，顾客认为消费饭店服务产品的风险更大、饭店服务消费过程的可进入性较低。因此，饭店应创造消费过程的可进入性差异，降低客人消费前的风险感，缩短与顾客的距离，以便获得顾客的信任。比如，印制大量小册子明确告知客人出门旅游相关的政策法规和法律知识，让客人参观前就知道怎样保护自己，旅行社怎样才是合法的，在旅游价目表上明确附上当地旅游局和该旅行社的质监所电话号码，设立旅游投诉网站。星级饭店在醒目地方明确告示长途电话、复印、打印等的价格，提供免费的长途预订电话……这些差异性策略不仅能降低阻碍顾客进入的门槛，让客人明明白白去旅游，让宾客心中有数，放心消费，而且也能提高饭店自身的竞争优势。比如，北京燕都国旅大胆地抛出了“先旅游后付款”的承诺，大大降低了游客消费旅游产品的风险感，消费过程可进入性差异的创造就为燕都国旅在1999年一年中赢得了上万游客。

（2）创造现代饭店服务消费过程的难度差异

现代饭店服务消费过程的难度是指在顾客消费饭店服务的过程中，阻碍顾客顺利地消费服务的障碍物。它并不反映顾客的实际能力，而是与生理上的心理感受相联系。创造饭店服务消费过程的难度差异，可以采用降低难度和提高难度2种策略。降低难度是让顾客感到方便，如饭店里的各种指示牌、记号标志，或是先入住再登记的方法。而提高消费过程的难度则是通过设置障碍物引起顾客的兴致，让顾客的整个消费过程都充满了趣味。比如，麦当劳把汉堡包和法国炸制品放进一种被特别设计的盒子里，盒面有游戏、迷宫，而使整个消费过程都趣味盎然和充满了挑战性，这项别的餐馆所没有的差异性理所当然地吸引了大量儿童。一些饭店允诺顾客自己动手烹调，厨师却在一旁当助手，这同样激起了顾客的兴致。

（3）创造现代饭店服务消费过程的辅助物差异

现代饭店服务消费过程的辅助物是指除核心服务以外的包括各类服务设施设备、服务人员形象、文化氛围等能影响顾客消费过程的辅助产品。在消费有形产品时、顾客可以凭借产品的款式、颜色、商标、包装和品牌等多种标准来判断产品质量，而在消费服务产品时，顾客的评判标准则很大程度上局限于各种服务辅助物等有形展示品方面。因此，在辅助物上创造差异就成为吸引顾客的重要手段。比如，北京金三元的“扒猪脸”的消费就要求顾客带着帽子和手套进行，消费过程中有服务员在一旁讲解，还配备猪文化的连环画、民间文学、卡通天地等。独特的辅助物差异的创造就在顾客心中建立起独特的个性形象，使北京金三元从同类竞争者中脱颖而出。

（4）创造现代饭店服务消费过程的地点差异

改变现代饭店顾客的消费过程的地点位置，同样能创造差异性竞争优势。比如，北京一些大饭店将宴会摆到户外的风景名胜地，如长城饭店把宴会摆到了风景秀丽的白洋淀，这样，顾客在品尝佳肴的同时，又饱餐了山水秀色，这样高附加值的差异创造，自然大受顾客欢迎。而宴会外卖从食品原材料到餐桌、桌布、灯光、音响等都要改变地点，这种对饭店实力的高要求又将其他试图模仿者拒之门外，从而创造出了较持久的差异优势。

（5）加强现代饭店硬件建设：饭店的建筑装饰应体现个性化

现代饭店的建筑装修是饭店的重要硬件设施，是饭店经营管理的基础，是饭店业务开展的重要保证。顾客入住饭店时，饭店的建筑及装修风格给顾客留下第一印象，直接影响顾客对饭店服务的满意度。饭店应在建筑装修上拥有自己独特的风格，才能给顾客留下较好的第一印象，从而提高其满意度。

（6）重视软件建设，创造现代饭店的差异化

第一，完善激励机制，使差异化服务制度化。饭店企业将差异化服务作为日常管理的一种制度来要求员工，使饭店员工在标准化服务的指导下根据顾客具体的需求提供差异化服务。与此同时饭店的经营者则对那些在服务过程中表现突出的员工予以奖励，并将饭店的差异化服务予以制度化，使之成为每个员工必须遵守和执行的工作程序，这样可以最大限度地发挥员工的工作潜能，为顾客提供“惊喜”服务、“意外”服务。山东菏泽花都大饭店在差异化服务方面形成了自己的特色和独特管理模式，即个性化、亲情化的细微服务。该饭店将差异化服务制度化，成为每一个员工必须遵守的程序，并对在服务中表现优异的员工授予“花都金钥匙”的荣誉称号，极大地提高了员工的积极性和工作效率。

第二，建立现代饭店客户关系管理系统，实现经营内容差异化。现代饭店客户关系管理系统指饭店利用计算机等技术收集、存储客户的资料信息，以实现对客户沟通管理的一种重要模式。饭店企业在经营活动中利用计算机技术记录顾客的特别爱好、旅行历史甚至其家庭主要成员等，尤其是对饭店的常客要详细记录顾客的职务头衔、消费偏好、文化差异、禁忌、购买行为特征、住店行为等信息，为其他连锁饭店共享，使饭店企业有针对性地服务顾客，准确地提供高效的差异化服务。凯悦饭店集团不仅建立了完善的“客户关系管理档案”，而且力求在此基础上把对客差异化服务发挥到极致，给客人以最好的服务。光顾过凯悦饭店的顾客会在其生日时收到一封该饭店发来的贺卡。如果那些客人有半年或长时间没有再次光临了，也会收到一份小礼物，里面还附有一封问候的短信。此时给顾客带来的不仅是感动，更多的是为凯悦饭店细致入微的差异化服务所折服。凯悦饭店的这种差异化服务虽然成本低廉，但却赢得了更多的忠诚顾客。这是充分利用计算机网络技术为顾客提供差异化服务的典范。

第三，营销理念和管理手段差异化。营销理念差异化是在“一对一”营销的基础上进行的，即饭店在充分了解到每个消费者的个性需要的前提下，营销者基于饭店以各种手段或方式得到的关于某单个消费者的信息，并根据这些个体消费者的需求来改变企业行为的活动。饭店差异化管理主要是指建立符合企业本身实际情况的管理理念和管理机制，进行人性化的管理；通过实施有效的管理，设计科学的组织结构，制定合理的用人政策；运用现代科学技术手段，培育具有凝聚力的团队精神。在差异化营销方面，经营者可充分地利用电子商务等先进手段来处理市场信息，根据市场需求来进行生产销售活动。营销理念的差异化使企业的经营活动有了针对性。饭店企业根据顾客的需求来设计、生产和销售产品。这种经营模式一方面节约了企业经营成本，另一方面提高了市场竞争力。

第四，重视饭店文化差异化建设，培育差异化服务的良好氛围。饭店文化是饭店共同的价值观念和行为规范的体现。差异化的饭店企业文化是在充分了解自身优缺点基础上形成的“量体裁衣”式的企业共同的价值观念和行为规范。差异化的饭店文化起到重视人、满足人、鼓舞人的作用，充分调动员工的工作积极性和主动性，增强企业的向心力和凝聚力，为企业的发展壮大积聚力量。其影响下的差异化服务能稳定老客户，开拓新客户，提高饭店企业竞争力。例如，山东菏泽花都大饭店开展文化建设方面效果明显。在对客服务过程中，融入情感的文化因素，视客人为亲人，把客人当家人，把健康向上的文化理念融入员工的思想意识中，在潜移默化中改造人、提高人。该饭店为建立一个学习性组织，多次邀请国内知名专家、学者来店授课，还购买大量图书和资料供员工学习，在饭店内形成良好的学习氛围。在这种管理技巧和方法的指导下，饭店不仅提高了服务质量，而且在顾客和社会各界中树立了良好的口碑。

6.3.4 现代饭店服务创新

现代饭店服务创新是指饭店为获得更大的商业或社会利益，向目标顾客提供部分或者全部有别于以往的服务产品，以达到差异化的目的，从而获得一定程度的竞争优势。创新可以分为6种不同的形式：理念创新、启动新的业务、开发针对当前市场的新产品、产品线的延伸、产品改进、风格的改变。

6.3.4.1 现代饭店服务创新的必要性

中国饭店业发展20多年来，取得了显著的成就，年平均增长达到24%，是改革开放以来国民经济各行各业中发展最快的，且率先与国际惯例、国际水平接轨。但是，我国饭店业存在过度竞争的问题，有的地方甚至明显供大于求。现在又面临经营管理水平很高的国际饭店集团进入的威胁，饭店业必须通过创新来凸显自己的市场亮点，形成强于其他饭店的吸引力。

（1）现代饭店服务开展服务创新是由行业特点决定的

与制造业相比，进入一个饭店服务市场一般不需要大量的投资，同时，饭店服务业较少存在规模效应带来的成本优势，而且，饭店服务企业之间的技术障碍也不明显。因此，一般来说，饭店业的行业壁垒要低于制造业，不断进入市场的企业成为原有企业的竞争者，此时饭店如能开发新的服务项目或者对原有项目按照消费者需求进行修订，便能够建立一定的壁垒，将本饭店与其他饭店区分开来以达到差别化的目的，使之得以保持较为稳定的竞争优势。只有服务形式不断创新，服务质量不断提高才有可能对顾客产生吸引力，推动顾客主动消费。

（2）现代饭店服务创新是由顾客需求的多变性及多样性决定的

根据Zeithaml，Berry和Parasuraman的差距分析模型（1988），顾客期望的服务受到以往经历、口碑沟通、个人需求的影响，而这3个因素是可变因素，无法标准化或者量化，所以，顾客期望的服务是因人而异并且是不稳定的，这就带来了顾客需求的多样性及多变性。饭店要使可感知的服务尽量与大多数顾客期望服务一致，必须开展服务创新，因为固定不变的服务很难引起顾客的兴趣。

（3）现代饭店服务创新是由饭店服务生命周期的延长决定的

与有形产品类似，饭店服务也存在生命周期。有形产品生命周期的引入、增长、成熟、衰退几个阶段在饭店服务中也大致存在，随着科技的进步以及市场竞争的加剧，饭店服务的生命周期逐渐变短，从前要10年才进入衰退期的服务，现在可能只要半年就已经退出了市场。因此，饭店对现有服务进行不断的修正，是保持现有服务活力的有效方法，也因此而延长了服务产品的生命周期。

6.3.4.2 现代饭店服务创新的对策

（1）创新的保障——培育创新导向的企业文化

创新型饭店是以创新理念为核心理念，以创新功能为核心竞争力的饭店。以创新为战略导向是确保持续创新的关键因素，同时，创新的文化也在营造一种氛围，更易于全体饭店员工对创新达成共识，形成整体一致的创新行动。饭店持续创新的动力来自于其创新型企业文化，创新型文化是有利于催生创新灵感、保持创新活力的良好的组织生态环境。

建立学习型企业文化 特别在知识经济到来的今天，开展组织培训，建立学习型组织越来越成为饭店做好服务管理工作和提高服务质量的必要条件。创新型组织必然是一个学习型组织。在学习型组织中，组织成员得以不断突破自己能力的上限，培养全新、前瞻而开阔的思考方式、全力实现共同的抱负，以及不断学习和掌握如何共同学习的能力。这就要求上至饭店管理人员，下至基层服务员工都能够重视学习、培训和创新。应该指出，学习—修炼—提升是饭店开展服务创新以强化竞争力的必由之路。

创新企业制度 要让服务人员参与到饭店服务创新中去，就要对制度进行创新和变革。首先，要对员工充分地授权，发挥员工的主动性和创造性，充分利用蕴藏在员工中的资源和智慧。授权能让员工把自己当作饭店的主人，不但对工作负责、投入，而且认为工作富有意义，从而使员工在满意的状态下为顾客提供满意的服务。其次，管理者要充分重视员工在工作中所提出的建议与意见，通过各种奖励措施鼓励员工创新，同时重视对员工创新思维能力的培训，使每个人都能成为一个创新主体。

（2）创新的主体——培养创新型服务员工

持续创新的源泉来自于员工的参与，饭店要坚持在创新实践中识别人才，在创新活动中培育人才，在创新事业中凝聚人才。只有留住和吸引优秀的创新人才，不断地进行服务创新，才能保证饭店服务的差异化、特色化，从而提高服务质量，创造更多的顾客，改善饭店的经营效益。创新型服务员工在为顾客提供服务时，应充分重视服务创新，使顾客感受到前所未有的高质量的服务，而这一切的取得需要员工在平时服务过程中留心观察、灵活服务。针对顾客特殊爱好、特殊要求，尽可能地“想顾客之所想，急顾客之所急”，做到提供超越顾客期望的服务。

第一，饭店员工应掌握熟练的服务技巧，拥有必备的职业素养。迎宾、引宾入座、敬献菜单、聆听顾客点菜、推荐特色菜点、上菜、斟酒、摆台等服务均有一套标准要求，服务员必须熟练掌握这一系列的标准，并形成服务习惯，从而更加规范地为客人提供服务。如果没有娴熟的服务技能，服务失误不断，即使有良好的服务态度，端庄的仪容仪表，顾客也不会乐意接受此种服务，所以掌握娴熟的服务技能和技巧是服务创新的必备条件。

第二，饭店员工应保持良好的服务态度，真正做到“三心一笑”。“三心一笑”即用心、耐心、细心地为顾客服务，时刻保持微笑服务。当服务员工用心地为顾客服务时，顾客才会感觉到员工的热情与真诚，由此建立了一个良好的客我交流氛围，为整个饭店服务的顺利完成奠定基础。耐心是服务人员提供完美服务所必须具备的，饭店顾客投诉的原因往往就在于服务人员缺乏耐心，不能用合理的态度来对待顾客所提要求，故服务人员在对客服务中必须有耐心。而细心主要体现在对客服务的众多细节中，服务人员在对客服务中做到了细心，就会减少服务差错的产生，就不会疏漏细小的服务项目。这些细小的服务是否做到位，直接体现了饭店的服务水平和管理水平。

第三，饭店员工应不断“充电”，提升自身综合文化素质。

作为饭店餐厅的服务人员，不仅需要熟练掌握服务技巧、菜肴品种与制作工序，还需要了解饭店食品营养与卫生的相关知识，能够针对妇女、儿童、老年人等不同用餐人群推荐营养搭配合理的美味佳肴。除此之外，其他相关知识也需要不断地拓展。体验经济时代下，顾客光临饭店就餐，不仅要求在优雅的环境中享受美味佳肴，更重要的是体验一种自由、尊重、友好、和谐和文明的氛围，从而获得良好的精神享受。这就对服务人员的素质有了较高的要求。例如，外地游客来餐厅用餐，无意中会问及当地的概况以及一些有名的旅游景点，服务人员若对这些方面有所了解，就能流利地为顾客介绍，给顾客留下深刻的印象，从而可以大大提升服务质量，为饭店带来良好的口碑效应。

（3）创新的媒介——营造优异的饭店环境

饭店环境包括物理环境和服务氛围。物理环境是有形环境，主要是指环境条件、空间展示和象征性装饰，比如，装修、桌椅、布局、空调、灯光、颜色等；服务氛围是由服务场景引发的一种气氛，更多地是基于消费者的心理感知。餐厅里的音乐、气味、服务人员服饰举止中表现出来的气质等均影响顾客的就餐感受。餐饮设施设备的规格、配置和装饰、格调直接影响餐饮服务的质量和顾客的餐饮消费需求。通过营造一种创新型的就餐环境，即针对不同类型顾客的消费心理设计和布置不同主题的餐厅，以其独特的风格和特点吸引和招徕顾客，才能给顾客带来与众不同的就餐体验，才能使饭店餐饮在激烈竞争的市场上立于不败之地。服务人员在开餐前需做好充分的餐前准备，做好各自服务区域的清洁卫生、服务操作卫生，并保证服务设施设备、服务用品的美观性与安全性，使顾客吃出品位、吃出健康。顾客在就餐时餐厅可以播放一些柔和的背景音乐，为其带来一个良好的就餐心情。同时，优良的服务环境是顾客餐饮消费的基本要求。只有创造优良的服务环境才能够为顾客提供舒适、方便、安全、卫生的服务，从而满足其物质与精神上的需求。

（4）创新的核心——推广创新型服务项目

在体验经济时代下，饭店顾客接受服务不是因为服务的作用，更多的是因为在享受服务过程中获得的美好体验和难以忘怀的经历。饭店顾客很关注个性需求的满足，人性化的关怀和“适可而止”的服务。饭店服务创新的核心就是要设计和推广出不同创新型服务。

体验性服务创新 饭店消费不再单纯是满足生理需求的消费，而是一种具有个性化设计、满足特殊心理需求的体验消费。消费者在饭店就餐时，不仅是为了满足生理上的饥饿问题，更重要的是为了满足心理需要和社会归属感需要。饭店不仅要为顾客提供美味佳肴，满足顾客的感觉，而且还要提供体验性服务，以满足顾客的视觉、听觉、触觉和嗅觉。

个性化服务创新 现在越来越多的顾客对饭店提供的机械化服务模式产生了反感，这些顾客追求生活品质，寻求个性释放。因此，个性化服务以它鲜明的针对性和灵活性成为创新趋势。饭店员工要树立个性化服务的意识，要重视顾客的个性要求并尽量让其满意。

人性化服务创新 饭店通过对顾客的思想、情绪、爱好、愿望、需求和社会关系的了解和分析，注入人性情感，并加以引导，给予必要的满足。例如，可以利用一些特殊的节日，对顾客开展情感服务，如春节、中秋节、元宵节、顾客生日等，利用这些节日营造特殊氛围，赠送纪念品，从而使顾客产生情感上的共鸣，达到情感互动的效果。

适度服务创新 适度服务是指饭店为顾客提供一个宽松的消费环境，核心在于“适可而止”，防止过度服务。它是通过给顾客保留私人空间达到对顾客的真正尊重。当顾客在用餐过程中不需要服务人员时，应见不到服务员；当顾客需要服务时，服务人员不唤自来，这就是适度而不失热情地为客人服务。饭店对客服务是一门艺术，“恰到好处”才是服务的最高境界。

【思考题】

一、名词解释

现代饭店服务理念、饭店服务质量、服务质量标准、饭店服务质量分析、全面质量管理、饭店交互服务质量、饭店超值服务、饭店差异化服务、饭店服务创新。

二、简述题

1. 简述饭店“复合服务理念”的主要内容。

2. 简述现代饭店服务质量管理的内涵、构成内容。

3. 简述饭店服务质量管理的标准体系制定的基本原则。

4. 简述现代饭店质量分析方法和现代饭店服务质量管理模式。

5. 简述现代饭店优质服务的基本特性及饭店进行优质服务、差异化服务和服务创新的策略。

【案例分析】

希尔顿度假饭店差异化战略成功的启示

作为具有悠久历史的商务饭店，希尔顿致力于向更具有广阔市场前景的度假市场发展。为了改变其在人们心目中的传统形象，创立一系列具有统一接待标准的度假饭店，树立其作为度假饭店的形象，希尔顿实施了全方位营销战略，制订了一整套的营销计划，以此在顾客心目中树立起其具有独特度假饭店网络的概念。

希尔顿度假饭店开发规划中所提到的需要优先执行的4项工作包括：确立完整的度假饭店体验、完善度假饭店所需的产品和服务、创建全新的分销渠道，以及开发全新的度假饭店认证标准并付诸行动。希尔顿度假饭店成功的关键是其一直保持着公众对希尔顿全球度假饭店的渴望和向往。新开发的品牌标识及其支持系统使其具有独一无二的魅力，在降低产品价格敏感度的同时却相应提高了顾客对其产品的忠诚度。

为了提升整体产品和服务，并寻求差异化，希尔顿度假饭店开发了一系列全新、独特的产品，具体包括儿童俱乐部、儿童娱乐活动、儿童自助餐、人性化的欢迎和告别体验等；同时，希尔顿度假饭店还开发了一些独特的度假体验，如潜水、浪漫假期和SPA体验等。为了在成本最小化的同时实现利润最大化，希尔顿在互联网上开展了大量的市场营销工作，同时推广了希尔顿度假饭店的新品牌识别系统。希尔顿在互联网上向顾客提供360°全方位的度假饭店产品体验，这种方式不仅对饭店经营者非常有效，而且能够帮助顾客找到最适合自己需要的度假产品。希尔顿还创办了推广其度假饭店产品的电视频道，并通过电子邮件向尽可能多的顾客开展预订和咨询服务。

在营销预算有限的情况下，希尔顿度假饭店注重市场的细分工作，在市场细分的前提下选择适当的目标市场。一般来说，希尔顿度假饭店70%以上的顾客是由旅游中间商带来的，因此旅游中间商就是希尔顿具有巨大潜力的无形资产。希尔顿向旅游中间商提供了一系列定制化的产品展示、详尽全面的介绍材料、定期发布的饭店简报，以及合作举办一些规模较大的战略销售活动等，这些都会对选择合适的目标中间商产生巨大的影响。为了将其度假产品信息传递到更为广阔的市场群体，包括新闻媒体，希尔顿有选择性地参与旅游博览会和交易会，与此同时向与会人员传达极具个性化、极具影响力的产品信息。希尔顿并没有满足于前期的销售结果，而是继续创新，力争为顾客创造更多的附加价值，进一步延伸了顾客的度假体验价值链。例如，为了保证顾客在度假前夕一直保持兴奋状态，希尔顿会在顾客离家之前不断运用电子邮件的方式向顾客传递度假饭店产品的信息，并采用邀请其参与或公布优惠活动的方式加强与顾客的沟通和联系。而且，一旦登录了希尔顿度假饭店的网站顾客随时都可以体验步行于希尔顿度假饭店的美妙感受，同时还可以下载目的地资料或了解行李托运情况。希尔顿度假饭店产品为顾客创造的附加价值，不仅为顾客提供了与众不同的独特体验，进而也凸显了希尔顿作为度假饭店的独特性。

【案例思考题】

希尔顿饭店在差异化管理方面有哪些特色？它们对我国饭店业的差异化服务业务的开展有哪些启示？

【本章推荐阅读书目】

1. 旅游与休闲业服务质量管理．［美］CHRISTINE WILLIAMS JOHN BUSWELL. 戴斌，依绍华译．南开大学出版社，2003.

2. 饭店管理——理论、方法与案例．邹益民，周亚庆．高等教育出版社，2004.

第 7 章

现代饭店投资与筹备管理

【本章概要】

本章着重阐述了现代饭店筹资的原则、形式、成本，饭店投资的可行性分析及效益评估；饭店筹备的基本原则、基本内容及机构设置。

【学习目标】

- 了解现代饭店筹资的基本原则；
- 掌握现代饭店筹资的主要形式；
- 掌握降低现代饭店筹资成本的方法；
- 了解现代饭店投资可行性分析的基本方法；
- 了解现代饭店筹备管理的基本原则与基本内容；
- 掌握现代饭店筹备工作的基本流程；
- 掌握现代饭店筹建组织机构设置的原则和内容。

【关键性术语】

筹资、筹资成本、冒险型筹资、保守型筹资、适度型筹资、投资评估、利润率预算、筹备、章程、核心层、中间管理层、基层人员、资金管理、基建管理、设计方案、审查与审批、成本控制。

凡事预则立，不预则废。

——《礼记 · 中庸》

【章首案例】

河北“第一城”的成功投资

由“中信国安集团”投资36亿元历时13年建造的“第一城”位于河北省香河，占地240hm²，总建筑面积40万m²。始建于1992年，于2001年全面投入使用。包括旅游、商业、饭店、餐饮、会议、娱乐、休闲等。其建筑以明清两代北京城为蓝本，将老北京的城郭微缩过来，内九外七的城楼、城墙均按明代京城1:1的比例修建，设有建国门、安定门、永定门、正安门等城楼，只是将城墙长度缩短，并改为内部2层的空腹长廊，作为客房、餐厅、办公场所，其设计由当初的老一辈建筑大师为其担当。整个建筑外观古朴典雅、气势恢宏。截至目前，“第一城”的商业、餐饮、能容纳3000人的大型会议中心、影视拍摄以及娱乐休闲设施已全部投入使用，在售的只是部分产权式饭店。

据了解，“第一城”的产权式饭店于2003年开始销售，并提出了一种个人投资理财模式。即每份投资 10 万元，投资期限最低 3 年，最长 8 年，在投资期限内，投资者每年可获得 6% 的现金回报和 2.3% 的消费代金卡，现金回报每半年一返。投资期满，投资者如不选择继续投资，即可以与当初购买时同等的价比同时转售给经营公司。

由于“第一城”的担保机制相对健全，所以，自 2003 年销售以来，取得了不俗的销售业绩，并如约兑现了 2 次返租——2004 年 7 月，“第一城”1521 位业主收到 1020 万元投资收益；2005 年 1 月，“第一城”2250 位业主收到 1659 万元投资收益。同时饭店投资方也获得了不菲的收益。

河北“第一城”的投资成功说明，饭店的投资效益分析和科学的筹备、科学的营销策划是何等的重要。

7.1 现代饭店投资管理

7.1.1 现代饭店资金的筹措

7.1.1.1 现代饭店资金筹措的形式

饭店为了保证经营活动的正常开展，按照一定的法律规范，在饭店经营的战略目标指导下，通过适当的方式筹集经营所需的资金。饭店经营的资金，除了自有资金外，负债筹资已成为饭店资金的重要来源。在一定条件下，通过举债筹资可以增加饭店（投资者）的收益，提高饭店的经济效益，这种作用通常被称为“财务杠杆作用”。但这并不意味着饭店可以无限制地借款举债，财务杠杆作用实际上也相应增大了饭店的经营风险。因此，饭店需要在经营风险与预期收益两者之间进行权衡与抉择。一般情况下，只有当饭店盈利率高于借款利率时，通过股权资本作为基础所得到的借入资本，才可能为饭店谋取更多的利益；否则，饭店盈利只会越来越少，严重者甚至会出现亏损。

从表 7－1 可知，在盈利率大于银行借款利率的情况下，借入资金可以使饭店获得更多的盈利。但若上述饭店的盈利率均为 10%，银行借款利率为 14% 时，结论如表 7－2 所示。

表 7－1 不同财务杠杆下的经营结果

项　目	A 饭店	B 饭店	C 饭店
注册股权资本（万元）	1000	1000	1000
借入资本（万元）	0	1000	2000
经营资本总额（万元）	1000	2000	3000
财务杠杆作用（%）	0	50	67
企业盈利率（%）	20	20	20
盈利额（万元）	200	400	600
减：利息支出（10%，万元）	0	100	200
年度净利额（万元）	200	300	400

表7-2 不同财务杠杆下的经营结果

项　目	A饭店	B饭店	C饭店
注册股权资本（万元）	1000	1000	1000
借入资本（万元）	0	1000	2000
经营资本总额（万元）	1000	2000	3000
财务杠杆作用（%）	0	50	67
企业盈利率（%）	10	10	10
盈利额（万元）	100	200	300
减：利息支出（14%，万元）	0	140	280
年度净利额（万元）	100	60	20

由此可见，饭店经营者对财务杠杆作用及负债经营风险，要有清醒的认识，只有正确运用财务杠杆才能获得良好的经济效益。

饭店常用的筹资资金主要包括：饭店自有资金、银行贷款、债券与股票、吸引国外资金、设备租赁等。

（1）内部筹资

内部筹资是利用饭店自有资金，其优点在于资金可自由支配，且成本最低。但也有缺陷，其中最主要的是筹资数量受到饭店自身实力的限制。饭店自有资金包括闲置的资金、专用资金，也包括饭店内部经济效益较低的占用资金。因此，饭店内部资金可分为以下几种形式。

企业留利　饭店上缴税利以后留归自己支配的纯收入。从严格意义上说，企业内部筹资的来源是饭店经营的利润，其实质是利润资本化。

折旧基金　固定资产折旧是饭店内部一项主要资金来源。折旧基金原则上用于保证固定资产简单再生产所需，其中一部分也可用于扩大再生产。

变卖闲置资产　饭店将自己一部分多余或低效的资产通过清算或拍卖筹措资金。通过此方法，饭店不仅可以筹措自己所需资金，同时可以改变饭店的经营结构。

应收账款　应收账款是饭店的债权，属饭店内部资金。利用应收账款筹资可为抵押获取银行贷款，或者将其出售以取得饭店所需资金。

低效益资金占用转移　此类资金一般较难界定，饭店应根据自身经营状况，在与其他同类饭店比较的基础上进行相应的筹资活动。

（2）银行贷款

银行贷款是饭店筹集资金的重要来源。其优点从筹资成本来看，相对较低；缺陷在于这种方式程序比较复杂，对贷款规模与期限有较强的限制。另外，国家金融政策的变动也会给饭店正常的筹资计划带来冲击。

在选择贷款银行时，饭店应该考虑以下问题：贷款成本、承担风险的程度、银行忠诚度、贷款专业化度、银行规模、其他服务。

饭店在向银行贷款前还应该考虑以下2个问题；一是分析目标银行是否有发放贷款的能力；二是分析对于贷款的承受能力，使用贷款的配套能力以及贷款的偿还能力。饭店在贷款前应对自身的信誉、经营状况、发展潜力等进行评估，以判断是否符合银行贷款的相关要求。

(3) 发行股票、债券

发行股票、债券筹集社会闲散资金，是饭店适应市场经济要求与社会化大生产需要发展起来的一种重要的筹资途径。股票指企业发行的、证明股东在企业投入股金的凭证，并据以取得股息和股利收入的一种有价证券。根据股东承担的风险和享有权利的大小，股票可分为普通股和优先股。发行股票这种筹资方式越来越受到饭店业的重视。

发行股票应该按照法律程序进行。其基本步骤为：由饭店董事会讨论决定是否发行股票；经过政府主管部门及证券管理机构批准同意后发行；董事会准备认股书；董事会通知原有股东行使优先认股权；饭店委托专门机构募集股票；投资者购买股票。

债券与股票不同，债券主要是指公司债券，它是饭店为了筹集资金，依照法定的程序约定在一定期间按票面金额还本付息的一种有价证券，是饭店筹措长期资金的主要方式。债券代表持券人同饭店之间的债权债务关系，持券人可以按期取得固定利息，到期收回本金，无权参与饭店的经营管理，不参加分红，对饭店经营亏损不承担责任。

债券的分类标准及种类很多。按债券是否记名，分为记名债券和不记名债券；按债券是否可转换，分为可转换债券和不可转换债券；按债券有无特定的财产担保，分为抵押债券和信用债券。关于债券的发行，国务院 1987 年 3 月 27 日发布的《企业债券管理暂行条例》对全民所有制企业在境内发行债券做了明确规定：中国人民银行要会同国家计委、财政部拟订全国企业债券发行的年度控制额度，下达各省、自治区、直辖市和计划单列市执行。

(4) 对外筹资

对外筹资是指饭店通过各种方式引进吸收国外政府、企业与个人的资金（包括港澳台同胞与海外华侨），以满足饭店经营活动对资金的需要，饭店利用外资的方式可以归纳为利用直接投资与间接投资。

饭店直接利用外资一般不必对外举债，但是，饭店需要让渡部分资产所有权，并与外方分享经营利润。直接投资是国际间长期资金流动的一种方式。外商独资、中外合资、中外合作都是直接利用外资的形式。

间接利用外资一般不涉及饭店所有权的问题，但需用外汇还本付息，经营风险较大。间接利用外资主要有以下几种形式。

政府贷款 这是一国政府用财政预算资金向另一国政府提供的优惠性贷款。此种贷款通常具有利率低、周期长的特点。

国际金融机构贷款 这些金融机构包括：国际货币基金组织、世界银行、亚洲开发银行等。

发行国际债券 通过在国外发行债券来筹措资金的一种方式。

出口信贷 外国政府为了鼓励商品出口，增强在国际市场上的竞争能力，通过本国银行向国外进口商提供的一种贷款。

(5) 租赁筹资

租赁指出租人按照协议将物件交付给承租人临时占有或使用，并在租期内向承租人收取租金的一种商业行为。租赁业务是联系出租人、承租人、供货商 3 方面关系的一种特殊的贸易方式，具有以下特点。

第一，租赁资产的所有权和经营权相分离。在约定的租赁期内，所租物品的所有权属于出租人，而使用权归承租人。

第二，融资与融物相结合。专业租赁公司往往具有银行和贸易公司的双重职能，使买卖、提供劳务与融资同时进行，环节减少，效率提高。

第三，租赁的租金采取分期回流的形式。

第四，租赁的资金运动具有独特的形式。租赁资金的运动以商业资本的运动形式为基础。包括购入（G—W）、租出（W—W）、偿还（W—G′）3个阶段。这3个阶段之间是以商业资本的运动为中介，表现为：G—W—W—G′—G_1，其中G_1表示全部租金之和。根据租赁性质的不同，租赁可分为经营租赁和融资租赁。

经营租赁：又称营运租赁，指由租赁公司向饭店提供短期内使用的设备，并提供设备的维修、保养、人员培训等其他相关服务。经营租赁包括以下几种租赁形式：短期租赁、专用设备租赁、维修租赁等。按照国家有关规定，短期租赁的少量设备所付的租赁费可以计入成本。在这种租赁方式中，饭店可以先取得设备的使用权后付款。

融资租赁：又称资本租赁，指租赁公司用资金购置饭店选定的设备后，按照双方签订的租赁合同将其租给饭店长期使用的一种资金融通方式。融资租赁产生于20世纪50年代，是现代租赁业务中最主要、使用最广泛的租赁形式。具有以下特点：

- 由饭店负责设备的选择、保险、保养和维修；出租公司负责垫付贷款，购买设备；
- 租赁期内设备的使用权和所有权分离，设备的所有权属出租公司，使用权属饭店；
- 租赁期满，饭店付清所有租金并加付一定数额的转让费，即取得设备所有权；
- 租赁期内双方无权取消合同；
- 租赁期内，租金大体上等于设备售价（包括运杂费和包装费）减去残值（如果有的话）加上贷款利息和租赁公司管理费；
- 租赁期较长，一般设备为3~5年，大型设备可达10年以上。

融资租赁事先不必投资，只需预付10%~20%的保证金即可获得设备，拥有使用权。租赁手续简便，引进设备速度快，并可以在纳税上获得好处。融资租赁不像经营租赁那样借物还物，定期付租，而是借物还钱，分期付款。融资租赁的优点在于：筹资速度快、限制条款少、设备淘汰风险少、财务风险小和税收负担轻等。现在，租赁已经成为饭店筹集资金、更新设备、扩大经营规模的一种有效手段。

7.1.1.2 现代饭店筹资成本的计算

饭店投资需要资金，为了筹措资金，饭店需要付出一定的代价，这个代价就是资金成本（即使是自有资金，也应计算资金的机会成本）。估算资金成本对于投资决策是很重要的，因为资金成本是评价投资方案、计算货币时间价值的基本依据。如果对它估计过高，就会低估投资方案的价值；对它估计过低，又会过高估计投资方案的价值，无论哪一种情况都会导致决策的失误。另外，对资金成本进行估计也是为了对资金来源做出正确选择。最佳的资金来源组成应使饭店的资金成本最低。饭店资金按来源可分为负债资金和权益资金。

（1）债务成本

债务成本是指饭店为筹措资金而支付的各种费用的总和。它包括贷款的利息、债券债息、租赁租金，还包括贷款过程中的各种费用。因此，筹资方式不同，相应的成本构成也不同。

贷款成本的构成及其计算 国内贷款成本构成：国内贷款成本主要是利息，借款人除了为申请贷款花费一定支出以外，贷款人一般不向借款人摊提利息以外的费用。国际贷款成本构成：国际贷款包括国际商业银行贷款、国际金融组织贷款和政府贷款。由于国际商业银行贷款占整个国际贷款的70%左右，所以侧重介绍该种贷款的成本构成。国际商业银行的贷款成本由利息与费用2部分构成。贷款费用通常包括管理费、代理费、杂费，还有过户费、违约准备费、安排费、佣金等。

贷款的筹资成本可由以下公式计算：

$$\text{贷款的筹资成本}=\frac{[\text{年利息}\times(1-\text{所得税率})]}{[\text{贷款筹资总额}\times(1-\text{贷款筹资费率})]}\times 100\%$$

例如，阳光饭店欲从银行借款1000万元，手续费0.1%，年利率5%，期限3年，每年结息一次，到期一次还本，饭店所得税率为33%。则该笔长期借款筹资成本为：

$$\text{长期借款筹资成本}=[1000\times 5\%\times(1-33\%)]/[1000\times(1-0.1\%)]\times 100\%=3.35\%$$

注明：由于银行借款手续费很低，上式中的筹资费率常常可以忽略不计，则上式可以简化为：

$$\begin{aligned}\text{长期借款筹资成本}&=\text{借款利率}\times(1-\text{所得税率})\\&=5\%\times(1-33\%)=3.35\%\end{aligned}$$

债券成本的构成及其计算 债券的筹资成本包括债券的发行、流通、偿还过程的债券价格差、利率差与费用。债券价格中的成本主要指发行价格低于票面价格的差价和购买价格低于票面价格的差价。发行利率低于票面利率的部分、流通利率低于票面利率的部分、票面利率本身均构成债券筹资成本。债券费用包括债券发行过程中产生的印刷费、律师费，以及债券流通中的推销费、债券偿还中的代理手续费等。

债券的筹资成本计算公式：

$$K_B=[i(1-T_R)]/[(M-D(1-F))]$$

式中 K_B——债券筹资成本率；

i——年利率；

T_R——所得税率；

M——筹资费用；

D——票面价格与市场价格的差价；

F——筹资费用率。

租赁成本的构成及其计算 租赁成本主要指租金，租金主要包括设备价款和租息2部分，租息又可以分为租赁公司的融资成本、租赁手续费等。目前流行的租金计算方法主要有平均分摊法、等额年金法、附加率法和浮动利率法等。我国融资租赁实务中，大多采用平均分摊法和等额年金法。

平均分摊法 平均分摊法是指先以商定的利率和手续费计算出租赁期间的利息和手续费，然后连同设备成本按支付次数平均。每次应付租金的计算公式如下：

$$R=[(C-S)+I+F]/N$$

式中 R——每次应付租金；

C——租赁资产的购置成本；

S——租赁资产的预计残值；

I——租赁期间利息；

F——租赁期间手续费；

N——租金支付次数。

在上述计算公式中，租金的计算是关键。

例：某饭店年初从租赁公司租入一套洗涤设备，价值6万元，租期为10年，预计10年后的残值为5000元，归租赁公司收回。若按年利率8%计算，租赁平均费用1000元，租金每年末支付一次。按平均分摊法计算每年租金：

$$R=(60\ 000-5000+60\ 000\times 8\%+1000)\div 10=6080\ (元)$$

等额年金法 运用年金现值的计算原理计算每期应付租金的方法。根据年金收付时间的不同，等额年金法又分为后付等额年金计算方法和先付等额年金计算方法。我国租赁业务中使用较多的是后付等额年金计算方法。其公式如下：

每年末应付租金 = 租金总额现值 ÷ 年金现值系数

例：利用后付等额年金计算方法，计算上例中饭店每年末应付租金数。

每年末应付租金 $=60\ 000+1000-5000\div(1+8\%)^{10}\div(\text{PIA},\ 8\%,\ 10)=8745.63$（元）

在本例题计算中，因该设备的预计残值归租赁公司，因而要把它折算为现值后从租金中减去。

（2）权益资本回报

权益资金包括普通股、优先股和自有资金3种。

普通股的成本 普通股股东在饭店中拥有的财富（或价值）等于他将来从饭店预期获得的收益，即按股东的必要收益率进行贴现而得到的总现值。这里，股东的必要收益率是指股东愿意投资的最低限度的收益率，这个收益率对饭店来说就是资金成本。

设股东的必要收益率为 K_s，在 t 期内，将来预期每期的股利收入分别为 D，股东在饭店中的财富为 W，则：

$$W=\sum[D_t/(1+K_s)^t]$$

假定公司每年的股利增长率 g 不变，那么，上式可推导为：

$$W=D_1/(K_s-g)$$

式中 D_1——下一年发放的股利。

如果 D_1 表示的是每股股利，那么，上式公式可改写为：

$$K_s=D_1/W+g$$

从式中可以看出，股东的预期收益由2个部分组成。一部分是股利，它的收益率称为股利收益率，等于 D_1/W；一部分是资本利得，即由预期股票涨价给股东带来的收益，它的收益率称为资本利得收益率，在股利增长率保持每年不变的情况下，它就等于 g。

由于投资者的必要收益率，对饭店来说也就是资本成本，所以，上式也就是估计普通股资金成本的基本公式。普通股的成本是以股利形式从税后利润中开支的，它不影响应纳税收入，从而不影响税金的大小，所以，估计普通股的资金成本时，不必计算税后资金成本。需要说明的是，由于发行新的普通股筹资需要有一笔发行费用，所以在估计发行新普通股的资金成本时，需要对上式进行修正，修正后的公式为：

$$K_n = D_1 / N_n + g$$

式中 K_n——发行新普通股的资金成本；

N_n——行新股票得到的每股净收入，它等于新股票价格扣去每股的发行费用。

优先股的成本 优先股的最大特点是每年的股利固定不变，所以，它的股利增长率为零。假定优先股的资金成本为 K_p，每年的股利为 D_p，发行优先股的每股净收入为 N_p（等于每股价格扣除每股发行费用），那么，计算优先股资金成本的公式：$K_p = D_p / N_p$。

自有资金的成本 自有资金是把饭店的一部分利润留在饭店作为再投资用，所以它本身不需要有外显成本支出，但存在机会成本。如果把这部分盈利作为股利发给股东，股东就可以利用这笔股利在其他地方进行投资，若把这笔盈利用于再投资，股东就失去相应的收益，这就是机会成本。这个机会成本的大小等于股东在其他风险相同的企业投资所能得到的收益。对股东来说，这个收益率就是饭店普通股的收益率。因此，饭店自有资金的成本为：$K_r = D_1 / W + g$。

由于自有资金用于再投资，不需要支出股票的发行费用，所以在计算它的资金成本时，不必考虑它的发行费用。

（3）加权资金成本

一般来说，借债是成本最低的一种资金来源。但饭店不可能无限制地使用债务，如果借债过多，会使饭店权益资本比重减少，债务的偿还能力下降，从而加大饭店的经营风险。饭店的借债能力总是有限的，这一次靠借债来筹资，就意味着以后的某一时间里必须靠增发股票来筹资。也就是说，今天以较低的债务成本举债筹资，必须以牺牲将来借债的机会为代价。假定某饭店第一年大量举债筹资，债务成本为6%。那么，收益为7%的方案是可以接受的。到第二年，因企业借债能力耗尽，必须使用权益资本，其成本为14%。所以，到第二年，收益率超过14%的方案才是可以被接受的。这样，如果第一年按债务成本6%作为资金成本，第一年收益率为7%的方案，就会把第二年收益率更高的（如13%的）方案挤走。这显然是不合理的。为了避免这类问题的发生，在投资决策中，就不能单纯使用债务成本，也不能单纯使用权益成本，而是应当使用加权平均资金成本（或称综合资金成本）。其计算公式为：

$$K_a = p_d k_d + p_e k_e$$

式中 K_a——加权平均资金成本；

k_d——税后债务成本；

k_e——权益资本成本；

p_d，p_e——根据公司的最优资本结构决定的债务和权益结构比例。

在上例中，假如该饭店的最优资本结构是债务40%，权益资本60%，那么，该饭店的综合资金成本 K_a 为：

$$K_a = 7\% \times 40\% + 14\% \times 60\% = 11.2\%$$

因此，该饭店在评价投资方案时，应使用贴现率11.2%作为资金成本。

7.1.1.3 现代饭店筹资成本的降低

降低筹资成本的途径可以在影响筹资成本的因素中寻找。

充分利用宏观经济发展的机会 在整个经济不景气时，只要饭店经营条件许可，筹资是较好的选择。因为这是无论贷款、债券发行、设备租赁等融资成本均较低。

充分利用通货膨胀 当饭店筹资成本低于物价上涨指数时，筹资可以降低成本，有时还可以获益。

充分利用资金供求的变化状况 当财政出现赤字时，资金供应量势必减少，银行利率上升，债券价格上涨，筹资成本就会增加。在市场疲软、购买力减少时，通过租赁可以降低筹资成本。

充分利用汇率变动 饭店进行国际筹资应该选择汇率下跌时，偿还则应选择汇率上升时，这样可以有效降低成本。

适当提高举债规模 筹资中存在规模经济，付出同样手续费，筹资越多平均费用就越低。

优化筹资偿还期限 偿还期限越长，越有利于投资的回收。但偿还期限需均衡，长、中、短平稳分布，以免债务过于集中，无法偿还，并导致不必要的罚款。

尽可能选择较低水平的基本利率 如利用低息贷款、无息贷款、出口信贷等；尽可能采用固定利率，以避免利率风险；尽量利用产业优惠政策，争取优惠贷款。

优选筹资组合方式 一般来说，债券利率高于贷款利率，租赁费用则相对较高，但是，债券发行与租赁用款期限较长，受外界干涉较少，还可避免通货膨胀等因素影响，从长期看，筹资成本并不一定最高。

提高饭店资信等级 通常较高的资信等级可以获得成本较低的资金借入。

选择资金成本较低的债券人 在租赁业中可选择制造商直接租赁，设备价款就可能较低。向金融机构开设的租赁机构租赁，其租赁费中的利息就可能比其他公司低。

选择科学的偿还方式 不同的偿还方式会导致偿还总额的不同，从而筹资成本也会不同。

提高筹资效益 提高筹资效益与降低筹资成本同样重要，其主要方法有：适度负债，避免到期不能支付的罚款；优选投资项目；优化产品质量，扩大市场销售；明确筹资经济责任与权利。

7.1.1.4 现代饭店筹资风险的控制

筹资风险是由企业举债经营带来的。有效地进行筹资风险控制，在一定程度上规避筹资风险，会对企业的投资决策、生产经营产生一系列积极影响。具体来说，筹资风险可以从以下几个方面进行控制。

（1）注重自有资金的运用

应当注重本企业现有资金的运用，以尽可能降低筹集资金的风险。

（2）筹集资金的数量应与经营所需相适应

经营所需是确定企业筹资数量的前提，这样不仅可以防止筹资浪费，又可在一定程度上确保偿还能力。一般来说，企业的筹资数量不能超过借款界点，超过借款界点，就可能导致企业亏损。

借款界点 = 销售收入 × 借款界点比率

= 销售收入 ×（销售利润率/借款年利率）

(3) 确定合理的还款期限和资金结构

根据投资项目的性质与特点确定还款期限。自有资金、借贷资金、支付利息等方面也要根据企业的性质保持一个适当的结构。一般情况下，自有资金比率在40%以上，流动比率在20%以上，支付利息率在2%以上。

(4) 充分考虑筹资环境

进行筹资决策，要充分考虑当时的筹资环境与市场环境。在筹资环境比较宽松，市场经济状态较好的情况下，可以考虑增加借款数量；反之，则减少借款数量。

7.1.1.5 现代饭店筹资策略的选择

一般来说，饭店筹资主要与流动资产相联系。在饭店经营活动中，流动资产所占的比重约为全部资金的30%左右。由于流动资金周转速度快，变现能力强，因而往往反映了饭店经营的总体效果。因此，如何筹措资金以融通流动资产是饭店筹资策略应该考虑的问题。

饭店经营活动有明显的淡旺季特点，饭店流动资产也会相应出现类似的变化。一般在旅游旺季，饭店会大量渴求资金；旅游淡季，市场需求疲软，饭店对资金的需求会大大减少。饭店筹资策略必须根据饭店经营的实际状况灵活选择。

在正常情况下，饭店的流动资产包括2个部分：一部分是永久性流动资产，这部分流动资产即使在旅游淡季也依然保留；另一部分为临时性流动资产。饭店资产划分及筹资策略如图7－1所示。

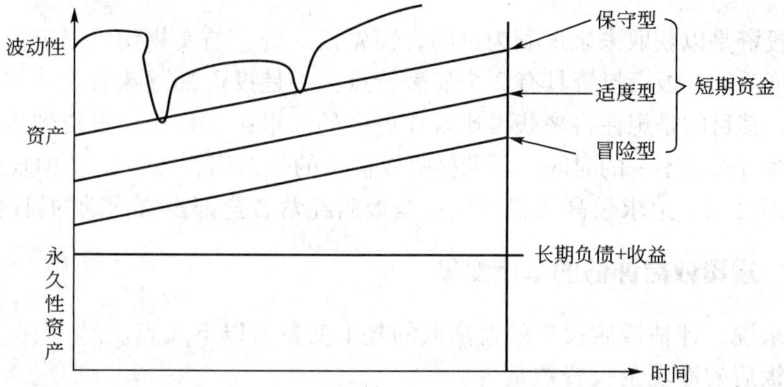

图7－1 饭店资产划分及筹资策略

饭店筹资策略指的是与永久性流动资产和临时性流动资产有关的策略，也称短期筹资策略。

(1) 冒险型筹资策略

这是一种积极的筹资策略。其特点表现为：饭店以长期负债与权益性条件来筹集永久性资产的一部分，其余永久性资产与临时性资产则依靠短期资金来融资。采用这种筹资策略，饭店不仅要承担筹资困难的风险，还要面临由于利率上涨而支付更多利息的潜在风险。此类策略风险较大，但如果饭店经营有方，利润是十分可观的。

(2) 保守型筹资策略

保守型筹资策略的主要特点是：饭店不仅以长期资金来筹集永久性资产（包

括流动资产与固定资产），而且还以长期资金来满足由于淡旺季产生的全部临时性资产的资金要求，几乎不需要短期资金的筹措，甚至有资金闲置。饭店通常将闲置资金投资于短期有价证券获取报酬，在旺季时出售证券以满足饭店经营资金所需。

（3）适度型筹资策略

这是一种比较普遍的饭店筹资策略，其特点为：对临时性资产筹措以短期资金来解决，而对于永久性资产均以长期筹资方式筹集所需资金，从而使资产和负债的到期期限能相互配合。选择此种策略，饭店可以降低偿债风险，避免陷入严重的财务危机。然而，由于饭店资产使用寿命的不确定性，要做到完全的相互配合是有一定困难的。但是，无论如何这是一种比较稳妥的饭店筹资策略。

【课堂讨论】

怎样掌握好筹资的度

在现代饭店的筹资战略中，有2种对立的观点。一种观点认为，只要能筹到资，特别是银行的资金，那可是多多益善；另一种观点认为，借钱总是要还的，而且还要还利息，实在不划算。所以不如精打细算，勒紧腰带过日子，不到万不得已，最好不要借钱，哪怕是项目推迟一点。

根据本章所学知识，谈谈你对这2种筹资观念的看法。

7.1.2 现代饭店投资效益评估

饭店投资是以获取未来报酬为目的，预先投入资金与实物购置固定资产或流动资产的经济活动。饭店投资具有2个显著特点：一是投资都意味着现在支出一定数量的资金，其目的是想在将来获得比现在更多的回报；二是任何投资到将来获得回报都需要经过长短不一的时间。所谓投资效益指的是饭店在投资活动中现在的投入与未来产出之比，追求较高的投资效益是饭店经营者全部投资活动的目的所在。

7.1.2.1 投资效益评估的基本变量

一般来说，评估饭店投资效益高低的基本变量有以下几点。

（1）饭店的净现金投资数量

饭店的净现金投资量是指因饭店某项投资决策引起的投资数量增加，会计成本是计算净现金投资数量的依据，净现金投资数量主要是饭店构建固定资产的价格，其中包括固定资产的运杂费与安装费等。计算饭店净现金投资数量，还需要对相应的会计成本进行调整。具体包括如下内容。

第一，因执行了建议中的投资方案引起的永久性流动资金的增加，如用于购置为服务准备的原材料、物料用品等所增加的永久性流动资金。

第二，与投资方案直接相关的非购买性支出，如研究费用与广告费用，等等。

第三，如果更新设备，应该从新设备费用中减去旧设备的残值，再加上旧设备的扣除费用。

以下是某一饭店的净现金投资数量及其结构（以万美元计算）：

建筑物及其附属设施	6000
家具支出与设备费用	400

经营设备	400
技术服务费用	10
开业前期费用	450
初期流动资金	30
净现金投资数量	7290

饭店的投资效益通常是用净现金投资效益数量衡量，而不是以利润来衡量。净现金投资效益数量是指饭店因投资决策产生的现金收益的增加，它等于因投资决策引起的销售收入减去相应的经营费。在这里，经营费用不包括折旧和投资分摊费用，因此，它也不等于利润的增加，而是等于利润的增加与折旧之和。如果考虑所得税，则净现金投资效益数量应该等于税后利润的增加与折旧的增加。

(2) 贴现率

对于饭店来说，投资是一种当前的支出，投资收益则是在将来若干年陆续产生的回报。比较不同时期的支出与收益需要计算货币的时间价值，贴现率就是用于折算不同时期的货币价值的比率。

在计算资金时间价值过程中，将终值折算成现值的过程就做贴现。贴现率的确定与饭店的投资结果有关。正如前面已经指出的，当饭店资金来自银行贷款时，投资的贴现率等于银行贷款的利率；如果饭店投资的资金来自饭店自己的内部积累，其贴现率为这些资金的机会成本；当资金是多渠道筹措的，其贴现率应该采用资金的加权平均成本。

复利终值的计算公式如下：

$$S_n = PV(1+I)^n$$

式中 S_n——复利终值；

PV——现值；

I——年利率；

n——年数。

(3) 折旧

固定资产的折旧是指在固定资产的使用寿命内，按确定的方法对应计折旧额进行的系统分摊。其中，应计折旧额是指应当计提折旧的固定资产原价扣除其预计净残值后的余额；如已对固定资产计提减值准备，还应扣除已计提的固定资产减值准备累计金额。常用的折旧法包括年限平均法、工作量法、双倍余额递减法，年数总和法。

年限平均法 也称直线法，是将固定资产的应计折旧额均衡地分摊固定资产预计使用寿命内的一种方法。采用这种方法计算的每期折旧额是相等的。计算公式如下：

年折旧率 = (1 − 预计净残值率)/预计使用年限 × 100%

月折旧率 = 年折旧率/12

月折旧额 = 固定资产原价 × 月折旧率

工作量法 是根据实际工作量计提固定资产折旧额的一种方法。计算公式如下：

单位工作量法折旧额 = 固定资产原价 × (1 − 预计净残值率)/预计总工作量

某项固定资产月折旧额 = 该项固定资产当月工作量 × 单位工作量折旧额

双倍余额递减法 是在不考虑固定资产预计净残值的情况下，根据每年年初固定资产净值和双倍的直线法折旧率计算固定资产折旧额的一种方法。应用这种计算方法计算折旧额时，由于每年年初固定资产净值没有扣除预计净残值，所以在计算固定资产折旧额时，应在其折旧年限到期前 2 年内，将固定资产净值扣除预计净残值后的余额平均摊销。计算公式如下：

年折旧率 = 2/预计使用年限 × 100%

月折旧率 = 年折旧率/12

月折旧额 = 固定资产年初账面净值 × 月折旧率

年数总和法　又称合计年限法，是将固定资产的原价减去预计净残值后的余额。乘以一个以固定资产预计尚可使用寿命为分子，以预计使用寿命逐年数字之和为分母的逐年递减的分数计算每年的折旧额。计算公式如下：

年折旧率 = 尚可使用年限/预计使用寿命的年数总和 × 100%

月折旧率 = 年折旧率/12

月折旧额 =（固定资产原价 - 预计净残值）× 月折旧率

（4）饭店现金流量

饭店投资决策中，需要用特定的指标对投资方案进行可行性分析与效益评估，现金流量就是计算投资决策指标的一个基础性数据。在饭店投资决策中，现金流量是指一个项目引起饭店现金支出和现金收入的数量。这里的“现金”是广义的现金，不仅包括各种货币资金，还包括项目需要饭店投入的现有非货币资金的变现价值，如设备改造项目需要使用的原有设备。

饭店现金流量的构成　饭店投资决策中涉及的现金流量一般包括初始现金流量、营业现金流量和终结现金流量。

初始现金流量是指开始投资时发生的现金流量。一般包括：① 固定资产投资，如固定资产的购入或建造成本、运输及安装成本等；② 流动资产的投资，如对存货、现金等流动资产的投资；③ 其他投资费用，如职工培训费、谈判费等；④ 原有的固定资产的变价收入，指固定资产更新时原有固定资产的变价收入。

营业现金流量是指投资投入使用后，由于生产经营所带来的现金流入和现金流出的数量。现金流入一般指营业现金收入，现金流出包括营业现金支出缴纳的税金。如一个投资项目的每年销售收入等于营业现金收入，付现成本（指不包括折旧成本）等于营业现金支出，则年营业净现金流量可以用下列公式计算：

每年净现金流量（NCF）= 销售收入 - 付现成本 - 所得税

= 销售收入 -（销售成本 + 折旧）- 所得税

= 净利润 + 折旧

终结现金流量是指投资项目结束时所发生的现金流量。一般包括：固定资产的残值收入或变价收入；原来垫支于流动资产上的资金收回等。

饭店现金流量的估计　在确定与投资方案相关的现金流量时，应遵循的基本的原则是：只有增量现金流量才是与项目有关的现金流量。所谓增量现金流量是指接受或拒绝某个投资方案后，企业总现金流量因此发生变动。只有那些由于采纳某个项目引起的现金支出（现金流入）增加额，才是该项目的现金流出（现金流入）。估计投资方案的增量与现金流量，正确判断引起现金流量变动的支出，要注意以下几个问题。

区分相关成本和非相关成本　相关成本是指与特定决策有关，在分析评价时必须加以考虑的成本，如差额成本、未来成本、重置成本、机会成本等。与此相反，与特定决策无关的、在分析评价时不必加以考虑的成本是非相关成本，如沉没成本、过去成本、账面成本等。如果将非相关成本纳入投资方案的总成本，则一个有利的方案可能因此变得不利，一个较好的方案可能变为较差的方案，从而造成决策失误。

充分关注机会成本 机会成本是指在投资决策过程中选择某个方案而放弃其他方案所失去潜在收益。资金或资产往往都具有多种用途，用于一个投资方案，就不能同时用于其他方案。尽管放弃的收益不构成饭店的真正现金流出，但必须作为选中方案的成本予以考虑，以便为既定资源寻求最为有利的使用途径。

考虑方案对饭店其他部门的影响 饭店采纳某个投资方案后，很可能会对饭店的其他部门产生有利或不利的影响。如饭店餐饮部准备开设一间酒吧，这很可能会对饭店现有的咖啡厅的营业量造成影响。因此，在进行投资效益分析时，应将这些影响考虑在内。

（5）非贴现现金流量指标

非贴现现金流量指标，又称静态指标，是指不考虑资金时间价值的各种指标，直接按投资项目的现金流量进行计算。

投资回收期（PP） 是指以投资项目经营净现金流量抵偿全部投资所需的时间。一般以年为单位。

如每年的营业净现金流量（NCF）相等，则投资回收期的计算公式如下：

$$\text{投资回收期（PP）}=\frac{\text{初始投资额}}{\text{每年的 NCF}}$$

如每年的营业净现金流量（NCF）不相等或原始投资分次性支付，则投资回收期的计算要根据每年年末的投资额加以确定。用下列公式计算；

$$\sum_{t=1}^{n} I_t = \sum_{t=1}^{n} Q_t$$

式中 I_t——第 t 年的现金净流量；

Q_t——第 t 年的原始投资额；

n——投资回收期；

t——投资年份。

应用回收期指标进行决策时，饭店应先确定一个要求达到的回收期，并将它作为标准，同项目的期望回收期比较，按下列情况取舍：

第一，项目期望回收期 < 要求的回收期，则采纳该方案；

第二，项目期望回收期 > 要求的回收期，则拒绝该方案。

一般来说，在期望回收期均短于要求的回收期的投资项目中，应选择期望回收期最短的项目。

投资回收期的优点是能够直观地反映投资总额的回收期限，便于理解，计算简单。其缺点包括：没有考虑资金时间价值，不能正确反映投资方式对项目的不同；没有考虑回收期满后继续发生的净现金流量情况。

投资利润率 又称投资报酬率（ROI），是指投资项目所产生的正常年度利润或年平均利润占投资总额的百分比。计算公式如下：

$$\text{投资利润率（ROI）}=\frac{\text{年利润或年均利润}}{\text{投资总额}}\times 100\%$$

应用投资利润率指标进行决策时，应将投资项目的期望投资利润率与饭店要求达到的投资利润率相比较，可按下列原则决策：

第一，项目期望投资报酬率<要求的平均报酬率，则采纳该方案；

第二，项目期望投资报酬率>要求的平均报酬率，则拒绝该方案。

一般来说，在互斥选择决策中，应该在期望平均报酬率均超过要求的投资报酬率的项目中，选择投资报酬最高者。

投资报酬率的优点是计算过程比较简单，简明易懂。其缺点是没有考虑资金的时间价值因素，没有利用净现金流量信息。

（6）贴现现金流量指标

贴现现金流量指标，又称动态指标，是考虑了资金时间价值的指标，对投资项目的现金流量换算到某期再进行计算。

净现值（NPV） 是指投资项目的未来现金流入量总现值与现金流出量总现值的差额。由于项目的支出和收入发生在不同的时间，需用一定的折现率将它们折算成一时点的数值。净现值的计算公式为：

$$NPV = \left[\frac{NCF_1}{(1+K)} + \frac{NCF_2}{(1+K)^2} + \cdots + \frac{NCF_n}{(1+K)^n}\right] - C = \sum_{t=1}^{n} - C$$

式中 NPV——净现值；

NCF_t——第 t 年的净现金流量；

n——项目预计使用年限；

k——贴现率；

C——初始投资额。

净现值的计算步骤为：

● 确定投资项目各年的净现金流量；

● 选择适当的贴现率（一般为资金成本或饭店要求的报酬率），查表确定投资项目各年的贴现系数；

● 将各年的净现金流量乘以相应的贴现系数，求出其现值；

● 将各年的净现金流量加以汇总，求出投资项目的净现值。

计算出投资项目的期望净现值后，按下列原则决策：

第一，若期望净现值大于零，则采纳该方案；

第二，若期望净现值小于零，则拒绝该方案。

一般来说，在互斥的选择决策中，应选择净现值最大的方案。

净现值法的优点是考虑了资金时间价值，能够利用项目计算期内全部现金流量信息。其缺点是无法直接反映投资项目的实际收益率水平。

内含报酬率（IRR） 是指投资项目实际可望达到的收益率，即能使投资项目的净现值等于零时的折现率，又称内部收益率。其计算公式如下：

$$\frac{NCF_1}{(1+r)^1} + \frac{NCF_2}{(1+r)^2} + \cdots + \frac{NCF_n}{(1+r)^n} - C = 0$$

即：

$$\sum_{t=1}^{n} \frac{NCF_t}{(1+r)^t} - C = 0$$

式中 NCF_t——第 t 年的净现金流量；

n——项目使用年限；

r——内含报酬率；

C——初始投资额。

运用内含报酬率法进行项目投资决策时，应将投资项目的期望内含报酬率与饭店要求达到的报酬率或资金成本相比较，按下列原则决策：

第一，若期望的内含报酬率大于要求的报酬率或资金成本，则采纳该方案；

第二，若期望的内含报酬率小于要求的报酬率或资金成本，则拒绝该方案；

在有多个方案的互斥选择决策中，应选用内含报酬率超过要求的报酬率或资金成本最多的投资项目。

内含报酬率的优点是考虑了资金的时间价值，能从动态的角度直接反映投资项目的实际收益水平。其缺点是计算过程复杂，需进行多次测试。

获利指数（PI） 是指投资项目的未来现金流量按资金成本或饭店要求达到的投资报酬率为贴现折算的现值与初始投资额之比。其计算公式如下：

$$PI = \left[\frac{NCF_1}{(1+K)} + \frac{NCF_2}{(1+K)^2} + \cdots + \frac{NCF_n}{(1+K)^n}\right] / C$$

即：

$$PI = \frac{\text{未来报酬的总现值}}{\text{初始投资额}}$$

获利指数的计算步骤如下：

- 计算未来报酬的总现值，与计算净现值采用的方法相同；
- 计算获利指数，即根据未来报酬的总现值与初始投资额之比计算获利指数。

在采用获利指数进行决策时，计算投资项目的期望获利指数，按下列原则进行决策：

第一，若期望获利指数大于1，则采纳该方案；

第二，若期望获利指数小于1，则拒绝该方案。

获利指数法的优点是考虑了资金时间价值，从动态的角度反映项目投资的收支之间的关系；缺点是无法直接反映投资项目的实际收益率。

7.1.2.2 资金限制下的投资效益评估与方案选择

在饭店投资资金来源不受限制的情况下，只要投资方案的内部利润率大于资金成本，从理论上说这些方案都是可取的。然而，饭店的资金通常总是有限的，在这种情况下，单纯按照内部利润率与资金成本的比较就很难确定饭店的最佳投资方案，有时甚至最高的内部利润率方案并非就是最佳的投资方案。

（1）盈利能力指数法

盈利能力指数是饭店投资收益总现值与投资总额之比，这种方法按照不同投资方案的盈利能力指数，在不超过资金限制的条件下从大到小排列并选择投资方案。

盈利能力指数 PI 计算公式为：

$$PI = PV/C_0$$

式中 PV——投资的收益现值；

C_0——投资额。

表 7－3 投资的盈利能力指数

项目	C_0（万元）	C_1（万元）	C_2（万元）	收益净现值（贴现率10%）（万元）	盈利能力指数
A	-1000	3000	500	2100	3.1
B	-500	500	2000	1600	4.2
C	-500	500	1500	1200	3.4
D	0	-4000	6000	1300	1.4

表中1000万元为每年的投资限额；C_0 代表饭店投资数量；C_1 代表第一年结束时投资的现金收益；C_2 表示第二年结束时投资的现金收益。

从表 7-3 中可以看出，投资项目 B 和 C 是可行的。这不仅是因为 B 和 C 两项投资之和正好等于投资限额，而且还在于这两项投资的盈利能力指数较大，两项投资的收益净现值之和大于项目 A 的 2100 万元。

盈利能力指数法也有自己的不足，在表 7-3 中我们不难看到，如果收益净现值对以上项目进行选择，投资的项目应该是 A 和 D，这 2 项投资在满足饭店投资限制的条件下，在第二年结束时带来 6500 万元的现金收益，超过其他投资组合产生的效益。由此可见，用盈利能力指数来进行投资选择，有可能出现决策错误。

（2）线性规划

这是饭店投资资金受到限制时进行方案选择的另一种分析方法。

结合表 7-3，饭店投资的收益净现值总值：

$$TNPV = \sum(NPV \times P)$$
$$= 2100 \times P_A + 1600 \times P_B + 1200 \times P_C + 1300 \times P_D$$

式中的 P 表示不同项目的投资比例，其值介于 0 与 1 之间。

根据已有的分析知道，饭店在进行投资选择时面临以下条件限制：

第一，每年的投资总额不能超过 1000 万元，即有：

$$1000P_A + 500P_B + 500P_C \leqslant 1000 \text{（万元）}$$
$$-300P_A - 500P_B - 500P_C + 4000P_D \leqslant 1000 \text{（万元）}$$

第二，任何一项投资都不能为负值或重复投入，即：$0 \leqslant P \leqslant 1$

为了实现上述条件下收益净现值总额最大化，经过计算可得：

当 $P_A = 0.5$，$P_B = 1.0$，$P_C = 0$，$P_D = 0.75$ 时，有最大值

$$\max TNPV = \sum(NPV \times P)$$
$$= 3625 \text{（万元）}$$

前面介绍了几种投资效益评估的财务评价方法，经过评价筛选，从中可选出若干个可接受的投资方案。但由于饭店可供利用的资金是可采取的，并非所有可接受的方案都能实施。为了使饭店在可采取的资源下，获得最大的利益，就从所有被选方案中选择一组净现值总额最大的组合。决策程序如下：

第一，计算所有项目的净现值，并列出每一项目的初始投资额；

第二，接受净现值大于零的项目；如果所有可接受的项目所需资金没有超过限额，那选择所有可接受的项目；如果所有可接受的项目所需的资金超过限额，就要对所有可接受项目进行各种可能的组合，然后计算各种组合的净现值总额。

第三，接受净现值总额最大的一组投资项目。

7.1.3　现代饭店投资可行性分析

7.1.3.1　现代饭店投资可行性分析的含义

一般认为，可行性分析是指一个建设项目（即一项投资方案）在做出投资决策之前，对与其有关的技术、经济、社会、环境等方面进行调查与研究，对各种可能的拟建方案在技术上的先进性、经济上的合理性和建设上的可能性进行判断，并对项目建成投产后的经济效益、社会效益、环境效益进行技术经济分析，做出科学的预测和评估，最后在此基础上提出该项目是否可以投资建设以及如何投资建设的结论性意见，为决策者的最终决策提供充分可靠的依据。

饭店投资的可行性分析，就是指在饭店投资决策之前，对饭店投资的时机、

饭店投资的环境、饭店的市场、饭店的竞争格局以及饭店建设方案所进行的系统而科学的综合分析。其基本内容包括：分析饭店的投资时机、投资环境、饭店市场和饭店竞争格局，对饭店项目是否可以投资做出初步的判断；在初步判断可以投资的前提下，提出各种可选的饭店项目的建设方案，并对各种方案在经济上的合理性、建设上的可能性、技术上的先进性进行分析、评估和判断；最终对该饭店投资是否可行以及可选的建设方案中哪种方案是最佳投资方案做出结论，为饭店项目投资者进行投资决策提供科学可信的依据。

7.1.3.2 饭店可行性分析的基本原则

第一，饭店投资应符合社会需要。无论何种投资，只要符合市场需求才有效益可言。因此，除了在投资前应积极了解、收集有关市场信息外，还应该充分研究国家有关的投资政策，使饭店投资符合国家产业结构发展的要求。

第二，饭店投资项目应具有长远投资利益。饭店在进行项目投资时，应该从自己长远的利益出发，正确处理长期投资与短期投资之间的关系，特别是有些项目在短期内可能会有较好的效益，但会影响饭店的长远利益，对于这些项目的投资应该慎重。

第三，饭店投资应满足投资的边际收益与边际成本相等的原则。或者说，饭店增加一笔投资带来的收益至少应该大于或等于这笔投资增加的成本。遵循该原则有助于饭店在投资活动中实现利润最大化。

第四，在投资活动中应重视投资风险的评估。

7.1.3.3 饭店投资可行性分析的内容

（1）市场分析

主要分析饭店市场供给量和需求量，预测拟建饭店债务还本付息之前的收益趋势，包括饭店所在地市场特点的微观研究和所有相关客源地市场特点的宏观研究。

（2）销售分析

主要是在充分认识饭店项目、所在地市场和饭店产品特点等基础上，对饭店销售进行一种科学预测的行为。

（3）经济分析

主要通过处理和分析各种市场资料和财务数据，分析是否应当建造新饭店，明确新饭店最合理的规模和最恰当的设备质量标准，并通过定量分析，判断新饭店是否能够获得预期的经济效益。

（4）财务分析

主要是按照业主要求实现的投资收益率，将饭店开业后一段时间的税后现金流量折算为现值，以便确定建设饭店所需要投放的资金总额、构成在经济上是否可行。

7.1.3.4 可行性分析的步骤

可行性分析不是一次性的结论性分析，而是一种循序渐进的研究行为，不同阶段可行性分析的任务、对象、深度等并不相同，总体而言，一般饭店项目可行性分析可以分为7个步骤。

(1) 确定分析目标

一般包括项目委托方的目标、受委托方的工作目标以及考核目标。详细的目标分析还分为目标体系和子目标体系，如受委托方的阶段性目标。

(2) 调查分析

有了明确的目标，就需要付诸实施，将蓝图变成现实。调查分析就是目标实现的第一步，通常包括政策环境调查、市场调查、资源调查（人力资源、物力资源、财务资源）、商业调查、旅游调查、项目所在地调查、社区调查、交通区位条件调查等。

(3) 初步制订可能的技术方案

根据调查分析的资料，实事求是地制订若干备选的可能方案供委托方选择和判断，以促进下一步工作的安排。

(4) 技术的先进性和适宜性分析

主要包括对产品性能、工艺技术、设备的安全性、先进性和适宜性方面的调查分析，这主要体现在后勤工程设备和高级的可用设施上。

(5) 经济效益评价

效益是企业投资的最直接和最终目标，经济效益分析是决定项目是否可行的重要判断依据，因此，显得尤其重要。经济效益分析应本着客观真实的原则，对未来可能经济效益做出客观的预测和评价，通常包括项目的投资费用（项目的调研费用、设计费用、工程建设费用、装饰装潢费用、设施设备采购费用、开业筹备费用等）、收入（直接收入、间接收入）、损益、资产、负债、投资回收、盈利能力、盈利周期可能存在的不良资产等的评价。

(6) 综合评价

在完成以上各项工作后对项目进行综合的评价，包括项目的技术、经济和社会效益的综合分析、评价，初步产生一个最优方案，并明确指出初步方案存在的缺陷，并提供改正与改进方案。

(7) 撰写可行性分析报告

上述6个部分的综合分析评价和评判可以形成可行性分析报告的主要论点及相关论据。但这些论点与论据往往不是系统、全面的，还没有完整的章法和程序。可行性分析报告的撰写就是对这些论点、论据及其他材料进行组织，采用适宜的文字和章法，形成达到可行性分析报告的作用和目的的文本。

7.1.3.5 可行性分析方法

饭店项目可行性分析的研究对象繁多，各种不同的对象其研究方法不尽相同，根据饭店可行性分析的工作内容和分工，可以把可行性分析分为定性分析和定量分析2种。这2种分析方法在功能、解决的问题、数据收集方式等方面有着明显的区别。

(1) 定性分析

定性分析就是对经济过程总体及其各个层次、各个方面和环节的性质的规定和论证。定性分析主要体现在概念的内涵规定及其改造和完善上，并通过概念的转化，使对各对象的定性分析统一起来。定性分析的主要市场调查方法有专家意见法（又称德尔菲法）、深度访谈法、小组座谈法等。

(2) 定量分析

定量分析主要是用观察、实验、调查、统计等方法研究事物和现象，对研究的严密性、客观性、价值都提出了严格的要求。定量分析通常采用数据的形式，通过演绎的方法来预见理论，然后通过收集资料和证据来评估或验证在分析之前预想的模型、假设或理论。定量分析基于一种称为“先在理论”的基础分析，这种理论以分析者的先在想法为开端，是一个自上而下的过程。定量分析的主要市场调查方法有面访法（入户调查、拦截调查）、抽样调查（简单随机抽样、等距抽样、分层抽样和整群抽样）、统计报表法等。

7.1.3.6　可行性分析工作要注意的事项

可行性分析的主要目的是为业主分析投资建造饭店的效益。通常情况下，业主必须为提供贷款者、特许经营者或经营者提供可行性分析报告，以便获得贷款、加入特许经营体系或签订管理合同。此外，深入的科学的可行性分析，还可以为业主提供详细的市场情况，为饭店营销提供策略支持。

根据业主所期望获得的可行性分析的目标和业主所支付的报酬等因素，在进行可行性分析之前应明确界定可行性分析的主要内容的预期情况。一般而言，有以下几项主要内容需要说明：研究的原因；可行性分析报告应提供的信息；筹建饭店的类别，包括星级、规模和各种服务设施；在研究工作的各个阶段双方的座谈日期、座谈内容；完成可行性分析报告日期。

此外，需要说明的是，现代饭店建设中，由于多种因素的影响，一些业主往往在可行性论证之前就已经确定了饭店的总体概念，或已经完成了建筑设计工作，甚至基建已经开展，这种情况委托研究员进行可行性分析，研究人员就须针对已确定的饭店总体概念或项目来分析其是否可行。且在分析工作所有阶段，业主与研究人员之间均应确保分析工作密切配合。

7.1.3.7　可行性分析报告的主要内容

在提出项目投资可行性报告之前，饭店应该首先进行市场调研。通过市场调查了解饭店所在地区或市场的供求基本情况，包括主要客源市场需求、客源结构、市场上同类饭店的数量与分析、市场竞争结构与未来的发展趋势，等等。并在此基础上收集有关经营数据，如同类饭店的经营成本与结构、市场价格与需求数量、饭店要素市场的供给价格走向等，提出有关项目投资的初步预算结果。

饭店在进行项目投资可行性研究时，应该全面地从资金、技术、效益、政策与法律等各个方面进行充分论证。以下是一份饭店投资的可行性分析基本框架，从中可以看出饭店在进行投资可行性分析时的主要思路。

(1) 市场概述

地区的经济状况：

- 繁荣、稳定或衰退；
- 潜在的经济增长能力；
- 收入水平；
- 人口数量与结构；
- 需要饭店服务单位；
- 需求潮流与偏好。

、市场竞争分析：

● 当地已有的饭店或相应的服务设施（包括饭店或服务设施类型；饭店或服务设施数量；饭店或服务设施规模；饭店或服务的供给价格；饭店或服务的经营状况）；

● 正在规划或筹建的饭店与服务设施。

（2）位置分析

地貌特征 主要包括以下内容：

● 面积与形状；

● 地面特征；

● 建筑限制；

● 扩张与延伸能力；

● 区位优势：商业中心分布、旅游景区分布、企业单位分布、政府机关分布、市内交通分布；

● 气候条件。

交通状况 主要包括以下内容：

● 交通流量；

● 交通高峰时期；

● 车辆进出便利程度；

● 停车设施。

基础设施 主要包括以下内容：

● 电子供应；

● 自来水供应；

● 通信；

● 能源；

● 卫生；

● 安全。

（3）拟建饭店或服务设施

● 饭店或服务设施性质；

● 经营规模；

● 配套服务设施。

（4）投资效益评估

● 市场需求估计；

● 饭店投资估算；

● 投资建设周期；

● 经济效益评估。

（5）投资建议

● 项目投资的意见与分歧；

● 可供选择的投资方案；

● 相关优惠政策的利用。

（6）报告附件

报告附件包括与报告有关的各种说明材料。

7.1.3.8 可行性分析报告的结构

（1）序言

通常包括以下内容：分析研究目的简述、现场分析研究工作完成日期、与预计经营成果有关的说明、分析研究工作的局限性、分析研究报告使用限制、报告的分析研究方法、报告中各种信息的来源及其他应说明的特别事项。

（2）目录

可行性分析报告目录中的章节标题应大致反映报告中的内容，应能反映可行性分析工作侧重的领域。报告中的内容和着重分析的问题应该与项目说明书规定的分析范围一致。

（3）摘要和结论

这个部分也称作“综述”部分，是对整个可行性分析报告的核心部分进行抽象、概括而形成的文体。通过这个部分委托方可以大致了解到可行性分析报告研究的方式、方法、局限性、主要结论等。

（4）正文

正文是可行性分析报告的主体，是整个报告经济核心部分，该部分按照委托方的要求进行详细分析，包括详细的分析材料、分析方式与方法、分析器材及通过分析取得的各个结论。委托方主要根据该部分所提供的各种信息做出相关决策。

【知识窗】

现代饭店建设的市场分析

拟建饭店所在地经济、人口现状和发展趋势对拟建饭店的建设及建成后投资收益、经营管理有很大影响。因此，应认真收集该地区经济、人口统计数据和预测数据并加以分析。

（1）所在地市场范围。预测拟建饭店所在地市场范围时，必须考虑：① 客源供给区或旅游区的位置；② 从客源供给区或旅游区到拟建饭店的行程距离；③ 宾客通常使用的交通方式；④ 竞争对手饭店的位置。从经验分析看，分析时通常在地图上标明拟建饭店所在的圆圈，表示初步确定的所在市场范围。然后，在地图上标明所有旅游区、客源供给区，而后再根据竞争对手饭店和其他相关饭店需求量的因素，修改并最终确定拟建饭店所在地市场范围。

（2）所在地市场特点。通常须考察分析当地入口、可支配收入、居民的恩格尔系数、基尼系数、零售额、就业人数、工商企业、旅游、交通运输等方面的统计数据。分析这些影响因素的发展趋势，以预测拟建饭店的市场需求量。提出服务设施建议及对策，预测拟建饭店经营成果。

（3）本地区同行规模设施、接待能力、经营特点及市场渗透程度。

（4）根据以上分析，提出最适合建造的饭店类型和规模建议。

（5）估计项目投资总成本。

（6）分析预测饭店开业后的营业收入等经济技术指标。

（7）估计拟建饭店开业时财产价值，并进行收益率分析。

（8）提出拟建饭店可行性的结论性意见。对拟建饭店的市场地区分析，应着重考虑：旅客旅行目的地的行程距离、可使用的主要交通方式、竞争对手的优劣势。

（9）研究者还应对饭店当地人口、人均收入、人均消费额、就业状况、重要工商业、区位交通、通信等方面的统计数据和历年的数据进行比较分析，从而预计它们的发展趋势及饭店的市场需求量，提出设施的项目设置建议，估测开业后饭店的经营成效。

7.2 现代饭店筹备管理

现代饭店的筹备是指饭店从申请立项到饭店举行开业典礼正式开业这一段时期的运作过程。筹备期的运作管理是现代饭店管理中的一个重要环节，它具有先期性，运营的好坏直接影响饭店的正式开业，也会影响饭店今后的正常经营管理。但是在实践中，筹备期管理的重要性又往往容易被人所忽视，以致给饭店的经营管理带来不便。

7.2.1 现代饭店筹备的组织机构

投资决策和项目总体概念形成后，在提出项目建设书的同时，还需要组织专业的筹建与筹备管理组织来执行，应着重考虑有丰富的饭店筹建经验，对施工、设计、管理有较好把握的专业人士和有丰富开业筹备经验、了解饭店市场运作的饭店专业人士组成。

7.2.1.1 现代饭店筹备组织机构设置的原则

现代饭店筹备期的组织机构设置是根据饭店的拟建规模、将来的业务需要和发展而设置的。每个机构都要体现它的作用和效率，配合相应的管理人员。这个机构是现代饭店在筹备期的组织指挥系统，组织机构设置的好坏将直接影响饭店筹备期的系统管理，也会影响饭店将来的正式经营管理。饭店筹备期间的组织结构设置应遵循控制成本原则、权责分明原则和统一原则。

(1) 成本控制原则

现代饭店筹备期组织机构设置要充分遵循成本控制原则，科学地安排各类员工进入饭店的时间。如果员工进入饭店过早，饭店的工资成本将会大大增加，从而降低饭店的经济效益。如果员工进入饭店太晚，他们接受培训的时间就会减少，饭店正式经营后的工作效率将得不到保障，也会影响饭店的经济效益。

(2) 权责分明原则

现代饭店筹备期组织机构设置要遵循权责分明原则，每个管理人员和普通员工都要有自己的权利与责任，分工明确，各司其职，做到每个人都有事做，每件事都有人去干，这样才会形成流畅的工作路线，有效避免混乱发生。

(3) 统一管理原则

现代饭店筹备期的组织机构设置要遵循统一管理原则，整个机构实行统一领导，直线控制，各个系统的内部事务互不干扰。同时整个机构是个统一的有机体，必须在高层的统一领导下协作进行。

7.2.1.2 现代饭店筹备组织机构设置的基本内容

在筹备期，饭店的管理人员和普通员工的吸纳是逐步进行的，随着时间的延续，其机构的设置和人员的配备不断完善。为了保证饭店在筹备期的正常运转和开业后的正常营业，饭店筹备期的组织机构应包括下列内容。

(1) 核心层

核心层负责饭店在筹备期的各项管理工作，它是饭店立项之初就应该建立起来的管理机构。它应该包括总经理、副总经理、人事部、工程科、稽核科等人员和机构设置。这些机构对工程、人事、财会等先期工作进行管理。

(2) 中间管理层

随着饭店工程进度的发展，到饭店开业前4天至6个月，饭店的公共关系科、客房经理、餐饮经理、康乐经理等机构和人员应该开始运转。这些机构必须配合人事部招聘、培训本部门的员工。到饭店开业前2~3个月各部门的中层领导应该逐步到位，进行开业前的教育和培训。

(3) 基层人员

基层人员泛指普通员工和基层管理人员，饭店所招人员如果原来就有饭店从业经验，其招聘时间可以略晚，一般应在开业前6周。如果所招人员是行业新手，其招聘时间应该在开业前的3个月甚至更早，这样才有充足的时间对其进行入店教育和工作培训。

7.2.1.3 现代饭店筹建组织机构设置的时机

现代饭店组织机构的设置是逐步扩散、分步进行的，随着时间的推移，其机构的设置和人员的配置从高层管理人员向基层员工不断扩大和完善，根据饭店筹建的时间进度可以把饭店筹备组织机构的设置分成3个时期。

(1) 饭店立项之初

在饭店项目立项之初，饭店就应该建立起核心的管理机构，包括总经理、副总经理、人力资源部、工程部、财务部等人员和机构。这些机构对人事、工程、财会等先期工作进行管理，但是该组织机构并非饭店正常开业后的组织机构设置，在机构的部门类别、机构部门的分工、机构部门的重要性等方面都有所不同。

(2) 饭店开业前4~6个月

通常在饭店开业前4~6个月，饭店的中层管理人员也就是各部门的经理开始逐步到位，搭建饭店经营组织机构中层。需要说明的是往往这个时期饭店存在2个组织机构：一是饭店筹建与筹备组织机构；二是饭店开业后经营管理需要的人员形成的组织机构。

(3) 饭店开业前6~12周

饭店开业前6~12周，饭店基层管理人员和普通员工就应该到位，建立完整的饭店组织机构体系，并明确职能范围和业务分工，只有这样，饭店才能保证有足够的时间对普通员工进行培训，保证饭店开业的卫生清洁，保证饭店开业所需要办理的其他各项工作的顺利开展。

7.2.2 现代饭店筹备的原则

现代饭店的筹备管理涉及工程、人员、物资等多个方面，工作繁琐复杂，需要管理者科学地安排，并遵循以下几个基本原则。

(1) 多方参与原则

饭店的筹建与筹备是一门边缘学科，涉及学科的门类多、内容杂，任何学科都无法单独完成，饭店筹建与筹备是一个专业性很强的管理工作，必须有效整合各方面的力量，共同参与，密切配合。

(2) 长远规划原则

饭店项目投资是一种长远的战略投资。饭店企业是按市场竞争要求和现代企业制度筹建、筹备一个市场主体，具有经营范围的长期稳定性的特点。这就要求其投资应具有长远的战略眼光，考虑饭店长远的市场需求和生命周期，实现项目的理性投资。

（3）目标原则

饭店筹建和筹备管理是紧密围绕着组织的目标展开的，一切为组织的目标、组织的利益而行动。组织目标是饭店筹建与筹备管理的终极目标，是饭店筹建与筹备管理工作的指挥棒，任何偏离或与组织目标相冲突的组织和个人行为，都应该及时纠正。

（4）科学全面原则

科学全面原则体现在2个方面：一是饭店筹建、筹备管理要以科学管理为理论指引，基于科学管理理论的原理、方法展开；二是饭店筹建与筹备管理不是对饭店筹建与筹备过程的某一环节、某一因素的单纯管理，而是对饭店筹建与筹备全过程的各个环节、各个因素的综合管理，进而由各个局部的管理构成整体的、全面的管理。

（5）创新原则

创新是企业永恒的生命，只有不断推陈出新，与时俱进，企业才能持续发展。饭店的筹建与筹备管理是一门崭新的学科，需要永续的创新，持续的发展。在饭店筹建与筹备管理实践中，应该把握好创新的3个途径，即从无到有的创新、既有基础的推陈出新和既有基础的完善革新，切实推进筹建与筹备管理的创新发展。

（6）计划性原则

筹备期的工作千头万绪，管理人员既要监控建筑工程的建设进度，又要招聘员工，对他们进行培训、教育，同时还要购置大量的设施设备。这中间所包括的详细工作纷繁复杂，如果没有计划性，就不可能有条有序地处理筹备期间的各项工作。计划性原则要求饭店的管理人员做一份从即时起到饭店开业的详细工作计划，列出在筹备期应该完成的各项任务，此计划越细就越有指导性，执行起来就越有效率。

（7）限期性原则

限期性原则要求饭店的各项工作不仅要按质完成，而且要按期完成。饭店一进入筹备期，就要给各项工作列出一个具体的时间表，规定各项工作完成的最后期限，各项工作都必须按部就班地限时完成。如果中间有些环节没有按时完工，或者有所遗漏，就会影响后面工作的进度，从而影响整个饭店造成巨大的损失。相反，如果饭店的基建能够提前完成，就会给饭店带来额外的收益。

（8）系统性原则

筹备期饭店会遇到许多棘手的问题，比如，原料不足，工程拖延，一些家具设备运到饭店却发现无处可放，房间里到处充斥着建筑垃圾。等到房子盖好了，许多设备家具却因为房门太小而进不去，等等。系统性原则要求现代饭店在筹备期对工程管理、人事管理、物资管理和社交事物管理等系统工作分派专职管理人员负责，切忌多头负责，中层管理人员负责的工作最好不要造成系统交叉，避免忙中出错。为避免工作的疏忽与遗漏，可以成立筹备工作协调委员会，负责系统之间的协调，审查监控各个系统的工作，避免发生混乱。

7.2.3 现代饭店筹备的内容

现代饭店筹备管理的基本内容包括工程筹备管理、人事筹备管理、物资筹备管理和社交筹备管理4种基本管理。

（1）工程筹备

饭店工程筹备管理的工作非常庞杂，包括：饭店立项可行性研究；建筑工程设计；电气设备设计；工程招标；室内设计；提请规划部门、防火部门及其他有关部门批准设计方案；申请建筑许可证；家具装置设计，以及家具、装置、设备招标等。监控工程建设进度也是非常重要的工程筹备管理工作。

（2）人事筹备

饭店人事筹备管理工作主要指饭店管理人员和普通员工的招聘与培训教育工作。饭店从筹备一直到正式开业，确定需要雇请的管理人员和普通员工是个非常关键的问题，人员的安排与聘用必须合理，如果人手太多，就会人浮于事，增加饭店开支，减少经济效益。如果人手不够，工作完不成，就会影响饭店的正常营运。饭店在筹备期间，应该以成本最低为原则，确定各个部门所需的经理、主管、领班、服务生的数量，同时确定其招聘的时间，充分利用时间资源。这些量化的指标一般是从同规模的成熟饭店中进行对比移植。

（3）物资筹备

现代饭店的物资筹备管理工作主要包括饭店的大型设施设备、房间装饰、客房日用消耗品、餐饮材料、餐具等物资的采购管理工作。采购的物品涉及家具、电器、食品、饮料、日常生活用品、艺术品等多个类别，几乎无所不包。物品的繁杂性给饭店的成本控制带来困难，大部分饭店都采用设备招标的方式来降低成本。饭店的大部分物品一般都指定厂家生产，以保证质量，节约成本。

（4）社交筹备

社交筹备管理工作主要是指饭店在筹备期与社会进行联系交往的工作，它包括办理有关手续，进行社交活动、取得社区支持，进行宣传策划、树立饭店企业形象，筹备饭店开业典礼等活动。这些活动的开展对于饭店的正式运营非常重要，它可以为饭店的经营活动创造一个良好的外部环境，使饭店经营之初就得到社会各界支持。

在社交筹备管理工作中，其中的开业典礼工作是一项综合性工作，需要周密策划精心准备。主要要求做好下列工作：

● 建立开业典礼领导班子；

● 选定典礼举行日期，确定活动项目，安排活动程序。开业典礼的基本形式是：剪彩、宴会、文艺演出、新闻发布会、参观饭店等；

● 准备场地，对场地精心布置；

● 接待准备，落实客人名单（主要有各界主管部门领导、饭店上级领导、新闻机构客人、行业专家、客户单位代表等），安排外地客人食宿及返程车票等；

● 后勤工作和采购准备，为典礼预备充足的物资；

● 准备本饭店的宣传资料，资料印制要美观大方；

● 做好安全保卫工作，确保典礼顺利举行。

开业典礼举行完以后，还有以下一些善后工作：

● 清理场地，对礼品统一登记造册，统一安排和保管；

● 继续做好外地客人的接待工作，安排好食宿和回程交通，给客人留下深刻的印象；

● 对来贺单位和客户代表表示感谢，饭店公关部门应该列出参加祝贺单位的名单并留存备案；用各种方式表示感谢，以便与重要客户建立良好的关系；

● 合理安排财务。开业典礼所需费用较大，应单独立项并及时转入企业成本。

饭店筹备期的管理需要极强的计划性，管理人员的职责就是要保证一切工作都按计划来进行。为此在筹备期管理人员应该拟订一份详尽的"时间表"，标明每段时间内的工作内容和任务，严格按照"时间表"的规定控制每项工作的进度与完成质量。否则，由于筹备期的管理不当，会直接造成几十万、上百万的损失，影响饭店的正常开业，甚至会为饭店以后的营运埋下祸根，可见筹备期的管理十分重要。

7.2.4 现代饭店筹备工作流程

根据饭店建设工期，以开业日为终点，饭店筹备期管理工作流程可以归纳为以下几个重要方面。

7.2.4.1 饭店的设计

饭店设计不同于一般的建筑设计、装修设计，而是一个独立的、具有综合学科性质的整体设计。饭店设计不只是装修设计，而是由功能规划、文化定位和建筑装修设计3项内容组成。功能规划、文化定位是灵魂、基础，是决定饭店未来成败的根本要素。文化风格的定位与设计对饭店至关重要，缺乏文化内涵与风格特色的饭店即丧失了内在的魅力和外在的美感。装修则是在前者基础上的进一步美化与包装，从而使饭店的特色更加突出，更为明显。

【知识窗】

现代饭店选址分析

选址和定位有密切的关系，在筹建中应仔细考虑店址和消费者状况等。店址所处的地理位置，在一定程度上决定了它所面临的宾客群、消费档次和餐馆类型。饭店投资所在地消费者的消费层次、消费方式、消费水准以及餐饮消费习惯，对饭店类型的选择起到重大的作用。研究者应根据场地的面积、地形、能见度、可进入性、物业状况、未来城市规划等因素综合判断地块的适宜性。

（1）地块概括分析：是对地块概括从宏观层次上的分析，通常研究者可在地图上标明地块的地理位置，正确介绍地块轮廓和地形，邻近地区土地使用情况，以及客源供给区和旅游区到地块的距离和主要交通方式、方法等，并预测地块周围环境近年的变化情况等。

（2）可进入性分析：即分析地块进出的难易程度，它是评价地块除自然客观条件外的第一个外在条件。狭义的可进入性指交通的可进入性，包括交通工具和交通基础设施（如机场、道路等），即首先要考虑拟建饭店与客源供给区的距离，以及当地的主要交通方式。广义的可进入性不仅包括交通可进入性，还包括经济可进入性、消费习惯可进入性等内容。通常饭店选址的可进入性分析指狭义的可进入性，但是随着科学研究的发展，广义可进入性研究有增强的趋势。不同类型的饭店其可进入性要求有较大差异，如某些设施齐全的度假饭店和会议饭店位于旅游区或度假区及其周围而远离交通要道；而对城市商业饭店来说，其方便进出却非常重要。通常，详细的可行性研究不仅要分析地块进出难易程度，而且要针对地块的实际情况提出相对应的决策，以提高地块的可进入性。

(3) 能见度分析：能见度对于饭店建设项目而言是个动态性的不确定因素，受周围环境影响较大，但饭店自身对其亦有较强的可操作性，即可以通过建筑类型、企业视觉形象设计等方式进行转换。

(4) 物业状况：包括物业使用的年限，政府是否允许物业用于饭店经营，在政府规划范围内日后是否需要改变经营项目；与你签订相关合约的当事人的身份是否合法等。

(5) 未来城市规划：未来城市规划分析是饭店项目可行性研究需要分析的主要政策影响因素，因为分析未来城市规划，对饭店类型类别的定位、饭店地理位置的选择等有重要的指导和引导意义。例如，分析未来城市规划，可以明确未来城市的中心（商业中心、经济中心、文化中心、旅游中心）及其发展趋势，可以明确饭店项目拟建地是否会有大型工程要动工，如立交桥、铁路干线、高速公路干线等，甚至可以明确饭店拟建地的道路是否会改成单行线等详细信息。

(6) 适宜性分析：适宜性是在分析地块概况、可进入性、能见度及其他因素后，对地块是否适合建造饭店做出的结论性论断。而对于不适宜建设饭店的地块应该客观说明情况，并详细说明各种类别饭店建设后预期可能出现的不利局面和可能出现的后果。

7.2.4.2 饭店章程的制定

饭店章程是依据有关的法律法规，结合饭店实际所制定的有关饭店经营管理活动、组织机构和组织制度的基本原则，是一个纲领性文件，是饭店日常经营管理活动的依据，也是饭店全体员工必须遵循的行为准则。

总则　这是章程中提纲挈领的部分，一般包括饭店章程的法律依据，饭店名称、地址及投资者情况等。

饭店经营的宗旨　饭店经营的宗旨即饭店经营管理所要达到的目标，包括经济效益目标和社会效益目标等。

经济性质　按其产权划分目前中国的饭店大致分为全民所有制、集体所有制、中外合资、外商独资、个体饭店等。

投资总额和注册资本及其来源　按实际情况公布。

经营范围及经营方式　按工商管理部门登记批准的营业执照经营。

董事会　饭店章程应明确规定投资各方董事的比例，董事长的产生、职权、任期等内容。

组织机构　组织制度、机构及产生办法，各岗位职责。

财务制度　财务管理制度和利润分配方式。

人事　劳动用工制度。

工会组织　按职工大会选举结果公布。

期限、终止、清算　饭店，尤其是中外合资饭店有一定的经营期限，期限到期日是终止日，饭店提前或延长经营，必须报原审批机构批准。在终止经营时，应由相关方代表组成清算委员会对饭店资产进行清算，进行善后处理。

章程修改　原则上饭店章程不得随意修改，但确需修订时，应在有关法律法规的限度内，由饭店全体所有者和高层管理者按照一定程序进行，并报原审批机构批准，以确保章程的严肃性和约束力。

7.2.4.3 申请、报批工作

饭店开业大约需要申请办理20多种经营许可证。为保证顺利、合法地开业与

经营，在筹备期必须做好有关的申请报批工作。饭店需申请办理的主要经营许可证有：营业执照、中华人民共和国外商投资企业批准书（限外商投资企业）、税务登记许可证、企业法人代码、外商投资企业税务证、烟草专卖许可证、卫星收视许可证、电梯使用许可证、环保排污批准证书、消防验收许可证、消防安全许可证、锅炉使用许可证、文化许可证、卫生许可证、食品许可证、从业人员健康许可证、特种行业许可证、公共场所合格证、公共场所安全许可证、涉外许可证、排烟合格证、物价许可证。

为了减轻饭店筹备期间的工作负担，上述部分许可证或报批手续可由施工单位代为办理，但必须在有关合同中予以明确界定，这些许可证和报批手续包括：卫星收视许可证、电梯使用许可证、环保排污批准证书、消防系统竣工验收审批手续、锅炉使用许可证等。

7.2.4.4 组织机构建立与人员的招聘、培训

（详见7.2.1现代饭店筹备的组织机构。）

7.2.4.5 资金管理与基建管理

（1）资金管理

资金管理主要是指饭店筹备期间资金的筹措与使用管理。资金筹措是为了保证资金来源和资金的及时到位。在市场经济的前提下，要求管理者根据科学的融资方法；在资金使用上要求管理人员要制定切实可行的资金计划，建立合理的资金使用机制和监督机制，并熟练运用资金支付技巧，以节约经费的开支。（详见本章7.1.1现代饭店资金的筹措）

（2）基建管理

饭店基建工程能否顺利完成是筹备期管理的一个重大问题。美国亚特兰大桃树饭店由于提前5个星期完工，饭店因此额外获利100万美元；反之，饭店工程的延期往往会给饭店造成上百万的损失，可见加强筹备期基建管理的力度十分重要。

基建管理首先必须根据市场调查的情况，对所建造的饭店实行科学的决策，确定饭店的规模和市场定位；根据饭店产品的适应性，确定饭店的等级、功能与结构，通过可行性研究，提供立项的依据。其次在施工过程中，在饭店功能结构、空间布局、设备选择及安装、材料选用等方面还会出现许多变化，需要管理者做出随机性决策，这就要求管理者对饭店业的发展趋势、市场的变化规律及饭店运作方式等具有广博的知识，能够在最短的时间内做出科学的判断，形成正确的决策，以保证饭店建设工程的顺利进行。

建设期的图纸是饭店建设决策的反映，对土建、安装、装修及其他方面的方案图必须在广泛征求各方面意见的基础上经专家会审后方能形成最终的决定。对关键部位，专业性较强的空间，要注意每个局部和细节，在施工图中应标明施工工艺和用材。对建设中新的决策、局部修改、细部变化等必须及时出图，并进行会签，以保证图纸的科学性和合法性。每份图纸都应分类分级存档，应留有底稿并有专人管理。

饭店的系统设施设备必须根据饭店档次、市场消费特点等因素充分考虑绿色环保、智能化、可持续发展的需要，结合饭店功能区的划分和空间布局，对能源、电力、给排水、通信、网络等系统实行科学的设计与布线。要注意隐蔽工程与土

建、装修工程的衔接和配合。形成合理、方便、节能、省时的施工计划。设备的选购要充分地运筹计划、比较鉴别，重点考察设备的性能、质量、售后服务、维修等。设备力争一步到位，绝不能将就。设备的安装应按规范施工，对一些有特殊要求需归口管理的设备（如消防设备、电信设备、卫星电视接收设备等）应由归口部门的专业队伍施工，基建部门应予以充分配合。从设备进场开始必须加强资产管理工作，设备调试完成后应建立相应的维修保养计划，实行正常的维护工作。

7.2.4.6 经营业务准备工作

在筹备期还要做好饭店各项业务的设计工作。应该根据经营需要，确定业务的种类、项目、内容、业务量及其构成，并在此基础上完成每项具体业务的形式、具体内容、过程、业务组织、价格、信息系统等的设计，完成各类表、章的设计制作工作，以建立和形成一套保证饭店开业后能够正常运行的程序和作业规程，为饭店的如期开业做好准备。

7.2.4.7 开业前的营销工作

（1）营销计划的制定

饭店营销计划是为实现饭店经营目标所采取的一系列具体的策略和措施。在筹备期内，饭店有关人员必须在深入调查、研究的基础上，明确自身的市场定位，了解目标客源市场对饭店的具体需求，对一定时期内饭店所应采取的营销活动做出书面计划，并着手开始实施。营销计划主要包括以下内容。

环境与现状分析 包括环境分析、地理位置及社区分析、市场潜力分析、市场定位、主要竞争者分析，以及自身优势、劣势、机遇、挑战分析。

选择营销战略 市场细分和目标市场、营销战略、营销组合、营销目标。

营销活动计划和实施方案 针对目标市场所采取的行动、行动反馈、营销活动时间表。

营销预算 根据目标市场进行预算、根据组合要素进行预算、可用资金和应急资金预算。

控制 每一个营销活动的预期结果、进展报告。

评估 评估指标、绩效标准、评估时间表。

（2）营销计划的实施

广告营销 广告是一种快速而影响面较大的宣传媒介，其目的是在客源市场迅速传递信息，从而不断扩大即将开业饭店的影响，树立即将开业饭店的良好形象。因此当饭店在筹备期完成定位以后，都要立即制订自己的广告战略。广告战略往往是根据市场定位确定广告目标，再根据目标的特点和需要，选择广告方式，设计广告方案，制定并实施广告宣传。

活动营销 在广告宣传的同时，饭店还应该制订其他方式的促销计划，争取利用多渠道、多途径、多形式、多方面的大功率输出和传递信息，在饭店开业前即形成一定的社会知名度，为立足市场，取得相应的消费者份额奠定良好的基础。在促销计划中，饭店管理者应高度重视新饭店开业前的6个市场促销的良好时机，采取有效的措施，开展系统的公关策划和公关活动。这6个时机是：发布建造计划、奠基典礼、工程竣工典礼、管理机构或营销部门组成、开业前的新闻发布会、开业庆典的时间。

潜在市场营销 在实施市场宣传行动的同时，饭店还应该制订合理的销售计划。在开业前与旅行社、旅游供应商、航空公司进行广泛的接触，建立合作意向，以获得这些组织的预订与关注；还应与所在区域大型的企事业单位、机关团体、学校等有关部门取得联系，以开发潜在的消费顾客群；还可以同相关区域的其他饭店建立联系，形成各种形式的战略同盟关系，以扩大预订网络和客源渠道。

此外，在开业前饭店管理者还应该通过公关活动，争取有关部门对饭店建设和经营活动的支持与税收减免。

综上所述，饭店筹备期的管理工作作为一项系统工程，要求饭店管理者必须明确筹备期管理工作的内容、要求和所要达到的目标，并注意根据饭店建设工程的进度，有计划、有步骤地严格按照时间顺利实施，从而确保每一项任务都能有条不紊地得以完成。

【思考题】

一、名词解释

筹资成本、冒险型筹资、保守型筹资、适度型筹资、债务成本、折旧、净现金投资数量、核心层、章程、饭店设计。

二、简述题

1. 现代饭店建设应如何选择合适的筹资方式？
2. 现代饭店成本主要包括哪些内容？
3. 如何理解相关成本和非相关成本？
4. 现代饭店筹备的主要内容有哪些？
5. 现代饭店组织机构设置的原则有哪些？
6. 现代饭店筹备工作的基本流程有哪些？

三、案例分析

衣柜事件

A饭店正处于工程筹备期间，饭店的主体工程和部分装修已经搞好。不久，一批应摆放在客房里的衣柜被运到饭店，工作人员把这些衣柜运往客房的时候，却发现客房的门太小了，衣柜无法抬进去，最后，不得已，工作人员只好将这些衣柜拆开，零散地搬进客房，再行安装。

【案例思考题】

为什么会出现衣柜拆装事件？谁应该对衣柜拆装事件负责？该事件对我国现代饭店筹建工作有哪些启示？

【本章推荐阅读书目】

1. 饭店筹建与筹备管理．游上．中国旅游出版社，2006.
2. 世界著名饭店集团管理精要．谷慧敏．辽宁科学技术出版社，2001.

第 8 章

现代饭店前厅与客房管理

【本章概要】

本章着重介绍了饭店前厅部与客房部的基本概况及其基本业务管理。

【学习目标】

● 了解饭店前厅部的组织结构，掌握前厅部的主要业务情况；

● 了解饭店客房部的组织结构，掌握客房部的主要业务情况。

【关键性术语】

前厅部、房态、预订、超额预订、入住登记、分房、委托代办、问讯服务、客史档案、客房功能空间、日常清洁、周期清洁、客房服务模式。

淑女、绅士们为淑女、绅士们服务。

——里兹·卡尔顿的经营理念

【章首案例】

香格里拉的"亚洲式接待"

香格里拉饭店集团是1971年在新加坡开始起步的，它很快以标准化的管理和个性化的服务赢得了国际社会的认同，已发展成为亚洲最大、被许多权威机构评为世界最好的饭店集团之一。现总部设在香港。

香格里拉始终如一地把顾客满意当成企业经营思想的核心，并围绕它将其经营的哲学理念浓缩成一句话："由体贴入微的员工提供的亚洲式接待。"即为客人提供周到细致、具有浓郁东方文化风格的优质服务。它有5个核心价值：尊重备至、温良谦恭、真诚质朴、乐于助人、彬彬有礼。在此基础上，香格里拉提出了8项对客服务指导原则：① 我们将在与所有人相处时要表现出真诚，关怀备至；② 我们将在每次与顾客的接触中尽可能多地为顾客提供服务；③ 我们将保持服务的一致性；④ 我们确保我们的服务过程能方便客人和员工；⑤ 我们希望每一位高层管理人员都尽可能与顾客接触；⑥ 我们要在对客服务现场及时做出果断决定；⑦ 我们将为我们的员工创造一个能使他们的个人事业目标能够得以实现的环境；⑧ 客人的满意是我们事业的动力。

以香格里拉所属的国贸酒店为例。正是因为很好地遵循了香格里拉的服务原则，该酒店的回头客很多。店方鼓励员工与客人交朋友，员工可以自由地与顾客进行私人交流。酒店在2000年建立了"顾客服务中心"。该中心建成后，顾客只需要打一个电话就可以解决遇到的所有问题，极大地方便了客人，酒店也因此可以更好地掌握顾客信息，协调部门工作，从而能及时满足顾客的需求。酒店提醒员工要时刻为顾客着想，在服务的心理效果上满足客人。在该酒店，全体员工达成了这样一个共识，那就是对待客人投诉绝不说“不”：“我们不必分清谁对谁错，只要分清什么是对、什么是错。让顾客在心理上感觉他赢了，而事实上我们做对了，这是最圆满的结局。”酒店根据来自不同国家、不同地区顾客的生活习惯和文化传统差异，有针对性地提供不同的服务。如对日本客人提供“背对背”服务，即客房服务员必须等客人离开房间后再打扫、整理客房，以避免与客人直接碰面。酒店还为顾客设立个人档案并长期保存，作为为顾客提供个性化服务的依据。

8.1 现代饭店前厅管理

前厅是客人进入饭店的第一个接触对象，也是离开饭店的最后接触对象，因此，前厅部的管理直接关系到客人对饭店的印象和满意度。前厅部的基本业务大致可分为客房销售服务、前厅综合服务与前厅信息服务3个部分。

8.1.1 前厅部在饭店中的作用与职能

8.1.1.1 前厅部的作用

前厅部是客人在饭店第一个接触和最后一个接触的部门，客人对饭店的第一印象及最后印象全部形成于此。因此，前厅部在客人对饭店整体印象形成中，起着重要的影响作用。同时，前厅部的绝大多数岗位是位于饭店大堂区域内，前厅部员工的仪容仪表、服务质量成为客人对饭店服务质量评价的重要影响因素。

前厅部是饭店的能源中心，担负着饭店最为重要的客房销售工作，其工作成效的好坏，直接影响着饭店的经营收入；同时前厅部又是饭店的控制中心，各种经营数据及服务信息不断从饭店各个部门反馈到这里，在加以整理后，再将饭店管理信息源源不断地传递出去。因此，前厅部在很大程度上控制和协调着整个饭店的经营活动；同时前厅部又是饭店的对外联络中心，负责饭店与客人的良好关系保持，以及客人与饭店外界的各种事务协调。

8.1.1.2 前厅部的职能

（1）经营职能

现代饭店的前厅部的经营职能进一步专门化，过去所涉及的市场调查与预测、销售计划制定以及会议等销售项目均被划归专门的市场营销部门负责。前厅部在推销客房方面，只承担按照饭店总体营销计划所确定下来的，具体由前厅部负责的是一些有关未预订散客的销售任务、已预订散客的入住手续办理和各种团队的部分接待任务。客房作为饭店销售的主要产品，其营业收入一般要占饭店全部营业收入的40%~60%，甚至更高，而其利润率则更是远超诸多营业项目之上。在多数饭店尤其是商务型饭店中，每日客房出租率的高低在很大程度上取决于前厅部的销售工作。因此，如何有效激发前厅部的全体职员全力以赴，按饭店已定的价格政策，推销出更多数量的客房是摆在管理者面前的一项重要任务。

(2) 管理职能

管理职能主要体现在以下几个方面。

信息管理 作为主要的业务活动中心，前厅部不仅需要有意识地收集涉及饭店经营的各种外部市场信息和内部管理信息，而且还要对其进行加工处理，将新的管理信息传递到客房、餐饮等相关部门，以便他们做出相应的决策，搞好对客服务；同时，前厅部还应为客人提供饭店内外有关活动的信息；对客人的各类信函、邮件、传真、留言等私人信息和物品进行管理；为了更好地服务宾客，还需要对客人档案进行有效管理。

对客服务协调管理 作为饭店业务活动的中心，前厅部必须帮助客人与饭店其他部门之间牵线搭桥，协调前台、后台之间的对客服务。例如，当住客向前厅部投诉客房设施出现故障时，前厅部员工必须立刻与相关部门协调，采取措施，以减少客人的不安和困惑，让客人重新愉快地享受住店生活。

房态管理 饭店房态是指饭店客房使用状态，通常分为长期和短期2类。及时、准确地显示客房状态的目的是为了使饭店最大限度地从客房中获利。前厅部常利用客房预订汇总表或计算机管理系统来显示客房的长期状态（预订状态）；用客房状况显示架或计算机管理系统来显示客房的短期状态（瞬间状态）。

客账管理 为方便和促进客人消费，绝大多数饭店会向经登记入住的客人提供在店内签单消费和在退房时才一次性结账的服务。为此，前厅必须为住客制作账单，接受各营业点转来的经客人签字的客账资料，并及时审核、记录及统计客人的各项欠款，确保客账账目的准确无误（注：也有很多饭店将此管理内容划归隶属于财务部的前厅收银处负责），同时，为离店客人办理结账、收款或转账服务事宜。建立、控制客账的目的是为了记录和监控客人与饭店之间的财务关系，以保持饭店的良好信誉和保证应有的经济效益。

(3) 服务职能

前厅部除负责协调饭店其他部门的对客服务工作外，本身还担负着直接为客人服务的繁重任务，如在机场、车站或在饭店大门迎送客人的服务；行李服务；问讯、邮件、留言服务、委托代办服务和金钥匙服务；商务服务；贵重物品的寄存服务和通过电话总机所提供的各项服务等。

8.1.2 前厅部的组织机构

前厅部通常由以下部门组成：

- 客房预订部（Room Reservation）；
- 接待部（Reception/Check - in/Registration）；
- 问讯部（Information/Inquiry）；
- 礼宾服务部（Bell Service/Concierge）；
- 电话总机（Switch Board/PABX）；
- 商务中心（Business Center）；
- 车队（TaxiService/transportation）；
- 大堂副理（Assistant Manager）。

一些饭店的前厅部，兼设有旅行社派出机构和银行派出机构等。

前厅部的组织机构设置方式常因各饭店具体情况而异，对于不同规模的饭店，其前厅部组织机构会有不同（如图8-1、图8-2所示）。

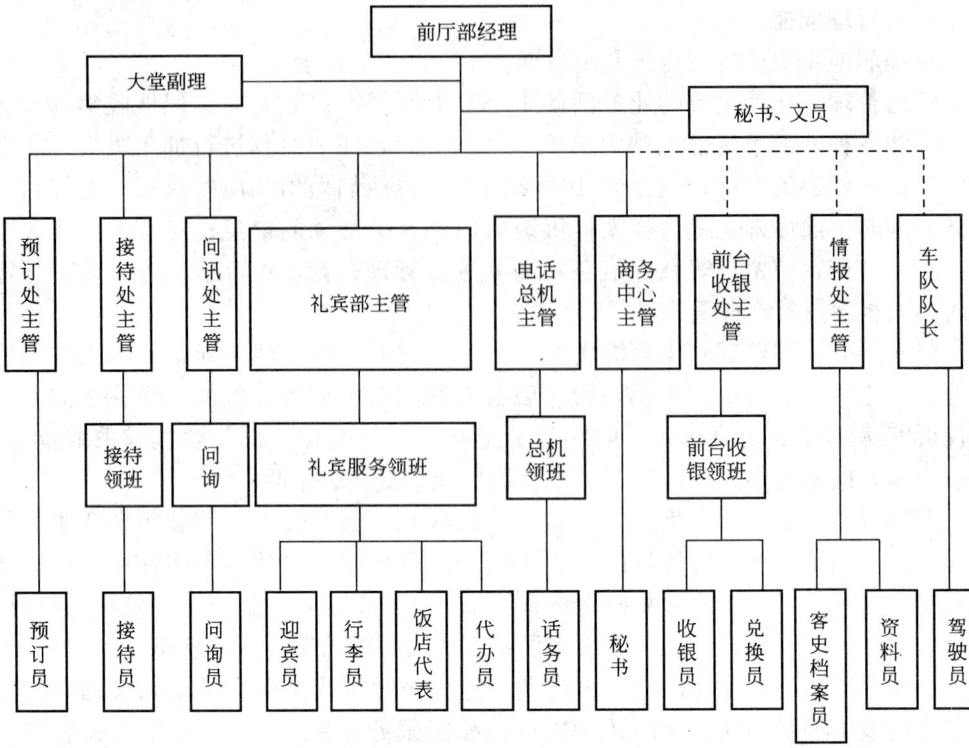

图 8－1　大中型饭店前厅部组织机构图

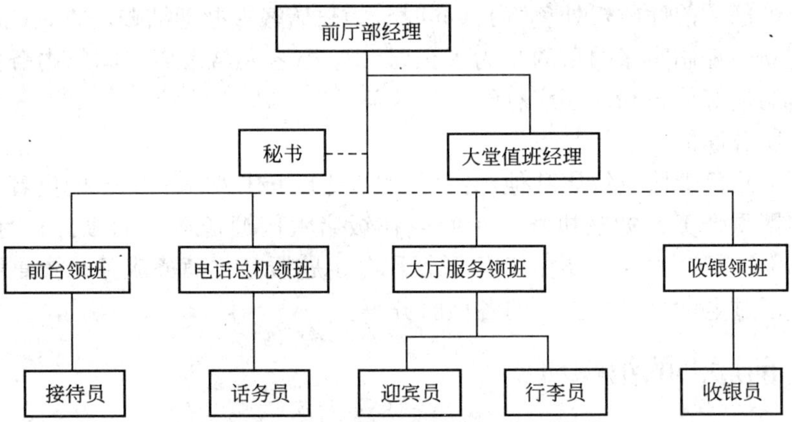

图 8－2　小型饭店前厅部组织机构图

对于不同规模的饭店，其前厅部组织机构区别很大。大型饭店前厅部管理层次多，而小型饭店层次少。如大型饭店前厅部组织机构中有部门经理级、主管级、领班级、员工级 4 个层次，而小型饭店可能只有经理级、领班级（或主管级）、员工级 3 个层次；大型饭店前厅部组织机构内容多、范围广，而小型饭店内容少；大型饭店前厅部职能划分精细，由不同的岗位负责，而小型饭店则可能将其合三为一，甚至合四为一。另外，在众多大、中型饭店的组织机构中，其前厅部与客房部是各自独立的部门，而有些小型饭店，则将前厅部和客房部合二为一，以减少管理费用；在实行总监制的大型现代饭店中，则设置房务系统（或称房口系统），由前厅部、客房部等几个二级部门组成，并设立房务总监的职位统辖整个房务系统。

8.1.3 前厅部基本业务管理

8.1.3.1 前厅客房销售服务管理

前厅部的主要业务为销售服务管理，即尽最大可能推销饭店客房及其他产品。其中，客房产品销售是最为重要的。

要做好客房销售服务管理，必须从房态控制、客房预订服务管理及前厅接待服务管理入手。

(1) 房态控制

有效的房态控制可以增强饭店销售工作的针对性，并为饭店销售决策提供依据，是前厅管理的一个重要环节。

房态类型 房态是指对客房占用、清理或待租等情况的一种标示或描述。常见的房态有住房、空房、走房、待修房等几大基本类型，此外饭店为了经营及对客服务需要也会将保留房、外宿房、请勿打扰房等标示出来。

住房：即住店客人正在使用的客房。

空房：即已清洁保养完毕、经检查可供出租的客房。

走房：即客人已结账离店，准备或正处于清洁保养状态的客房。

待修房：即客房内设备或设施等出现故障，准备或正处于维修状态而暂停出租的客房。

保留房：即预留给预订客人，暂不出租的客房。

外宿房：即客人已登记使用，但因客人在外过夜而未使用的客房。

请勿打扰房：即住店客人采用在门把手处挂上“请勿打扰”牌或开启“请勿打扰”灯的方式，以示不愿被打扰的住房。

房态控制 房态是随时变化的，客人入住、换房、退房、服务员清洁保养房间等都会使房态发生变化。因此，房态控制最为关键的是信息沟通。

传统的房态控制是采用房卡架等工具来进行，较为复杂，容易出错。而目前普遍使用计算机管理系统，通过客房状态模块控制就简单容易得多了。2 种方式都必须做好前厅部、客房部及前台收银部之间的相互信息沟通。

常用的加强房态信息沟通有效性的方法有前厅部每天 3 次定时与客房部送来的楼层报告表相核对，制作客房状况表、客房状况调整表、客房状况差异表等。

(2) 客房预订服务管理

客房预订是客房销售服务管理的中心环节。随着饭店客源市场竞争的加剧，客房预订服务已日益成为饭店主动推销以争取客源，最大限度地销售客房，为饭店争取利润最大化的重要市场手段。

客房预订的概念 客房预订是指客人与饭店之间达成的一种预期使用客房的协议。客人一般通过电话或互联网、亲临饭店或通过代理商与饭店联系预约客房。饭店则根据客房的可供状况，决定能否满足客人的订房要求。如果可以满足客人的订房要求，前厅部应根据客人的意见填写客房预订单（图 8－3）。客房预订一经饭店确认，客人与饭店之间便达成了一种具有法律效力的预期使用客房的协议。

Sales & Marketing Dept.

Fax No.

☐ New Booking 新预订 ☐ Amendments 更改 ☐ On Waiting List 等候 ☐ Seminar 研讨会

☐ Cancellation 取消

Guest Name 客人姓名	No. of Rooms 房间数量	Room Type 房间种类	No. of Guests 客人数量	Rate 房价	Company Name 公司名称

Original Arrival Date 预订到店时间:	Original Departure Date 原订离店时间:
New Arrival Date 新到店时间:	New Depatrure Date 新离店时间:
Arrival Flight 到店航班:	Departure Flight 离店航班:
Billings 付款方式 ☐ ALLC 全付 ☐ RMABF 房费含早餐	POA 自付 ☐ ROOM ONLY 只付房费 ☐ TIX/FAX/LTR/ATTI 已到电传/传真/信件

Remarks 备注:

Contact Name 联系人姓名:	Company Name 公司名称:
Phone Number 电话号码:	Fax Number 传真号码:
Taken By 预订人:	
Date Taken 预订日期:	CEM#

图 8-3 预订单

【知识窗】

2007 年是饭店"掌握网络营销年"

专注于饭店行业电子商务战略研究的饭店业电子商务战略协会（Hospitalitye - Business Strategies，HeBS）在其研究报告中称，2007 年是饭店"掌握网络营销年"。

根据 Merrill Lynch 的数据，2007 年至少 1/3 的饭店客房预订都通过互联网实现（2006 年为 29%，2005 年为 25%，2004 年为 20%），另外 1/3 的饭店预订也将受到互联网的影响，但通过脱机完成（电话预订中心、直接入住、团体预订，等等）。到 2010 年底，将有超过 45% 的饭店预订在线完成。

虽然国内饭店在线预订的比例还远达不到国外发达国家的水平，但随着网民数量的不断增长和出游人次的增加，通过网络查询饭店并进行预订（包括在线预订和电话预订）的人也越来越多。无论是大型连锁饭店还是单体饭店，都在为选择合适的网络分销渠道以吸引网民群体的购买而做出各种各样的努力。

客房预订的种类 虽然客房预订的形式多种多样，但通常可概括为 4 种类型，即临时预订、确认预订、保证预订和等待预订。

临时预订 是指客人的订房日期与抵店日期较接近，甚至是抵店当天所进行的预订。这类预订大多由前厅接待处受理。由于订房时间较匆忙，饭店一般只做口头确认，不再寄确认信。

按照国际惯例，饭店会为这类订房客人保留房间至截房时间，一般为预期抵店当天16：00。如果订房客人到了截房时间仍未抵店，也未事先与饭店联系，该预订即被自动取消。接受此类预订时，应该注意询问客人的抵店时间、航班或车次，并提醒客人截房时间。

确认预订　是指在客人提出订房要求之后，饭店以口头或书面方式给予确认，并承诺为订房客人保留房间至某一事先声明时间的预订。如果订房客人到双方事先约定时间仍未抵店，也未与饭店联系，饭店可将预留房间出租给其他客人。接受此类预订时，事先声明时间应考虑客人要求与饭店相关规定的双方利益。

保证预订　是指客户公司以与饭店订立合同方式或客人通过以信用卡、现金、支票等预付方式进行的预订。饭店必须保证此类订房客人所需客房，即使在预期抵达时间，客人未到，只要没有接到客人取消预订的通知，饭店就必须为订房客人保留房间到确认抵店日的次日退房时间为止。同时，保证预订客人也必须保证饭店的客房收入，即客人即使逾期不到店，只要在规定时间期限内事先未向饭店声明取消订房，饭店就可向公司或从预付订金中收取一天的房费。接受此类预订时，应该注意向客人强调取消预订时间期限，并声明饭店收取房费的规定。

等待预订　严格说来并不是一种正式预订，而是指饭店在客房已全部预订出去的情况下，将一定数量的订房客人列入等候名单。一旦出现客人取消预订或提前离店情况，饭店则通知等候名单上的客人，进行正式预订。接受此类预订时，应该注意向客人解释清楚无法为客人预订的原因，问清客人联系方式，并表达饭店愿意为他服务的意愿。

超额预订　所谓超额预订是指饭店在房间已全部预订出去的情况下，再按一定比例接受一定数量的预订。饭店经常会出现部分预订客人未能按期抵达、临时取消预订或已入住客人要求提前离店等情况，从而导致饭店遭受一定损失。为了避免这种情况的出现，饭店通常都会进行超额预订。超额预订既是饭店经营所必须的，但又有一定风险的行为，其关键在于掌握超额预订的数量和比例。依照国际管理的经验，超额预订比例一般可控制在5%～15%。

超额预订的麻烦

情景：客人李先生来到接待员小王面前，出示证件要办理入住手续。

小王："对不起，李先生，我们已经没有房间了。"

李先生："怎么可能，我们明明在4天以前就预订了。"

查阅了预订后……

小王："对不起，李先生，您确实做了预订。但我们饭店已全部住满了。"

【案例思考题】

小王应该如何处理这一事件？

(3) 前厅接待服务管理

前厅接待服务管理是客房销售服务的最终实现环节；是指为客人进行入住登记，并根据客人的不同需求，合理地安排房间。它主要由前厅接待处负责实施。

入住登记　入住登记手续是指客人填写入住登记表（图8-4），确认在饭店住宿。它的完成，标志着饭店与客人之间经济法律关系的确立，使得饭店与客人之间的责任与义务、权力和利益明确化。与订房业务相比较，只有接待业务才使饭店的潜在客人变为现实客人。

入住登记还可帮助饭店获得客人个人资料、住宿时间、房类等信息，直接影响到饭店销售客房、提供信息、协调对客服务、建立客账与客史档案等各项功能的发挥。

在入住登记过程中，入住登记表是必不可少的。虽然各个饭店的入住登记表各有不同，但必须满足以下 2 个条件。

国家法律对中外宾客所规定的登记项目　国籍、姓名、出生日期、性别、职业、护照和证件号码；签证种类、号码及期限；停留事由、入境时间和地点及接待单位。

饭店运行与管理所需的登记项目　房间号码、每日房价、抵离店时间、结算方式、住址、住客签名、接待员签名、饭店责任声明。

宾客住宿登记表

日期：　　年　　月　　日

房号		房价	

姓名	性别	年龄	民族	籍贯	职业	户口所在地住址	工作单位（全称）

<table>
<tr><td rowspan="2">证件名称</td><td rowspan="2">身份证或其他有效证件号码</td><td rowspan="2">从何处来</td><td rowspan="2">停留事由</td><td rowspan="2">同住关系</td><td rowspan="2">拟住天数</td><td rowspan="2">到何处去</td><td colspan="4">到店日期</td><td colspan="4">离店日期</td></tr>
<tr><td>月</td><td>日</td><td>时</td><td>分</td><td>月</td><td>日</td><td>时</td><td>分</td></tr>
<tr><td></td><td></td><td></td><td></td><td></td><td></td><td></td><td></td><td></td><td></td><td></td><td></td><td></td><td></td><td></td></tr>
</table>

付款方式	□现金 □信用卡 □支票 □挂账 □其他	预收款		备注	

· 退房时间为中午 12：00，逾时收费。

· 本酒店对住客一切遗失物品概不负责，建议住客使用饭店提供的保险箱。

宾客签名：

· 本人许诺承担在住店期间对酒店或客房造成的任何损失及由此带来的一切经济损失。饭店保留寻求赔偿的权力，本人同意支付我在饭店的所有消费，并遵守饭店要求，及时结清账目。

①白联：接待 Rcception　②蓝联：收银 Cashier　　审核员______　接待员______

FO/2007/001/B6 - E

图 8-4　入住登记表

分房　对团体客人或有预订的客人，一般可以预先分房；而对没有预订的客人，分房与办理入住登记手续是同时进行的。不管什么情况，分房不是一种简单的分配房间，而是有一定的要求和技巧的。

分房首先应根据客人的不同特点、要求，满足其需求。如同一团队的房间尽量集中安排，尽可能与散客房分开；不同宗教信仰、风俗习惯、价值观的客人，尽量分开安排；老年人、伤残人等行动不便者，考虑安排在较低楼层，靠电梯或楼梯的房间等。

同时，分房也要注意有利于饭店的经营管理和服务。如旺季时，注意离店客人和到店客人使用房间上的时间差；淡季时，注意集中安排房间；长包房客人尽可能集中分房；无行李且有行为不轨嫌疑的客人，尽可能安排在便于观察监控的房间等。

8.1.3.2 前厅综合服务管理

前厅综合服务，主要有前厅礼宾服务、电话总机服务、商务中心服务等。

(1) 礼宾服务

礼宾服务最早见于法国，后来风行全球，如今很多饭店都设有礼宾部，专为客人提供全方位服务。尽管各家饭店礼宾部的管辖范围及所提供的服务项目不完全相同，但通常其职责范围有门厅迎送服务、行李服务、饭店代表服务、委托代办服务及“金钥匙”服务等。

门厅迎送服务 即饭店员工站立于饭店正门处，代表饭店欢迎来店客人并送走离店客人。这项工作主要由门童负责，他们代表着饭店的形象，象征着饭店的礼仪，起着“仪仗队”的作用。

行李服务 是饭店为客人提供的一项重要服务。这项工作主要由前厅部专设的行李处承担。行李服务又可分为行李接送服务与行李寄存服务。

行李接送服务 是饭店为表示对客人的关爱而设的一项服务。当客人进入饭店，行李员立即趋前向其致意，并主动帮助提携行李，以示饭店对客人的欢迎。服务中，行李员是一个向导，自始至终引领着客人：到前台办理入住登记手续，进入客房……这大大减少了客人来到一个新环境的拘束感和陌生感；同时，在引导过程中，行李员技巧性地进行饭店各项服务的推销；另外，行李员还是一个信息员，不断地解答着客人的各种疑问，并提供相应的信息。而在客人离店时，行李员又会代表饭店欢送客人离开。

行李寄存服务 按寄存物品的价值，又可分为一般行李寄存服务和贵重物品寄存服务。

一般行李寄存服务通常由前厅行李处负责。住店客人有时因行李过多、过重，会将行李寄存；而离店客人在退房后会需要将行李暂时存放在饭店，这样行李寄存服务就十分必要了。

贵重物品寄存服务通常由前厅接待处负责。饭店通常在总台设有饭店和客人同时开启的贵重物品保险箱，保险箱位置安全、隐蔽，能保护客人隐私，限期免费为客人提供贵重物品保管服务。同时，许多高星级饭店还在客房内配备了保险柜，为住店客人提供存放一般物品之用。

饭店代表服务 饭店代表饭店在机场、车站等主要出入境口岸迎接客人，提供有效的接送服务，及时向客人推销饭店产品，是饭店整体服务的向外延伸及扩展，也是饭店对外的宣传窗口。为了树立饭店的良好形象，争取更多的客源，要求饭店代表必须具有强烈的责任心、自觉性、独立工作能力和较强的业务推销能力，要着装整洁、仪表端庄，形象气质优良。

委托代办服务 礼宾部员工在力所能及的情况下，应尽力帮助客人，完成客人的各项委托代办服务，如呼唤找人、递送邮件与留言、预订出租车等。礼宾服务的极致即为目前被广为称道的“金钥匙”服务。金钥匙组织徽标如图 8－5 所示。

图 8－5 金钥匙组织徽标

饭店“金钥匙”服务产生于1929年的法国，1999年被正式引入中国。“在客人的惊喜中找到富有的人生”是中国金钥匙的服务理念。“金钥匙”们以热诚的态度、广博的知识、丰富的想象、惊人的效率、恰到好处的幽默感、过目不忘的记忆、说到做到的信誉及追求卓绝的执著精神为客人提供“满意+惊喜”的个性化服务。

（2）电话总机服务

电话是联系饭店与客人的桥梁，许多客人都是通过电话与饭店进行第一次接触的。因此，饭店总机员工的亲切态度、娴熟技能，会给所有的客人留下美好的印象，从而赢得客人的信任，增加饭店各方面的收益。

饭店总机所提供的服务项目主要包括：店内外电话接转服务、长途电话服务、店内传呼服务、代客留言与叫醒服务，以及遇有紧急情况充当临时指挥中心等。

各家饭店的电话总机所提供的服务项目不完全相同，有些饭店的电话总机还负责背景音乐、闭路电视的播放，接受进店传真，监视电梯运行及接受客房、宴会的预订等项工作。

（3）商务中心服务

为满足商务客人的需要，饭店都设置了商务中心。通常，商务中心设在前厅客人出入方便的地方，并有明显的指示标记牌。而在一些高星级饭店的商务楼层，也设有供客人自助使用的商务中心。

商务中心一般提供基本的办公设施，如会议室、计算机、传真机、复印机等外，同时还提供各种秘书性服务，如翻译、打字等。

随着现代计算机网络化的不断发展，“商务中心客房化”日益普及，商务中心的职能越来越多地融入客房中，客人直接在客房就能实现远程通信、收发传真、远程办公等功能。因此，提供完善的计算机应用服务也越来越成为商务中心重要的服务内容。数字化图书馆及阅览室，配套无线宽带上网功能，这些现代商务服务项目日益成为饭店商务中心的主要服务内容。

8.1.3.3 前厅信息服务管理

信息服务管理也是前厅部的主要业务。它是饭店的指挥中心，负责协调饭店各部门的经营活动，为客人提供满意的服务；同时它又是饭店的信息中心，不仅为客人提供服务信息，而且也为饭店其他部门提供客情汇总，为饭店管理决策者提供反映经营情况和服务质量状况的各种数据和信息。

（1）问讯服务

前厅问讯服务指帮助客人解答疑难问题及向客人提供各种信息。通常问讯处所提供的服务项目有：查询、留言、邮件收发、宾客物品转交、客房钥匙的分发与管理、访客登记、代办票务、提供旅游、交通指南服务信息等。

问讯服务涉及的信息内容很广，不仅为客人提供关于饭店的设施及其服务项目的准确信息，也为客人提供有关饭店所在地的各种资料和重要活动的信息。

除了由前厅问讯处提供问讯服务外，现在有些饭店还在大厅设置旅游电子查询设备，在客房内安装VOD点播系统，供客人查询各种有用信息。

（2）客史档案管理

客史档案是饭店对在店消费过的客人所做的，包含各种与经营或服务相关信息的历史记录。它记录了客人在饭店逗留期间内的主要情况及数据，形成一个具有大量信息的资料库。它的建立和充分利用，不仅有助于饭店为客人提供更具针对性的、细致入微的个性化服务，提高客人满意程度，而且还有助于饭店分析客源市场状况，客人消费项目及能力，以赢得回头客并扩大市场份额，提高饭店的销售能力。

客史档案内容 通常，饭店客史档案包括常规档案、预订档案、消费档案、习俗嗜好档案、反馈信息档案等内容。

常规档案 包括客人姓名、性别、年龄、出生日期、通信地址、电话号码、公司名称、职务头衔等。它的建立主要是为了帮助饭店了解目标市场客人的基本情况。

预订档案 包括客人预订方式、预订的时间（季节、月份和日期）、预订的种类、预订单位、联系人等。它的建立有助于饭店选择销售渠道，并有针对性地做好促销工作。

消费档案 包括客人所用客房，所付房价、餐费及其他项目上的消费，客人的信用程度、账号、喜欢选用的设施等。它的建立有助于了解客人的消费水平、支付能力以及信用情况、消费倾向等，以方便做好客人再次入住的准备工作，还有助于饭店及时调整经营方案。

习俗嗜好档案 包括客人的生活习惯、宗教信仰、禁忌、住店期间的额外特殊要求等。建立习俗嗜好档案有助于为客人提供具有针对性的个性化服务。

反馈信息档案 包括客人住店期间的意见、建议、表扬、投诉和处理结果等。建立该档案有助于发现工作中的问题，更好地推进宾客关系管理。

客史档案的建立 客史档案的资料主要来源于客人的预订单、入住登记表、账单、客人意见书、投诉处理记录以及其他平时观察和收集的有关资料等。因此，客史档案的建立不仅依靠前厅服务员的努力，而且也有赖于饭店其他有关部门的支持和配合，互通信息，确保资料齐全、有效。

8.2 现代饭店客房管理

客房是客人在饭店停留时间最长的地方，而且客人往往把客房视为自己在饭店内的领地。因此，客房的业务管理至关重要。

客房部基本业务管理大致可分为客房清洁服务管理、客房综合服务管理及客房设备用品管理3部分。

8.2.1 客房管理概述

8.2.1.1 客房部概述

客房部是饭店经营的中心。客房部并不直接地进行销售，它主要负责客房产品的生产，即提供满足客人需求的清洁、美观、舒适、安全的住宿环境，同时提供各种综合服务项目。它的表现对房间的出售和饭店提供的其他服务来说是最重要的关键因素之一，因为干净的房间是一个饭店成功经营绝不可缺少的必备条件，客房的清洁程度是决定客人是否再次入住饭店的一个决定性因素。

建立一个高级饭店可能花费5亿~10亿美元，甚至只包括饭店的设计和土地的转让费，一间客房的花费就可能意味上万美元的投资，非常豪华的房间和套房价值达15万美元。而客房部的有效运作可以对房间装修及设备进行有效保养，尽可能地延长饭店装修及设备的使用寿命，从而节约成本，提高饭店收益。

客房部的组织机构根据饭店规模的不同，也会有不同；但基本都下设公共区域清洁组、楼层清洁组、洗衣房、客房服务中心等班组（如图 8-6 所示）。

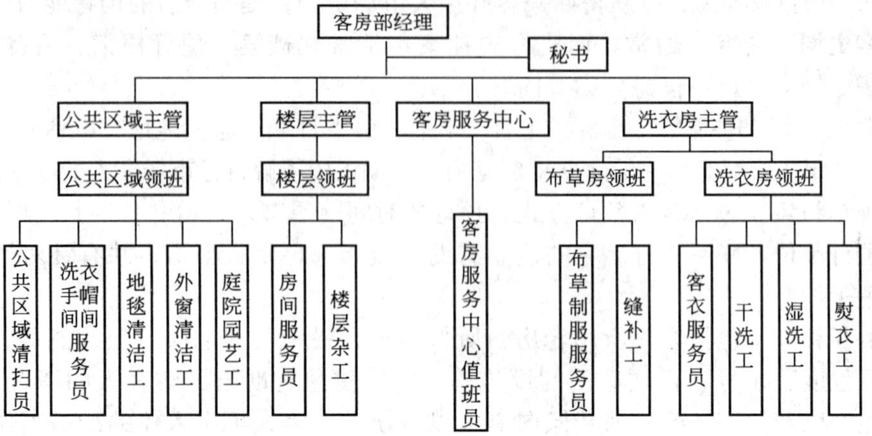

图 8-6　大中型饭店客房部组织机构图

8.2.1.2　客房类型及功能

客房是饭店最基本、最主要的产品。

（1）客房类型

饭店客房分为单间客房和套房 2 种类型。

由一间客房所构成的“客房出租单元”，称为单间客房。根据客房内床的配置情况，可细分为：单人间、双人间、三人间等。

由 2 间或 2 间以上客房所构成的“客房出租单元”，称为套房。根据其室内装饰标准可细分为：普通套间、豪华套间等。根据其结构又可细分为：普通套间、复式套间、连接套间。

（2）客房的功能空间

客房是客人在逗留期内的生活场所，这就要求合理地设计客房布局并配备相应的家具及设备来满足客人在客房中生活的睡眠、盥洗、起居、书写和储存的需要。

下面就标准单间客房为例，说明客房的功能空间（见图 8-7）。

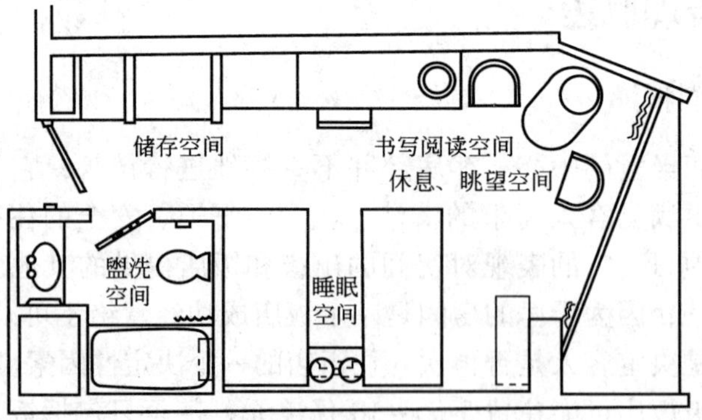

图 8-7　标准单间客房的功能区间分布图

睡眠空间　是客房最基本、最主要的空间，做睡眠用途，其中最主要的家具是床、床头柜、床头灯等。这一空间是客人使用最多的空间，其舒适程度直接影响到客人对饭店的选择。因此，目前国际饭店集团都加强了对睡眠空间的改善。

2000年喜达屋集团推出“仙境”床，将床的舒适性推向一个全新的水平，其他饭店集团也不甘示弱，纷纷相继推出自己精心研究出的更宽大、更舒适、更豪华的床，从而使得客人受到更健康的照顾。

书写空间 标准间的书写空间在床的对面。有条形多功能长桌、方凳、电视机、冰箱、台灯、电话、大面镜、行李架等，主要供客人写字用。近几年来，随着商务客人的不断增长，对书写空间的改善受到全球饭店业的普遍重视。于是，办公桌的配置、灯光亮度的加大、互联网的接口等改进不断出现。

起居空间 标准间的起居空间位于窗前区，放置有软坐椅、茶几或小圆桌、落地灯，供客人休息、会客、观看电视等。此处，还兼有供客人饮食的功能，客人在此饮茶，吃水果及简便食品。

储存空间 储存空间通常指设在房门进出小过道侧面的壁橱，主要做储物用。壁橱内有衣架杆、衣架，有的还设有鞋筐。壁橱内有随门开启而亮的照明灯。

盥洗空间 客房的卫生间是客人的盥洗空间，主要做洗漱用。主要的卫生设备有面盆、浴缸、恭桶（座便器）、巾架、纸架、电话分机、吹风筒、换气装置、壁灯、防水雾面镜、化妆镜等。目前越来越多的饭店采取开敞式卫生间的做法，让干、湿区都享受到自然采光，使其设计更人性化、设备更丰富、使用更方便。

8.2.2 客房清洁保养管理

清洁卫生是客人选择一家饭店的重要依据，也是体现客房服务质量的主要方面。饭店客房及公共区域的清洁保养是客房部的一项主要工作内容。

清洁保养含有2方面的内容：一是清洁，即去除尘土、油垢和污渍；二是保养，即保护调养使之保持正常状态。

【知识窗】

客房是饭店中最重要的“商品”

不管什么时候，我们清扫客房时，都脱了鞋子才进去。因为客房是商品，商品就必须保持它的新品状态。

饭店把客房提供给顾客这一行动表现为“卖”。对饭店来说，客房是最重要的商品。既然收了顾客的高价房费，就必须使商品具有对等金额的价值。不可使顾客感觉到买了“很贵的东西”。要使客房舒适、清洁、安全、新鲜。每天手工制作完成这重要的商品的就是客房班。

在帝国饭店的客房班里，常年流传着一句话，就是“扫除靠膝盖”，也就是说跪在地上扫的意思。跪下来扫是为了确认针头线脑、玻璃碎片或是头发等不容易发现的细小灰尘有没有藏在地毯中。若是站着扫，从上往下看，就不会看得这么真切。跪下来，不用自己的手掌摸一摸是不会弄明白的。而且，扫完站起来的时候，自己的裤腿上无灰无尘才算真本领。

进客房清扫必须脱鞋入室，为的是不把鞋子上的灰尘带到客房里来；不把足迹印到吸平的地毯上。地毯上留下了扫除人的足印，客房这一商品就不能算是新品了。

现在，普通客房的地面都换成了弹力地毯，穿鞋踩也印不上足印。整理小酒吧也是客房班的任务，小酒吧的饮料是入口之物，来来回回地脱鞋不卫生，所以一般穿鞋进入。目前，只有高级客房仍旧保持脱鞋入室的规矩，因为这些客房铺的是长毛地毯，整理小酒吧由另外的人担当。

清扫后，由清扫责任者和检查人员检查清扫情况。

客房部的清洁保养服务管理主要分为客房清洁保养服务管理与公共区域清洁保养服务管理两大块。

8.2.2.1 日常清洁保养服务

（1）客房清洁服务管理

客房清洁保养服务管理是客人感受最敏锐，印象最深刻的，直接影响到饭店的形象、气氛乃至经济效益。

客房清洁保养服务是饭店客房部最主要的职责，由客房楼层服务组负责。它包括清除垃圾、更换布草、整理床铺、抹尘、清洁卫生间等。针对不同的房间、不同的要求，会有不同的清洁保养服务。

走房和住房的清洁保养服务 走房必须及时进行清洁保养，以迎接新的客人。而对已入住客人的房间，更是不能马虎。走房和住房的清洁保养服务管理工作主要包括清洁整理客房、更换补充物品、检查保养设备3方面的工作。具体步骤为准备工作、选房次序、进房、做房顺序、房间整理、做床、清洁卫生间等。

空房的清洁保养服务 空房只需简单清扫，但必须每天进行，以保持良好的状况，随时迎接入住的新客人。

小整理服务 是对在住客房而言的，即在住客外出后，客房服务员对其房间进行简单的整理，使客房经常处于干净整洁的状态，让客人进房后有一种整洁舒适的感觉。各饭店应根据自己的经营方针和房价的高低等实际情况，决定是否提供小整理服务。一般只有高星级饭店或其他饭店的VIP房和高档房才提供这项服务。

夜床服务 就是对在住客房进行晚间寝前整理，并放置晚安致意卡，又称“做夜床”或“晚间服务”。夜床服务是一种高雅而亲切的服务，它是饭店用来表示对客人的欢迎和礼遇规格的一种，目的是使客人感到舒适，方便客人休息。三星级以上饭店均提供夜床服务。

（2）公共区域清洁保养服务管理

饭店的公共区域是宾客旅途中“家”的组成部分。他们同样希望这些场所清洁、舒适、优雅，并能得到各种所期望的服务。同时，因各种目的进出饭店的社会公众对饭店的印象更是主要来自于公共区域的设施与服务。

饭店内有许多的公共区域，如饭店大堂、大堂走廊、公共卫生间、餐厅、办公室、员工休息室等，它们的清洁保养服务都由客房部负责。客房部下设有专门的公共区域服务组，负责这一部分的清洁保养服务。

公共区域由于是客人出入的场所，范围大，所以这部分区域的清洁保养服务是根据人流量、人流密度来安排清洁保养时间及频率。不同公共区域的清洁保养，由于所处的位置不同，功能不同，设备用品不同，其任务和要求也就不完全相同。

8.2.2.2 周期清洁保养服务管理

周期清洁保养服务管理是指在搞好客房日常清洁保养工作的基础上，针对清洁保养卫生的死角或容易忽视的部位及家具设备进行彻底的清扫和维护保养。

客房部会根据日常检查结果，制定出周期清洁保养计划，如空调出风口的清洁、擦桐油等，采取定期循环的方式进行，以进一步保证清洁保养质量，维持设施设备良好状态。

8.2.2.3 清洁保养质量控制

客房清洁保养服务管理的特点是管理面积大，人员分散，时间性强，质量不易控制，但又要求高质量、高标准、高效率。因此，清洁保养质量控制就显得十分重要。

清洁保养质量控制主要由质量标准与逐级检查2部分构成。

（1）质量标准

客房部的每一项清洁保养服务都有质量标准，一般包括4个方面，即清洁卫生质量、物品摆放、设备状况和整体效果。要求每一个岗位都按质量标准要求进行工作。

（2）逐级检查制度

逐级检查制度主要是指对清洁保养服务质量检查实行服务员自查、领班全面检查和管理人员抽查的制度。

服务员自查 服务员每次清洁保养工作完毕后对自身工作进行检查。一方面加强员工的工作责任心和服务质量意识；另一方面减轻领班查房的工作量。

领班全面检查 服务员自查完毕后，由领班进行全面检查，并保证质量合格。领班检查时如发现问题，会要求服务员返工，直到达到质量标准，并做好记录。对于业务尚不熟练的服务员，领班检查时会给予帮助和指导，这种检查实际也是一种岗位培训。

管理人员抽查 管理人员每天抽出一定时间进行巡视，抽查清洁保养质量。通过巡视、抽查，管理人员可以掌握员工的工作状况，了解客人的意见，不断改进管理方法。

8.2.3 客房综合服务管理

8.2.3.1 客房服务模式

客房服务一般有2种模式，即楼层服务台和客务服务中心。

楼层服务台式服务模式是指在每个楼层都设有服务台，并配备服务员，为客人服务。它具有亲切感强、安全系数高、加快服务速度等优点。但同时又有人力资源成本过高，客人私密性较少等缺点。

客务服务中心模式是指客房部专设一个客务服务中心，统一调度和控制，强化客务管理。采用服务中心的形式加强了对客服务工作的统一指挥，提高了工作效率，强化了服务人员的时效观念。服务信息传递渠道畅通，人力、物力得到合理分配，有利于形成专业化的客房管理队伍。

8.2.3.2 服务项目

饭店客房服务项目的设立，必须以客人的需求作为基本出发点，同时还需要考虑饭店档次，即遵循“适合”与“适度”2条基本原则。适合原则就是要求饭店在设立客房服务项目时，必须研究客人的需求，适合客人的基本要求。适度原则是指饭店在设立客房服务项目时，应考虑饭店的档次，突出饭店的风格，体现“物有所值”的经营观念。饭店档次不同，房价不同，反映在客房服务项目上也有多寡，在客房服务规格上也有高低。

饭店服务项目分为免费与收费2种。虽说各个饭店的服务项目各有不同，但基本服务项目有客房楼面接待、VIP服务、小酒吧服务、洗衣服务、访客接待服务、擦鞋服务等。

(1) 免费服务项目

客房楼面接待服务 一般设客房服务中心的饭店，不提供此项服务。客房楼面接待工作主要由楼层服务员负责。包括三大环节：迎客服务的准备、到店的应接服务和送客服务。

迎客服务的准备工作是楼面接待服务过程的第一环节，也是其他环节得以顺利进行的基础环节。它的主要工作是了解客情，检查房间布置和设备，做好迎接宾客的准备。

客人到店的接待工作必须热情礼貌，服务迅速。因为客人经过旅途跋涉，抵达后一般比较疲乏，需要尽快妥善安顿，以便及时用膳或休息。因此，在客人步出电梯时，服务员要微笑问候。如是团体客人，楼层服务员还会帮助行李员分送行李。

送客服务工作是楼面接待工作的最后一个环节。服务员应掌握客人离店的准确时间，检查客人洗烫衣物是否送回，交办的事是否完成。客人离房时送到电梯口，并热情道别。客人下楼后，服务员迅速进房检查，以避免客人遗漏小件物品，同时防止客人损害饭店设施。

VIP服务 VIP是指有较高身份地位或因各种原因对饭店有较大影响力的客人。根据重要程度的不同，很多饭店还将VIP客人分为几个档次。VIP服务，从客房布置、礼品的提供，到客房服务的规格内容，都要高出普通客人，使其感受到饭店的特殊照顾。

接到贵宾接待通知书后，客房部立即选派经验丰富的服务员将房间彻底清扫，按规格配备好各种物品，并在客房内摆放有总经理签名的欢迎信、名片，摆放饭店的赠品，如鲜花、果篮、饮料等。房间由客房部经理或主管严格检查，大堂副理最后检查认可。VIP客人在饭店有关人员陪同下抵达楼面时，客房部主管、服务员在梯口迎接问候。对特别重要的VIP客人，客房部提供专人服务，保证客房卫生处于最佳状态，保持高水准的服务。

【知识窗】

设VIP专用门的理由

帝国饭店除了正门以外还设有VIP顾客的专用门。实际上，VIP顾客下榻期间，不但进出专用门，电梯也是专用的，贵宾下榻的楼层配特别警卫。在这里所说的VIP顾客是指国宾级的顾客，多为各国的首脑、大臣、王族。就是国宾，也不一定下榻在迎宾馆，东京市内的饭店当中，除了帝国饭店之外，还有好几家贵宾下榻的饭店，其中，有专用门设备的只有帝国饭店一家，接待各国的VIP级贵宾是帝国饭店从明治23年（1890年）创业以来的传统。

但是，设置专用门，一不是为了传统，二不是为了骄傲。它的真正理由，是出于保障宾客们的安全和便利，更重要的是，不给一般的顾客添麻烦。

请您想象一下贵宾抵达饭店的光景，进入大门的不可能只有贵宾一个人，有同行的该国的政府官员、警卫人员、日本政府方面的警察官，再加上不肯放过贵宾的一举一动的媒体记者群，为了使这一行人安全、迅速地通过，作为饭店，只有将大厅的一部分区划出来，采取“禁止关系外者进入”的特别对策了，这样一来，一般顾客的行动就会受到局限。

为了避开这一影响，帝国饭店将VIP顾客的行动路线与一般顾客的行动路线彻底分离开。所以，不管帝国饭店下榻了什么样的贵宾，也不会使一般顾客在行动上有任何的不方便。这才是帝国饭店设置专用门的真正目的所在。

擦鞋服务 客房内通常备有擦鞋纸、擦鞋巾，以方便客人擦鞋。高档饭店还会备有擦鞋机。但真正的擦鞋服务是免费为客人人工擦鞋。在设此项服务的饭店，客房壁橱中放置了标有房间号码的鞋筐，并在服务指南中告之客人。

借用物品服务 客房内配备的物资用品不可能满足客人的全部需要。尤其是女客，常会要求借用一些物品，如电吹风、电熨斗、熨衣架、婴儿摇床等。客房部应配备这类客人可能需要的物品，在服务指南中标明，以体现饭店的周到服务。有些饭店规定了客人免费使用借用物品的时间期限。

（2）收费服务项目

小酒吧服务 一些饭店在房间内配备了小冰箱或小酒吧，存放一定数量的软硬饮料和干果，如啤酒、果汁、开心果等，供客人有偿使用。

服务员每天做房间清洁保养时，清点冰箱内饮料食品的耗用量，并予以补充。每个月的月初或月末及领取和补充小酒吧的酒水和食品时，服务员被要求检查酒水的质量和饮料、食品的有效保质期限。

洗衣服务 也是饭店为客人提供的有偿服务。洗衣服务分水洗、干洗、熨烫3种。时间上分正常洗和快洗2种。一般客人在10：00前送洗的衣物，16：00会送到客人房间。

饭店在房内写字台的抽屉里或衣柜内摆有洗衣单、洗衣袋，供客人使用。饭店要求客人在洗衣单上注明送洗衣物的洗涤种类及要求，并会检查衣物状况有无破损。客人如有特殊要求或者饭店员工发现衣物破损的，双方应当事先确认并在洗衣单上注明。

这项服务是由洗衣房提供，没有洗衣房的饭店则由与饭店签有协议的洗衣店提供。

托婴服务 就是为外出活动办事的住客提供短时间的照管婴幼儿童的有偿服务。饭店并不配备专职人员从事此项服务，而是向社会服务机构雇请临时保育员，或是由客房部有育儿经验的女服务员来承担。

托婴服务责任重大，绝不能掉以轻心。饭店会要求客人认真填写托婴服务表。服务员在饭店所规定的区域内，根据家长的要求照看小孩。

管家服务 是目前出现在高星级饭店的一种服务。从客人到达饭店开始，客人所有的生活琐事、外出交通、商务活动等均由管家一手操办。管家从接到派任指令那一刻起，就开始筹备、联络、规划，一直到服务对象离开饭店为止，都需全天候随传随到，处理各种突发事件。

显然，私人管家要由高素质人员充当。一般说必须有大专以上学历，较高的外语水平，广泛的知识面，对饭店业务了如指掌。同时，在生活方面，会熨烫衣物、调酒、熟悉餐牌，工作上能操作计算机、翻译外语、熟练打字复印等。由于私人管家服务细致周到，体贴入微，深受客人信赖。许多客人与曾为自己当过私人管家的服务员结下深厚情谊，成为饭店的回头客。

8.2.4 客房设备用品管理

客房设备用品管理就是对饭店客房经营活动中所必需的各种设备用品的选择、使用、保管等进行管理。它是为客人提供优质客房服务，保证客人满意度的基础。

8.2.4.1 客房设备管理

客房部设备主要分为清洁设备和客房设备两大类。客房部管理人员根据本饭店客房特点，综合考虑适应性、方便性、节能性、安全性、成套性等因素，选购适合饭店档次的最优设备。

客房设备管理是建立在饭店工程部门统一管理的基础上的。客房部必须与工程设备部门协调配合，使客房内的各种设备始终处于齐全、完好的状态。客房设备管理主要包括客房设备的资产管理、客房设备的日常管理及客房设备的更新改造3个方面。

(1) 客房设备的资产管理

客房设备的资产管理是指对客房设备这种资产进行严格管理。客房设备在性能上有各种不同的用途，饭店按一定的分类法，对它们进行分类编号，建立设备档案制度，建立设备档案、设备卡片，分别保存在客房部、设备部与财务部。

客房设备档案主要由客房装修资料、客房历史档案、工作计划表和电器设备档案组成。

(2) 客房设备的日常管理

客房的设备是以租借形式供客人使用的。因此，在引领客人进房时，服务员必然按照服务规程向客人介绍客房设备的性能和使用方法，以降低客房设备损坏的可能性。客房服务员平时应按规程对客房设备进行日常的检查与维护保养；发生故障应及时与有关部门联系进行修理。

(3) 客房设备的更新改造

为了保证饭店设备的超前性或舒适性，保持并扩大对客源市场的影响力，饭店都要对客房进行计划中的更新，并对一些老化过时或存在不安全隐患的设备用品实行强制性淘汰。它包括常规修整、部分更新及全面更新3种。

常规修整　一般每年至少进行一次，包括地毯、饰物、墙面等的清洗；家具等的常规检查和保养等。

部分更新　当客房使用达5年时，即应实行更新计划。包括更换地毯、墙纸、窗帘、床罩及电器设备等。

全面更新　一般10年左右进行一次。它要求对客房各种陈设、布置、设备和格调等进行全面彻底的改变。

8.2.4.2 客房用品管理

客房用品是饭店配备在房间内，满足客人生活的需求，供客人免费使用的用品。客房用品上通常印有饭店的名称、店标及地址、电话等，也是饭店营销手段之一。

客房用品包括客房供应品及客房备品2种。客房供应品是指供客人一次性消耗使用或用作馈赠客人而供应的用品，如肥皂、明信片、针线包等，因此也称为客房消耗品。客房备品是指可供多批客人使用、客人不能带走的客房用品，如布草、水杯、烟灰缸等。

客房用品单价低，需要量大，因此，客房物品管理要求细致周密。客房物品管理分为确定物品消耗定额、物品的储备和领用、客房物品消耗量的统计与分析等几个环节。

（1）确定物品消耗定额

物品消耗定额是指对客房部各类物品消耗所确定的额定数量。客房供应品消耗定额是以人过夜数为单位，综合考虑服务标准、房间价格、客人使用情况、成本计划等因素来确定的。客房备品的消耗定额是根据不同客房备品的特点、性能、耐用性，确定这些物品在一定时间内的换新率，然后确定客房备品消耗定额。

（2）物品的储备和领用

客房部的物品储备量必须合理，既能保证供应，又不积压物品。一般来说，储备量可根据客房物品消耗定额、客房总数，人过夜总数来确定。物品领用时，严格按物品消耗定额进行审批。客房部负责人对客房部物品仓库要经常检查，控制物品流转和使用情况。

（3）客房物品消耗量的统计与分析

为有效地控制客房物品的消耗量，客房部应建立制度，对客房物品的消耗量进行每日汇总、每月统计，定期分析，并将结果与各楼层班组或各客房服务员的工作实绩评估相结合，辅以奖惩措施。

8.2.4.3 布草管理

布草是饭店对客房和餐厅的部分纺织用品的通称。客房布草主要是指客房内床上和卫生间内的纺织用品，如床单、毛巾等。餐厅的布草则主要是指台布与口布。布草的内在质量和外观清洁程度，直接影响到饭店的服务质量和规格。

布草根据使用情况分为在用布草与备用布草 2 类。在用布草，即在饭店经营管理活动中正在使用的布草，它包括经营场所正在使用的、正在洗涤的及洗涤后备用的布草。备用布草，即为保证饭店经营管理活动正常进行而储备的布草，它主要是指保存在总库房内，以备补充的，尚未使用过的新布草。

布草的管理指核定布草用量、加强日常管理、定期盘点布草。

（1）核定各布草的用量

布草的用量，是在保证经营需要的前提下，保持最低的消耗和库存周转量为原则来核定的。

客房布草的用量通常用套为单位。按饭店制定的布置规格将所有客房都布置齐全的需要量为一套。一般的饭店都拥有 4 套以上的布草，其中 3 套为在用布草，它们在客房、洗衣房、中心布草房、楼层布草房之间周转；其余的都存入新布草库房。

餐厅的布草用量是由布草种类、餐厅上座率等决定的。

（2）加强日常管理

布草需要量大，清洁程度要求高，因而布草的日常管理尤为重要。客房部通常会建立起相关布草管理制度，设计工作程序，确定管理方法，对布草进行有效的日常管理。

做好布草储存及保养工作 饭店的布草一般都是定点定量存放。如中心布草房存放的是备用布草，楼层布草房存放的是当天该楼层提供清洁服务所需布草。同时在用布草在楼层布草房、工作车上及中心布草房的存放数量、各种布草的摆放位置和格式等，都有一定的规定。

布草是极易长霉、发黄的物品，其储存地点必须具有良好的温度和湿度条件。相对湿度不能大于50%，最好能控制在40%以下，温度以不超过20℃为佳；且库房内通风良好，墙面材料应经过良好的防渗漏、防霉蛀预处理，地面材料以PVC石棉地砖为好。

良好的使用方法也可以提高布草的使用寿命，如新布草洗涤后再使用；刚洗涤好的布草在货架上搁置一段时间再使用等。

建立布草收发制度 客房部、餐厅等部门要求领用布草，必须填写申领单。领用数量控制的原则是送洗多少脏布草换多少干净布草。如果申领者要求超额领用，应填写借物申请并经有关人员批准。如果中心布草房发放布草有短缺，则开出欠单，作为以后补领的依据。

在日常布草送洗和分发过程中，布草房都必须逐件清点检查，在保证进出的布草数量正确的同时，要把好质量关，在每天清点布草的过程中，凡是有污点或破损的布草都要及时送还重洗或做报废处理。洗衣房送来的布草，要分类堆放整齐，以方便发放和清点存货。

（3）定期盘点

客房部布草房要每月或每季度进行一次存货盘点。这个制度不仅是为了控制布草的数量，而且也是为了方便会计核算。在对布草盘点的基础上，进行统计分析能及时帮助客房部管理人员发现存在的问题，堵塞漏洞，改进管理工作。

怒气“有处撒”

位于竹林市中心的某家四星级饭店，以接待商务客人为主。某天饭店出租率高达95%，618房间刚清理完就住进了一名欧洲女客人。第二天中午客人就向饭店总经理递交了一份3页纸的投诉报告，反映她入住后遇到的各种遭遇：进房间磁卡钥匙打不开房门；想给家人发一张明信片，服务夹内没有；要一张本城市的地图，客房服务员让她到服务中心去取；在淋浴时，发现淋浴喷头出水特别少，只能手持喷头用了30min勉强洗完，穿上浴衣，却发现浴衣没有更换，还留有他人的体味；晚上想要叫醒服务，前台接待员告诉她，请拨总机；23：00要了一份三明治，等了38min才送到；晚上躺在床上看电视，想看的2个卫星频道都不清楚。客人越想越生气，越生气越睡不着，翻身起床将房间各个角落彻底检查了一遍。不能容忍的是第二天11：00多她回到房间时，发现椅子的靠背上有一双男士袜子。于是她向总经理投诉了。

总经理接到投诉后，感到此事的严重，把客房部经理批评了一顿，要求客房部做出书面答复，解释客人投诉中提到的问题。客房部经理怒气冲冲回到办公室，找来该层领班训斥一通。问她怎么回事，吓得领班直打哆嗦。领班回到楼层，虽然晕头转向，但也没有忘记对负责这间客房的服务员发了一通脾气。

【案例思考题】

请从管理的角度讨论如何避免这样问题的发生。

【思考题】

一、名词解释

房态、预订、超额预订、入住登记、客史档案、周期清洁。

二、简述题

1. 房务部的重要性体现在哪些方面?

2. 房务部有哪些职能?

三、论述题

1. 前厅部“金钥匙”服务对饭店服务质量改进有哪些促进作用?

2. 客房服务项目是不是越多越好?为什么?

3. 客房清洁服务对饭店经营收入的影响有哪些?

【案例分析】

疲倦的客人就这么走了

一天深夜3:10,2位面容倦怠的客人来到前厅接待处。

接待员:“先生,您好,欢迎光临。请问需要什么房间?”

顾客:“我们需要一间普通标准间,快点,快点!困死了。”

接待员:“我们有豪华标准双人间,498元一套,还有普通三人间588元一间。”

顾客:“我说过了要一间普通标准间。”略显疲惫的客人不耐烦地说。

接待员:“真对不起,标准间刚刚卖完,只有一间刚刚 Check - out,豪华标准双人间也非常适合你们,十分抱歉,楼层服务员现在正在清扫,请你们稍等片刻。”

顾客:“不行,刚才机场代表告诉我们是有房间的!”客人不禁皱起了眉头。

接待员:“是有的,但请稍等一会儿,我们马上清理出来,请您在大堂吧略坐片刻,我们会通知您的。”

客人看了看接待员,不悦地走向大堂吧。接待员赶紧催促客房中心立即清扫普通标准间。15min后,其中的一位客人来到接待处。

顾客:“小姐,到底有没有房间,我们坐了3h的飞机,真的很累,想休息……”

接待员:“马上就好,请你们再耐心地等一会儿。”接待员连忙安慰客人。

客人又回到座位上,耐着性子等候。接待员立刻又打电话到客房中心询问有没有做好那间双人房,客房服务员却说:“有一间豪华标准间做好了,其他房间还没有。”

接待员:“你们在干什么呢,做房间那么慢,你们知道客人等得有多焦急。”

服务员:“房间总得一间间做吧,哪有那么快。”说完电话挂断了。

接待员无可奈何地放下话筒。

又过了15min,2位客人再次走向接待处,七嘴八舌地高声责问接待员:“你们到底有没有房间?把我们骗到这儿,根本没房,我们不在你们这儿住了。”说完,便向门外走去。这时,大堂副理走了过来想留住客人,可没等他说话,客人就劈头盖脸地说:“你不用多说,我们已经在这里白等了半个多小时了。”说完便愤然离去。

【案例思考题】

上面这种情况是怎样造成的?如何进行改进,才能避免其再次发生?

【本章推荐阅读书目】

1. 现代美国饭店客房管理. [美] Robert J. Martin 著. 袁秋萍等译. 湖南科学技术出版社,2001.

2. 饭店客房管理. [美] Margaret M. Kappa, Aleta Nitschke, Patricia. 潘之东译. 中国旅游出版社,2002.

3. 前厅部的运转与管理. [美] Michael L. Kasavana, Richard M. Brooks. 中国旅游出版社,2000.

第9章
现代饭店餐饮与康乐管理

【本章概要】

本章着重阐述了餐饮部在饭店中的作用与组织机构，餐饮服务特点与管理内容，餐饮服务规程，餐饮服务方式与服务艺术；康乐部在饭店中的作用与任务，康乐部的组织结构及岗位职责，康乐部经营管理，饭店康乐经营现状及发展趋势，康乐消费行为及需求分析，饭店康乐项目经营分析。

【学习目标】

- 了解餐饮部在饭店中的作用；掌握餐饮部的组织结构设置的原则、常见的几种组织机构；掌握餐饮服务的特点与管理内容；
- 了解餐饮服务的服务艺术；掌握餐饮服务的规程与方式；
- 了解康乐部的定义，在饭店中的任务与作用；掌握康乐部的组织结构和岗位职责；
- 了解我国饭店康乐经营现状及发展趋势；掌握康乐部经营管理；
- 了解康乐消费行为及需求分析，饭店康乐项目分析。

【关键性术语】

餐饮、餐饮服务、餐饮管理、餐饮服务规程、中餐服务规程、西餐服务规程、迎领服务、值台服务、酒水服务、菜肴服务、席间服务、结账服务、送客服务、收台服务、主菜服务、餐后服务、餐饮服务方式、餐饮服务艺术、摆台艺术、宴会、斟酒艺术、康乐、康乐部、康乐设施、康乐管理、康乐消费行为。

微笑确实是一种力量，是一种可以创造效益的不可忽视的力量。

——[美] 唐拉德·希尔顿

【章首案例】

致词时有菜端出

某四星级饭店里，富有浓烈民族特色的贵妃厅今天热闹非凡，可以容纳30余张圆桌的空间座无虚席。主桌上方是一条临时张挂的横幅，上书“庆祝丰瑞（集团）公司隆重成立”。今天来此赴宴的都是商界名流，由于人多、要求的标准高，餐厅上至经理下至服务员早就忙开了。

宴会开始，一切正常进行。执台服务员上菜、报菜名、派菜、递毛巾、倒饮料、撤菜盘碟子，秩序井然。按预先安排，上完“红烧海龟裙”后，主人与主宾到前面讲话。

只见主人与主宾离开座位，款步走到话筒前。值台服务早已按计划，为每位客人的杯子里斟满了酒和饮料。另有一位英俊的男服务员站在话筒边几步之外，手中托着一个圆托盘，盘子有2只斟满酒的杯子。主、宾简短而热情的讲话很快便结束，那位服务员很快呈上酒杯。正当宴会厅所有来宾准备碰杯祝酒时，厨房里走出一列服务员，手中端着刚出炉的烤鸭，走向不同的餐桌。主、宾不约而同地将视线朝向这支移动的队伍，热烈欢快的祝酒场面就此给破坏了，主人不得不再次提议全体干杯，但气氛已大打折扣。

餐饮部、前厅部和客房部是饭店的三大业务部门，它们各有其组织机构，发挥着相应的职能。餐饮部是饭店的重要盈利部门，餐饮服务在很大程度上反应了饭店的总体质量水平和风格特色。

9.1 现代饭店餐饮管理

9.1.1 餐饮部在饭店中的作用与组织机构

9.1.1.1 餐饮部在饭店中的作用

餐饮部是现代饭店的重要部门之一，它是饭店存在的基础，承担着宴会、酒会、冷餐会、茶话会、零点、包餐、酒吧等各项任务，是负责向客人提供餐饮产品和餐饮服务的职能部门，在饭店中占有很重要的地位。

(1) 餐饮部是满足宾客基本生活和社交需求的主要活动场所

俗话说：“民以食为天”。“食”乃是维持生命的第一需要。现代饭店的餐饮部不仅拥有中西餐厅、咖啡厅、宴会厅，还有酒吧、音乐茶座等餐饮设施，都是客人的交际活动场所。

(2) 餐饮部的收入是饭店总收入的重要组成部分

餐饮部是饭店获得经济效益的重要部门之一。饭店的经济收入主要来源于3个部分——客房收入、餐饮收入和综合服务设施收入。其中，餐饮收入是饭店收入的主要来源之一，一般占饭店总收入的30%~40%，在旅游淡季，客房利用率较低时，经营管理好的餐饮收入甚至可以超过客房收入。而且，饭店客房数量是基本固定不变的，所以，其最高收入是一个常量，而餐饮部的最高收入则是个变量，因为餐桌的周转率和人均消费水平是可以提高的。

9.1.1.2 饭店餐饮部的组织机构

饭店餐饮部门的组织机构是针对饭店餐饮经营管理目标，为筹划和组织餐饮产品的供、产、销活动而设立的专业性业务管理机构。其目的是为了增强实现本部门经营目标能力，更好地组织和控制所属员工和群体活动。

饭店餐饮部门是整个饭店组织机构的重要组成部分，作为饭店唯一生产实物产品的部门，集采购、生产、加工、销售、服务于一身，管理过程全，环节多，从人员机构上讲，拥有员工数多、工种多、文化差异大的特点，管理难度大。

(1) 设置餐饮部门组织机构的原则

精简与效率相统一的原则 餐饮组织机构是为业务经营活动服务的。组织机构的规模、形式和内部结构必须在符合业务需要的前提下，将人员减少到最低限度。精简的关键是精，能够用最少的人力去完成任务。精简的目的是为了减少内耗，提高效率。因此，精简和效率相统一的主要标志是：配备的人员数量与所承担的任务相适应，机构内部分工得当，职责明确；每人有足够的工作量，工作效率高，应变能力强。

专业化和自动调节相结合的原则 专业化和自动调节相结合的主要标志是：组织机构大小同企业等级规模相适应，内部专业分工程度同生产接待能力相协调，专业水平和业务能力同工作任务相适应，管理人员能够在不断变化的客观环境中主动处理问题，具有自动调节的功能。

餐饮管理是一项专业性很强的工作，必须保持其组织机构和工作内容的专业性和正规性。组织机构内部的专业分工要明确，职责范围要清楚。各级管理人员和职工要接受一定的专业训练，具有一定的专业水平和能力。组织机构要有相对独立性，各类管理人员在职责范围内能够独立开展工作，能够灵活处理同客观外界环境的关系，具有一定灵活性。

权力和责任相适应的原则 餐饮管理是运用不同职位的权力去完成管理任务。责任是权力的基础，权力是责任的保证。责任和权力不相适应，管理人员就无法正常地从事各项管理工作。餐饮组织机构坚持责任和权力相适应的标志是：组织机构的等级层次合理，各级管理人员的责任明确，权力大小能够保证所承担任务的顺利完成，责权分配不影响各级管理人员之间的协调与配合。

（2）餐饮部门组织机构的设置依据

餐饮部门组织机构的大小和形式受多种因素的影响。确定其组织机构规模和机构形式的主要依据有以下几方面。

餐厅类型的多少 餐厅类型越多，专业化分工越细；内部人员、部门越多，组织机构的规模越大。例如，大型饭店的餐饮部一般都设有中餐厅、西餐厅、咖啡厅、宴会厅、酒吧间和自助餐厅等各种类型的餐厅，有的多达十几个，甚至几十个。不仅餐厅专业化程度高，而且厨房分工与此相适应，组织机构必然较大。反之，小型饭店只有2~3个餐厅，组织机构的规模必然较小，组织机构的具体形式也必然各不相同。

餐厅接待能力的大小 餐厅接待能力是由其座位多少决定的。餐厅座位越多，规模越大，用人越多；与此相适应，厨房规模也越大。反之，餐厅座位少，组织机构的规模也相应较小。餐饮组织机构的规模和形式必须和餐厅接待能力相适应。

餐饮经营的专业化程度 餐饮管理主要有饭店宾馆和社会餐厅、酒家2种类型。饭店宾馆之中的餐饮部门不是一个独立的企业，组织机构可以相对较小。餐馆、酒家等都是独立的企业，需要建立全套组织机构。

餐饮经营市场环境 不同地区、不同企业、不同时期餐饮经营的市场环境不同。处于卖方市场条件下的企业市场环境较好，用餐客人多，餐厅资金周转快，用人相对较多；而处于买方市场条件下的企业情况则相反。因此，餐饮部门组织机构的规模和形式应随着市场环境的变化而调整。

（3）几种常见的餐饮部组织机构

第一，餐饮部门组织机构的具体形式主要受饭店规模、接待能力、餐厅类型等因素的影响，大小不同，其组织结构也不尽相同，其常见的组织机构主要有以下3种。

小型饭店的餐饮部门组织机构：饭店客房规模一般在300间以下为小型饭店。这种饭店餐厅数量少、类型单一。其组织机构形式可参阅图9－1。

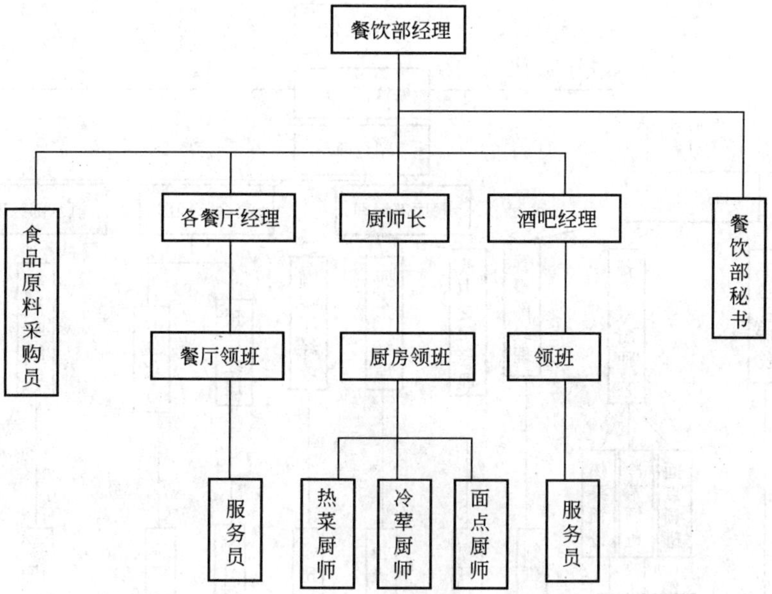

图 9－1　小型饭店餐饮部门组织机构图

中型饭店的餐饮部门组织机构：饭店客房规模一般在 300～600 间为中型饭店。这种饭店餐厅类型比较齐全，厨房与餐厅配套，内部分工比较细致，餐饮管理组织机构相对复杂。其组织机构形式可参阅图 9－2。

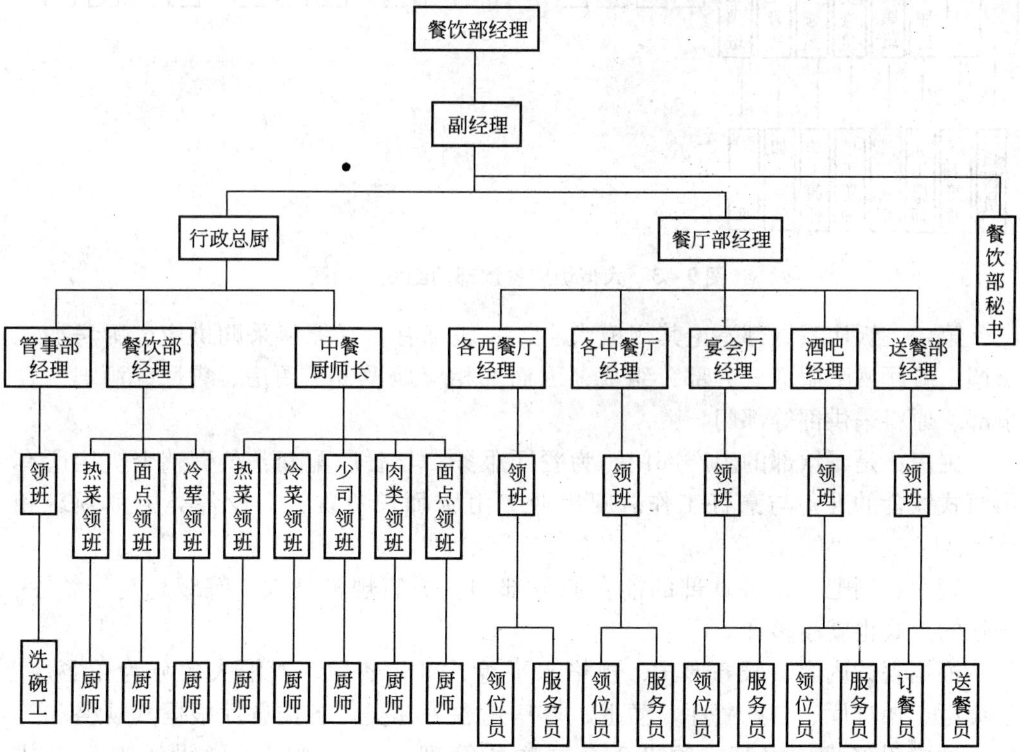

图 9－2　中型饭店餐饮部门组织机构图

大型饭店的餐饮部门组织机构：饭店客房规模一般在 600 间以上为大型饭店。这种饭店餐厅一般有 5～8 个餐厅，甚至十几个，中西餐、宴会、酒吧、客房送餐等各类餐厅齐全。其组织机构形式可参阅图 9－3。

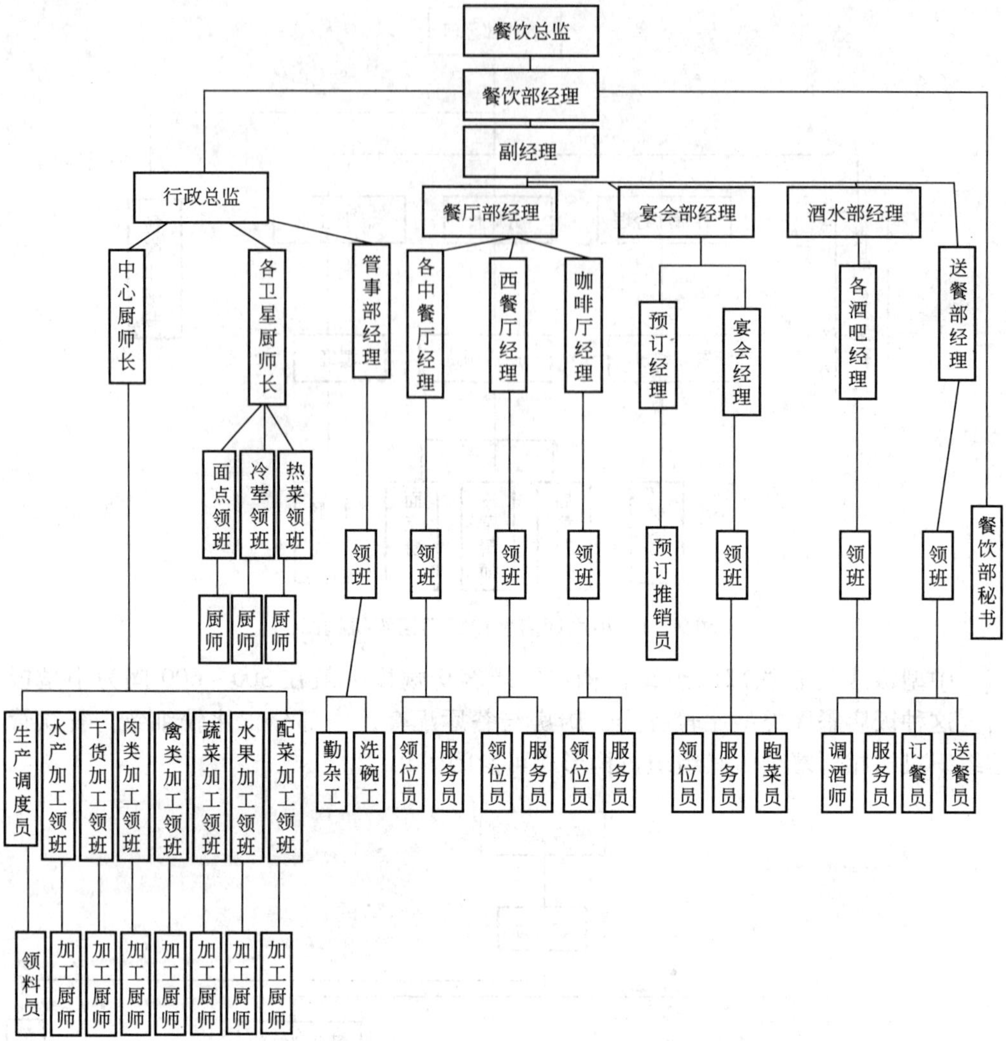

图9－3 大型饭店餐饮部门组织机构图

第二，饭店餐饮部不论其规模大小，一般都有食品原料采购供应、厨房加工烹调、餐厅酒吧服务三大部分组成，因而都相应地设置了厨房、餐厅、酒吧、管事部、原料采供部等部门。

厨房：是餐饮部的生产部门，为餐厅服务，与餐厅配套，负责整个饭店所有中西式饮食的准备与烹饪工作。厨房业务由厨师长负责，下设各类厨师领班和厨师。

餐厅、酒吧：是餐饮部的前台服务部门。饭店规模越大、等级越高，餐厅、酒吧的形式也就越多样。

根据餐饮内容、服务形式、规格水平等，可将餐厅、酒吧大致分为正餐厅、宴会厅、咖啡厅、自助餐厅、酒吧、客房送餐等几类。各类餐厅根据其规格和等级，通常设经理、主管、领班3个层次的管理人员。酒吧通常设酒吧经理或主管。

管事部：是饭店餐饮部的后勤工作部门，主管餐厅的布置、宴会布置，炊具、餐具的洗涤、储藏和保管工作，餐饮部后台的清洁卫生工作及送洗餐饮部撤换的布草等工作。

原料的采供部：负责原料的采购和仓库的食品原料物资的验收、储藏、发放等工作。具体包括以下几项：

● 按实际需要组织和采购餐饮部所需的物品，特别是食品的原材料；

● 定期做出所需物品价格、质量的调查分析报告；

● 制定合理的物资库存标准，以最有利的价格购进货物，降低费用指标和成本；

● 负责监督物品采购、验收、储藏、发放等制度的执行。

小型饭店的采供部往往有厨师长管辖，中型饭店则在餐饮部内设专门的采购部，而大型饭店一般多设与餐饮部同级的原物资采购供应部。

9.1.2 餐饮服务特点与服务管理内容

9.1.2.1 餐饮服务特点

（1）直接性

饭店餐饮服务直接面向客人生产和销售，要求服务人员掌握熟练的服务和推销技能。

（2）一次性

饭店餐饮服务当场生产、当场消费，不能储存和保管，需要餐饮部门做好客人需求额的预测和服务质量管理工作。

（3）多样性和差异性

饭店餐饮服务对象多样，口味各异，在服务操作中也存在服务人员的工作态度、技能与工作效率等方面的诸多差异，需要饭店餐饮部门做好员工培养和质量控制，推行标准化管理，并且积极观察了解客人的需求，投客人所好。

姜末和客人哪个更重要

最近，某饭店中餐推出了一道美味白斩鸡，该店素以美味的食物、舒适的环境、良好的服务而生意兴隆。这使一位客人慕名前去品尝。果真如此，刚上台阶已闻到白斩鸡扑鼻的香味了。很快服务员就按照这位客人的要求给了他一袋已切好的白斩鸡以及一小袋姜末和一小袋酱油，客人又对服务员说道："因为我特别喜欢吃姜末，所以能否再给我一袋。""对不起，这是我们店里的规定，一位顾客只能有一袋姜末和一袋酱油。"服务员很有礼貌地答道。这位客人只能就此罢休。

有人认为服务员的回答是没有错的，因为规定是餐饮部领导制定的，服务员只要遵守就可以了。但又有人认为餐饮部领导定下此规定时有没有想过姜末与客人哪个更重要，必须心中有客人，从客人立场上去思考问题，企业才能在竞争中立于不败之地。所有企业的标准和规定都应该是为了使客人满意的一种手段，而不是目的，目的应该是满足客人需求。当一些规定已经阻碍更好地满足客人需求时就应该灵活掌握，及时重新修订，因为对于企业经营者来说，满足客人需求是企业之本，是最最重要的。姜末和客人相比，客人更重要。

9.1.2.2 饭店餐饮服务管理的任务

饭店餐饮服务管理的目的是实施饭店制定的餐饮服务经营方针和计划，满足宾客对于餐饮服务的各种需求，获取利润，激发员工工作的兴趣。具体任务一般有以下 8 个方面。

(1) 掌握市场需求，合理制定菜单

要满足宾客对于餐饮服务的各种需求，必须先了解本店目标市场宾客的消费特点，掌握宾客的餐饮要求和习惯，以及餐饮时尚、口味变化等餐饮市场发展趋势，在此基础上制定出能够迎合广大宾客的菜单，作为确定餐厅种类和规格、餐饮内容和特色、选购设备、配备人员的依据和指南。

(2) 开发餐饮新品种，创造经营特色

饭店餐饮服务要具有吸引宾客并与其他饭店、地方餐馆竞争的能力，最重要的是必须具有自己的特色。饭店餐饮应该努力挖掘潜力，积极继承传统。研究开发新品种、新项目，独树一帜，从而形成自己的经营特色。

(3) 加强餐饮推销，增加营业收入

餐饮推销是饭店营销活动的重要组成部分。餐饮部应在饭店营销计划的指导下，研究宾客的需求，选择推销的目标，制定外部和内部推销计划，开展促销活动，积极招徕各种宴会，抓好节假日和美食节的宣传促销，以争取更多的宾客和提高宾客平均消费额。

(4) 合理组织人力，提高劳动的生产效率

餐饮部应做好营业量预测，并据此做出厨房生产计划和餐厅接待计划，根据劳动定额指标合理组织人力和安排员工班次，在保证食品质量和服务的前提下，最经济地使用人力，以降低人工费用，提高赢利。

(5) 保持并不断提高食品质量和服务质量

能否保持并不断提高食品质量和服务质量是饭店餐饮服务经营管理成败的关键之一。餐饮部应以岗位责任制为中心，建立相应规章制度，制定各岗位的操作规程和质量标准，严格检查制度。仓库应抓好采购、验收、储藏、发放过程中的原料质量检查，以保证原料符合食品加工烹调的要求。厨房应抓好原料的粗加工、细加工和烹调的质量检查，督促厨师严格按照菜谱要求操作，并努力改进烹调的技术，不断提高食品质量。餐厅服务要坚持按照服务规程操作，不断改善服务的细节，提高餐饮产品的质量。

(6) 控制餐饮的成本，提高毛利

餐饮成本控制是降低食品成本的必要措施，是餐饮服务管理的重要内容。饭店应根据制定的标准成本率确定合理的食品销售价格；控制食品原料采购价格；加强原料的验收、储藏、发放管理，以避免原料损耗浪费；抓好原料的粗加工关，控制原料加工损耗率；厨房要严格按标准菜谱要求操作，并做好成本核算和成本分析，在保证食品质量、数量符合标准的前提下，尽量减少损耗、降低成本，提高毛利。

(7) 确保食品卫生和饮食安全

餐饮卫生和安全是饭店餐饮服务质量的重要指标。饭店餐饮设施是为广大宾客服务的公共场所，负有相当的社会责任，因而餐饮卫生和安全是否符合标准会直接影响饭店的声誉和经济利益。

(8) 提高行业素质和技术水平

餐饮部应根据本部门具体情况，制定员工发展计划和培训计划，配合人事部门对员工进行思想政治、职业道德和科学文化的教育，并开展有针对性的技术培训，以不断提高员工的行业素质和业务水平，形成稳定的训练有素的员工队伍。

9.1.3 餐饮服务规程

餐饮服务基本程序包括：餐前准备—迎领服务—值台服务—点菜服务—酒水服务—菜肴服务—席间服务—结账服务—送客服务—收台服务等环节。

中餐、西餐和自助餐在环节要求上有一定的区别。下面具体介绍中餐、西餐和自助餐的服务规程。

9.1.3.1 中餐服务规程

首先，中餐服务的服务人员必须熟悉不同餐具的用法，掌握摆设餐具应兼顾美观、方便顾客、方便服务、统一标准等原则。宴会、宴席提前40min摆台。散客随到随摆。

(1) 餐前准备

任务分配 通常在餐厅里要将所有的台子按一定的规律划分成几个服务区域。理想的划分方法是一个餐厅能够划分成就坐客人的数目相同、到餐具柜和厨房的距离相同（一个区域有一个服务柜台的除外）、座位受欢迎程度又大致相同的若干服务区域。这要求餐厅经理应常常在轮流的基础上给服务员分配不同的值台区域，以尽量达到公平合理。

餐厅准备工作 ① 准备餐桌：服务员开餐前的第一项工作就是检查自己值台的区域，检查场地。将餐桌定位，同时检查桌子的稳定性。其次为已预订席位的客人安排好足够座位的餐桌。② 准备台布：首先要选择合适的尺寸，台布平时的摆放亦应按照规格大小分开存放。台布的颜色通常有白色、黄色、粉红色、红色和红白格子的台布等，一般来说，一个餐厅只选用一种颜色的台布。台布又分为圆桌台布和方桌台布。台布的大小根据桌子的尺寸订做，方桌台布以每边下垂约40cm为宜，台布的边正好接触到椅子的座位。铺大圆桌的台布时，人站在桌子的一侧将台布抖开，使台布的折缝居中，四角下垂部分相等且正好盖住桌子的四脚。③ 准备餐具柜：服务员在开始营业前要负责将各种餐具、调料和服务用品领来储存在本区域的餐具柜中，不同餐厅所配备的餐具储存柜的物品是不一样的。④ 布置环境：根据宴会的性质、规格和内容，布置宴会场地，设计台型和布置台面。在开宴前15min，服务员应开始从厨房端出冷菜摆放上桌。冷菜摆放应讲究造型艺术，注意位置对称，色彩和谐。摆放造型冷盘时，观赏面对准主宾席位。然后斟妥部分酒水。

熟悉菜单 餐厅服务员不仅要熟悉菜单上的菜名，还要了解配菜，甚至了解每一道菜的特点和烹饪方法等。总之，了解得越多，越有利于推销，越能为客人服务好。

熟悉菜单的变化 服务员在正式接待客人前必须熟悉当天的菜单，这样便于服务员与客人沟通和服务，并为餐厅树立良好的形象。

熟悉菜单的种类 餐厅服务员应当熟悉本服务单位的各种菜单。最为普遍的菜单是早餐菜单、午餐菜单和晚餐菜单。除了这些正规的菜单外，还有儿童菜单、特选菜单、甜品单和酒水单。

熟悉菜单的内容 菜单因餐厅的经营特点和管理者的经营思想的不同而有很大的差异，有些以提供特质精美菜肴见长，有些以廉价家庭菜色为主，有些以品种繁多、选择广泛称雄，有些则以品种限量来削减成本。凡此种种，不一而足。

一流的服务员还应当熟悉菜单上每一品种的原料和配料，要虚心向厨师学习，处处留心，日积月累，了解菜肴的口味，以利于推销和解答。

熟悉烹调的方法 当客人向你询问某一道菜是怎样烹制并了解其制作的过程时，掌握下列烹调方法常识对提供服务是很有帮助的。

烘——在烘炉中，用干燥的、持续不断的热度制作。

煮——在100℃的沸水中制作，水泡会不断上升到水面，并随之分解，特点是汤菜各半，汤宽汁浓，口味清鲜。

焖——将经过炸、煎、炒或水煮的原料，加入酱油、糖等调味汁，用旺火烧开后再用小火长时间加热成熟。焖的特点是：制品的形态完整，不碎不裂、汁浓味厚。

炸——在灼食的食油中炸煎制作，有的用少量食油嫩煎，也有的在大量的热油中深炸。

烤——将经过腌渍或加工成半熟制品的原料，放入以柴、煤炭或煤气为燃料的烤炉或红外线烤炉中，利用辐射热能直接把原料烤熟。

烩——将加工成片、丝、条、丁的多种原料一起用旺火制成半汤半菜的菜肴。

爆——将脆性原料放入中等油量的油锅中，用旺火高油温快速加热。

蒸——在有压力或没有压力的蒸汽里制作。

炖——在能淹没食物的足够水中慢火炖制。

煨——在水将沸未沸的条件下用文火慢慢地煨煮。

熟悉烹制的时间 烹调制作时间是指做好菜单上某一道菜、并将其装盘所需要的时间。菜肴的烹制时间取决于厨房的设备、厨师的工作效率、积压订单的多少和菜肴本身烹制方法所需花费的时间。掌握某种菜肴所需要的烹制时间，可以帮助服务员在不同的情况下恰当地给客人推荐菜肴。

熟悉彩色的配料 无论是中餐还是西餐，许多菜都伴有一定的调味品、为色香味而配的汁料以及和主菜相配的配菜。根据约定俗成的步骤，服务员要知道哪些调料需在上菜前上台，哪些则应在上菜后服务，并做到调味品的盛器要干净。

餐前短会 ① 在服务员已完成各项准备工作，餐厅即将开门营业前，餐厅经理或领班负责主持召开短时间的餐前会；② 检查所有服务人员的仪容仪表；③ 使员工在意识上进入工作状态，形成营业气氛；④ 再次强调当天营业的注意事项，提醒重要客人的接待工作以及已知客人的特殊要求。餐前短会结束后，值台服务员、引座员、收款员等前台服务人员迅速进入工作岗位，准备开门营业。

(2) 迎领服务

不论何种宴会，餐间服务都应热情主动、耐心周到、干净利索。各项准备工作完毕后，服务员应站立在自己的服务区域内等候客人。当客人步入餐厅走近座位时，服务员应微笑相迎，并替客人拉椅入座。

迎领客人 ① 对于初次见面的客人，应以真诚的态度、礼貌的语言去迎接，使他们感觉到真正受到尊重和欢迎。② 对单独光顾的客人，要愉快地打招呼，用“早安”（或“晚上好”）、“欢迎光顾”等礼貌语言迎接客人，并为顾客寻找合适的位置。③ 对待常客应以自然热情的语气来接待，说：“您来啦！”让客人有宾至如归的感觉。

接挂衣帽 经客人同意后，将客人衣帽挂在衣帽架上。

询问客人有无预订 如有预订，应查阅预订单或预订记录，将客人引到其所订的餐桌。

引领客人入座 接待员要确定顾客就餐的人数及到来的先后次序，引导就座；要与顾客保持一定距离，并随时注意顾客是否跟上，切忌步伐太快。对后到尚未能予以安排的顾客，要表示歉意并请稍候。通常接待员应在客人之前先到餐桌边。如果桌子需要另加餐具、椅子时，尽可能在客人入席之前布置妥善，不必要的餐具及多余的椅子应及时撤走。另外，为儿童准备特别的椅子、餐巾、餐刀等。

交接与复位 与值台服务员交接后，回到迎宾岗位。

迎领服务注意事项 在迎领服务过程中，迎领服务员还应注意下列事项：① 遇 VIP 前来就餐时，餐厅经理（主管）应在餐厅门口迎候。② 如迎领员迎领客人进入餐厅而造成门口无人时，餐厅领班应及时补位，以确保客人前来就餐时有人迎候。③ 如客人前来就餐而餐厅已满座时，应请客人在休息处等候，并表示歉意。待餐厅有空位时应立即安排客人入座。也可将客人介绍至饭店的其他餐厅就餐。④ 迎领员应根据客人情况为其安排合适的餐位，如为老年人和残疾人安排离门口较近的餐桌；为情侣安排较为僻静的餐桌等。⑤ 迎领员在安排餐桌时，应注意不要将客人同时安排在一个服务区域内，以免有的值台员过于忙碌，而有的则无所事事，影响餐厅服务质量。⑥ 如遇带儿童的客人前来就座，迎领员应协助值台员送上儿童坐椅。⑦ 如遇客人来餐厅门口问讯（如问路、看菜单、找人等），迎领员也应热情地帮助客人，尽量满足其要求。

(3) 值台服务

值台的一系列服务应遵循先宾后主，女士优先的服务原则。值台服务包括：① 上毛巾；② 上茶；③ 铺餐巾；④ 撤筷套；⑤ 增减餐位；⑥ 倒调料。

在值台服务过程中，如客人示意点菜，则应先接受客人点菜，然后再提供相应的餐前服务，以确保满足客人的需要。

(4) 接受点菜

及时询问 服务员应对菜单上顾客有可能问及到的问题有所准备。对每一道菜的特点要能予以准确的答复和描述：哪些菜是季节性的，哪些菜是特制的，每道菜需要准备的时间以及菜的装饰，菜的销售情况，等等。做到点菜时心中有数，回答准确。

呈递菜单时要注意：把菜单从客人的左边递给客人。对于夫妇，应先递给女士。如果是团体，应递给主人右手的第一位客人，然后沿着餐桌逆时针方向依次递给客人。

适当介绍和合理建议 可根据顾客用餐目的和顾客身份，向顾客推荐或介绍餐厅较有特色或口味较特别的菜色。切忌顾客还在阅读菜单时，即上前询问。

要做到合理推荐，还应在营业前与厨房主厨联系研究，了解当日菜色特点以保证在点菜时给顾客满意的安排。

填单记录 填写点菜单时应迅速、准确、书写端正清楚。冷、热菜应分开填单。注意要注明客人对菜点的特殊要求，如分量、制作方法、嫩老程度、口味要求等。

准确复述 当写好一份完整的菜单后，点菜人员必须将整份菜单复诵给顾客听，予以确认，以确定记录正确无误。

及时传送 将确认的菜单及时送达厨房，以保证出品及时顺畅。

（5）酒水服务

客人点完菜后，值台服务员应主动推销酒水，向客人详细介绍酒类的酒精含量、产地、特点及容量等，待客人选定后，按要求填写酒水订单。酒水订单一式二份，一份交账台，一份交吧台。

值台员应用托盘凭酒水订单去吧台领取客人所点酒水，并作认真检查，如商标是否干净或有无破损、酒水有无变质、酒水供应温度是否符合要求等。将酒水托送至工作台上，根据酒水品种准备相应的酒杯，如烈酒应用白酒杯、加饭酒用黄酒杯、葡萄酒用葡萄酒杯等。

将相应酒杯送上餐桌后，应将酒类（如有包装应连同包装）拿到客人的餐桌上向客人展示，待客人过目无疑后打开包装，拿出酒瓶，并当着客人的面打开酒瓶盖，然后提供酒水服务。

斟满酒水后，值台员应主动询问客人可否撤走茶具。撤茶应从客人右侧用托盘进行。如客人需保留茶具，则应满足其要求，并随时主动为客人添加茶水。有的饭店在上冷菜后再撤茶，也是较为通行的做法。

（6）菜肴服务

传菜服务 传菜员是餐厅与厨房的纽带，其主要工作是将厨房制作好的菜肴及时、准确地传送至相应的服务区域供值台员上菜，再将餐厅撤下的餐、酒、茶具托送至洗碗间。

上菜服务 值台服务员应按顺序及时为宾客上菜。注意：① 在上菜前核对菜品与菜单上所列内容无误，或无任何分量不足及疑问后，始可上桌。② 选择合适的位置上菜，上菜的顺序是先凉后热、先大菜后素菜。上菜时报出菜肴菜名，并简单加以说明。③ 上热、汤菜和收拾餐具时，为防意外发生，应该说“对不起”，以提醒顾客后面有人服务。

（7）席间服务

酒水服务 餐中的酒水服务要求为：① 当客人杯中酒水不足1/3时，值台员应随时主动为客人斟酒水。② 当客人所点酒水已倒完时，应主动征询客人是否需要添加酒水。③ 如客人不再饮用酒水，则应及时将空杯撤下。

撤换餐碟 在客人用餐过程中，值台员应不断巡视自己的服务区域，如发现客人餐碟中的骨刺残渣超过1/3时应及时更换。

撤换烟灰缸 当桌面烟灰缸中有2个以上烟蒂时，应为客人及时撤换烟灰缸。

撤空盘 值台员应随时将桌面空的盘碟撤至工作台，并调整桌面盘碟位置。当客人吃得差不多时，应询问客人是否需要添加菜肴，如否，则询问客人需用什么主食。

洗手盅服务 如上了需用手抓或剥食的菜肴（如虾、蟹等）时，应上洗手盅（每人一盅）。盅内盛放温茶水以解腥腻。洗手盅上桌时说：“这是洗手盅!”或“请用洗手盅!”以免客人误喝。上洗手盅后应用托盘和毛巾夹为客人换一次毛巾。

上甜点、水果 其要求为：① 客人完全停筷后，值台员应撤走除烟灰缸、酒杯外的所有餐具，换上干净餐碟，上水果刀、叉，然后将甜点、水果送上餐桌，并说：“请品尝!”或“请享用!”② 上甜点、水果后应用托盘和毛巾夹为客人换一次毛巾。③ 客人用餐完毕后，应按要求提供茶水服务。

征询意见 客人就餐结束后，值台员或餐厅领班应征询客人对餐饮服务的意见。如属餐厅服务方面的意见或建议，查清原因后及时处理或在今后改进。如属菜点方面的意见或建议，则及时反馈至厨房或向上级汇报。

其他服务 主要有：① 如有必要应为客人提供分菜服务，分菜时要主动、迅速，数量要恰到好处，最后应有1/3的余量。② 如遇客人在餐中吸烟，值台员应为客人点烟。用火柴为客人点烟时，应将火柴向自己身体一侧划燃，待火柴燃烧后送至客人面前。点着香烟后，摇熄火柴，将剩余火柴棍装回火柴盒。如用打火机点烟时，应在侧面将火打着后从下往上斜送过去。为客点烟时应注意一根火柴或打燃一次只点一支烟，如是第二位客人需点烟时，应重新划火或打火。为客人点着香烟后应及时递上烟灰缸。同时，值台员应经常巡视本服务区域的卫生情况，如发现地面、餐桌、工作台上有杂物，应随时清理，确保卫生。

(8) 结账服务

当顾客要求结账时，方可呈送账单。结账通常有现金支付、签单和信用卡3种形式。

现付 当客人要求结账时，服务员迅速到账台取来客人的账单，并将其放在账夹或小托盘里送给客人。客人对账有疑问时要负责耐心解释，客人付了现金后，服务员将其送到账台，由收款员收账找零，并加盖“付讫”章。服务员再将找零和给客人的发票回呈客人，并向客人致谢，欢迎再次光临。

签单 如果是住店客人，通常是用签单的形式一次结账付款。在这种情况下，当客人示意结账时，服务员迅速到账台取来账单，放在账夹里交给客人。客人签单时，一般应出示房卡或钥匙，服务员也应对照钥匙上的房号是否与客人所签一致。签单一般在餐厅不会发给发票，而在前台一次收款时才给客人。客人签完单后，服务员应向客人致谢，欢迎再次光临，然后迅速将签过的账单送交账台。

使用信用卡 有餐厅接受客人用信用卡的方式付账时，则服务员首先要了解本餐厅所使用的信用卡种类。在客人示意付账时，服务员迅速取来账单放在账夹内，交给客人，然后将账单和信用卡一道送交账台，由收款员复印或印压，并请客人在校样单上签字。最后服务员向客人致谢，欢迎再次光临。

接受付款的形式还有使用支票等。

结账工作要求准确、迅速、彬彬有礼。

(9) 送客服务

第一，当客人就餐完毕起身离座时，值台服务员应拉椅协助。

第二，值台员应礼貌提醒客人不要遗忘物品。如果客人提出要求把没吃完的食品打包带走，值台员应及时提供打包服务，并应礼貌道别。

第三，如果客人有衣帽寄存，则衣帽间服务员或迎领员应根据存衣牌（如是贵宾应凭记忆）为客人取递衣帽，并协助穿戴。

第四，客人离开餐厅时，迎领员应将客人送出餐厅（一般走在客人身后，在客人走出餐厅后再送两步），边送边向客人告别，表示感谢，同时欢迎客人再次光临。

(10) 收台服务

客人离开餐厅后，值台员要立即开始清理餐桌。

第一，检查桌面有无客人的遗留物品，如果有，则迅速追还给客人。如果已无法追及，则送交相关部门处理。

第二，码齐坐椅后，按餐酒具种类收台。收台顺序一般为先收餐巾及毛巾，后收玻璃器皿，再收不锈钢餐具，最后收瓷器类餐具及筷子。收台时应分类摆放，坚持使用托盘，并注意安全和卫生。

第三，按要求重新摆台，等候迎接下一批客人的到来或继续为其他客人服务。

第四，撤下的布件、餐酒具等应及时运送至指定地点。

9.1.3.2 西餐服务规程

西餐与中餐除在餐前准备、迎宾服务、值台服务、接受点菜和结账服务、送客服务、收台服务等环节里的服务要求基本一致外，其他环节服务中有不同的要求。

第一，餐前准备。

第二，迎宾服务。

第三，值台服务。

第四，接受点菜。

第五，开胃品服务：服务开胃品和开胃酒。清理开胃品盘：全桌客人用完后撤盘、杯。加冰水：清理完盘、杯后，主动为客人加满冰水，直到服务甜点。

第六，汤或色拉（第二道菜）服务：服务汤或色拉。服务第二道菜用酒。清理第二道菜餐具：全桌客人用餐完毕，撤走餐具及酒杯；除非另有规定。

第七，主菜服务：服务主菜。服务主菜用酒：酒杯在上主菜前服务，上菜后递酒、开瓶、倒酒。清理主菜盘及餐具：客人用完主菜后清理主菜盘、旁碟、空杯等，只留水杯或饮料杯，撤换桌上烟灰缸。清理调料：撤走所有调料，如盐、胡椒、西红柿等。清理桌上面包屑：用刷子将桌上面包屑扫进餐盘，而不扫到地上。

第八，餐后服务。① 布置甜点餐具：摆上甜点盘、甜点叉、甜点刀、茶匙。② 布置服务咖啡或茶的用品：摆上乳脂、糖、牛奶及热杯、杯碟。③ 服务甜点。④ 服务咖啡或茶。⑤ 清理甜点盘：当全部客人用餐完毕后进行。⑥ 服务餐后饮料。⑦ 加满咖啡或茶：应主动问客人是要咖啡还是茶，并为客人加满咖啡或茶，不要等客人要求时再加。

第九，结账服务。

第十，送客服务。

第十一，收台服务。

9.1.3.3 自助餐服务规程

自助餐，顾名思义，主要是顾客根据自己的需要选取食品，为自己服务。服务员的工作主要是做好餐前的准备工作和餐中根据顾客要求服务。

(1) 预备自助餐厅柜台

首先，服务人员要了解掌握当天出品菜肴品种、特点，以便向客人介绍。

物品准备 在服务开始前，服务员须将柜台、杯架、金属表层、柜台表面擦干净；工作台摆放整齐，布菲炉干净、明亮，无痕。托盘、餐巾、餐具要备足；餐桌和杯架必须整洁、安排有序；服务用具和碟供应要做适当的组合，同型号的碟要摆放在同一条线上。垫、凳及各类桌子应准备好。

食品准备 调料、调味品和事先包装的食品应放在适当的地方；冷热饮料、食品及色拉、甜点、面包等要精心加以装饰后展示，甜点柜台和其他部分也应该干净、安排有序。甜点应根据食品和容器的不同，按类组排，保持摆放匀称和成直线，并便于挑选。

总之，要使食品的装饰更有吸引力，更能刺激人们的食欲。

（2）餐间服务

服务标准 自助餐台上不能出现空盘、空锅、空汁瓶现象；餐桌上不能出现3个以上烟头的烟灰缸、多残渣的骨碟、空脏盘等现象。

服务步骤 开餐前半小时，迎宾员、值台服务员面带微笑，规范站立在指定位置，迎接客人到来。

迎宾员领客人入位时，值台服务员主动上前问好并向客人介绍当天菜式。

服务中注意勤巡台，勤换烟缸，及时为客人撤换脏餐具。服务中应遵守左上左撤、右上右撤、托盘不离手的原则。

派专人巡视自助餐台，保持整洁，并注意观察菜品消耗情况，及时通知厨房补充添加。注意：① 在添加食品时，不要把新鲜食品放在盛有剩余食品的盘子里；② 当客人取走色拉或甜点后，应及时予以补充；③ 当食品从厨房端出来时，应把盘加满，因为客人都不乐意要最后的一份。

餐厅服务员负责的餐厅工作还包括以下内容：

- 帮助年老或伤残的客人入座，也要帮助带小孩的客人入座；
- 根据客人要求拿取一些调味品，如番茄酱、芥末、汤汁等；
- 服务客人单点的食品，如鸡蛋、牛排和煎饼等；
- 从服务柜台那儿给客人附上增加项目的明确菜单；
- 供应追加的菜点并保证账单的准确性；
- 供应餐巾和其他所需要食品；
- 为客人添加水、冰块和咖啡等；
- 可以在顾客准备用甜点时移走主菜盘。

当顾客离开后，餐厅服务员应立即撤走脏盘等餐具，清理桌椅，重新布置餐桌和烟灰缸，打扫桌子周围的地面并把椅子放回原处。

根据就餐情况，并征求接待负责人意见得到允许后，通知厨房收餐具。

9.1.4 餐饮服务方式与服务艺术

9.1.4.1 餐饮服务方式

（1）中餐常用服务方式

中餐服务方式指的是中餐餐馆或餐厅中使用的侍应、招待客人的方式。目前在饭店的餐厅中，常用的服务方式有共餐式、转盘式、分餐式、自助式和外卖式。

共餐式 这是中餐的主要服务方式。就餐的客人共用几个大菜盘，各人用自己的食具取自己喜欢吃的菜肴，主人可用自己的食具或公匙、公筷给客人夹让菜肴。此服务方式气氛热烈、融洽，虽然不太符合卫生要求，但却能体现出主人的盛情，所以大多数中国人偏爱这种具有浓郁家庭情调的服务方式。

转盘式 就是将菜点摆在转盘上，以方便每位客人轻松自然地品尝各种菜肴。根据圆桌台面的大小，可分别使用不同规格的转盘，一般有3种，分别为10人转盘，12人转盘，14人转盘。转盘一般有木制的，不锈钢制的，有机玻璃制的；更高级的转盘还有景泰蓝制的，其本身就是一件高贵的艺术品，摆在席面上可为宴会增添不少光彩。

分餐式 也就是向西餐服务学习的方式，由厨师在厨房内将菜点按人数分好并装盘，由服务员负责把装好的菜点直接从客人左侧端送给每一位宾客。此服务方式简便卫生，对服务人员的要求也不是很高，但对厨师的要求较高。

自助式 即自己为自己服务。餐厅只为客人提供必需的餐具和菜肴、酒水等，而不负责为客人派送。此服务方式一般适合于消费档次较低的就餐场所，如快餐厅、排档餐厅等。

外卖式 指应客人要求上门提供食品服务。此服务方式不但方便了客人，而且能使餐厅获得计划外的收入。

（2）西餐常用服务方式

西餐服务方式是指西餐用餐时提供给用餐者的侍应招待方式。西餐的服务方式大都源于欧洲贵族家庭和王宫，经过许多年的发展演变，各国和各地区都形成了自己的特色。逐渐为社会上的饭店餐饮所使用。

西餐服务原则 具体包括以下4项：① 美式服务要求服务员用左手从宾客左边上菜肴食品；法式服务要求服务员用右手从宾客右边上菜肴食品；俄式服务要求服务员用右手从宾客左边上菜；② 所有餐具都从宾客右边用右手撤下，单黄油、面包碟则可从宾客左边撤下；③ 优先服务女宾客和老幼宾客；④ 所有菜式都必须依照进餐程序替宾客送上，不可颠倒次序，除非宾客严明要求。

西餐服务方式 西式服务主要有法式服务、俄式服务、英式服务、美式服务和综合式服务。

法式服务 传统的法式服务在西餐服务中是最豪华、最细致和最周密的服务。通常，法式服务用于法国餐厅，即，扒房（扒屋）。法国餐厅装饰豪华和高雅，以欧洲宫殿式为特色，餐具常采用高质量的瓷器和银器，酒具常采用水晶杯。通常采用手推车或旁桌现场为顾客加热和调味菜肴及切割菜肴等服务。在法式服务中，服务台的准备工作很重要。通常在营业前做好服务台的一切准备工作。法式服务注重服务程序和礼节礼貌，注重服务表演，注重吸引客人的注意力，服务周到，每位顾客都能得到充分的照顾。但是，法式服务节奏缓慢，需要较多的人力，用餐费用高。餐厅利用率和餐位周转率都比较低。

俄式服务 是西餐普遍采用的一种服务方法。俄式服务的餐桌摆台与法式的餐桌摆台几乎相同，但是，它的服务方法不同于法式。俄式服务讲究优美文雅的风度，将装有整齐和美观菜肴的大浅盘端给所有顾客过目，让顾客欣赏厨师的装饰和手艺，并且也刺激了顾客的食欲。每一个餐桌只需要一名服务员，服务的方式简单快速，服务时不需要较大的空间。因此，它的效率和餐厅空间的利用率都比较高。由于俄式服务使用了大量的银器，并且服务员将菜肴分给每一位顾客，使每一位顾客都能得到尊重和较周到的服务，因此增添了餐厅的气氛。由于俄式服务是大浅盘里分菜，因此，可以将剩下的、没分完的菜肴送回厨房，从而可以减少浪费。俄式服务的银器投资很大，如果使用和保管不当会影响餐厅的经济效益。

英式服务 又称家庭式服务。其服务方法是服务员从厨房将烹制好的菜肴传送到餐厅，由顾客中的主人亲自动手切肉装盘，并配上蔬菜，服务员把装盘的菜肴依次端送给每一位客人。调味品、沙司和配菜都摆放在餐桌上，由顾客自取或相互传递。英式服务的家庭气氛很浓，许多服务工作由客人自己动手，用餐的节奏较缓慢。在美国，家庭式餐厅很流行，这种家庭式的餐厅采用英式服务。

美式服务　是简单和快捷的餐饮服务方式，一名服务员可以看数张餐台。美式服务简单，速度快，餐具和人工成本都比较低，空间利用率及餐位周转率都比较高。美式服务是西餐零点和西餐宴会理想的服务方式，广泛用于咖啡厅和西餐宴会厅。在美式服务中，菜肴由厨师在厨房中烹制好，装好盘。餐厅服务员用托盘将菜肴从厨房运送到餐厅的服务桌上。热菜要盖上盖子，并且在顾客面前打开盘盖。传统的美式服务，上菜时服务员在客人左侧，用左手从客人左边送上菜肴，从客人右侧撤掉用过的餐盘和餐具，从顾客的右侧斟倒酒水。目前，许多餐厅的美式服务上菜服务从顾客的右边，用右手，顺时针进行。

综合式服务　是一种融合了法式服务、俄式服务和美式服务的综合服务方式。许多西餐宴会的服务采用这种服务方式。通常用美式服务上开胃品和沙拉；用俄式或法式服务上汤或主菜；用法式或俄式服务上甜点。不同的餐厅或不同的餐次选用的服务方式组合也不同，这与餐厅的种类和特色、顾客的消费水平、餐厅的销售方式等有着密切的联系。

【知识窗】

西　式　餐　饮

法国：法国是在公元476年西罗马帝国灭亡后逐渐建立起来的国家。在此以前它是古罗马省，称为外高卢。当时就有一些典雅和罗马的有名厨师来到这里，奠定了法国菜的基础。到16世纪欧洲文艺复兴时期意大利盛行的煎嫩牛排及各种寿司的制作方法等传到了法国，使法国菜更加丰富起来。由于历代法国国王崇尚美食，使得当时的法国名厨辈出，奠定了法式菜在西餐中的重要地位。但目前法餐却趋于保守，发展较为缓慢。

意大利：意大利地处南欧的亚平宁半岛，优越的地理条件使意大利的食品生产和加工业都很发达，尤以面条，奶酪，色拉米肉肠著称于世。时至今日，意大利菜仍在世界上享有很高的声誉。

英国：英国的农业不发达，粮食每年主要靠进口，英国人也不像法国人那样崇尚美食，因此英式菜相对来说比较简单，英国人也常自嘲自己不善烹调。但英式菜的早餐却很丰盛，受到西方各国的普遍欢迎。另外，英国人喜欢喝茶，习惯在下午3点左右吃茶点，一般是一杯红茶或咖啡再加一份点心。如遇朋友有伤心事，递上一杯好茶，是对朋友最好的安慰。

美国：由于在美国的英国移民较多，所以美式菜基本上是在英式菜的基础上发展起来的。另外，由于美国的历史短，传统、保守思想较少，在生活习惯上也不墨守成规，美国人得益当地丰富的农牧产品，结合欧洲其他移民和当地印第安人的生活习惯，形成了独特的美国饮食文化。

俄罗斯：俄式菜受法式菜影响较大，带有奥地利、匈牙利等国菜式的一些特点，结合自己的饮食习惯，逐渐形成颇具特色的俄式菜。

德国：德国是在西罗马帝国灭亡后由日尔曼诸部落逐渐建立起来的国家，中世纪时期一直处于分裂状态，直到1870年才真正统一。在生活上，德国人喜爱运动，所以食量较大，他们保留了以肉食为主的日尔曼遗风，德式菜以丰盛实惠、朴实无华而著称。

（3）自助餐服务

自助餐具有许多优点：① 菜肴丰富、陈列精美，能唤起人们的食欲；② 人们只要花不太多的钱，便可品尝到具有地方特色、品种繁多的中、西美味佳肴；③ 自助餐就餐的速度较快，客人进餐厅后几乎无需等候，这在时间就是金钱的今天非常适宜，餐座的周转率高，又增加了餐厅的营业收入；④ 自助餐的菜肴是事先准备的，所以可调厨师劳动忙闲不均的状况，缓和高峰时期厨房的忙碌和厨师人手紧张的矛盾，服务人员的配备也是非常节省的。

自助餐式服务依照餐厅的供餐方式又可分为瑞典自助餐式服务（Buffet Sservice）以及速简式自助餐服务（Cafeteria Service）2种。

瑞典自助餐式服务 这类型餐厅不是以顾客所取用的餐食数量来计价，而是以用餐人数作为计价的单位。① 服务人员必须随时注意餐食陈列区中顾客取用的情形，以避免发生餐食短缺的情形；② 注意餐食陈列区中餐食的加热及保温设备是否正常运作；③ 随时收拾顾客桌上使用过的空餐盘，保持桌面的整洁。

速简式自助餐服务 这种服务方式主要是让顾客沿着餐食陈列区前进，由服务人员供应顾客所挑选的餐食，并在餐食陈列区的出口结账后，由顾客自行将餐食端到餐区用餐。通常以学校的学生餐厅或机关团体的员工餐厅最常采用这种服务方式。

9.1.4.2 餐饮服务艺术

餐饮服务是一门综合服务艺术，它包含的内容很广，如宴会设计，摆位、布台、迎宾、扎杯花、插花、点菜、调酒、斟酒等各项基本技能及餐饮服务语言、餐厅推销、顾客投诉处理等艺术。本节将重点介绍餐饮服务语言、摆台、餐巾折花、斟酒、推销艺术。

（1）餐饮服务的语言艺术

在餐饮服务中，语言艺术非常重要，它直接影响到顾客的满意度和餐饮的营业状况。我们不仅需要很好地运用"您好、请、谢谢、对不起、再见"这最基本的五声十字，还必须掌握以下几种常用的服务用语。

指示语 例句："先生，请一直往前走！""先生，请随我来！""先生，请您稍坐一会，马上就给您上菜。"这类语言使用时有下列要求。

避免命令式 例如，客人等不及了走进厨房去催菜，如果采用"先生，请你出去。厨房是不能进入的！"这种命令似的语言，就会让客人感到很尴尬，很不高兴，甚至会与服务员吵起来。如果你这样说："先生，您有什么事让我来帮您。您在座位上稍坐，我马上就来好吗？"可能效果就会好得多。

语气要有磁性，眼光要柔和 指示语不仅要注意说法，还要注意语气要软，眼光要柔，才能给予客人好的感觉，因而消怨息怒。

应该配合手势 有些服务人员在碰到客人询问地址时，仅用简单的语言指示，甚至挥挥手、努努嘴，这是很不礼貌的。正确的做法是运用明确和客气的指示语，并辅以远端手势、近端手势或者下端手势，在可能的情况下，还要主动地走在前面给客人带路。

拒绝语 例句："你好，谢谢您的好意，不过……""承蒙您的好意，但恐怕这样会违反饭店的规定，请您理解。"这类语言使用时有下列要求：

第一，一般应该先肯定，后否定；

第二，客气委婉，不简单拒绝。

答谢语 例句："谢谢您的好意！""谢谢您的合作！""谢谢您的鼓励！""谢谢您的夸奖！""谢谢您的帮助！""谢谢您的提醒！"这类语言的使用，有下列要求：

第一，客人表扬、帮忙或者提意见的时候，都要使用答谢语；

第二，要清楚爽快。

就餐客人提出一些菜品和服务方面的意见，有的意见不一定提得对，这时有的服务人员就喜欢去争辩，这是不对的。正确的做法是，不管他提得对不对，我们都要表示："好的，谢谢您的好意!"或者"谢谢您的提醒!"客人有时高兴了夸奖服务人员几句，也不能心安理得，无动于衷，而应该马上用答谢语给予回报。

某餐馆一个客人在用餐的时候，不经意将筷子掉在了地上。这个客人也不讲究，捡起筷子略擦一下便准备继续使用。这时值台的服务小姐眼快手快，马上将一双干净筷子递到了客人的面前，并说："对不起，请用这一双，谢谢合作!"客人大受感动，离开餐厅之前特地找到了大堂经理夸奖这位服务员说："你们的小姐反应迅速，她帮助了我，还要感谢我，真是训练有素！希望餐厅给予奖励。"

提醒道歉语 例句："对不起，打搅一下!""对不起，让您久等了!""请原谅，这是我的错。"提醒道歉语是服务语言的重要组成部分，使用得好，会使客人在用餐的同时感受到了尊重，对餐厅留下良好的印象。同时提醒道歉语又是一个必要的服务程序，缺少了这一个程序，往往会使服务出现问题。对这类语言的处理，要求做到以下2点：

第一，把提醒道歉语当作口头禅和必要的一个程序；

第二，诚恳主动。

大家都知道，毛肚在沸腾的汤内快速抖动七八下就成熟，烫久了便会老韧难嚼。一次某个火锅店有位客人正在涮烫毛肚。这时服务员不打招呼，提着汤壶就往锅里掺汤。加了汤后温度一降，毛肚自然无法达到应有的火候了，气得客人吹胡子瞪眼地说："你加汤怎么不打个招呼，你没有看见我在烫毛肚吗?"

又如，某次一位先生陪着朋友到一个著名餐厅吃饭，因为多数人不喝酒，就点了菊花茶，专门给朋友点了一瓶五粮液。由于餐厅内的酒杯太小，赶不上朋友的口，于是这位先生就将朋友面前的菊花茶倒掉，给他满满地斟上五粮液。哪知酒才喝了半杯，服务员来斟茶了，她也不打招呼，快速地将茶倒进了朋友的酒杯里。服务倒是极快捷，但五粮液却泡汤了。

这2例出现的问题，都在于缺少了应有的提醒程序。正确的做法是先说，"对不起，打搅一下！给您……好吗?"当然不必给桌上的每一个客人都要说一次"对不起"这样的话，但给主宾位的客人或为第一个客人服务时，一定要采用道歉语。以后依次服务采用手势即可。

告别语 例句："先生，再见!""先生，一路平安（客人要远去时），希望在饭店再次见到您!""先生您走好!"这类语言的处理，要求做到以下2点：

第一，声音响亮有余韵；

第二，配合点头或鞠躬。

总之，不能将与客人道别的语言和仪式，搞成缺乏情感的公式。要使道别语言余音袅袅不绝于耳，给客人留下美好的回忆。

推销语 例句："先生，来点红酒还是白酒?""小姐，是来只螃蟹还是来点基围虾?""先生，是上1个鱼头还是2个鱼头?"推销语是一种艺术，运用得当可以很好地促进客人的消费，这需要餐厅服务人员长期学习，不断琢磨。但是，对推销语的以下几点要求则可以通过短期训练，让服务人员把握。

多用选择疑问句，少用特殊疑问句 采用特殊疑问句有很大的风险，起码有50%的可能性遭到客人的否定。比如，服务员问客人"要不要饭?""还要不要菜?""要不要来点白酒?"的语言就很糟糕。笔者曾亲耳听到过客人回答说："我

们不是逃难来的，我们不是来要饭的！”问客人要不要来点酒，也是非常糟糕的。只要一个客人说“今天不喝酒！”推销就会失败。

采用选择疑问句，效果可能大不一样。比如，来了一桌客人，有先生、女士、小孩。可以首先从小孩的推销做起。“请问小朋友喝点雪碧还是可乐?”很可能在大人还没有准备的情况下，小朋友就会有所选择了。大人迁就孩子，小孩的饮品确定后，随即可转向“女士”，“请问夫人来一点“红牛”、白果粥还是酸奶？这些都是很时尚的营养饮品，都有较好的美容保健作用。”女士可能会高兴地选上其中一种。孩子、夫人都点了饮料，先生和他的朋友们的胆就壮了，于是又转向男士问道：“先生来点白酒还是啤酒？不过现在也时兴喝红酒。”酒的种类也确定了，接着可以继续用选择疑问句确定具体的品牌。如此的推销术，成功机会能提高许多。

由于采用选择疑问句，拓展了餐厅的商品，给予了顾客的选择余地，同时也让客人了解了一些信息，增加了一些有趣味的话题。所以，选择疑问句是我们推销成功的语言秘诀之一。

将顾客的单一追求引导到多元化的选择上去 有些客人点菜总是按照自己熟悉的、爱吃的点。其实他们对餐厅里有什么特色、有什么新菜并不了解。点了菜，服务员简单地说一句没有，他们会感到很失望，于是失去消费欲望。如果这时服务员抓住机会，向客人介绍与之所点菜品相关的其他菜品，将其单一的追求，引导到多元化的需求上去就会取得较好的效果。例如，一个客人点要一份八宝粥，虽然餐厅里已经没有了，服务员仍然说：“好的！不过今天八宝粥已经卖完了，现在还有黑米粥、玉米粥、西米粥、皮蛋瘦肉粥，都很有风味，换个口味好吗?”于是客人欣然点了玉米粥。

利用顺口溜、打油诗或者典故对菜品做细致的介绍 例如，“巴国布衣”的招牌菜之一口水鸡，客人不明白问服务员“什么味道”。服务员马上就说，这是最有川东特色的名菜，并用一首顺口溜介绍：“口水鸡呀口水鸡，阿妹做菜好手艺。麻辣酸甜又鲜香，川菜川妹一出戏。”客人高兴了可能马上点这道菜。

(2) 摆台艺术

中国的餐饮具有悠久的历史，灿烂的文化。中国餐饮业伴随着历史的推进，菜品日益增多，服务的日渐精良和规模的不断扩大，内涵越来越丰富。近年来由于经济的繁荣，国民收入的提高，人们在用餐的时候开始追求一种文化品位。因此，21世纪餐饮经营主要体现差异化，特色化理念。

餐饮经营特色化，不仅在菜肴上要推陈出新，在餐饮文化上也要营造特有的文化氛围，如餐厅的设计和餐台的设计体现着用餐的主题，台面装饰千变万化，每一种造型都能把中国文化融入餐饮之中。

中餐摆台 是把各种餐具按要求摆放在餐桌上，它是餐厅配餐工作中的重要一项内容。摆台是一门技术，摆得好坏直接影响服务质量和餐厅的面貌。

标准要求 先铺好台布，定好座位，按顺时针方向依台摆放餐具、酒具、餐台用品、餐巾折花。做到台形设计考究合理，行为安置有序，符合传统习惯。小餐具齐全、整齐一致，具有艺术性，图案对称，距离均称，便于使用。

中餐摆台的基本程序 ① 拉椅定位。② 摆盘：从主人座位开始，沿顺时针方向定盘，与桌边1cm，盘与盘之间距离相等。③ 摆筷架和筷子：筷架摆在餐盘的右上方，筷子后端距桌边0.5cm，距餐盘边1cm摆在筷架上并且图案向上。④ 口汤碗和调羹（汤匙)：口汤碗摆放在餐盘的左前方，距餐盘1cm，将调羹放在口汤

碗内，调羹把向左。⑤ 摆酒具：中餐宴会用3个杯子，即葡萄酒杯、白酒杯和水杯。先将葡萄酒杯摆在吐丝盘的正前方，白酒杯摆在右葡萄酒杯的右边，水杯摆在葡萄酒杯的左侧，距葡萄酒杯1cm，3杯横向成一直线，并在水杯中摆上折花。⑥ 摆公用餐具；在正、副主人之间的酒具前方放一筷架，放上筷子，筷子的手持端向右。⑦ 摆牙签。⑧ 摆烟缸、火柴：烟缸摆在正、副主人的右边。⑨ 摆菜单：摆在正、副主人筷子的旁边，也可竖立摆在主人的水杯旁边。⑩ 再次整理台面，最后放上饰花以示结束。

西餐宴会摆台 摆位时先铺上一张长方形的垫纸或菜单，垫纸与桌边平行。餐刀摆在右侧，餐叉摆在左侧。垫纸左侧摆面包碟，碟上摆牛油刀；餐刀叉和牛油刀与桌边垂直。

早餐要在垫纸右侧摆一套咖啡杯具，杯耳朝右，咖啡匙摆在杯碟上，与桌边成45°角。午餐、晚餐则在餐刀上方2cm处摆上水杯。餐巾花摆在垫纸正中。自助早餐摆位在早餐摆位规格上加摆甜食匙；甜食匙摆在餐巾花上方，匙把朝右。

西餐宴会摆台应根据宴会菜单，选择各种相应的餐具，按上菜顺序将刀、叉、匙全部摆齐。常见的菜点道数有：头盘、汤、鱼类、肉类、甜食；汤、盘之间的距离要相等。

装饰盘摆在每个席位正中，盘的图案、店徽要摆端正，盘边距桌边约1.5cm，盘与盘之间的距离要相等。

在装饰盘的右侧从左向右依次摆放餐刀、鱼刀、汤匙、头盘刀，刀把距桌边1.5cm，然后再从餐盘的左侧向右依次摆放餐叉、鱼叉、头盘叉，叉把距桌边1.5cm。其中鱼刀、鱼叉突出其他餐刀叉1~2cm。

在装饰盘的正前方摆放水果刀叉，刀把朝右，刀口朝盘；水果叉或甜品叉叉把朝左，与水果刀平行摆放；甜食匙与水果刀平行横放于装饰盘正上方，匙把朝右。

在席位左侧头盘叉旁摆面包盘。面包盘与餐盘中心取齐，盘边距头盘1cm，在面包碟内右侧1/3处摆牛油刀，刀口朝左。在面包碟的右上方摆牛油碟，距面包碟2cm左右。

摆酒杯时，只能用手握酒杯的杯脚。水杯摆在刀尖上方约2cm处，红酒杯位于水杯右后方位置，白酒杯位于红酒杯右后方适当位置。3杯成一直线，并与台边约45°角。

将折好的餐巾花摆放在装饰盘内，通常选用3种餐巾花；皇冠、主教帽、星形（扇形）。

西餐摆台的要领有如下几点：① 注意西餐餐具摆放的顺序；先摆餐盘（装饰盘）定位，后摆各种餐刀、叉、匙，再摆面包盘等，最后摆各种酒杯。② 餐具摆好后，在餐盘中摆上餐巾花，桌子中间摆上花瓶，胡椒粉瓶和盐瓶，还有糖缸和蜡烛台等。③ 摆台时注意手拿瓷器的边沿、刀叉匙的把柄；在客人右侧摆刀匙，左侧摆叉。④ 银餐具要用餐巾包着摆放或戴手套摆放。⑤ 破损或脏的餐具要及时挑出来。⑥ 西餐具的摆法在各地不尽一样，在国外又有法式、美式、俄式等之别，但基本要领是：餐盘正中、盘前横匙、叉左刀右、先外后里、叉尖向上、刀口朝盘；主食靠左，餐具在右。

(3) 餐巾折花艺术

餐巾，是宴会、酒席以及家庭用餐时使用的保洁用品。饮食服务人员通过艺术创造，将它变成餐桌上有一定观赏价值的艺术品，与丰美的佳肴相映成趣，可对席面起到点缀美化的作用，给人艺术的享受。

餐巾折花造型种类 按摆放方式，可分为杯花和盘花2种。

杯花 也叫插花。它是指将餐巾折成花形插入酒杯之中，用酒杯口将餐巾花加以束缚成型的方法。折花一般用于中式餐饮与宴会之中。

盘花 也叫摆花。它是指将餐巾折成不宜散开的各种形状，放在餐座正前方的餐盘上的折花造型。盘花原用于西式餐厅，由于其造型简洁美观，现已被中餐广泛应用。

餐巾折花的基本技法 餐巾具有实用及装饰美化作用，在摆台上形成餐桌的重要装饰。餐巾折花的基本技法有叠、折、卷、穿、翻、拉、捏、掰等。餐厅服务员应反复练习，达到技艺娴熟，运用自如，以增加摆台的工作效率和艺术性。

(4) 斟酒艺术

斟酒服务是餐饮服务中比较频繁的工作，无论是中餐还是西餐，在就餐服务中都是由服务人员提供斟酒服务，尤其宴会服务中斟酒服务运用最多。斟酒服务要求不滴不洒，不满不溢。斟酒服务要求服务人员要掌握正确的服务方法和相关的酒品知识，这对于提高餐饮服务质量十分重要。

斟酒的方法 ① 站在客人右边按先宾后主的次序斟酒，不能站在一个位置为左右2位宾客斟酒。② 斟倒前，左手拿一条干净的餐巾将瓶口擦干净，右手握住酒瓶下半部，将酒瓶上的商标朝外显示给客人确认。

斟酒方式 斟酒有2种方式，一种是桌斟；另一种是捧斟。桌斟采用得较多。

桌斟 餐厅员工斟酒时，左手将盘托稳，右手从托盘中取下客人所需要的酒种，将手放在酒瓶中下端的位置，食指略指向瓶口，与拇指约成60°，中指、无名指、小指基本上排在一起。斟酒时站在客人右后侧，既不可紧贴客人，也不可离客人太远。给每一位客人斟酒时都应站在客人的右后侧，而不能图省事，站在同一个地方左右开弓给多个客人同时斟酒。给客人斟酒时，不能将酒瓶正对着客人，或将手臂横越客人。斟酒过程中，瓶口不能碰到客人的杯口，保持1cm距离为宜。每斟完一杯酒后，将握有瓶子的手顺时针旋转一个角度，与此同时收回酒瓶，这样可以使酒滴留在瓶口，不至于落在桌上，也可显得姿势优雅。给下一位客人继续倒酒时，要用干净布在酒瓶口再擦拭一下，然后再倒。

捧斟 手握酒瓶的基本姿势与桌斟一样，所不同的是，捧斟是一手握酒瓶，一手将酒杯拿在手中，斟酒的动作应在台面以外的地方进行。

斟酒量与斟酒顺序 有以下技术要点。

斟酒量 ① 中餐在斟倒各种酒水时，一律以八分满为宜，以示对宾客的尊重。② 西餐斟酒不宜太满，一般红葡萄酒斟至杯的1/2处，白葡萄酒斟至杯的2/3处为宜。斟香槟酒分2次进行，先斟至杯的1/3处，待泡沫平息后，再斟至杯的2/3处即可。

斟酒顺序 ① 中餐斟酒顺序。宾客入座后，服务员及时问客人是否先喝些啤酒、橘子汁、矿泉水等饮料。宴会开始前10min左右将烈性酒和葡萄酒斟好。其顺序是：从主宾开始，按男主宾、女主宾、主人的顺序顺时针方向依次进行。如果是2位服务员同时服务，则一位从主宾开始，另一位从副主宾开始，按顺时针方向依次进行。② 西餐宴会的斟酒顺序。西餐宴会用酒较多，几乎每道菜有一种酒，吃什么菜跟什么酒，应先斟酒后上菜。其顺序为：女主宾、女宾、女主人、男主宾、男宾、男主人。

斟酒的礼节 依照惯例先将酒倒入主人杯中，得到主人嘉许后再开始给全桌一一斟酒，只有在斟啤酒或陈年红葡萄酒时可以将酒杯拿在手上而不失礼。如果客人同时饮用2种酒时，不能在同一酒杯中斟入2种酒，已开启的酒瓶应放在主人的右侧。

斟酒注意事项如下：

● 为客人斟酒不可太满，瓶口不可碰杯口；

● 斟酒时，酒瓶不可拿得过高，以防酒水溅出杯外；

● 当因操作不慎，将杯子碰倒时，要立即向客人表示歉意，同时在桌面酒水痕迹处铺上干净的餐巾，因此，要掌握好酒瓶的倾斜度；

● 因啤酒泡沫较多，斟倒时速度要慢，让酒沿杯壁流下，这样可减少泡沫；

● 当客人祝酒讲话时，服务员要停止一切服务，端正肃立在适当的位置上，不可交头接耳，要注意保证每位客人杯中都有酒水；讲话即将结束时，要向讲话者送上一杯酒，供祝酒之用；

● 主人离位或离桌去祝酒时，服务员要托着酒，跟随主人身后，以便及时给主人或其他客人续酒；在宴会进行过程中，看台服务员要随时注意每位客人的酒杯，见到杯中酒水只剩下1/3时，应及时添满；

● 斟酒时应站在客人的后右侧，进行斟酒时切忌左右开弓进行服务；

● 手握酒瓶的姿势，要求手握酒瓶中下端，商标朝向宾客，便于宾客看到商标，同时可向宾客说明酒水特点；

● 斟酒时要经常注意瓶内酒量的多少，以控制住酒出瓶口的速度，因为瓶内酒量的多少不同，酒的出口速度也不同，瓶内酒越少，出口的速度就越快，倒时容易冲出杯外，所以，要掌握好酒瓶的倾斜度，使酒液徐徐注入酒杯。

(5) 餐饮服务中的推销艺术

餐厅是饭店为消费者提供食品、饮料和服务的场所，一个餐厅经营的成败，经济效益的好差，在很大程度上取决于餐厅经营的推销艺术。因此，饭店经营者在抓好餐饮部内部管理的同时，应花大力气抓好餐厅的推销工作。

推销的方法 餐厅经营的推销是指根据消费者的心理，采取必要的手段和措施，激发其消费欲望，促成其购买产品的行为活动。推销的过程是餐厅经营者与消费者之间互相沟通餐厅经营信息的过程。餐厅经营推销的目的是为了使消费者知道他们可以在本餐厅支付合理的价格，享用到适合他们口味的菜肴、饮料和服务，促使消费者购买餐厅的产品和服务，并通过他们影响更多的消费者前来餐厅消费，从而达到饭店经营的目的。

餐厅经营推销形式很多，一般可采用“间接推销”和“直接推销”2种形式。间接推销是指通过各种推销方式向消费者传递餐厅经营的信息，间接地促进餐厅经营的产品和服务销售的一种形式。其特点主要是通过塑造餐厅的形象，提高餐厅的知名度，扩大餐厅经营业务范围，增加餐饮产品的销售机会。直接推销是指餐厅有关人员，特别是餐厅服务员，面对前来就餐客人的推销。这是餐厅经营的主要推销形式。间接推销和直接推销一般有以下几种方式。

人员推销法 是由餐厅专职推销人员，通过面对面的业务洽谈，或电话联系等方式，向餐厅的客户提供信息，劝说客户购买本餐厅的产品和服务的过程。主要适用于宴会推销和一些大型活动、会议等。推销之前，推销人员应注意收集各种资料信息，了解活动开展情况，如一些公司和单位的庆祝活动、开幕式、周年

纪念、产品获奖以及国内外的重要节庆，等等。尤为重要的是建立“客史档案”，与客户保持良好的公共关系。

广告推销法　指运用各种宣传媒介，如报刊、广播、电视等，把有关餐厅经营和服务信息有计划地传递给客户，间接地促进产品和服务销售的一种推销方法，广告推销法可以宣传餐厅设施及其产品和服务，刺激消费者需求，抵消、削弱其他竞争对手的广告影响，宣传餐厅经营新产品，促使消费者前往消费。

实物推销法　是借助各餐厅产品实物或图片、模型来刺激客户购买行为的一种推销方法。餐厅经营者通过有意识的设计各种刺激物或刺激方法来影响人的情绪，使之有利于向购买行为转化，从而达到推销产品和服务的目的。如在饭店餐厅门上或客人经过的地方，陈列餐厅经营产品和服务实物模型，张贴产品和服务的图片、招贴画、布告牌等，从视觉、听觉、嗅觉等方面对客人进行感官刺激，以激发消费者的消费欲望。

利用客人推销法　是指餐厅经营者向在餐厅的客人提供完美的服务，使他们带动新客人光临消费的一种推销方法。对于餐厅经营者来说，一个顾客就是一个“活广告”，客人对餐厅评价如何，会直接影响到餐厅的潜在客源。餐厅经营者对一些常客在服务上和价格上给予更多的关照和优惠，让客人留下较深的印象，会起到意想不到的推销效果。

客人点菜推销法　服务员在接受客人点菜时应主动向客人提供多种建议，促使客人消费数量增多或消费价值更高的菜点、饮料，一般可采用以下办法。

形象解剖法：服务员在客人点菜时，把优质菜肴的形象、特点，用描述性的语言加以具体化，使客人产生好感，从而引起食欲，达到推销的目的。

解释技术法：即通过与消费者的友好辩论、解释，消除其对菜肴的疑义。

加码技术法：对一些价格上有争议的菜点，服务员在介绍时可逐步提出这道菜肴的特点，给客人以适当的优惠。

加法技术法：把菜肴的特色和优点，不断地加深和强调，让消费者形成深刻的印象，从而产生购买的欲望。

除法技术法：对于一些价格较高的菜点，有些客人会产生疑虑，服务员应耐心解释，这样会使客人觉得不贵，从而产生购买欲望。

提供2种可能法：针对有些客人求名贵或价廉的心理，为他们提供2种不同价格的菜点，供客人挑选，由此满足不同的需求。

利用第三者意见法：即借助社会上有地位的知名人士对某菜点的评价，来证明其高质量、合理的价格，值得购买。

代客下决心法：当客人想点菜，但或多或少还有点犹豫，下不了决心，服务员可说：先生，这道菜我会关照师傅做得更好一点，保您满意……。

利用客人之间矛盾法：如果来就餐的2位客人，其中一位想点这道菜，另一位却不想点，服务员就应利用想点的那位客人的意见，赞同他的观点，使另一位客人改变观点，达到使客人购买的目的。

餐厅现场推销法　餐厅现场烹制推销就是将菜肴的烹制过程放在餐厅进行。或将菜肴的最后一个烹制环节放在餐厅进行。通过其烹制，让客人看到形、观到色、闻到香，从而使他们因消费冲动引发消费而决策，使餐厅获得更多的销售机会，如煎蛋、铁板烧、锅巴虾仁等。有些饭店的餐厅就采取这种方式，摆台厨师现场操作，餐厅气氛浓厚，生意红火。

试吃推销法 对于一些需特别推销的菜肴，如各种名点、名菜可以采用客人试吃的方法推销。服务员用餐车将菜点推到客人的桌边，让客人先品尝，如喜欢就现买，不合口味的再请点其他菜。这既是一种良好的服务，又是一种很好的推销手段。

餐厅经营者要取得推销的成功，除了推销人员要具备掌握一定推销方法外，推销人员的自身素质也很重要。

首先，推销员应熟悉餐厅经营的各种食物和服务内容。一名优秀的推销员，对餐厅所经营的食物和服务内容应了如指掌，例如，食物用料、烹饪方法、口味特点、营养成分、菜肴历史典故、餐厅所能提供的服务项目，等等，以便向客人做及时介绍，或当客人询问时能够做出满意的答复。

其次，推销员在推销自己的食物和服务之前，要了解市场和顾客的心理需求，对客人的风俗习惯、生活忌讳、口味喜好有所了解，以便有针对性地推荐一些适合他们心理需求的产品和服务。在有的饭店，当客人一走进大堂，服务员就满面笑容地出来迎接。登记入住房间时及时送上2次小毛巾（一次冷的，一次热的），隔5min后又送来一盘水果解暑，服务员的热情和周到，令客人好像到了自己的家一样。对于港台商人喜“8”“发”字的心理，服务员要多推荐一些价格带“8”或与“发”谐音的菜点。

最后，作为一个推销人员在推销产品和服务的同时，也应注意推销自己，必须注意个人形象的塑造，如良好仪态、诚实可靠的职业道德等。服务人员的推销语言对推销效果起着至关重要的作用，推销人员应该掌握语言技巧，在推销中尽量用有建设性的语言来推销自己的食物和服务。

餐厅经营推销能否成功，还要不断创新产品，提高产品质量，并且与其他部门保持良好的协作关系，树立全员推销意识，促进餐厅经营推销。

餐厅内部推销 ① 员工推销。② 服务员外部形象（着装、仪表）要有利于推销。③ 服务员应有较好的推销技巧：眼明手捷，主动招呼；熟悉产品，适时介绍；应注意增加销售和提高档次销售；主动服务，抓住销售机会；礼貌告别，诚恳邀请。④ 食品展示原料推销：原料展示推销；成品陈列推销；推车服务推销；现场烹调展示推销。⑤ 用菜单进行推销：特选菜单；情侣菜单、中老年菜单、其他推销方法，例如，奇数推销法、折扣推销法、名人效应、品尝法。

餐饮经营的公关意识 公共关系是饭店餐饮促销的一个重要部分。它和宣传一样，虽然不能直接地为餐厅创造效益，但它确实能影响餐厅公众的购买行为和购买决策，为餐厅以后的销售铺平道路，有利于其他各种营销活动的顺利进行。

公共关系的作用主要有以下内容：

- 提高餐饮企业在公众中的知名度；
- 建立餐饮企业信誉和树立良好的餐厅形象；
- 有利于增强餐饮企业的竞争能力；
- 有利于评估新的市场；
- 为销售创造市场；
- 能加强餐饮企业广告宣传、人员促销等促销活动的有效性；
- 能刺激员工的工作热情，充分发挥员工的工作积极性；
- 能对新产品、新服务项目进行宣传。

随着竞争越来越激烈，饭店行业的平均利润水平越来越低，饭店除了在住宿、餐饮竞争外，必须开发新的收入来源。随着现代人越来越多地追求精神生活享受，康乐项目必然成为饭店开发项目的首选，又因康乐项目的种类繁多，文化性强，容易形成经营特色和利润倍增的效应。

9.2 现代饭店康乐管理

康乐，顾名思义是指健康娱乐，也就是指满足人们健康和娱乐需要的一系列活动。它包括康体活动、休闲活动、娱乐活动、文艺活动、声像、美容等。现代康乐是人类物质文明和精神文明高度发展的结果。在现代饭店中，康乐已成为增强竞争力，吸引客源的重要手段，同时也成为饭店经济收入的重要来源。在我国一些饭店，康乐部已成为与餐饮部、客房部并列创收的重要部门。

9.2.1 康乐部在饭店中的作用与任务

康乐部是为住店客人提供娱乐、体育、健身、声像、文艺、美容等活动场所的部门；是饭店满足住店客人多种消费需求，吸引顾客，提高饭店声誉和营业收入的一个重要部门。因此康乐部是现代饭店不可缺少的一个重要组成部分。

饭店可给客人提供活动的项目有：音乐厅、音乐茶座、卡拉 OK 歌舞厅、家庭影院、电子游戏室、保龄球、台球、网球、高尔夫球练习场、游泳场、机械健身室、桑拿浴、芬兰浴、美容、美发、化妆等。

9.2.1.1 康乐部在饭店中的作用

由于现代意识日益被人们所接受，无论是旅游者还是旅游饭店对康乐的意义都有了深刻的认识，因此，它的重要作用也日益显示出来。

(1) 新颖的康乐项目是吸引客源的重要手段

饭店竞争的优势在于特色。以服务项目、设备功能以及价格、经营方式为特色吸引客源是必要的，但也是有限的。所以，饭店增加康乐项目、改善康乐设施设备条件或开设独特的康乐活动，对客源的吸引力越来越大。

一方面，在我国经济和国民收入快速增长的同时，居民消费的恩格尔系数正在不断地下降，标志着人民可以把更多的消费资金投入到教育、娱乐、旅游和健康等方面；另一方面，现代生活节奏加快，生活工作压力加大，人们需要缓解压力，追求健康，而康乐能帮助人们消除疲劳、舒畅身心、强身健体、陶冶情操，给人们以高层次的精神享受，是一种高雅的文化消费。所以，很多的旅游者甚至把康乐作为生活中不可缺少的内容。据不完全统计，旅游饭店所在地区有 70% 的年青人喜欢到饭店的康乐中心去玩乐。而对于那些住宿的客人来说，康乐也是必不可少的活动之一。不少旅游者在旅游的日程中，不管严寒酷暑总是把参加饭店的康乐活动列入自己的日程安排，这是一种新的生活观念，体现了顾客对康乐项目产生了强烈的欲望，这一趋势，无疑是饭店提高效益的良好市场。

(2) 康乐部的设施是饭店评星级的重要标志

按照国际惯例，康乐部是现代饭店不可缺少的部分，其在整个现代饭店中的作用越来越显示出来了。一个现代饭店不具备较好、较完备的康乐设施，无论在其他方面如何优越，都不能被评为高星级饭店。

（3）康乐部是饭店营业收入的重要来源

饭店的康乐项目不仅能使饭店的服务项目配套率提高，而且能吸引并留住更多的顾客，提高饭店的社会声望，使饭店的收益增加，提高饭店的经济效益。目前，在我国的一些饭店，康乐部的规模越来越大，并与客房部、餐饮部并列成为饭店创收的主要部门。正是由于康乐享受越来越受到旅游者和公众的青睐，饭店的经济效益收到了意想不到的效果。有些饭店的康乐部利率可高达60%。

（4）康乐项目是度假型饭店的必备条件

在西方国家，“休假性饭店”和“公寓式饭店”一般都明文规定要有健身、娱乐设施。一些主要位于山城景色区或温泉附近的度假性旅馆除了提供一般性旅馆所应有的一切服务项目外，最突出最重要的项目便是它的康乐中心，因为它主要是为度假旅客提供娱乐和度假的场所。

9.2.1.2 康乐部的主要任务

（1）康乐项目的种类

饭店的康乐项目包括康体和娱乐两大类。

康体项目 包含健身项目和健心项目。

健身项目 需要人们借助一定的健身设备、设施和场地，通过自身的参与，达到健身的目的，包括健身器械运动、游泳、球类运动等项目。这类项目依赖于一定的设施、设备和场地，要求饭店要选择高规格、高质量的，以保证顾客的安全。另外，还需要饭店提供一定的运动技能技巧指导。

健心项目 主要侧重于使顾客在一定的环节中，放松精神，陶冶情操。例如，洗浴桑拿、按摩、美容美发、足浴等。这类项目需要专业人士给顾客服务。另外，由于这些项目多数需要直接接触顾客身体，因此，饭店需要确保环境卫生以顾客的安全。

娱乐项目 主要是指在一定的环境或设施条件下，顾客通过参与一定形式或自助娱乐形式的文娱活动，得到精神满足的项目。例如，歌舞厅、音乐厅、迷你电影厅、卡拉OK厅、夜总会、地方特色的民俗表演等。这类项目对环境和氛围的要求较高，需要饭店根据所经营的项目营造相应的环境和氛围，使顾客融入其中。

（2）康乐部的主要任务

满足客人体育锻炼 体育锻炼有一般运动与重点运动之分。一般运动指活动筋骨、做操、跑步等；重点运动指各项运动，如举重、骑自行车、打球、锻炼各种肌肉运动。根据客人需求，应开辟专门的健身房、游泳池等设施齐全的场所。

满足客人健美运动 健美是现代文明的心理表现。它表现为体形健美标准、脸形健美标准、发型健美标准。体形健美可以在健身房得以实现，脸形、发型健美标准可在按摩、美容美发过程中加以实现。

满足客人的娱乐需要 顾客在饭店除了住房和就餐外，还希望在住店期间得到娱乐享受。因此，康乐部要在项目上做到丰富多彩，以满足不同客人的娱乐需求，但一定要符合我国国情与法律规定。

做好场所的卫生工作 运动场所、康乐场所是一个高雅、洁净的场所，客流量大，使用频繁，尤其是康乐的设备与器械经过多数客人的使用，清洁卫生工作十分重要。运动、康乐的器械、设施和场所的洁净高雅，不但会给客人带来舒心愉快的情趣，而且也给客人带来宾至如归的感受。客人的要求就是要有一个清新的环境。

做好器械及其场所的安全保养 健身运动器械具有“冲撞性”，而且易于损坏，存在着安全问题，潜伏着一定的“危险”性。所以，每天必须在客人使用之前做一次检查，并对设施、运动器械、场地进行安全保养，对存在“不安全”隐患的器械要随时更换。

为客人提供运动技能技巧指导性服务 康乐部的健身器械种类较多，有国产的，也有进口的，特别是先进进口设备以及带有计算机显示的体育器材，需要经过服务员提供正确、耐心的指导性服务，以便一些不会使用的客人能正确使用。

9.2.2 康乐部的组织机构及各岗位职责

9.2.2.1 康乐部的组织机构

康乐部作为饭店的一个部门，职务的设置与其他各部门一样，实行经理负责制的垂直领导的管理体制，并各自向上级领导负责。组织机构如图9－4所示。

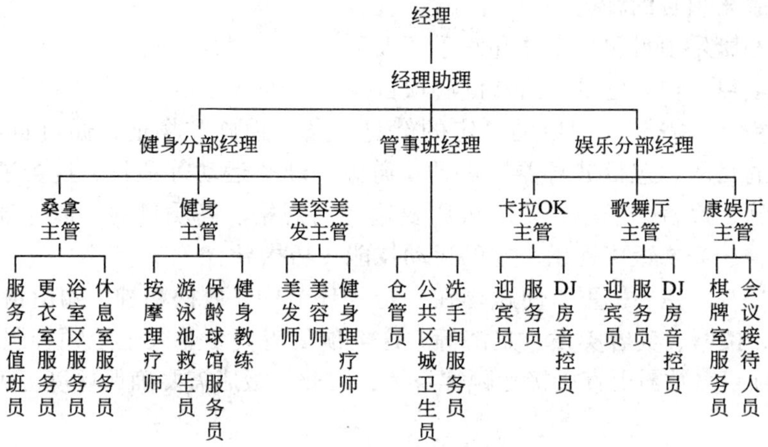

图9－4 康乐部组织机构

9.2.2.2 康乐部各层级岗位职责

（1）康乐部经理职责

在总经理领导下，全面负责和主持康乐部的日常工作。贯彻饭店各项规章制度和上级的工作指令，保证部门的工作正常运转，全面负责康乐部的经营和管理。具体职责如下。

第一，接受总经理的督导，直接向总经理负责，全面管理康乐部的经营管理工作、严格执行饭店各项管理制度及总经理下达的各项工作指令，对部门的经营管理及经营效益负责。

第二，根据饭店规章制度和各设施项目具体情况，提出部门管理制度和主管、领班的具体工作任务，以及管理职责工作标准，并监督实施，保证部门各项娱乐设施及各项管理工作的协调运转。

第三，分析各设施项目的客人需求、营业结构、消费状况及发展趋势，研究并提出部门收入成本与费用等预算指标，报总经理审批。纳入饭店预算后，分解落实到各设施项目，并组织各级主管和领班落实执行部门年、季、月经营计划、预算和成本费用方案，确保完成各项营业指标。

第四，研究审核各设施项目的服务程序、质量标准、操作规程，并检查各设施项目各级人员的贯彻实施状况，随时分析存在的问题，及时提出改进措施，不断提高服务质量。

第五，根据市场和客人需求变化，制定部门的经营策略、营销方案。例如，调整各设施项目的经营方式、营业时间、产品和收费标准等管理方案。

第六，审核签发各设施项目主管的物品采购、领用、费用开支单据，按部门预算控制成本开支，提高经济效益。

第七，做好各设施项目主管、领班工作考核，适时指导工作，调动各级人员积极性。随时搞好巡视检查，保证康乐中心各设施项目管理和服务工作的协调发展。

第八，制定部门各设施项目人员编制，安排员工培训。根据业务需要，合理组织和调配人员，确保部门日常经营有序有效运作。

第九，随时收集、征求客人意见，处理客人投诉、并分析康乐中心服务质量管理中带倾向性的问题，适时提出改进措施。

第十，搞好康乐中心和饭店各部门的协调配合，完成总经理交办的其他工作任务。

(2) 康乐部主管岗位职责

认真贯彻部门经理下达的计划指标，执行各项规章制度，负责所辖区域内的全面管理，对部门经理负责。指导、监督所辖康乐设施项目的日常经营活动，监督制定排班表，安排所辖领班的工作。巡视检查设施设备、服务程序、质量标准是否按规定运行。适时掌握营业状况，根据客情及时调配人力，遇有 VIP 客人，要亲自提供服务等。

(3) 康乐部领班岗位职责

检查所属服务员的仪容仪表、礼节礼貌、劳动态度和工作效率，编制服务员值日轮休表，严格记录本班服务员考勤，定期评估服务员的工作表现。培训所属员工的服务技能，亲自为重要客人或熟客提供服务，现场处理客人的投诉等。

(4) 康乐部服务员工作职责

第一，遵从部门建立的规章制度，标准作业程序及工作纪律。

第二，了解掌握正确的服务程序和服务技巧。

第三，了解本部门物品的品种及价格，提高销售能力。

第四，适时技巧地将饮品和食品推荐给客人。

第五，把脏的杯盆器皿运到指定的地方，并摆放整齐。

第六，认真彻底完成上级指定的工作。

第七，当包房及客房客人离开时，尽快清理房间的卫生，并重新摆设，准备迎接新的客人。

第八，补充干净的用品，放在合适的位置，力求物以类归，摆放整齐。

第九，当工作方面有特殊需要时，必须服从上司的工作调动安排，彻底完成好工作。

第十，认真学习和思考服务的技巧及知识，锻炼和提高自己的工作能力和思考能力，积极参加公司安排的培训课程。

第十一，注意了解客人的要求和建议，及时将反馈信息报告给领导。

第十二，严格遵守《员工手册》及各项规章制度，服从上级工作分配。

9.2.3 康乐部经营管理

9.2.3.1 康乐部经营管理的特点

(1) 经营管理的灵活性

主要体现在服务人员的调配和服务项目的设置方面。具体有以下3个方面。

运动类康乐设施的经营管理 ① 游泳池服务应根据开放时间内客人的多少进行安排，要调配指导性训练人员；② 健身房服务人员对各种器械的安全使用要熟练精通，并能对客人进行正确指导；③ 网球场、壁球房、高尔夫球场运动量较大，要配置体力能力都比较强的服务员和陪打员；④ 乒乓球房、弹子房、保龄球房除了提供技术指导、陪打人员外，还可以帮助或组织客人进行随意性的比赛，以增加客人的兴趣。

娱乐类康乐设施的经营管理 棋牌室、电子游戏室只需提供少量咨询服务即可；舞厅、卡拉OK厅、多功能厅的经营方式大同小异，但更具灵活性，可同时提供饮料、茶水、糕点等服务。服务人员根据客源而定。

美容类设施的经营管理 美容师根据客人的要求和自己的技术水平给客人提供服务。美容是一项可以不断开发新内容的服务，其中也包括桑拿浴服务和按摩服务。

(2) 经营项目的适应性

饭店经营哪些项目，要考虑本饭店的客源组成，以及本市居民的习俗、爱好等。

(3) 经营管理过程的协作性

康乐服务是综合性服务，以康乐为主要内容，以提供优质服务获得经济效益为主要目的。在经营管理过程中，内部要协作。提供饮料、酒、水果等需要餐饮部的紧密配合，以确保服务质量。舞厅、卡拉OK厅、多功能厅等更需要乐队、演员、工程人员、服务员等密切协作，才能收到良好效果。

(4) 服务对象的随机性

康乐部服务的接待人数、销售水平随机性较大，它往往随客人的兴趣、爱好、年龄、身体状况而变化。如健身、健美项目受中青年人欢迎，美容又以女性为多，电子游戏受青少年欢迎等。因此，康乐部应根据不同项目、不同参与者的各种特点，有针对性地吸引特定的目标顾客群，为他们提供优质服务。

9.2.3.2 饭店康乐的经营与管理

(1) 康乐部经营项目确定的原则

- 满足客人合理需求的原则；
- 追求经营特色的原则；
- 全方位服务的原则；
- 发挥自我优势的原则；
- 适应社会发展趋势的原则；
- 坚持社会效益与经济效益相结合的原则；
- 符合消费者心理的原则。

(2) 康乐经营的可行性分析

康乐经营的可行性分析，就是要全面系统、科学合理地准确分析制约饭店康乐中心经营的各种主要因素，对大量的相关信息和数据资料运用科学的定性和定量分析方法推断是否值得在饭店中设立康乐中心。

康乐经营可行性分析主要包括以下内容：

- 该地区的经济因素；
- 该地区的康乐市场竞争分析；
- 饭店自身的实力；
- 销售收入预测；
- 地点位置；
- 交通情况；
- 目标顾客的需要；
- 当地政治经济和法律法规要求；
- 公用设施情况。

(3) 现代康乐环境的设计与布局

现代康乐环境设计与布局是一项非常复杂的系统工程，不同项目有不同的设计规则与方法，但都应遵循以下原则。

科学合理原则 现代康乐项目，特别是新兴的康乐项目，如高尔夫球、桑拿浴、水力按摩、保龄球等。这些项目的设计在空间面积、使用设施、温度、湿度等方面，各项相关指标都有严格、科学的要求，只有达到标准，才能使这些娱乐项目达到理想的使用效果，发挥出最佳的使用功能，也才能使康乐项目消费者在使用过程中达到科学、充分、理想的健身、娱乐消闲的目的，也才能增强这些项目在市场上的竞争能力。

先进适用原则 现代康乐项目，无论是传统项目（如棋牌、乒乓球、高尔夫球、保龄球），还是新开发的项目（如桑拿、按摩、高尔夫模拟等），都不同程度地应用了当代科学技术，从而使各种康乐项目都具有不同的技术档次。康乐企业或饭店康乐中心在设计康乐项目时，都要根据康乐企业或康乐中心的规模、目标市场、经营宗旨和方针等确定康乐项目和设施的档次和水平，使康乐项目和设施设备既先进又适用，提高整个康乐企业或康乐中心的吸引力和市场竞争力。

【知识窗】

芳 香 疗 法

现代的芳香疗法始于1937年。现代芳香疗法利用纯天然植物精质油的芳香之气和治愈能力，以特殊的按摩手法，经由嗅觉器官和皮肤的吸收管道，到达神经系统和血液循环，以帮助人身心获得舒解，并达到皮肤保养，改善身体健康的功效。

现代的科技更好地将植物中有利的化学成分萃取出来，使其疗效拥有一株植物的70倍之多，而经过萃取的精质油，分子细小，其被吸入和吸收的能力更是一般化妆品的好几倍。因此具有迅速且显著的疗效。芳香疗法的特殊按摩手法，包含了淋巴引流、神经肌肉按摩和穴道指压3种手法，是结合了“精、气、神”三者合一的健康平衡之道。

配套设施齐全原则 客人进行康乐项目消费时，除了基本康乐设施与环境外，还需要相关的配套服务项目和设施，以保证整个康乐消费过程健康、愉快、顺利进行。康体场所的配套设施一般有：接待收银处、办公室、会议室、员工休息室、空气调节机房、机电房、洗衣房、储物室等。

突出特色原则 康乐项目的种类很多，康乐设施设备的品种、规格、型号、档次更是不可胜数。因此，在进行康乐企业或康乐中心的设计时，有必要在进行可行性研究的基础上，按照饭店的经营宗旨、经营方针、目标市场选择独具特色的康乐项目及其设施和设备。在一个地区内只有那些富有个性、设施设备先进、服务优良的康乐场所，才能在市场上拥有一定占有率，这就要求饭店康乐部门，要么在康乐项目上，要么在设施设备上突出自己的个性。如保龄球，就以保龄球项目为中心，设计要求规模适中，设施先进，服务优良，以其独自的特色吸引顾客。深圳市的五星级大饭店——南海饭店，在饭店内开设了国内饭店少有的日光浴室，在旁边附设按摩浴池及露天游泳场，令泳客在和风中享受灿烂的阳光，洗尽身心的疲劳和烦恼。

匹配原则 它是指任何康乐项目，除了必要的项目设备设施外，还配备必需的相应数量和质量的相关设备设施及服务。例如，桑拿浴室的面积就要与更衣箱数量相匹配，与健身房设施的各方面都要相适应。除此之外，还应设有相应的休息区，区内设有水吧，提供饮料和小吃。

(4) 现代康乐管理

坚持以人为本的管理原则 就是指企业管理工作要以激励职工的积极性为中心，以不断提高和充分发挥员工的才智为中心。激励员工的积极性首先要了解职工的需求，在调查中发现，有的员工想在康乐部门中不断地学习新的知识，掌握康乐经营管理经验；有些员工是为了增加经济收入；有些员工则是为了展示自己的工作能力等。康乐部门管理人员应了解员工的这些要求，然后因人而异，满足他们不同层次的需求，从而激励员工充分发挥主观能动性，使他们积极主动工作。

员工工作情绪、技术水平、服务技能直接影响到饭店康乐产品质量，关系到饭店的经济效益和社会效益。所以，康乐部在管理过程中，应始终贯彻以人为本，以人为中心的思想，这是保证实现总体目标的根本指导思想。

采用目标管理的方法 目标管理就是运用事先制定好的目标来进行管理活动的方法。如何运用好目标管理，需要做好以下工作。

第一，制定科学合理的目标。康乐部各层次管理者在不同时期对各项工作都应制定明确的目标。高层管理者应制定长远发展目标，即企业的宗旨。基层管理者应制定各个阶段工作目标及实现目标的计划，如成本控制计划、营业额计划等。

第二，要将制定的目标以各种形式传递给下属，使他们懂得康乐部门远期和近期目标以及制定的要求、目标确定的标准和各层目标的连接方式等。在实际工作中，大多数员工只是关心自己的工作，并不关心部门的经营状况。因此，有必要把康乐部的目标以各种形式传达给员工，使员工把康乐部门的目标作为自己的目标来完成。

第三，还要将目标管理工作落到实处。在上述基础上，要真诚地利用这一方法，制定切实可行的管理目标。例如，某大饭店给康乐部定下的目标偏高，以致目标无法完成，员工服务质量反而有所下降，对能否完成目标变得漠不关心。这时，目标就成了一种形式。所以，作为管理者应懂得将目标管理落到实处，充分调动员工去完成任务。

建立完善的员工守则 在现代康乐中心所要制定的一系列制度中，员工守则是最重要的制度之一。员工守则至少应该包括如下内容：

- 员工要严格遵守各项制度和规程，服从领导；

● 员工在工作时间不得做与业务无关的事情，不得从事另有报酬的工作；

● 非因工作关系，工作时间不准会客，不准接听或打私人电话；

● 当班时间必须穿工作服，佩戴员工证，女员工必须化工作妆，不宜化浓妆，除手表和结婚戒指外，不得佩戴其他饰物；

● 对客人要彬彬有礼，一视同仁，主动、热情、耐心、周到、礼貌、笑脸迎客，保持良好的服务态度；

● 团结协作，平等待人；

● 员工必须遵守时间，按时上班，不得迟到早退或擅离职守；

● 坚守岗位，在任何情况下，不得以各种借口中止工作或擅离职守；

● 职工必须熟知并遵守企业制定的有关安全方面的制度，自觉参加企业组织的活动并尽职尽责。

9.2.4 我国饭店康乐经营现状及发展趋势

（1）我国饭店康乐经营现状

第一，消费需求有较大增加，但消费层次有待提高，客源机构的差异性决定了康乐消费的水平。我国饭店消费客源主要是以国内客源为主，这些客源中绝大部分人在饭店的消费主要是满足基本的住宿等基本消费的需要，仅在饭店进行餐饮，娱乐的却很少。

第二，康乐设施日益现代化，但存在投入不足现象。康乐功能定位的不同反映康乐在饭店中的地位差异。饭店无论其类型如何，只要从市场需求出发，将康乐功能进行合理准确的定位，使饭店康乐功能符合时代发展的趋势，饭店就能在目前微利的环境中，不断的创新，推出符合市场需求的特色项目，使饭店的康乐设施得到充分利用，成为饭店营业收入的重要来源。

第三，项目日益丰富，但项目选择配套不合理，康乐项目的选择影响了饭店娱乐的盈利能力。饭店经营者过去因对康乐经营不重视，在项目选择上都赶潮流，市场上流行什么，经营什么，内容雷同，人为造成了饭店康乐经营的难度。市场的运作机制是优胜劣汰，而竞争压力将始终驱使饭店合理选择康乐项目，实现资源的优化配置。

第四，经营管理服务水平较低。要积极探索新的经营管理服务模式，不断推出新颖和具有市场吸引力的娱乐项目，探索切实可行的管理体系来规范和管理娱乐项目的经营。

（2）现代康乐业的发展趋势

康乐业产生的时间不长，有很好的发展趋势，具体体现在以下几个方面：

● 饭店康乐既具有特色又要配套发展；

● 项目内容更加丰富多彩；

● 参与和冒险性康乐活动增多；

● 经营的环境、档次在逐渐提高；

● 由高消费向大众化消费发展；

● 经营项目向文化性、高品位发展。

由于人们观念的更新，审美情趣的变化，饭店经营者应对那些康乐形式单调，内容不受消费者青睐的项目加以改造，使内涵加深、外延拓宽，从形式和内容上都更符合客人的需要。

随着世界科技进步及经济发展，全球观光旅游活动不断丰富、普及。人们也更加注重生活质量，关心身心健康、享受美好生活已经成为21世纪的一大时尚。现代化的饭店服务已多元化，除了提供最基本的吃住外，还提供娱乐、美容、健身等多种康乐设施和项目的服务，而且这些服务作为吸引住客和盈利的手段，将会向专业化、平民化、个性化方向发展。饭店不仅需要提供好的设施和环境，还要因人而异地提供指导和征询，其管理和经营服务也将更加科学，饭店康乐部门会越来越受重视，地位会显得更加重要。

【思考题】

一、名词解释

餐饮部、餐饮部门的组织结构、餐饮服务方式、自助餐、餐饮服务规程、康乐、康乐部、康乐管理、康乐设施设备。

二、简述题

1. 简述餐饮部在现代饭店中的作用与设置机构的原则。
2. 简述几种常用的餐饮部门组织机构，以及餐饮管理的内容。
3. 简述餐饮中餐、西餐管理的服务规程，以及餐饮的服务方式。
4. 简述康乐部的组织机构和各岗位职责。
5. 简述康乐部经营管理的特点和康乐部的主要任务。
6. 餐饮收银控制的基本程序与要点有哪些？

【案例分析】

餐饮服务的“一次性”特征

20世纪90年代中期，某中心城市的一家外方独资的五星级饭店的宴会厅，该中心城市的一位副市长身着白色西服套装，正在举行一个宴会，款待西方的一位政要。宴会进程已过半，宾主的双方的交谈渐入佳境，气氛相当热烈。此时值台服务员开始上其中的一道菜，不知由于何种原因，上菜服务服务员手中的餐盘翻到在侃侃而谈的副市长白西服上。顷刻间，宾主与服务员均一脸通红、十分窘迫。宴会经理与其余服务员赶紧将翻落在副市长身上的菜及汤汁去掉，并立即找了件合身的西装换下副市长身上的白西服，宴会得以继续进行。当宴会将要结束、宾主正要握手相别时，值台服务员手捧整洗如初的白西服出现在宴会厅，这位副市长认真地说：”你们的餐饮服务，当然还包括后面的补救措施及速度，将使我终身难忘!”

【案例思考题】

为什么这位副市长会说最后一句话？餐饮服务有些什么特征？怎样才能做好餐饮服务？

【本章推荐阅读书目】

1. 现代美国旅游饭店服务管理. ［美］罗伯特·C·福特，谢利尔·P·希顿. 边毅，赵丰跃译. 湖南科学技术出版社，2003.

2. 现代饭店服务与管理. 邓新华等. 湖南师范大学出版社，2003.

3. 餐饮服务与管理. 李勇平等. 东北财经大学出版社，2001.

第 10 章

现代饭店人财物管理

【本章概要】

本章着重阐述了饭店人财物管理的各个方面，包括物资定额管理、物资采验管理、仓储管理、饭店设备前期管理、运行管理和设备的维护、改造、更新，以及饭店人力资源管理中的计划、招聘、培训和激励，饭店财务的概述和成本控制。

【学习目标】

● 了解饭店物资管理的概念、内容及目标；

● 了解饭店定额管理的内容，掌握定额的分类，能运用定额的方法解决实际问题；

● 了解物资采验管理的目标和内容，掌握物资采验程序，能正确评价采验绩效；

● 了解仓储管理的概念和内容，掌握仓储流程，仓储合理化的方法，能将经济技术分析运用到饭店仓储的实际问题中；

● 了解饭店设备管理的概念、目标和重要性，掌握设备前期管理、运行管理、维护、改造与更新的主要内容；

● 了解饭店人力资源管理的概念、特点和目标，计划、招聘、培训工作的程序，掌握劳动定额、编制定员的方法，以及饭店激励的具体措施；

● 了解饭店财务管理的概念、意义和工作规程，掌握饭店成本控制的概念和要素，能运用成本费用控制的方法，对饭店进行成本控制。

【关键性术语】

饭店物资管理、定额、物资采验、仓储、饭店设备管理、前期管理、运行管理、维护、改造与更新、饭店人力资源管理、计划、招聘、培训、激励、饭店财务管理、财务管理的工作规程，饭店成本控制。

以最少数的费用，享受最多的服务。

——康拉德·N·希尔顿

【章首案例】

希尔顿的经验

希尔顿先生生前始终担任着希尔顿饭店公司和希尔顿国际饭店公司的董事长，他的饭店管理经验丰富，下面介绍一下他对人财物管理的一些经验。

希尔顿饭店物资一般都采用集体或大批采购。希尔顿饭店系统的桌布、床具、地毯、电视机、餐巾、灯泡、瓷器等21种商品都是由公司在洛杉矶的采购部订货的。每年光火柴一项就要订购500万盒，耗资25万美元。由于集体或大批量购买，希尔顿饭店公司节省了大量的采购费用。

"要找金子，就一再地挖吧!"这是希尔顿先生从经营莫布雷旅馆取得的经验。他买下莫布雷旅馆后做的第一件事就是要使每 $1m^2$ 的空间产生最大的收入。他发现，当时人们需要的是床位，只要提供睡的地方就可以赚钱。因此，他就将餐厅改成客房。另外，为了提高经济效益，他又将一张大的服务台一分为二，一半做服务台，另一半用来出售香烟与报纸。原来放棕榈树的一个墙角也清理出来，装修了一个小柜台，出租给别人当小卖店。当时，希尔顿先生自己还不得不经常睡在办公室的椅子上过夜，因为凡是能住人的地方都住了客人。希尔顿先生买下沃尔多夫饭店后，他把大厅内4个做装饰用的圆柱改装成一个个玻璃陈列架，把它租赁给纽约著名的珠宝商和香水商。每年因此可增加4.2万美元的收入。买下朝圣者饭店后，他把地下室租给别人当仓库，把书店改成酒吧，所有餐厅一周营业7天，夜总会里又增设了摄影部。

他特别注重对优秀管理人员的培训。希尔顿饭店公司积极选拔人到密歇根州立大学和康奈尔大学饭店管理学院进修和进行在职培训。希尔顿饭店的管理人员都由本系统内部的员工晋升上来，大部分饭店的经理都在本系统工作12年以上。每当开发一家新的饭店，公司就派出一支有多年经验的管理小分队去主持工作，而这支小分队的领导一般是该公司的地区副总经理。

10.1 现代饭店人力资源管理

现代经济理论认为，人是社会财富的主要创造者，人力资源是推动社会发展的第一资源。所谓人力资源是指能够推动整个经济和社会发展的具有智力劳动和体力劳动能力的人。所以，人力资源管理在企业管理中的地位举足轻重。人力资源管理最根本的一点就是以"人"为本，把人当作一种资源来开发利用。它是对人力资源进行有效开发、合理配置、科学管理的综合，包括人力资源的预测和规划、招聘和录用、培训和提升以及激励等内容。饭店是一个服务行业，人是一切服务工作的主体，是饭店持续发展的根本动力，也是饭店众多资源中最宝贵的资源，因此，饭店只有对人力资源进行科学有效的管理，才能更好地实现饭店的经营目标。

10.1.1 现代饭店人力资源管理概述

10.1.1.1 饭店人力资源管理的内涵

所谓饭店人力资源管理就是运用科学的方法，对饭店的人力资源进行有效的开发和利用、合理的培训和激励，使其得到最优的结合和积极性的最大限度发挥，从而不断提高饭店效益的全面管理。它包括人力资源的计划、招聘、培训和激励4个主要环节。饭店提供的主要产品是服务，而服务需要由人来提供。饭店的管理，说到底就是人的管理。饭店通过考核、选拔、录用和培训，把符合饭店发展需要的各类人才合理地安排在所需要的岗位上，是饭店正常运作，提供高质量的服务，获取经济效益和社会效益的保障。

10.1.1.2 饭店人力资源管理的特点

(1) 全员性

饭店人力资源管理的对象是饭店的全体员工，它不仅指对饭店各类人员进行甄选、培训和激励，而且指每位管理者都应该了解和掌握人力资源的理论、方法，为员工创造展示才能的机会和条件。

（2）系统性

饭店的人力资源管理是一个重要、复杂和灵活的系统工程，它是由人力资源的准备计划系统、招聘录用系统、培训系统和激励系统等子系统组成，而各个子系统中又包括制度制定、具体操作、成本控制等一系列问题，各种问题的处理方式又灵活多样。所以说，人力资源管理是一个大的系统工程。

（3）科学性

要管理好人力资源这个大系统，必须建立一套集标准化、程序化、制度化和定量化的科学管理方法。标准化是指员工的招聘要有数量和素质标准、员工的培训要有考核标准、员工的激励要有等级标准、员工的工作要有质量标准。程序化管理指工作要有先后顺序，每个阶段有规定的内容和标准，这样就能使工作衔接有序。制度化指人力资源管理要有严格的规章制度做保障。定量化是指人力资源管理的定员、定额和考核尽量量化，以便进行统计分析，为各项工作的评估提供依据。

（4）动态性

饭店的员工从应聘开始，人力资源部门就已经对员工在饭店的培训、激励和离职等动态发展做了全程的跟踪管理。管理者不仅根据饭店的整体目标选拔合适人才，还要跟踪员工的心理需求和思想动态，并采取相应措施调动员工的积极性，保证把正确的人放在正确的位置上。

10.1.1.3 饭店人力资源管理的目标

饭店人力资源的主要目标就是运用现代人力资源的观念和管理技术来吸引、开发、培养和激励饭店所需要的人才，进而提高饭店的经营效益。具体来讲包括如下几个方面。

（1）建立一支优秀的员工队伍

饭店要正常运转并取得良好的收益，每个岗位不仅要有一定数量员工，而且这些员工的素质要符合饭店经营的需要。这就需要饭店根据自身的特点和发展的需要，从挑选员工到培训和激励员工整个过程进行有效管理，重视提高员工的综合素质和注重员工的自身发展，充分调动员工的工作积极性，激活每个员工个体，使员工保持一种积极进取、勇于拼搏、乐于奉献的精神，从而建立一支符合饭店发展要求的优秀员工队伍。

【课堂讨论】

角 色 扮 演

张娟是一名房务部的楼层清洁员，近段时间，她感觉事事不顺，每天做着枯燥乏味的卫生清洁工作，同事之间的关系也越来越紧张，还经常受领班的批评，刚毕业时梦想的宏伟理想好像离自己越来越远，遥遥无期。她开始怀疑是不是自己选错了专业，不适合饭店行业，但也不知道该去做什么。于是，张娟向部门经理申请提出要调换部门，去别的部门适应适应。经理做她的思想工作，出于她的性格比较内向，建议她继续在房务部工作。工作一段时间之后，张娟感觉还是没有改变原来的状态，听到周围的朋友讲饭店行业是吃青春饭，又了解到自己的同学在上海的一家房地产公司做销售小姐，她很想去做，于是，她向饭店提出了辞职申请。

人力资源部接到她的辞职申请后，人力资源部经理按照常规进行了一次离职约见。

【案例思考题】

如果你作为饭店人力资源部的管理人员，会怎么做？请同学们各抒己见，发表看法。

(2) 增强饭店活力

从员工个人的角度来看，员工希望个人的知识和能力得到公正的评价和承认，而从饭店的角度来看，饭店希望每个岗位都有合适的人选。这就需要人力资源部门将饭店的任务合理地分配到各个个体，建立起它们之间最佳分工和协作关系，不仅为员工提供个人发展的空间，也为饭店凝聚和放大了整体力量的效应，从而实现员工和饭店的共同发展。

(3) 提高饭店的服务质量

现代饭店是通过向客人提供服务来获得收益的，服务的优劣直接影响到饭店的社会经济效益。所谓服务，包括了有形服务和无形服务。饭店的设施设备等物质条件是提供有形服务的依托，而无形服务就在于饭店员工的服务意识、业务水平、精神面貌、心理素质等各个方面。所以，提高现代饭店服务质量是人力资源管理的目标之一。

10.1.2 现代饭店人力资源计划

现代饭店人力资源计划是整个人力资源管理的开始，它建立在饭店的经营方向、规模、员工的流动率以及所考虑的时间长度等因素的基础之上，通过对饭店内部的需求情况和供应预测来制定具体的人力资源计划。制定人力资源计划应注意组织内部和外部环境的预测和分析，外部环境主要应该考虑法律方面的要求和竞争对手的状况；内部环境中，就应该考虑饭店的经营计划和人力资源需求。饭店的人力资源计划可以帮助饭店确定目前和未来的岗位和人员需求、确定招聘员工的方式和确定人力资源的培训和开发等。它是通过研究饭店的劳动定额和编制定员，找到岗位缺口来完成的。

10.1.2.1 劳动定额

劳动定额是指对工作过程中劳动者的劳动工作量所规定的限额，是指在正常经营条件下，员工为饭店完成工作所消耗的时间，或在一定的时间里完成的工作量，可以分为时间定额和工作量定额。它既要反映员工已达到的劳动效率，又要预测劳动效率进一步提高的可能性，是制定饭店人力资源计划、绩效评估和员工报酬分配的基础。一般采用技术测定法、经验统计法、统计分析法和比较类推法几种方法。

(1) 技术测定法

这种方法通过对员工实际操作动作的研究，分析劳动过程、操作技术和工时消耗情况，确定每一劳动过程平均完成的工作量，最后测定出定额指标。它一般用于饭店的客房、餐厅、洗衣房等部门制定劳动定额。采用这种方法进行实际测定时，必须结合各部门、各工种的劳动特点。从工时消耗的角度来看，员工的劳动时间一般包括准备作业时间、基本作业时间、随机服务时间和结束时间，每个方面又包括许多具体动作，其中对随机服务时间必须充分考虑。因为饭店服务本身就具有随机性和一定的间歇性。如果工时排得过满，没有随机服务时间，必然影响服务质量，同时还会挤占员工的休息时间。

采用技术测定法指定劳动定额的计算公式为：

劳动定额 = [规定时间 -（准备作业时间 + 结束时间）]
= [（基本作业时间 + 随机服务时间）×（1 + 休息系数）]

（2）经验估计法

这种方法是以历史上实际达到的指标为基础，综合分析现有设备条件、经营管理水平和员工业务技术水平等一系列提高劳动效率的有利因素和不利因素，然后估计工时消耗以制订劳动定额。其特点是：方法简便、工作量小、易于掌握，能反映员工的实际劳动效率，有群众基础。它一般适用于难以具体测定劳动量和各项劳动的工时消耗的工种和部门，如饭店前台预订、接待、问讯，保安部的门卫、巡逻等工种。饭店以劳动消耗为主，随机性强，影响工时消耗的可变因素很多，所以，采用经验估计法来制订劳动定额是必要的。

（3）类推比较法

这种方法以过去实际达到的指标水平为基础，参照同类饭店的先进管理经验，结合本饭店的实际情况来估计工时消耗以制订劳动定额。饭店中有些部门和工种，例如，工程部的机修工、电工管道工以及康乐部的游泳池、网球场、健身房等，劳动随机性太强，事先难以估计工时消耗；尤其是饭店的工程部门，当设备完好时，工作量较小，一旦发生设备损坏或技术故障，投入抢修的任务是十分艰巨的。所以，采用类推比较法制订劳动定额比较合适。

（4）统计分析法

这种方法是以统计资料为依据，分析饭店目前的实际接待能力及提高劳动效率的可能性来制订劳动定额。饭店的商品部或小卖部、理发室、仓库等这类部门的业务量变动幅度不大，可以采用统计分析的方法制订劳动定额。其计算公式为：

劳动定额 =（综合平均数 + 最优完成数）/2

总之，饭店企业是一种综合性服务行业、内部部门与工种众多、情况复杂，制订劳动定额的方法应多种多样。科学合理地制订劳动定额，关键要结合饭店、部门、工种的实际情况，充分考虑各种劳动的具体特点，选用适当的方法。

10.1.2.2 编制定员

编制定员是采取科学的方法，合理地确定饭店的机构设置并对各部门、各类人员进行合理配备。它解决什么样的岗位配备什么样的人员的问题，通过对饭店各部门用人数量的规定，保证饭店的正常运行。编制定员为改善饭店劳动组织、合理调配劳动力及劳动分工、健全岗位责任制提供了必要保障。

饭店在一定时期内各部门需要的人力资源总数，取决于工作岗位的性质、顾客与工作量的波动、员工的流动性等多种因素，难以用统一的计量单位反映他们的工作量和劳动效率。因此，必须根据不同的工作性质，采取不同的计算办法，确定各类人员。除历史分析法和现场观察法 2 种比较简单的分析方法外，还可以采用以下 4 种计量分析法。

(1) 劳动效率定员法

根据饭店各部门的劳动效率和出勤率等因素来编制人员的一种方法。实际上就是根据工作量和劳动定额来计算人员数量的办法。客房部、餐厅、洗衣房等手工操作的员工都可以用这种方法来计算。采用的公式是：

定员人数＝每一轮班应完成的工作量/(服务员的劳动效率×出勤率)×每日轮班次数

(2) 设备定员法

设备定员法是以设备数量、设备利用率、开通次数、看管定额和出勤来确定定员人数的方法。这种方法一般适用于确定饭店工程部门的一些机械操作人员人数。

(3) 岗位定员法

岗位定员法是根据工作岗位的多少、各岗位的工作量大小、工作班次等因素来确定定员人数的方法。它主要适用于饭店前厅人员、后勤物资采购员、仓库管理员、设备维修工等部门人员的定员编制。

(4) 比例定员法

比较定员法是按照饭店总数或者某部门人员总数的比例来确定某种人员定员人数的方法。这种方法从管理或服务的角度来确定定员，诸如管理人员、管理跨度的确定，依据服务对象来确定服务人数等。主要用于客房部、餐厅、厨房、洗衣房等部门的定员编制。公式如下：

某部门人员的定员数＝服务或管理对象人数×定员的标准比例

定员的标准比例一般由饭店经过成本和效率的计算后自行确定。

饭店的劳动定额和编制定员是相辅相成的，定额是基础，定员是保障，两者都为提高劳动效率服务。通过劳动定额估算出各部门应新增多少劳动量后，统计出所需员工数，再根据员工流动率等加以修正，就可以制订人力资源的招聘计划了。

10.1.3 现代饭店人力资源招聘

饭店人力资源招聘就是通过向社会招募或内部推荐，择优聘用饭店需要的管理人员或专业技术人员，以填补人力资源计划的空缺。饭店的招聘工作需根据人力资源的计划和饭店的经营方向，制订招聘工作计划，根据计划实施招聘工作，招收结束后对招聘工作进行评估。

10.1.3.1 制订招聘计划

好的招聘计划可以用最少的成本招聘最合适的员工，计划应对招聘职务、数量、比例、标准、途径、时间和经费等做详细规定，再根据计划程序招聘员工。

10.1.3.2 实施招聘工作

饭店要发展壮大，就必须招入大批有能力的人才，招聘有外部选拔和内部升补2种不同途径，饭店人力资源部一般可以采用2种途径相结合的方式为不同部门、不同岗位选取最合适的员工。

(1) 外部选拔

外部选拔是指通过一定的招聘途径和渠道，采用测量、考试、评定和面试等科学的选拔方式，从社会上公开招聘员工填补职位空缺。外部招收的途径很多，如广告招聘、校园招聘、求职者自我推荐、举办招聘洽谈会等形式。

外部招聘为饭店输送了新鲜血液，带来了新思想、新理念、新的思维方式；饭店根据严格要求甄别和挑选的员工具备了任职的资格和条件，有丰富的实践经验或较高的专业技术水平，减少了饭店岗位历练培养的时间和领导的精力投入；防止了饭店内部同级同职人员由于落选带来的负面心理影响。这些都是外部招聘的优点，当然它也有自己的缺点。比如，外部招聘增加了饭店人才引进的成本；外部引进人才对新任工作有一个熟悉的过程，特别是对企业文化的认同和融合难度更大；对现岗员工带来一定压力和影响，有可能使员工缺少对饭店的归属感。

(2) 内部升补

内部升补是根据饭店内在岗员工的道德品质、才能、业绩、任职资格和工作年限等综合因素，提拔聘用老员工的一种招聘方式，主要包括员工提升和职位调动2种方式。确定内部升补人员必须对候选人进行综合全面的测评，测评方面包括知识结构、组织能力、工作态度、工作业绩和风度气质等各个方面，并且还应根据各空缺岗位不同的特点对候选人进行考核，比如，销售部在应变和沟通能力方面要求较高；前厅部在工作态度、分析能力、知识结构方面要求较高；饭店对候选人综合测评可以采取简单评分法和加权评分法进行定量评定。

内部升补的优点：① 节约了招聘费用；② 选拔依据是根据员工的工作表现和业绩作为判断，有效防止了识人用人方面的失误；③ 保持了老员工的稳定性、激发员工积极性。但是内部升补也会导致“近亲繁殖”，拉帮结派，导致复杂的人际关系；经营思想陈旧，会导致员工缺乏竞争意识和创新精神。

10.1.3.3 评估招聘工作

饭店招聘结束后，应对整个招聘工作进行评估，评估指标主要有招聘的员工数量和质量、招聘时机、招聘来源、招聘实施质量和招收成本几个方面。招聘数量和质量、时机和来源的评估对饭店以后在招聘时机和来源的择取有指导作用；招收成本不仅包括招收和录取员工过程中的各项成本，还包括岗前培训、员工离职和重置的成本。总之，招聘工作是饭店人力资源管理的一项重要内容，必须做好招聘总结，为以后的招聘工作提供帮助。

10.1.4 现代饭店人力资源培训

培训是指饭店有计划的实施有助于员工学习与工作相关能力的活动。这些能力包括知识、技能或对工作绩效起关键作用的态度和行为。饭店员工培训就是要根据不同岗位的特点，有步骤地向员工灌输正确的思维方式和价值判断、适应工作的各种技能、企业管理和文化，以增强员工综合素质，减少操作失误，提高饭店服务质量，为员工提供一个自我发展的机会。

10.1.4.1 培训原则

饭店要做好员工培训工作，饭店的管理者应该了解员工的培训原则。具体包括以下几个方面。

(1) 全员培训和多层次培训相结合

全员培训，就是对饭店所有员工有计划、有步骤地进行培训，以提高全体员工的素质。但是培训必须分层次进行。首先，培训应按照职级的高低安排先后次序，从上而下，先培训和发展管理骨干，继而培训基层员工。其次，培训应该根据不同岗位的特点，确定不同的培训内容、培训方式。财务部门的培训应该和工程部门加以区别；管理人员的培训和服务员的培训区分开来，这样才能真正做到因材施教。最后，要注意培训的延续性，循序渐进，保证员工的每次培训都有进步。

（2）专业知识技能和企业文化并重原则

培训的目的就是让饭店员工具备为顾客服务的相关能力，从学习专业知识和技能到熟练应用到工作中去。除学习这些知识外，饭店还应该将饭店的价值观、管理和服务上的特色、风格融合到员工的培训中去，使饭店保持自己文化上的独特性，在激烈的竞争中处于不败之地。

（3）数量和质量并重，形式和内容统一的原则

由于培训是一个循序渐进的过程，因此饭店一方面需要投入相当数量的人、财、物，另一方面要考虑如何组织实施培训，因材施教，因地制宜。有些饭店顾客季节性波动大，饭店就应该适当安排培训时间，确保培训的质量。饭店培训内容一般包括知识培训、技能培训、思维培训、观念培训、心理培训等。培训内容复杂多样，我们应该根据具体的内容和员工特点，采取最好的培训形式。饭店的培训形式选择多样，包括讲授、案例分析、研讨、角色扮演、游戏、试听，等等，保证培训形式和内容统一。

（4）择优奖励和严格考核原则

饭店的培训需要建立一定的激励机制，灵活运用物质激励和精神激励，使员工认识到，通过培训可以帮助自己加薪、晋升、获得成就，自我实现，增加员工学习的积极性，从被动的“要我学”到主动的“我要学”。同时，培训后对员工进行严格的考核，遵循考核不合格不上岗的原则。

（5）投资效益原则

投资培训有助于提高劳动率，但也要考虑培训效益的问题。在提高效率和完善培训时要注意边际效益的问题，如果边际效益递减甚至达到零时，再进行培训投资就完全无效了。所以，在提高员工工作绩效的前提下，还需从培训的结果去分析、提高、改善培训工作。

10.1.4.2 培训类型

饭店培训类型取决于饭店的发展战略和阶段性任务，具体类型由企业面临的形式和任务来决定。培训类型根据划分的方法不同而不同，管理者可以根据具体情况确定培训类型。

根据时间段划分，可以分为岗前培训、在岗培训和持续培训。

根据培训对象不同，可以分为基层员工培训、基层管理者培训和中高层管理者培训。

按照安排方式，可以分为员工轮训、交替培训和外派培训等。

其他培训：例如，参观、考察、进修、实习、请专家讲座，等等。

10.1.4.3 培训程序

饭店员工培训工作的计划和实施包括以下几个步骤。

(1) 确定培训需求

只有了解培训需求，才能提供有针对性的培训。当员工的工作行为或绩效差异对饭店产生负面影响时，饭店就要对这些差异进行分析，以确定有无培训的需要。分析可以通过工作评估、宾客反应等多种渠道，采取观察员工工作状况、问卷调查或者面谈等多种方法。

(2) 设置培训目标

设置培训目标给培训工作指明了方向，只有确定了目标，才能确定培训的对象、内容、时间、教师、方法等各项具体事宜。培训目标可以分为若干层次，从某一培训活动的总体目标到每堂课的具体目标，并确保目标的可测性。

(3) 制订培训方案

制订培训方案是饭店培训目标的具体化和操作化，管理者应该确保制订的方案适合即将开始的培训。培训计划应该包括的内容有培训的目标、对象、内容、课程与师资的安排、培训费用预算、辅助器材与设施和时间的安排。实施的培训方案应该存档，以作为管理工作检查的依据。

(4) 具体实施培训

培训工作的方案确定以后，培训的实施就只需按部就班地进行。组织者需在课前准备好培训材料、设备等辅助工具；培训者的水平和方式是影响培训工作的主要因素。国际饭店业培训方式概括为4句话：

Tell you——告诉你如何做。

Show you——示范给你看。

Follow me——跟我做一次。

Check you——检查纠正你。

(5) 培训效果评估

对培训活动进行评估，即可以对受训员工进行测评，检查培训的总体效果，又可以评价培训活动的设计效果，为以后的培训策划提供意见。效果不够理想的话，收集资料找出影响效果的原因，是员工的问题还是培训本身的问题，如果是员工的问题，针对问题员工进行处理；如果是培训方式的问题，找出原因，改进方法。最后书写培训总结，有关资料存档，为下一次培训安排和员工的考核提供依据。

10.1.5 现代饭店人力资源激励

饭店的激励工作至关重要，是饭店取得经济效益的重要保证。随着饭店业市场竞争的加剧，如何发挥员工积极性，提高经济效益是在竞争中取胜的重要条件之一，激励则是实现这一目标的重要管理手段。激励可以使员工充分发挥其内在潜能，实现人尽其才，使工作与员工的能力达到最佳组合，员工在心情舒畅的条件下能创造高质量高效能的工作成绩。

10.1.5.1 激励的概念和作用

(1) 激励的概念

激励是指管理者遵循人的行为规律，运用多种有效的方法和手段，最大限度地激发下属的积极性、主动性和创造性的过程。具体到饭店管理中，指管理者通过采取内部和外部刺激，激发员工的工作动力，使员工产生内在动力，并朝着饭店的目标行动的过程。现代饭店运用激励手段，强调正确引导，满足员工依次递增的高层次需求，更有效地调动员工的积极性，增强饭店的凝聚力和竞争力，从而提高饭店的服务质量，实现饭店的管理目标。

（2）激励的作用

开发员工的潜在能力 人的行为是需求引起的，行为的目的就是为了满足需求，而某个需求满足了以后，又会促使人们在新的刺激下，产生新的需求，探索新的行为。饭店正确运用激励手段，满足员工对高层次需求的欲望，激发其工作积极性，使员工充分发挥其才能和智慧。美国哈佛大学的詹姆士（W. James）在对员工的激励中发现，按时计酬的分配制度能让员工发挥20%~30%的能力，如果受到充分激励的话，员工的能力就可以发挥出80%~90%，那么这两者之间的差距就是激励的效果。员工的工作绩效是员工能力和受激励的函数，即绩效 = f(能力×激励)。所以，激励制度能挖掘员工的创造和革新精神，开发其潜在能力，提高工作绩效。

留住优秀的人才 富有激励的工作环境，对于保证员工的生气和活力，增强饭店的吸引力和向心力有重要影响。上海波特曼丽饭店的总经理 Mark DeConcinis 转述一位员工的话说："我们老板非常乐于考虑我们的需求，我们可以每年2次提交我们的个人发展和学习计划，这是最吸引我的地方。"激励可以减少员工的流失，留住人才是人力资源管理的基础，留不住人，人力资源部就疲于奔命，就没有服务质量，难以打造企业文化，管理就没有了根本，所以，饭店要使用恰当的激励措施留住饭店的人才。饭店应该以员工为本，为员工提供良好的工作环境和生活环境，营造以员工为中心的企业文化，使员工拥有强烈的归属感、成就感，让员工感觉自己是饭店的主人。

创造良性的竞争环境 科学的激励制度包含竞争精神，它的运用可以创造一种良性的竞争环境，进而形成良性的竞争方法。在具有竞争性的环境中，饭店员工会感到环境的压力，在激励制度恰当的运用下，这种压力将变成员工努力工作的动力。所以，饭店除了要有一套严密的管理制度，还应该有完善的激励机制，构筑一个民主活跃的竞争环境。

吸引优秀的饭店人才 发达国家的许多饭店，特别是竞争力强，实力雄厚的饭店，通过各种优惠政策、各种丰厚的福利待遇、快捷的晋升途径或为员工开办提高只知识和技术水平的培训班来吸引饭店需要的人才。

10.1.5.2 饭店的激励措施

激励员工的可行措施很多，在实行激励措施之前，应对员工的需求加以分析。首先，饭店员工的年龄、性格、水平和素质各有不同，其需求的目标和程度也有差异，我们应该要认清每位员工的需求和愿望。其次，要认清员工的需求是积极的还是消极的，积极需求给予鼓励，消极需求加以压制。以下介绍几种饭店出现的激励措施。

（1）薪酬激励

提高薪酬是最佳的激励途径，但是，薪酬不能无限制地增长。现在饭店一般实施结构化薪酬体系，主要由基本工资、职务工资、效益工资、特殊津贴和福利5部分。基本工资是保证员工的基本生活需求，以员工的熟练程度、工作的复杂程度、责任大小以及劳动强度为基准，按照员工实际完成的劳动定额而计付的劳动报酬；饭店领班以上人员可享受职务工资；效益工资可与饭店的营业额和利润挂钩；特殊津贴可以包括特殊岗位津贴、学位津贴或语言津贴等；饭店福利一般包括给员工提供优惠价住房、提高就餐质量、带薪年假、医疗保险，等等。

（2）目标激励

目标激励是指员工把个人目标与饭店目标相结合的激励方法。目标激励首先可以使员工看到自己的价值和责任，以饭店主人翁的姿态承担自己的责任；其次，有利于减少饭店达到目标的阻力；最后，促进员工和饭店目标的共同实现。

（3）榜样激励

榜样的力量是无穷的，有了榜样，就有了努力的方向。在实施榜样激励的时候，要注意榜样要有广泛的群众基础，榜样事迹真实可信。饭店可以通过举办比赛或其他形式，挑选出表现突出的员工，作为榜样给以激励，调动员工工作的积极性。

（4）参与管理激励

饭店给予员工发表个人意见的机会，不分职位高低，使员工参与到饭店的管理活动，有利于增进员工主人翁的责任意识，提高他们在工作上的自觉性和主动性。所以，饭店应该注重给员工创造民主的氛围，调动员工参与“家庭事务”的积极性，为饭店出谋划策。

10.2　现代饭店财务管理

10.2.1　现代饭店财务管理概述

我国饭店业现状是数量多、规模小、功能结构单一且雷同，并且，在饭店业进入成熟期以后，不同饭店间的产品和服务的差异化程度越来越小，迫使饭店从成本上寻找击败对手的管理方法。所以，现代饭店财务管理就成了饭店经营管理的核心，任何一个部门、任何一个人都和财务管理发生着关系，且任何一个环节都渗透着财务管理。

10.2.1.1　现代饭店财务管理的概念和内容

财务，是有关财产所发生的经济业务。饭店在创造和提高经济效益的过程中，必须拥有、占用、消耗和回收财产。这些经济业务的发生，就是财务在饭店的运用。在商品经济社会，财产的货币表现就是资金。因此，财产在饭店的运动过程就是资金的运动过程。饭店财务就是饭店在再生产过程中的资金运行过程和结果。饭店财务管理就是对资金运行过程的管理。它主要包括财务的预测、决策、预算、控制和分析，并建立完整详细的财务档案，确保饭店的账目明晰与准确。

10.2.1.2　现代饭店财务管理的特点

（1）时间性

由于饭店的特殊性质，决定了饭店管理的时间性。主要体现在 2 个方面：首先，饭店产品的销售具有较强的时间性，决定了饭店在提供各种服务和产品时需要有快速的决断，饭店在采购和生产过程中所涉及的财务管理也需要快速反应；其次，饭店的旅客账户结算也有较强的时间性。

（2）职能多样性

饭店财务管理包括财务决策分析、财务计划和控制等基本功能，通过职能增加营业收入，节约费用开支，维护饭店的经济利益和社会效益。

（3）内容的广泛性

财务管理的客体是资金的运动过程，它包括的内容也很多。比如，投资管理、成本费用管理、资产管理、分配管理以及饭店在采购和验收等过程中涉及的各种财务手续等。

（4）系统性

饭店财务管理是饭店管理的中心，饭店为了这个中心，调动各个部门全体员工，通过运营的各个环节对财务进行管理，以实现饭店财务管理的目标。并且，饭店财务管理过程中需要按照一定的制度、步骤和程序进行系统性管理。

10.2.2 现代饭店财务管理工作规程

10.2.2.1 组织结构

饭店的财务部是专门从事会计核算和财务管理的机构，它为饭店提供经营决策的各种信息资料和财务依据。根据饭店的规模、等级和特点不同，财务部的组织结构也有区别。图10－1是常见的饭店财务部组织结构图。

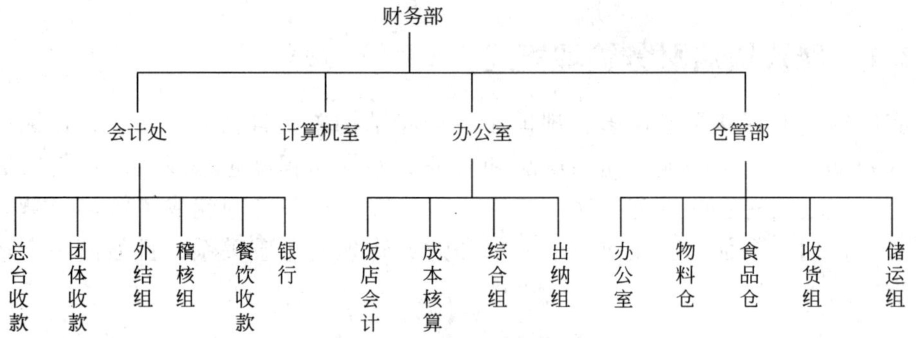

图10－1 饭店财务部组织结构图

10.2.2.2 饭店财务管理工作规程

工作规程是对饭店财务工作人员的具体操作的标准化规定，制订具体的财务工作规程可以规范财务人员的工作，避免失误，保证提供给顾客高质量的服务。它还可以保障饭店的经济利益，树立饭店稳健的财务形象。工作规程能帮助财务人员高效的完成业务，节约时间和经费，保证提供给饭店全面、完善的财务资料。根据对饭店财务部门组织结构的剖析，可以知道饭店财务工作规程主要包括以下几个方面。

（1）收款员

收款员需要将顾客的消费信息及时地输入计算机，并进行结算；合理的管理和使用财务部门的备用金；完成部门营业日报表和项目报表等工作。

（2）对外结算员

对外结算员主要负责接收和处理各种单据、账目。对外结算员在接收单据时应该检查报账资料、订单或变更单是否齐全，报账费用和实际账目是否一致，并对计算机报表进行核实。处理当天的账单时应该对资料进行合理的分类，并保留原始资料，方便日后结算与审查。处理当天接收的现金、支票、电汇等形式的款项时，应立即开出收据交给相关单位或个人，并注明收款日期、方式、金额和经手人的签名，一式2份，分别交给出纳或留底报表。

（3）稽核员

稽核员主要承担着监察和核实的工作，确保饭店财务工作人员的正当运作。比如，稽核当天入住客人的房间价格情况、检查收款员的报表、核对入住团体的信息和收费等情况。

（4）外汇兑换员

外汇兑换员的工作除了检验顾客外币或旅行支票的真假外，还要要求客人填写好外币兑换水单，出示相关证件和签名，根据具体外币利率，进行折算和兑换。相应的凭证需要留底报表。

（5）信用组

信用组的具体工作是对消费顾客的账目进行催收。比如，对在饭店住宿或用餐的费用超出信用额度的客人、在饭店走单的客人或以各种形式拖欠饭店款项的客人进行催收。这样可以使饭店减少坏账，降低饭店损失。

10.2.3 现代饭店成本控制

10.2.3.1 成本控制的概念和内容

成本控制是由成本与控制复合而成。饭店成本是为实现饭店的经营目标而发生的耗费；控制是通过改变饭店财务的构成要素或构成要素之间的联系方式，使其按照一定的目标运行的过程。饭店成本控制就是饭店管理者对成本的发生和形成过程以及影响成本的各种因素和条件施加影响，以实现饭店经营的最优成本和合理的成本补偿的一种行为。饭店成本发生在饭店经营的每一个环节，具体主要包括：物资采购和验收、储存和发放、食品和酒水的加工与制作、提供服务、人工成本，等等。饭店管理者对某些内容进行成本预测、决策、预算和计划，确定饭店成本控制目标，通过一定的成本控制方法控制成本，使成本按照预期的方向发展。

10.2.3.2 饭店成本控制的意义

成本控制对饭店经营来说具有重要意义，主要表现在以下几个方面：

- 低成本可以使饭店在价格上拥有更大的灵活性；
- 低成本可以提高饭店业的进入壁垒，提升饭店的竞争优势；
- 饭店可以凭借较低的成本，争取更多的顾客，扩大销售量和市场占有率；
- 饭店可以凭借较低的成本，减小因原材料价格上涨而带来的压力，并可以在较大边际利润范围内应对各种不稳定的经济因素带来的影响。

10.2.3.3 饭店成本控制的要素

饭店成本控制是一个系统工程，主要由控制目标、控制主体、控制对象、成本控制信息和控制环节等组成。

(1) 成本控制目标

饭店成本控制的标准和依据就是成本控制目标，所以饭店成本控制的目标应该是可测量的，并且饭店应该用科学的方法，对饭店的成本进行预测、决策和计划，使饭店成本控制目标的设定有理有据。

(2) 成本控制主体

成本发生在饭店经营的每一个环节，饭店的成本控制也贯穿饭店经营的始末，所以实施成本控制必须要控制企业的整个生产经营过程，任何单方面的努力都难以实现成本控制的实效。成本控制的主体不仅包括饭店的财务人员，还包括饭店高层管理人员和部门管理人员，乃至饭店的全体员工，具有全员性。所以，饭店应该对员工进行如何实现成本控制的培训，让每个员工都自觉为降低饭店成本出一份力。

(3) 成本控制对象

成本控制的对象是饭店经营过程中所发生的成本。饭店业是以提供住宿和餐饮为主的劳动密集型企业。因此，饭店内各部门的物资和人工成本是饭店业的主要成本，饭店成本控制的对象也就是饭店内各种设备、物资和人员。

(4) 成本控制信息

成本控制信息就像整个成本控制系统的灵魂，没有信息，控制主体失去了实施控制的依据，控制目标就难以实现。成本发生后，必须及时收集和整理所发生成本的资料，并及时传递给管理者，管理人员根据这些信息，可以按照制订的标准来考核和评估员工，可以发现有无实现制定的控制目标，也可以据此判断措施的有效性，为以后的成本控制工作提供资料。

(5) 成本控制环节

成本控制体系主要包括成本预测、成本决策、成本预算、成本控制、成本核算、成本分析、成本控制的考核7个环节。成本的预测、决策和预算是成本控制的设计阶段；成本的控制、核算是成本控制的执行阶段；成本形成后的分析和考核就是成本的稽查阶段。成本控制的内容渗透在饭店的各个环节，像前文提到的饭店的采购、储存和员工培训等运作环节都涉及了饭店的成本控制。

10.2.3.4 饭店成本费用

(1) 饭店成本费用的分类

饭店成本费用直接影响饭店的利润，是饭店成本控制工作的重要环节。它是指饭店向顾客提供服务的生产和经营过程中发生的各项直接支出和耗费。

按照饭店成本费用的经济内容划分，可以分为营业成本、营业费用、管理费用和财务费用。营业成本是各个部门生产过程中需要的成本，如客房部需要的棉织品成本，餐饮部需要的原材料成本等。营业费用是指个营业部门在经营过程中发生的费用，如物资的采购费、仓储费，设备的折旧费、修理费等。管理费用是饭店为了管理生产经营活动而耗费的费用，如饭店员工培训经费、劳动保险费、咨询费、应酬费等。财务费用是饭店为筹集资金而引起的费用，如利息净支出、金融机构手续费等。

按照饭店成本费用与经营业务量的关系可以分为固定成本费用、变动成本费用和混合成本费用。固定成本是指其总额不随经营业务量的增加而变动的费用，如饭店员工的工资、饭店设备的折旧费等。变动成本费用指其总额随着经营业务量的增加而成比例变化的费用，如饭店产品的成本。混合成本费用就是指其总额包括固定成本和变动成本，如饭店的各种维修费。

（2）饭店成本费用控制方法

饭店成本费用控制就是指饭店按照国家成本费用制度的有关规定和成本费用预算的要求，通过经常性监督和及时的纠正偏差，使饭店生产经营全过程的成本费用控制在预算之内，并不断降低的一种管理方法。一般用到以下几种管理控制方法。

预算控制法 成本费用的预算是对饭店生产经营的直接支出规定一个额度。预算控制法就是把预算出来的额度作为控制成本费用的依据，通过分析比较，找出差异的原因后，采取一定的措施来保证成本费用预算的顺利实现。预算可以按照部门、项目和时期细分，既可以作为各个部门的某个时期内的成本控制目标，又可以作为员工考核奖惩的标准，充分调动员工节约成本的自觉性和积极性。

制度控制法 制度控制法就是饭店通过一定的制度措施来控制成本的方法。饭店为有效地控制成本费用，必须建立健全成本费用控制和相应的组织机构。例如，各项开支消耗的审批制度；各种物资的采购、验收、仓储的程序和报批制度；设备设施的维修保养制度；员工的日常考勤考核制度，等等。这种控制方法具体到饭店管理的每个环节，所以需要各个部门建立严格完善的规范制度。

标准成本控制法 标准成本是指正常条件下，饭店通过科学的方法，经过调查、分析和预测，确定的某个营业项目的标准成本消耗定额。标准成本控制法就是将标准成本作为依据来对实际成本进行控制的方法，具体操作程序与预算控制基本相似。制订标准成本是这种管理方法中最重要的环节，只有确定最合理的定额才能对成本费用进行最恰当的控制。所以，在制订标准成本时，要分清不同部门的责任，且每个项目都要包括价格标准和消耗量标准，以便找出物料或人工费用的差异。

饭店的经营管理活动必须有一定数量的物资储备做基础，它的正常运作也离不开各种物资的有力支持。饭店物资是指在饭店的生产经营活动过程中需要的各种工作用品和生产消耗品的总和，包括各种小型设备、食品原料、办公用品、餐饮器皿、物料用品、家具等。

饭店物资在各部门进出频繁，饭店物资管理的内容繁多琐碎，一般包括及时配备物资用品，保证饭店的等级规格和接待能力；合理制订消耗定额，为物资用品日常管理提供数量依据；加强计划管理，确定部门物资用品的资金需要量；合理制订储备定额，加强库房管理，健全相关手续制度，控制物资用品消耗；定期盘点和分析物资用品使用效果，提高经济效益。饭店物资管理是饭店成本控制的重要环节，管理者必须在保证饭店业务正常运行的情况下，低成本、高质量完成物资定额、采验、仓储一系列流通运作。作为物资管理者，需要对整个流程状态、库存状况了如指掌，为决策管理提供科学依据。

10.2.4 现代饭店财务分析

现代饭店财务分析主要是根据饭店提供的财务报表为基础，对饭店经营活动中的过程和结果进行分析研究，从而揭示生产经营中的利弊得失，系统分析和评价企业过去和现在的经营成果、财务状况、现金流量及其变动。一般来说，有了利润表、资产负债表和现金流量表，再加上相应的附表，就足以评价一个企业的财务和经营的全面情况。

10.2.4.1 利润表

利润表又叫收益表。它是反映饭店一定时期内的经营成果（即盈亏状况和形成的来龙去脉）的一种动态报表。它是根据收入与支出相配比的会计原则而设计的，包括五大部分：营业收入、营业利润、利润总额、净利润和每股收益。利润表为饭店的投资者和管理者提供了有关饭店的获利能力、利润变化原因、企业利润发展趋势等方面的大量信息，是考核饭店利润计划完成情况和经营水平的重要依据（如表10－1所示）。

表10－1 ××饭店利润表

编表单位　　××年度　　单位：元

项　目	本期金额	上期金额
一、营业收入		
减：营业成本		
营业税金及附加		
销售费用		
管理费用		
财务费用		
资产减值损失		
加：公允价值变动净收益（损失以“－”号填列）		
投资收益（损失以“－”号填列）		
二、营业利润（亏损以“－”号填列）		
加：营业外收入		
减：营业外支出		
其中：非流动资产处置损失		
三、利润总额（亏损以“－”填列）		
减：所得税费用		
四、利润（亏损以“－”填列）		
五、每股收益：		
（一）基本每股收益		
（二）稀释每股收益		

制表人：　　××省财政厅统一印制

10.2.4.2 资产负债表

（1）资产负债表

资产负债表是反映在某一特定日期饭店财务状况的财务报表。它提供的重要信息包括：饭店在指定日期所掌握的资产、所负担的债务、饭店所有者在饭店所持有的权益以及饭店的偿债能力等。资产负债表揭示了饭店财务状况在某一天的“即时”情况，用以显示饭店以往发生的经济业务的累积影响，是一种静态的财务报表（见表10－2）。

表 10－2 ××饭店资产负债表

编表单位 ××年度 单位：元

资 产	期末余额	年初余额	负债和所有者权益	期末余额	年初余额
流动资产：			**流动负债：**		
货币资金			短期借款		
交易性金融资产			交易性金融负债		
应收票据			应付票据		
应收账款			应付账款		
预付款项			预收款项		
应收利息			应付职工薪酬		
应收股利			应交税费		
其他应收款			应付利息		
存货			应付股利		
一年内到期的非流动资产			一年内到期的非流动负债		
其他流动资产			其他流动负债		
流动资产合计			流动负债合计		
非流动资产：			**非流动负债：**		
可供出售金融资产			长期借款		
持有到期投资			应付债券		
长期应收款			长期应付款		
长期股权投资			长期应付款		
投资性房地产			专项应付款		
固定资产			预计负债		
在建工程			递延所得税负债		
工程物资			其他非流动负债		
固定资产清理			非流动负债合计		
生产性生物资产			负债合计		
油气资产			所有者权益		
无形资产			实收资本		
开发支出			资本公积		
商誉			减：库存股		
长期待摊费用			盈余公积		
递延所得税资产			未分配利润		
其他非流动资产合计			所有者权益合计		
非流动资产合计					
资产总计			负债和所有者权益合计		

制表人： ××省财政厅统一印制

（2）资产负债表的作用

资产负债表能够提供资产、负债和所有者权益的全貌。其作用主要为：

第一，通过编制资产负债表可以提供某一时期资产的总额，表明饭店拥有的经济资源及其分布情况，是分析饭店经营能力的重要资料。

第二，通过资产负债表，可以反映某一时期的负债总额及其结构，表明饭店未来需用多少资产和劳务清偿债务。管理者需经常将流动负债总额与流动资产总额相比较，来检查饭店是否保持了足够的流动资本和足够的偿债能力，以确保饭店顺利维持经营。

第三，通过资产负债表，可以反映所有者权益的情况和资产中所占的份额，了解权益的结构情况。

10.2.4.3 现金流量表

现金流量表是动态地反映企业财务状况的会计报表（如表10-3所示）。企业通过对现金流量表的分析，了解企业一定时期有关现金流入、流出的信息，并通过与利润表的结合，计算企业建立在收付实现制基础上的有关盈利能力、股利支付能力和营运能力的指标。现金流量表中现金的概念是现金及其等价物，在我国主要包括：库存现金、银行存款、其他货币资金及现金等价物。一是不能随时提现的银行存款和其他货币奖金不包含在现金内；二是现金等价物是指随时能变现的短期有价证券，一般是指3个月内即到期或转换成现金的投资。

表10-3 现金流量表结构

项 目	金额（元）	流入结构（%）	流出结构（%）	流入流出比
经营活动现金流入量	18 984	95		2
经营活动现金流出量	9834		44	
投资活动现金流入量	610	3		0.46
投资活动现金流出量	1370		6	
筹资活动现金流入量	300	2		0.03
筹资活动现金流出量	11 000		50	

现金流量表的作用有以下4点。

得到本期现金流量的实际数据 现金流量表清楚地列示了企业一个会计期间，各种现金的流入和流出量，报表使用者通过阅读现金流量表可以直接获得现金流入、流出的数据。

评价本期收益的质量 现金流量表是建立在收付实现制基础上的。用收付实现制计算出来的净利润较权责发生制计算出来的净利润对企业来说更可靠。

评价企业的财务弹性和流动性 现金流量表能反映企业一定时期的现金流入、流出状况，通过一系列指标的计算，可以评价企业资产的变现能力和适应经济变化的能力。

预测企业的未来现金流量 预测未来是报表分析的一大功能，报表使用者可以通过对企业现在现金流量的状况预测其变化发展趋势。

10.3 现代饭店物资管理

10.3.1 现代饭店物资管理概述

10.3.1.1 现代饭店物资管理的概念

饭店物资已成为饭店管理中一个重要的管理对象，饭店的物资管理涉及物资的定额、采购验收、仓储等活动。它对饭店的经营、收益有着直接影响，物资管理水平的高低也直接影响着整个饭店的运营成本。饭店有必要建立一套适合自己的饭店物资管理系统，通过这套管理系统管理饭店物资的定额、采验、仓储、发放等活动，解决饭店物资供需之间存在的时间、空间、数量、品种、规格以及价格和质量等方面的矛盾，衔接饭店运作中的各个环节，确保日常事务处理的顺利进行。所以，饭店的物资管理是指对饭店的物资进行定额、采验、仓储、发放和回收，以使各种物资发挥应有的使用价值和经济效用的一系列组织和管理活动的总称。

10.3.1.2　现代饭店物资用品的分类

饭店的物资用品种类庞杂，并且不同用途物资的规格、品种、性能型号、价值量和使用方法各不相同，造成了管理要求各不相同，为了便于制订消耗定额、做好采购验收、仓储管理、发放回收等工作，必须采用科学的分类方法，确保饭店物资能够高速高效地利用。一般可以按照以下方法分类。

第一，按照物资的价值构成划分，可分为低值易耗品、物料用品和大件物资。低值易耗品指的是耐用期限超过1年，价值较小的物品的各种物资用品。物料用品指的是耐用期限短（通常是一次性消耗）、价值很低的物品。大件物资相对于以上2种物资耐用期限更长，价值更大。这种分类方法方便财务部门记账、结账、核算物资消耗和确定物资用品的资金定额等，所以具体的价值划分标准可根据饭店具体情况确定。

第二，按照物资的使用方向划分，可以分为客用物资、办公用品、生产产品物资、清洁和服务用品、维修用品、安全保卫用品、后勤用品等。这种分类方法有利于平衡以上各大类的物资消耗。

第三，按照物资用品的自然属性分类，可分为棉制品、装饰用品、清洁用品、服务用品、玻璃用品、食品原料、餐具茶具、办公用品、燃料、印刷品及文具、维修材料及用具、消防用品等。这种分类方法不仅有利于财务部门核算各类物资的资金预算和实际消耗，并且可以确定各部门的物资需要量，编制部门资金损益表，便于做好计划管理。

第四，按照物资所处的不同阶段分类，可划分为在库物资、在途物资和在用物资。这种分类方法便于采购部门制订采购计划，保证饭店的正常运作。

第五，按照物资的可消耗次数和价值补偿方式分类，可分为一次性消耗物资和多次性消耗物资。一次性消耗物资可以通过一次消耗完成价值补偿，而可多次消耗物资的价值补偿是在一定时间段内渐进完成的。这种分类方法的利用可以确定各种物资价值补偿周期，从而满足饭店物资的生产消耗，帮助制订采购计划和仓储计划。

10.3.1.3　现代饭店物资管理的特点

通过以上章节对饭店物资管理的初步认识，我们可以看出饭店物资管理是一个繁琐复杂的过程，但也有它自己的一些特点。

（1）饭店物资管理系统庞大决定了管理的计划性

饭店物资管理包括了定额、采验、仓储、发放等一些主要环节，其中各个环节又能单独形成系统，且物资用品在各部门、各环节周流不息。这就需要饭店各个部门首先制订详细的计划，统筹规划后才能根据实际情况进行系统的物资管理工作。

（2）饭店物资品种多样决定了管理方法的多样性

饭店的物资品种多样，不同用途的物资用品的规格、品种、性能型号、价值量和使用方法各不相同，这就需要物资管理者根据各部门、各环节的业务特点和各物资用品的特点，采用灵活多样的管理方法。

（3）饭店物资管理的经济目标决定了管理高效性

饭店物资管理的目的就是在保证服务质量的情况下，以最少的投入获得最大的收益，所以如何得到最大的利润是各个饭店物资管理的遇到的主要问题。管理的高效性指的是高效率地完成物资周转运作，减少积压物资，降低物资占用资金额度，实现经济效益最大化。

10.3.1.4 现代饭店物资管理的目标

饭店物资管理作为饭店管理中重要的环节，管理的目标也是为饭店发展服务的，本质上要实现下列功能目标：提高服务水平、降低运营成本、提升经济效益。具体而言，应做好以下几方面的工作。

（1）饭店物资物美价廉

物美指的是保证饭店物资在质量上的可靠性和可信度；价廉指的是在保证质量的前提下，提高资金的投入产出率，以最少的资金购买最大量的物资。饭店的各种管理工作都是通过满足客人的需要，从而获得经济收益，所以饭店需要按照本饭店的规格，提供让客人满意的产品。

（2）降低运营成本

降低运营成本是提高饭店经济收益的主要环节，是饭店获得利润的重要手段。降低饭店成本要求物资管理人员做到节约之上，定期盘点和分析物资使用效果，适时适量地提供饭店的运作物资。饭店物资使用是一个循环运动的过程，实际消耗情况不易把握，只有定期盘点，掌握库存物资的占有情况和实际消耗，才能最大限度地减少资金的积压，降低运营成本。分析使用效果可以多角度进行，如消耗定额、仓储定额、资金周转天数等。这些方法的运用都为降低饭店运营成本提供了客观依据。

（3）提升经济效益

妥善保管和提高运作效益是在物资管理过程中提升经济效益的重要手段。妥善保管就是用科学的方法安全保管、储藏暂未投入使用的物资，确保无遗失、无损毁、无变质。提高运作效益指的是规范各种物资的使用方法和使用过程，做到每一次物资的耗用都取得最大的经济回报。

10.3.2 现代饭店物资定额管理

饭店物资定额指在一定时期和接待能力下，饭店为满足顾客需求所确定的物资数量和额度。饭店物资定额管理是一个定量分析的过程，目的是为了在满足顾客需求的情况下，通过确定合理的采购和储备数量，降低饭店成本。

10.3.2.1 饭店物资消耗定额

（1）概念

物资消耗定额指的是在一定的业务技术下，为完成任务所必须消耗的物资数量标准。根据饭店物资的使用方向，可以分为客用物资、办公用品、生产产品物资、清洁和服务用品和维修用品等。因此，这些物品的合理使用影响着饭店物资的节省情况，饭店必须严格物资定额，在保证服务质量的情况下，严格消耗定额，增加饭店盈利。

(2) 饭店物资消耗定额的方法

饭店物资消耗定额的方法分为以下几种。

经验估算法 以有关人员的经验和资料为依据，通过估计制订消费定额的方法。这种方法一般用于确定受主观因素影响较大的物资消耗，比如，随季节性变化的饭店物资需要量。这种方法简单方便，但是受主观因素影响大，缺乏科学性和可靠性。

统计分析法 是将一定时期内实际物资消耗的资料进行整理、计算和分析的方法。这种方法一般用于多次性消耗物品的消耗定额，比如，客房的棉制品、餐厅的玻璃用品等。这种方法剔除了经验估算法的主观性，更具有科学性和准确性。

实验法 指按照饭店运行的客观条件，通过反复的实地操作、资料测定和技术计算来确定消耗定额。这种方法适用于饭店的能源消耗定额。这种方法的科学性、准确度高，但是耗时长，需要反复测定找出规律。

10.3.2.2 饭店储备定额

饭店仓储定额，指在一定的经营条件下，保证物资经营不间断所需要的最经济合理的物资储备数量。饭店的物资定额是为了降低成本，根据目标不同，可以分为保证饭店日常业务的储备定额和降低库存成本的储备定额。

(1) 保证饭店日常业务的储备定额

要保证饭店日常业务的正常运作，饭店的物资必须处于不间断的流动状态，不论是发生运送受阻、交货误期或因季节性脱销等客观事故，都必须保证饭店物资的不间断供应。因此，饭店主要采用经常储备定额、保险储备定额和季节性储备定额的方法。计算公式如下：

经常储备定额 = 物资日消耗定额 × 二次进货间隔天数

保险储备定额 = 物资日消耗定额 × 保险储备天数

季节性储备定额 = 物资日消耗定额 × 中断天数

(2) 降低库存成本的储备定额

饭店采购的物品积压在仓库过久，即浪费仓库的占用费用，又导致物资的耗损，直接导致成本过高，为了在饭店的采购和储备之间找到平衡点，饭店一般采用订货点库存定额和最经济仓储定额的定额方法。

订货点库存定额法 指当某物资的库存量下降到一个物资储备点的时候，开始再次订货。这个点就是订货点的库存定额。

订货点的库存定额 = 订货周期 × 物资日消耗定额 + 保险储备定额。

订货周期指从办理订货手续到物资进店的全部时间。

最经济仓储定额法 是指通过计算经济合理的订货批量，确定仓储管理费用最低的时候的仓储数量的方法。其公式是：

$$每次订货批量 = \sqrt{(2 \times 每次订货成本 \times 全年的需要量) / 单位物资平均年度储备成本}$$

10.3.3 现代饭店物资采购管理

饭店的采购管理和验收管理合称饭店物资采验管理。饭店采购管理，就是指为保障饭店的正常运转而对饭店所需物资采购进货活动所进行的管理活动。验收管理是对饭店物资按时、按质、按量、按价地入库或者发放物资的整个过程的管理活动。为完成采验工作，饭店应该制订完整的采验方针、原则和规程，同时选派专业的采验人员执行任务。采验工作是实现饭店成本控制的重要环节。

10.3.3.1 饭店物资采购管理目标

(1) 适时适量

物资采购供应不是越多越好，也不是越早越好。物资购买太少，无法保障饭店正常运作；物资购买太多，不但占用了较多的资金，而且还需要增加仓储，增加保管费用，造成了浪费，提高了成本。采购太迟造成缺货，采购太早增加了仓储费用。因此，采购适时适量，就要求采购即保证供应，又降低成本。

(2) 保证质量

保证质量就是要确保采购的物资能够达到饭店的规格和质量标准，从而满足饭店客人的要求。保证质量不是指采购的物资越奢华越高档越好，而是要价廉物美。

(3) 采购成本最低

在采购的过程中，应做好采购成本分析，是在采购管理的各个环节中，着重优化采购管理的目标，也就是分析比较各个方案的效益和成本，并以最优目标作为采购标准。按照采购成本和数量的关系，可以分为直接成本和间接成本，直接成本就是指购买价格，即每单位物资的进价；而间接成本指的是除直接成本以外的投入采购过程中的成本，如运输成本、仓库搬运成本、订货处理成本、净料成本等。采购管理的效益主要表现在成功采购而增加的盈利额，采购成本越低，盈利额越高，饭店经济效益越好。

(4) 发展有竞争力的供应商

采购部必须有能力找到供应商并分析其能力，从中选择合适的供应商与其保持长期稳定的合作，使饭店采购活动处于主动地位，从而提高饭店的竞争力。

10.3.3.2 饭店物资的采购程序

(1) 采购申请

物资使用部门根据本部门需要填写采购申请单交于仓库管理人员；仓库管理人员定期核算各类物资的库存量，当库存降至订购点时，向采购部递送请购单；采购部门根据情况，批准或者部分批准请购。

(2) 订货

采购部根据获批的请购单填写订购单，并一式3份，分别发给供货商、验收部和财务部。采购员根据订购单向供货商订货，并与供货商进行价格谈判，敲定订货价格，签订采购订单。

(3) 接收货物

供应商发送物资时，会附上发货单，采购部需组织人员对货物进行验收。验收需要仔细，逐一对每项物资的规格、数量、质量标准、货损等情况详细查对没有问题后才能签字认可。

（4）核对票据，划拨货款

采购部将供应商的发票、采购订单、验收的货物清单进行核对，检查无误后送到财务部，由财务部向供应商付款。

10.3.3.3 饭店物资采购的绩效评估指标

制订衡量和评估采购人员采购活动的定性和定量分析指标，能使饭店的采购更科学、更高效。饭店高层管理人员和部门经理也可以根据采购评估报告了解饭店运行情况，有助于饭店采购工作的改进和升级。采购绩效评估的指标包括以下几项内容。

（1）价格有效性

价格有效性指标是相对于计划、市场和购买群体、地点而言的3项不同的实际价格指标，它可以计算出每一种物品的价格、总采购价格与计划价格的差异。我们可以按照以下方法衡量这种差异：① 实际单位物品的成本减去单位物品计划的成本；② 价格差异百分比（实际单位物品的成本除以单位物品计划的成本）；③ 长期的价格差异（实际单位物品的成本减去单位物品计划的成本，乘以预计的年需求量）。

（2）成本节省

成本节省包括成本降低和成本避免。成本降低指的是新的单位成本比老的单位成本低；成本避免指的是新的单位价格比平均报价低。

（3）工作量

采购申请次数、收到采购查询次数、采购申请单的有效程度都影响到采购部门的工作量。

（4）效率

效率指标是将采购产出和采购输入联系起来的。从每个采购员的采购订单数、采购物品总数、采购金额、签订的合同数、采购变更通知数和每份采购订单的管理费用、每份合同的人工工时数等一系列具体数量指标可以看出每个采购人员的工作效率。

（5）卖方的质量和交付

卖方质量的衡量指标包括：接收或拒收的物品（件数、订单数、运输次数或价值）的百分比；缺陷出现的频率；供应商发送货物是否及时等。

（6）管理和控制

主要是以当前的预算为基础，将实际采购数量和价格进行对比，从而得知采购数量是否适时适量，价格预测的精确度如何。

10.3.4 现代饭店物资验收管理

10.3.4.1 饭店物资验收的目的和内容

物资采购过程中，在供应商交货的同时，饭店应选派专业人员对货品进行验收。验收的目的是在指定的时间内，查看物资的规格（质量、价格、数量、重量、品牌等）是否与发货单一致，从而尽快完成供货商交货的程序。验收人员应详细记录检验结果，填写验收清单和进货日报表，对合格的物资准予入库或直接发放到使用部门，不合格的物资予以拒收。

10.3.4.2 饭店物资的验收程序

（1）安排验收工作

验收部门在接到验货通知时，应该确定验货定点，并安排好具体验货工作的分配，督促验货人员准备好验货工具和具体单据（订货单和经财务部门批准的请购单）。验收人员应该将订货单和经财务部门批准的请购单进行对照，如有出入应尽快报告财务部门加以确认，确保饭店内单据无误。

（2）具体验收操作

物资到达验货地点后，验收人员要根据订货单的具体要求清点物资的品种和件数，仔细逐个地检查容器是否被启封，货物重量是否准确，货物内容与包装印刷内容是否一致，货物价格有无变动，质量是否合格。验收人员对验收后的货物做好标记，以防重复点数和漏点。若发现货物有问题，应当场与供货商交涉，做出拒收或者双方签字同意的处理。对合格的物资马上入库或直接发放到使用部门，保证物资质量。

（3）填写验收表格

验收人员结束具体验收后，除填写验收单据、验收日报表相关表格外，还应填写验收表格，报告验收情况。

10.3.5 现代饭店物资仓储管理

10.3.5.1 饭店物资仓储管理概述

饭店的仓储工作指的是物资在入库之后、发放之前这段时间内，将其妥善储存保管在仓库中，减少损失和浪费，使物资在需要使用时，及时地发挥其效用。仓储创造的是物资的“时间价值”，并确保了饭店物资供应无缺，随时有物资可供更换。

饭店的仓储管理指的是服务于饭店的一切库存物资的经济技术方法和活动。显然，管理的对象是“饭店的一切库存物资”，管理的手段既有经济的方法，又有技术的方法。饭店物资仓储管理具体包括以下方面：① 现代饭店仓储管理的作业流程；② 现代饭店仓储管理的合理化措施；③ 现代饭店仓储管理的经济技术分析指标。

10.3.5.2 现代饭店仓储管理的作业流程

饭店仓储的作业流程，是以妥善保管饭店物资为中心，将饭店物资从入库开始，按需按量完整及时地发放到饭店各职能部门的全部过程。

（1）物资验收入库

物资验收入库的流程与10.3.4节提到的交货验收业务流程一样，它是指在核对相关票据后，对入库商品进行数量和质量等进行全面检查的经济技术活动。包括验收准备、核对凭证和检查实物3个作业环节。

验收准备 饭店仓库接到到货通知后，应认真查看采购单，根据商品的数量和性质提前做好准备工作。具体包括：① 负责验收的专业技术人员和一定数量的装卸搬运人员；② 准备有关待验物资的文件，如订货单、物资标准等；③ 准备好验收的相关工具；④ 根据物资的性质、数量、体积、重量等准备储备货位；⑤ 如有大型设备还需准备搬运设备。

核对凭证 物资入库前，需对入库通知单、订货单和供货商的质量证明等一一核对无误后才能进行实物检查。

实物检查 实物检查与前面验收的具体程序一致，请参照10.3.4节，在此不再赘述。

(2) 物资的存储保管

物资入库后需要进行合理的摆放，采用各种方法妥善保管，加大仓储物资利用率，减少仓储成本。具体的保管特别要注意保证物资的数量和质量。

保持数量 物资储备在仓库中，仓库管理人员应该确保物资的数量不变，将一些易挥发或其他原因自然减量的情况降到最低。这就要求仓库管理人员做好仓库的安全保管，并实施一定的安全措施。

确保质量 确保物资质量的方法多样，主要有以下几种。

依据先进先出的原则 对饭店物资保管的重要一条就是对于易变质、易破损、易腐败的物品，应尽可能按先进先出的原则，加快周转。

创造良好的仓储环境 仓库一般储存的货物多而杂，所以需要管理员要控制好仓库的温度、湿度、通风条件、清洁卫生等储物条件。

做好物资的维护和保养工作 由于不同商品的性能不同，对储存条件的要求也不同，所以仓库的工作人员应该根据各种物资的具体特点，采用恰当的方法进行保管。根据气候条件、物资特性等对储藏物资进行定期或不定期的检查，检查过的物资做好标记，并记录检查结果，以备下次检查时提供信息。

(3) 物资出库

核对凭证 保管员接到出库凭证时，应该认真核对，审核其合法性和真实性，其次核对商品品种、规格、数量等。

备货 核对凭证无误后，照单拣货，准备出货验收。

出验 取货人员和仓库管理人员确认领取货物无误后，双方在取货单上签字，一式2份，一份给取货部门留底，一份给仓库管理人员备份。

10.3.5.3 现代饭店仓储管理的合理化措施

(1) 选址点合理

饭店物资繁杂，某些物资属于不同的运营部门，这就要求各部门的仓库应尽可能地与运营部门接近，方便员工领取物资，减少员工工作量和领取物资时间，提高工作效率。

(2) 储存量合理

仓库物资储备要适量，储存太少会造成缺货，储存太多使仓库堆放凌乱繁杂，既不利于物资的数量控制，也给查找清点货物造成了很大的难度。

(3) 储存结构合理

储备结构合理就是指对不同的品种、规格的商品在库存数量上要确定合理的比例关系。饭店的储存结构主要与客人的消费需要和员工工作需要有关，要求储备物资齐全且分配合理。

(4) 储存时间合理

储存时间合理指的是每类商品要有恰当的储备保管天数。储存时间主要是根据流通利用和销售的速度来确定，除此以外，仓储人员应详细了解各种物资的性质和特点，以防物资的变质或损坏。

10.3.5.4 现代饭店仓储管理的一些经济技术分析指标

（1）物资保管完好程度指标

物资保管完好率 = 1 - 物资保管损耗率 = 1 - (期内变质 + 损耗量)/期内平均库存量

（2）库存量

月平均库存量 = (月初库存量 + 月末库存量)/2

年平均库存量 = 各月平均库存量总和/12

（3）库存物资周转率

库存物资周转率 = 期内物资出库量/期内平均库存量

（4）仓库利用率

仓库利用率 = 库房实际储存量/库房总的储存能力 × 100%

库房储存能力 = 某类物资仓容定额 × 使用面积

10.4 现代饭店设备管理

现代饭店的设备品种庞杂，技术先进，并且购置和维护费用占用了饭店的人财物力，对于饭店设备的管理也是一个综合复杂的过程。这就要求饭店设备管理者不仅要有专业化的设备管理知识，还要有先进的管理理念。只有通过科学的管理，才能使整个管理过程发挥最大的环境效益和经济效益。

10.4.1 现代饭店设备管理概述

10.4.1.1 概念和目的

设备是生产力的重要组成部分，在现代社会化大生产的条件下，设备技术状态的优劣，直接影响了饭店的经营和服务规格。饭店的设备种类多样，主要包括了供配电系统、给排水系统、供热制冷系统、通信系统、闭路电视系统、计算机管理系统、控制系统、消防报警系统、厨房设备、客房设备、清洁设备、娱乐健身设备等。

饭店设备管理即以饭店的最大经济效益和服务质量的经营目标，动员全体员工参与应用现代科技和管理方法，通过对设备前期准备、运行、维护、改造和更新的整个过程进行综合管理。饭店设备管理是由饭店工程部负责，其目的就是通过正确地使用、精心地维护设备，使其处于良好的运作状态，以实现最经济的设备寿命周期费用和最高的设备综合效能。

10.4.1.2 现代饭店设备管理的重要性

（1）设备管理是保证饭店运营的基础

饭店是为客人提供食宿等综合服务的企业，它的运营离不开各种设施设备的支持。否则，服务就成了无源之本、无本之木。譬如，预定系统出现故障，会导致前厅和客房部工作混乱、空调失效、电梯不通等，这些事故都会给饭店服务造成严重不便，影响饭店的经营。

（2）设备管理是减少成本、提高经济效益的关键

现代饭店的设备占用饭店的资金消耗相当大，新建饭店花费几十万甚至上百万购买一台设备并不少见，所以设备的维护和保养工作的好坏也对饭店的经济效益有很大的影响。降低成本就是增加利润，饭店应该在设备管理过程中制订严格的运行、检查、保养和维修管理制度，以尽可能减少损耗，增加设备使用年限，提高饭店的经济效益。

（3）设备管理是衡量饭店星级的依据

中华人民共和国国家质量监督检验检疫总局批准颁布的 GB/T 14308—2003《旅游饭店星级划分与评定》中对饭店的星级划分规定了明确的标准，其中对设施设备及服务项目的评分标准，明确对设施设备的维护和保养等做出了量化规定。所以，饭店设备的管理也影响饭店的规格标准。

10.4.2 现代饭店设备的前期管理

饭店设备的前期管理是指饭店设备在正式投入运行前的投资决策、采购验收、安装调试、归档管理的一系列过程的管理。

（1）投资决策

设备投资决策决定饭店的运行成本、生产效率和产品质量，是饭店设备管理中重要的一个环节，它决定着如何用尽可能小的投资成本实现最好的投资目标。

饭店设备的投资决策是饭店对设备投资目标、投资规模、投资结构、投资成本与收益等投资活动中的重大问题所进行的分析、判断和选择。饭店投资决策主要包括以下内容。

制订相关规章制度 对饭店投资决策应编制成文本，规定设备规格、采购和验收的具体制度，确保饭店采购的设备符合预期要求。

评估可选设备 饭店需要从经营战略和目标，考虑生产和市场需求、新产品开发、节能、安全、环保等方面的需要，由知识全面和熟悉设备的相关人员，特别是设备使用部门技术人员和饭店管理专家参与评估，避免因投资不当而给后续工作带来不便或造成经济损失。

评估可选方案 饭店根据产品和服务的要求及市场供应情况，按照技术上先进、经济上合理、经营上适用的原则，成立评估小组，提出几种可供选择的方案，择优选购饭店所需设备。

（2）采购验收

饭店大型设备的采购验收与物资采购验收的步骤大致相同，但具体操作要比物资采购验收更复杂、更细致。

依据采购计划，采购适用、经济、先进的设备 饭店的设备采购不仅决定着饭店的等级、类型，也决定了饭店的运营成本和寿命，所以饭店设备的采购计划一定要全方位地考虑适用、经济的问题，做到设备数量上适当，不闲置设备；质量上与饭店星级一致，使用寿命长；节能环保，保证饭店的长期效益。

联手合作，进行科学采购 饭店设备的管理由饭店的工程部负责，而饭店设备采购可以由采购部或者工程部负责，由于采购部的人员往往缺乏技术专业知识，可能降低采购的设备质量；而工程部对于采购过程难以控制，所以现代饭店一般采用联合采购的方式，减少采购中的盲目性和片面性。

严格执行采购制度，加强采购和验收过程的监控 完善采购和验收标准，目的是为设备的管理打下良好的基础，严格把关设备的质量和性能，保障采购目标的实现。

（3）安装调试

饭店的安装调试运行工作可以由饭店的工程部负责，也可以委托专业的安装公司。如果委托给安装公司，必须对其进行资格审查。安装工作内容包括对设备进行全面的清洗、检查。调试工作内容包括设备的试运行、运行状况的记录和分析、故障处理、建议改良、运行费用和效果的分析、操作人员的培训等。

（4）归档管理

现代饭店设备的档案主要包括：

- 设备采购验收产生的票据证明；
- 设备系统工程资料和施工图纸；
- 设备说明书；
- 设备安装调试、使用、保养、检修、改造的技术记录；
- 设备使用标准和制度等文件资料；
- 职能部门设备使用登记卡；
- 职能部门员工使用技术考核等资料。

对票据证明和说明书这些需要保留原始资料的档案外，其他一些饭店设备档案的管理可以由计算机辅助完成，既可以减少管理人员的工作量，又可以提高管理效率。归档管理可以通过对原始材料和计算机材料进行综合管理。

10.4.3 现代饭店设备的运行管理

设备运行管理主要包括以下4项内容。

（1）制订饭店设备运行管理制度

按时间划分，设备管理可以分为前期管理、后期管理和设备的更新与改造；按照设备管理的综合性特点划分，也可以把设备管理分为工程技术管理、组织管理、财务经营管理，那么现代饭店设备的管理制度也可以从技术、组织、财务方面进行细化，制订具体的管理制度。技术制度主要是针对饭店各项设备而制订的，包括设备的正确操作、合理运行、节能减耗、维护保养等。组织制度通过对确定设备管理人员的岗位职责、制订设备管理工作的培训方案、建立严格的工作制度和监督制度落实设备管理和操作人员的工作权限。饭店设备主要是通过对设备和人员的管理，延长设备寿命期，以增加经济效益。所以，技术制度和组织制度实际上都是为实现经济效益服务的财务制度。

（2）做好技术人员的岗位培训，配备合格的操作人员

由设备操作运行者对设备进行日常保养是最合适的，因此，全体员工应该明确“谁使用谁负责”的原则，明确岗位责任。同时，应该对操作人员做好岗位培训，让员工充分了解设备的特点、性能和使用方法，明确操作规程和保养规程，鼓励员工在保证设备的良好状态下，探索更合理的设备维护和使用方法。

（3）做好设备运行、维护的记录

饭店设备的操作人员和检查人员应该对设备进行定期和不定期的检查，对设备运行、维护做好记录，既可以考察操作人员有无违反操作规范，又可以通过对设备能力利用、设备生产产量、设备状况、设备耗能量、设备完好率等专业指标进行记录和分析，提供设备更合理和更节能的操作方案。

（4）制订饭店设备运行管理考核办法，定期进行考核

饭店考核人员根据设备的运行状态和操作人员的工作成绩等各方面制订具体的考核依据和奖罚办法，定期对设备负责人的工作情况进行考核，严格奖惩，督促员工积极地执行有关制度，确保设备的良好运作。

10.4.4 现代饭店设备的维护、改造与更新

10.4.4.1 维护

设备维护主要包括清洁、润滑、紧固、调整、防止锈（腐）蚀等。从经济观点看是延长设备的更新周期，增加饭店设备的价值；从设备功能来看，保持设备的正常运作，避免出现重大故障；从美学角度看，使设备达到整齐、清洁、美观的效果。设备的维护可分为日常维护保养和定期维护保养。

（1）日常维护保养

日常维护保养又称例行保养，是设备最基本的保养，一般由设备的使用和操作人员完成。它又分为每班保养和周末保养。每班保养就是对设备进行清洁、润滑和点检；周末保养则是对设备进行1～2h的彻底清洁、擦拭和上油。

（2）定期维护保养

设备的定期维护保养是指由工程部编制设备维护计划，有专业设备维护人员对设备实施的维护、修理工作。它的间隔时间由设备的结构情况和运行状况而定。设备的定期保养根据保养工作的深度、广度和工作量可分为一级保养和二级保养。一级保养就是对设备的全面清洁，沟通油路，紧固螺栓、螺帽及对有关部位进行必要检查；二级保养除完成一级保养的内容外，还要进行部分和全部解体检查，清洗换油，修复或更换易损件，修整线路，排除故障，调整精度等。

10.4.4.2 改造与更新

（1）设备的磨损

饭店在使用或闲置过程中会逐渐发生磨损，磨损有2种形式，即有形磨损和无形磨损，这是饭店设备维修、更新的主要原因。有形磨损也称物质磨损，是设备在使用或闲置过程中，由于磨损、震动、腐蚀、老化等物理或化学原因，使其零件、部件或有关装置发生损耗，这些损耗会直接影响到设备的工作精度、生产效率以及安全性等。这些损耗是机器设备的实体损耗，称为设备的有形磨损或物质磨损。无形损耗也称精神损耗，它又包括经济损耗和技术损耗。经济损耗是由于工艺的不断改进，劳动生产率的不断提高，生产相同设备所需的社会必要劳动减少，使得原来购买的设备价值相应贬值。技术损耗是由于科学技术的进步，不断创新出性能更完善、效率更高的设备，使原来设备相对陈旧落后，其经济效益相对降低而发生了贬值。

（2）设备磨损的补偿

饭店的设备磨损的补偿有2种形式：一种是价值补偿，一种是实体补偿。价值补偿就是饭店设备在不断的使用中，逐渐磨损，逐渐实现其价值的转换，实现的形式就是折旧。要实现这种补偿需要的是资金投入，而这些资金也是在设备的折旧过程中积累起来的。实体补偿的方式包括大修理、现代化改装和更新3种方式，就是通过更换已经磨损的零部件、对设备进行改进、革新和更替整个设备，

以实现设备的补偿。

（3）设备的改造和更新

设备改造更新策略分类 设备更新广义上包括设备大修理、设备更新、设备技术改造。设备的大修理指更换和修复零件，完全或者基本上恢复设备的原有性能。设备更新就是用相同的或者更先进的设备更换旧设备。设备技术改造指用先进的科学改变原有的设备结构，提高原有设备的性能和效率。

设备改造更新程序 设备的改造和更新都必须履行一定的工作程序，首先由申请部门填写改造或者更新申请表，交有关部门审批。通过审批后，根据批示大修、更新或进行技术改造，申请部门在考虑安全、环保、经济等多方面的因素，并进行可行性论证后向工程部提交改造或更新方案。工程部对这些方案提出各种设想，将这些设想进行比较，最后在确保方案的可靠性和经济性的基础上，采取最优措施。

设备改造更新时机的选择 设备改造更新时机的选择应考虑设备的寿命周期，具体应视具体条件而有所不同。设备的寿命周期，包括自然寿命、技术寿命、经济寿命。

自然寿命是从设备投入使用到因物质磨损是设备老化损坏，直至报废的年限。它主要是因物质有形磨损造成的。改造和更新的时间长短根据设备的使用频繁程度而定，正确使用、保养和维护设备就可以延长设备的寿命周期。

技术寿命是指由于科学技术的发展而出现技术上更先进、经济上更合理的替代设备。这种从设备投入使用到因技术进步而使其丧失使用价值所经历的时间就称设备为技术寿命。饭店设备受技术寿命引起的改造更新比重较大，如客房、大堂等部门的一些先进设备，像空调、计算机系统等。这些设备通过现代化改装，可以延长其技术寿命。

经济寿命是指设备的使用费处于合理界限之内的设备寿命。设备购买后，使用的年数越多，每年分摊的投资越少，设备的保养和操作费用却越高。如果一台机器继续使用不能保证产品的质量和经济上的合理，而大修理或改装费用又太大，那么，其经济寿命就到了终点，必须进行设备更新。决定设备是否更新，主要取决其经济寿命，而不是自然寿命。

无法修复的设备采取报废处理，一般由使用部门提出申请，由使用部门的技术人员和工程部共同鉴定后，办理报废手续。

【思考题】

一、名词解释

消费定额、储备定额、饭店前期管理、有形磨损、价值补偿、实体补偿、自然寿命、劳动定额、编制定员、成本费用控制。

二、简述题

1. 简述饭店物资管理的概念、内容和目标。
2. 简述饭店仓储合理化的方法。
3. 简述饭店运行管理的主要内容。
4. 简述怎样选择饭店更新的时机。
5. 简述现代饭店一般采用哪些激励措施。
6. 简述成本控制的方法。

【案例分析】

丽兹·卡尔顿饭店：内部营销为本

大多数公司都只注重外部营销，追求品牌忠诚度和顾客满意的价值，他们忽视了内部员工满意的一面。丽兹·卡尔顿饭店从内部营销入手，明确提出："照顾好那些照顾顾客的人。"

丽兹·卡尔顿饭店是一家拥有28个连锁分店的豪华饭店。它以杰出的服务闻名于世，超过90%的丽兹·卡尔顿饭店的顾客仍回该饭店住宿。尽管该饭店的平均房租高达150美元，但这28家丽兹·卡尔顿饭店的入住率仍高达70%。该饭店的著名信条是："在丽兹·卡尔顿饭店，给予客人关怀和舒适是我们的最高使命。我们保证为客人提供最好的个人服务和设施，创造一个温暖、轻松、优美的环境。丽兹·卡尔顿饭店使客人感到快乐和幸福，甚至会实现客人没有表达出来的愿望和需要。"丽兹·卡尔顿饭店为了履行诺言，不仅对服务人员进行极为严格的挑选和训练，使新职员学会悉心照料客人的艺术，还注重培养职员的自豪感。对于职员的选聘，饭店质量部门副经理帕特里克·米恩（Patrick Mene）说道："我们只要那些关心别人的人。"为了不失去一个客人，职员被教导要做任何他们能做的事情。全体职员无论谁接到顾客的投诉，都必须负责到底。丽兹·卡尔顿饭店的职员还被授权当场解决问题，而不需要请求上级。每个职员都可以花2000美元来平息客人的不满，并且只要客人高兴，可以暂时离开自己的岗位。在丽兹·卡尔顿饭店，每位职员都被看作是"最敏感的哨兵、较早的报警系统"。丽兹·卡尔顿饭店的职员们都理解他们在饭店的成功运作中所起的作用，正如一位职员所说的："我们或许住不起这样的饭店，但是我们却能让住得起的人还想到这儿来住。"丽兹·卡尔顿饭店向杰出的职员颁发各类奖章、"黄金标准券"等作为奖励。饭店的职员流动率低于30%，而其他豪华饭店的职员流动率达到45%。丽兹·卡尔顿饭店的成功正是基于其简单的内部营销原理，要照顾好顾客，首先必须照顾好那些照顾顾客的人。满意的职员会提供高服务的价值，因而会带来满意的顾客，感到满意的顾客又反过来给企业带来利润。

【案例思考题】

丽兹·卡尔顿饭店的内部营销反映了饭店激励的哪些作用？它们对我国饭店业的发展有哪些启示？

【本章推荐阅读书目】

1. 饭店管理案例：典型案例研究.［美］蒂莫西·R·辛金. 陈晓东等译. 大连理工大学出版社，2003.

2. 现代饭店管理技巧.［美］GARY K. VALLN JEROME J. VALLN. 潘惠霞等译. 旅游教育出版社，2002.

第 11 章

现代饭店信息与安全管理

【本章概要】

本章分 2 节，第一节是现代饭店信息管理，重点阐述了现代饭店信息的特征、类型、现代饭店信息管理的任务、信息的收集与分析处理，以及现代饭店信息管理系统的概念、功能和构成；第二节是现代饭店安全管理，着重阐述了现代饭店安全的概念、安全问题的类型、安全管理的任务、现代饭店安全保障系统以及突发事件的预防与处理。

【学习目标】

- 掌握现代饭店信息的概念、特征及管理任务；
- 了解现代饭店信息类型及管理的发展趋势，熟悉常用服务信息内容；
- 掌握现代饭店信息收集和分析处理的方法；
- 掌握饭店管理信息系统的概念、功能及软硬件的构成及其形式；
- 掌握现代饭店安全的概念、安全管理的意义及任务；
- 了解饭店安全问题的类型，熟悉现代饭店安全保障系统设置及功能；
- 掌握现代饭店突发事件的预防、应对及处理的方法和措施。

【关键性术语】

现代饭店信息、内部信息、外部信息、硬件结构、软件结构、饭店安全、安全管理任务、安全保障体系、突发事件、预防与处理。

一个成功的决策，等于90%的信息加上10%的直觉。

——美国企业家 S · M · 沃尔森

【章首案例】

有了“家贼”

1997 年 7 月 18 日，骄阳似火，正值上海高温季节。一家高星级宾馆依靠其优越的地理位置和一流的硬件设施，吸引着南来北往的客人。来沪从事商务活动的许多国内外客商下榻此店，其中还有不少是常驻外商机构。这天，宾馆像往常一样，迎接来来往往的客人。突然，匆匆走来几位身着制服的公安人员，显得格外引人注目。他们匆匆的神色和快速的脚步与大堂内悠扬的背景音乐和气氛形成鲜明的对比。只见他们直奔楼上某外商驻沪办事处的客房内。

原来，这里发生了一起特大盗窃案，客房内的手提电脑、传真机、手机、现金等大量财物遭窃，区刑警队接到报案，迅速派人赶到现场展开侦查。经过一番仔细调查，很快排除了外来人员和客人作案的可能性，疑点集中到宾馆客房部服务员吴某身上。经验丰富的公安人员巧妙地与其周旋，终于攻破其心理防线。

吴某如实交代：“我在担任宾馆服务员期间，发现店内安全管理措施不严，有机可乘，于是就常常利用工作之便，在客房内偷窃客人的物品，一次次得手，从未被发现，胆子也就越来越大了，直到这次案发。”事后，警方在吴某家搜到大批脏物，令人瞠目。其中有计算机、照相机、金首饰、信用卡等，还有用盗得的信用卡购买的空调、彩电、音响、复印机、摄像机、手表等大量高档生活和办公用品。

这起特大盗窃案，从报案到侦破，虽仅数天的时间，但作案者多次行窃，持续时间长达一年之久，盗窃的财物价值几十万元，给宾馆造成的损失无法挽回。作案者身为宾馆服务员，却从未被宾馆领导察觉，的确发人深省。

随着网络的迅速发展和普及，信息技术的提高，尤其是计算机技术、饭店信息管理系统的广泛应用以及网络营销的推广，信息及信息技术的运用已经成为21世纪饭店企业高效运作的关键因素。信息技术促使饭店硬件设施智能化，销售环节和过程简单化，预订系统多元化、一体化，对客服务个性化，市场竞争全球化。饭店信息及信息技术的运用逐渐改变饭店组织结构及经营管理模式、改善着饭店营销效果和对客服务质量，辅助管理层进行决策，有效增加饭店收入和降低成本，成为饭店创造竞争力的优势。饭店业的管理者不仅已经意识到信息技术是饭店产品和服务得以成功开发、改进、销售、组织和交付的重要工具，并支持集团化发展战略，可以有效提升饭店核心竞争力，而且还意识到饭店逐渐依赖信息技术和信息系统将是一种必然的趋势，信息技术将不断改变饭店的经营管理和服务。

11.1 现代饭店信息管理

11.1.1 现代饭店信息的概念与特征

（1）现代饭店信息的概念

现代饭店信息是指那些能用来沟通饭店各部门之间的联系，反映饭店经营管理活动和饭店行业变化情况，经过收集、加工、传递和分析处理，被饭店利用的消息、政策、数据、资料、情报和知识的统称。具体表现为饭店内部管理的各项指令、计划、报表、数据和规章制度等，以及描述饭店外部环境变化的数据、消息、政策等。涉及的内容有宾客、销售、财务、人力资源、行业政策、数据等方面。

（2）现代饭店信息的特征

现代饭店信息一般具有：价值性、客观真实性、时效性、应用性、可储存性、可开发性、可分享性、可积累性、可压缩再现性等特征。

11.1.2 现代饭店信息分类与任务

11.1.2.1 现代饭店信息分类

现代饭店的信息内容丰富，种类很多。按不同的标准可划分为不同的种类。下面从不同角度对信息进行分类。

（1）按信息产生的环境分类

按信息产生的环境可分为饭店内部信息和饭店外部信息。饭店内部信息指产生在饭店内部、与饭店的内部管理和业务运转有关的信息。根据饭店的经营管理过程，饭店内部信息又分为前台信息与后台信息。前台信息是以客人入住管理为核心，在前台服务接待过程中获取和产生的信息。后台信息是为了确保为客人提供的各项服务能够正常开展，后台保障过程中的人、财、物等资源投入与耗用信息。外部信息是产生于饭店组织之外的有关饭店产品质量、市场等方面的信息。外部信息反映着饭店的外部形象，是反映饭店经营情况的晴雨表。对外部信息，饭店可通过宾客反馈、市场调查、信息追踪等手段来获取。

（2）按信息组织程度分类

按信息组织程度可分为确定信息和随机性信息。确定信息是程序化的组织信息，可以按照制度和规定有计划地通过正常途径获得。如饭店财务信息、员工信息、客人信息等。随机性信息是指饭店经营活动中特殊的、突发性的、不可控制的事件状态和特征的消息和情报。例如，消费者需求变化、竞争对手动向、不可预计的突发事件信息等。

（3）按信息形式分类

按信息形式可分为定性信息和定量信息。定性信息是那些用文字、语言描述饭店经营活动状况、特征及其发展规律的信息。定量信息是以数值计量形式来描述有关饭店经营活动中的数量信息。饭店更要重视定量信息的收集、整理和分析。

（4）按信息时间属性分类

按信息时间属性可分为历史信息和预测信息。历史信息是描述饭店经营活动中已经发生了的事实或现象。预测信息是根据历史信息，采用一定方法和技术揭示饭店未来经营活动前景的信息。

（5）按信息内容分类

按信息内容可分为指令信息和数据信息。指令信息是指饭店管理层在组织生产和经营管理时向下属部门及其员工发出的各种经营决策、行政命令、工作计划及工作安排等。其中上层管理层是信源，下属部门及员工是信宿。而数据信息则是指所有体现生产、经营管理的数据信息，如各种报表、统计图表、上报数据，等等。

（6）按信息作用分类

按信息作用可分为决策信息、监控信息、作业信息。决策信息是指饭店决策层制订的有关饭店长远的战略计划、各种重大决策等方面的信息。监控信息主要指为维系涉及饭店正常运作时有关校正、控制方面的信息，如经营管理有关计划、指标及业绩情况的各种反馈信息（正偏离或负偏离方面的信息）。作业信息是指用于或来源于饭店日常业务活动的所有信息，如日接待人次数、客房床位数、出租率、待出售客房数，等等。

（7）按信息来源分类

按信息来源可分为客源信息、市场信息、行业管理信息。宾客信息是指来自宾客、反映宾客的共性及其个性特征的信息。市场信息是指饭店经营管理环节中有关产品的供求数量、质量、效益、供应商、批发商乃至行业的新动向等信息总合。行业管理信息是指针对饭店行业来自行业主管部门的有关行业发展政策、方针、法律法规及其行业管理制度等方面的信息。

（8）按信息的接收方式分类

按信息的接收方式可分为公开信息、半公开信息及密级信息。公开信息的内容全部向大众公开；半公开信息的内容有一部分部公开，另一部分则对受众有选择和限制；密级信息则不管是内容还是受众对象在接收方式方面都有严格的限制。

11.1.2.2 现代饭店经营管理常用的服务信息

现代饭店的各层管理人员及服务人员每天所处理的业务，任何时刻都与各种各样的信息紧密相关，但现代饭店经营管理服务始终是围绕对客服务这个关键点开展的。现代饭店经营管理服务信息概括起来为2个方面，即饭店内部信息和饭店外部信息。

(1) 饭店内部信息

饭店内部信息是指产生在饭店内部，与饭店的内部管理和经营业务运转有关的信息。具体有以下几种形式。

宾客信息 是指来自于宾客，反映宾客的特征、状况的信息。掌握充分的宾客信息，为现代饭店创建优质服务提供良好的基础。饭店宾客信息主要有以下4个方面。

常规信息 是指客人的基本情况信息。例如，姓名、性别、年龄、民族（或国籍）、籍贯、职业、工作单位、消费能力、支付方式等。

个性化信息 是指明显区别于共性的个性信息。例如，在言谈举止、外貌特征、宗教信仰、服饰、爱好、癖好、体态、起居等方面表现出来的明显的个性特征信息。

消费特征信息 指客人在具体的消费行为中表现出来的特征信息，主要包括食、宿、行、游、购、娱等6个方面。如客人对客房的房号、档次、楼层、朝向等有无特别讲究，就餐时对餐别类型、餐厅、餐位、服务人员、烹调等有无特别的要求。

宾客评价信息 从一个侧面能较好地反映饭店经营管理的质量和水平，同时对饭店经营管理会带来一定的影响。宾客评价内容主要是对饭店、员工、硬件设施设备及软件服务的正、反及中性3方面的评价。评价形式有直接在饭店进行表扬、建议、投诉，或在饭店外向亲戚、朋友、熟人述说，甚至向有关部门投诉或司法部门起诉。

销售信息 销售是饭店经营的命脉，是饭店发展的基石。销售信息主要指饭店产品销售方面的计划、目标、指标及现有产品的销售业绩等方面的信息。例如，客房信息和销售报表信息，这些信息和客源信息密切相关。通过销售信息可以分析饭店的经营状况，甚至决定饭店的发展战略决策。部分销售信息有时也涉及商业秘密，所以饭店在接收对象方面及制度管理方面都有严格的限制。

财务信息 财务是饭店经营管理的核心，财务信息反映了饭店经营的盈亏状况、经营水平，是饭店的核心信息。财务信息包括凭证信息、账务信息、总账和明细账等信息。

人力资源信息 人力资源是饭店资源中最具活力的资源，科学用人是人力资源管理的核心，而科学用人依赖于人力资源信息。人力资源信息主要包括员工个人的基本信息、培训信息、工资福利信息、奖惩信息、业绩和晋升信息等。做好饭店人力资源信息工作是提高饭店人力资源管理效率、激发员工工作热情、提高饭店员工凝聚力的根本保证。

工程设备信息 饭店工程设备是饭店开展对客服务的基础和有力保障，工程设备信息来源和服务于这些设备在计划、采购、验收、使用、维护、维修、报废及更新过程。工程设备信息包括设备的基本信息、设备的维护信息、设备的资产信息、设备的报修信息、设备的备件信息等。做好工程设备信息工作是使设备使用和维护处于最佳状态，延长设备的使用寿命，同时可以降低设备的维护费用的基础。

物资用品信息 饭店物资用品信息来源并服务于饭店在物资计划、采购、验收、出入库及库存管理。物资用品信息包括耗材物品信息、办公用品信息、客房用品信息、饮料食用品信息、餐饮原料信息以及商场商品信息等。做好饭店物资用品信息是提高物资用品的管理效率，提高物资用品对资金的周转率，使饭店管理中的各类物资用品得到合理使用的基础。

（2）饭店外部信息

饭店外部信息是指产生在饭店外部，对饭店的内部管理和经营业务运转能够带来一定影响的有关信息的总称。外部信息包括宏观环境信息、行业信息、饭店客源信息。

宏观环境信息 主要包括政治政策信息、经济金融信息、社会文化信息和社会公共信息等几大类。政治政策信息，如国家有关饭店经营的行业法律法规、行业规范、星级标准、绿色标准、安全要求等政策性文件，以及行业的优惠政策、涉外的管理规范和一些地方性行业管理政策等。经济、金融信息包括外汇牌价信息、宏观经济指标信息、股票行情信息，以及市场波动指数、区域经济发展水平、当地居民收入消费水平和消费结构、物价水平等。社会文化信息，如教育、礼仪习俗、建筑文化、民族文化等。社会公共信息主要包括交通信息、气象信息、旅游景点信息、其他饭店信息、本地环境和公共服务设施信息等。

行业信息及相关协作单位信息 行业信息主要指同行同档次饭店的数量、规模、档次、经营特色、客房出租率、设施设备配套情况、管理水平、服务质量、相关供应商的基本情况等，特别是其他饭店的特色服务、特色菜肴、产品价格、竞争策略、发展动向等信息。饭店的经营离不开相关协作单位的合作与支持。相关协作单位信息是指相关协作单位如旅行社、旅游公司、旅游用品提供商、旅游耗材提供商、餐饮原料提供商等的信息。

客源市场信息 主要是客源构成、客流量、目标市场需求特征、需求数量及变化趋势，以及客源市场发展动向等信息。

11.1.2.3 现代饭店信息管理的任务

信息管理工作的科学化、规范化与制度化，可以使饭店对外部环境和内部状况保持敏感，它是饭店获得最大经济效益的基础和参谋。为此，饭店应建立智囊型信息管理机构，如专家组、咨询部、智囊团等，负责饭店信息的收集、整理和分析处理工作，协助领导进行科学决策。饭店信息管理的主要任务是：

● 了解和掌握市场行情，分析和预测市场发展趋势，掌握饭店顾客及潜在顾客的需求和购买倾向；

● 为饭店产品的更新换代、提高饭店产品的质量及降低产品成本等活动提供适用信息；

● 对饭店的竞争对手做分析比较，了解饭店业的竞争态势和竞争对手的动向、战略、优劣势等，为本饭店的市场竞争提供分析信息；

● 了解社会经济的发展状况和价值观、法律制度、财政政策、国际关系等方面的变化，为饭店提供社会、经济金融、政治等宏观综合信息；

● 加强与其他饭店间的信息交流，为本饭店总结管理经验提供有用信息；

● 了解饭店的核心能力、资源的特点及优劣势、饭店的经营障碍等，为饭店进行核心能力分析和资源分析提供信息；

● 了解员工的需求、愿望和思想状况，掌握员工的业务技能和流动状况，为饭店的内部管理提供信息依据。

11.1.2.4 现代饭店信息管理的发展趋势

当今社会已经迈入信息时代。在信息社会里，随着人们对世界认识水平的提高以及社会物质财富、精神财富的增加，饭店所面临的信息世界将呈现出新的特点，对饭店信息管理工作也提出了新的要求。在这种形势下，饭店信息管理将会呈现以下发展趋势。

第一，信息技术的高速发展，尤其是计算机和互联网在饭店管理中的广泛应用，将使饭店信息管理从手工管理向自动化、数字化、网络化方向发展。在现代科学技术的支持下，饭店信息管理的模式将发生深刻变化，管理水平也将不断提高。

第二，从信息的应用范围来看，饭店信息管理将从分散、孤立、局部地解决问题，走向系统、整体、全局性地解决问题。

第三，饭店信息管理将从以信息的收集和保存为主向信息的传播和查找为主的方向转变，这是因为现代技术为信息收集和存储创造了良好的条件。今后饭店要解决的主要问题是如何在信息的汪洋大海中找到需要的、有价值的信息。

第四，饭店信息管理将从单纯管理信息本身转向管理与信息活动有关的资源。饭店信息管理是一项综合性的管理工作，不仅要关注物的因素，而且还要关注人文因素、社会因素和经济因素。

随着管理信息系统向智能化方向发展，饭店信息管理将从辅助性的配角地位向决策性的主角地位转变，信息管理的作用会进一步显现，在饭店的生存和发展中将发挥越来越大的作用。

11.1.3 现代饭店信息的收集与处理

11.1.3.1 现代饭店信息的收集

(1) 现代饭店信息收集的原则

为了保证饭店信息管理的高效率，饭店信息的收集必须遵循下列原则。

目的性原则 饭店信息的收集必须有明确的目的，必须针对饭店的具体任务和实际需要有的放矢地进行。饭店收集信息的目的主要有：制订饭店战略决策和远景规划，确定发展方向；拟订各种备选方案，确定选择方案的标准，进行方案论证；对饭店市场进行预测，如预测产品的市场需求等；解决饭店日常经营中发生的问题；提高饭店的应变能力等。

准确性原则 作为经营管理依据的信息必须准确可靠。不准确的信息轻则会在某个环节上造成人力、物力和时间等资源的浪费，重则会造成重大的经济损失甚至灾难。开展调查研究掌握一手材料和鉴别信息的准确性是提高信息准确率的根本办法；广开信息源、互相印证，是鉴别信息是否准确的有效对策。

先进性和适用性原则 收集信息必须注意先进性。先进的信息是生命力强、价值高的信息。但吸收信息不能脱离饭店的技术力量和管理水平，因而必须注意其适用性。只有先进性和适用性相结合的信息才是饭店最有效、最有用的信息。

系统性和完整性原则 这是高质量的信息所应具有的一种属性。信息即使是准确、先进和适用的，但如果支离破碎也难以被饭店所吸收。一般来说，由于人、财、物等条件的限制，饭店收集信息应突出重点，保证当前急需的各种信息的获取。但由于经营管理的综合性，应尽可能地把有关信息收集得齐全、系统一些。系统、完整的信息要靠广泛、连续、畅通的信息渠道、平时的积累和有关资料的利用。

及时有效性原则 及时性是信息的生命力所在，此外有效是前提，必须充分考虑饭店的实际情况来把握信息的及时有效性。各种属性的信息如果不及时有效，信息的使用价值就无从谈起。做好预测、计划及培养饭店员工、人人随时收集有用信息的意识是保障所收集信息的及时有效的根本办法。

（2）现代饭店信息收集的内容

饭店信息的收集内容应根据饭店现有信息技术水平、信息技术设备、经营管理模式及发展趋势来确定，主要围绕饭店经营管理服务信息来开展，具体包括饭店内部信息：宾客信息、销售信息、财务信息、人力资源信息、工程设备信息、物资用品信息，外部信息：宏观环境信息、行业信息及相关协作单位信息、客源市场信息9个方面（详细内容见“11.1.2.2 现代饭店经营管理常用的服务信息”内容）。

（3）现代饭店信息收集的方法

饭店信息收集方法的好坏，直接关系到信息的质量。采用正确的收集方法所获得的信息真实、准确、价值大、时效性强，经过分析处理后，就会在饭店经营活动中发挥应有的作用。反之，如果方法不当，就会造成信息失真、失效、失去价值，使获取工作失去意义。信息收集方法可从饭店内、外部2个方面进行。

饭店内部信息的收集方法 饭店内部的信息源主要为来店消费的宾客、员工、设施设备、物资用品、人力资源、财务、销售等，可用的信息收集法有：问卷调查法、电话询问法、现场交流法、借助会议（汇报会、早会等）法、统计资料法（各种报表、图表等）等。

饭店外部信息收集的方法 饭店外部信息主要包括宏观环境信息、行业信息及相关协作单位信息、客源市场信息等三大方面，可采用的方法有：问卷调查法、订购行业资料法、借助同行交流获取信息法、借助人际信息网获取信息法、聘请顾问或兼职信息员获取信息法、借助各种会议获取信息法、从有关机构（旅游局、统计局等）获取信息法、从互联网获取信息法，等等。

11.1.3.2 现代饭店信息处理的分析方法

饭店信息的分析处理，就是饭店根据需要将获取的有关信息进行定性与定量的加工和推理，并得出一定的研究结论和结果的过程。基本原理是先对获取的信息进行综合、归纳、推理和演绎，透过错综复杂的各种现象深入研究各种矛盾，由表及里、从现象到本质、分清主次、识别普通与特殊，从而抓住主要矛盾或特殊矛盾，排除次要矛盾或普通矛盾，并且得出一定的研究结论和结果，这就是信息分析处理的全过程。饭店信息的分析处理方法极为重要，它是保证信息质量的一个关键环节。没有方法和技术，饭店信息的分析处理就难以顺利完成，信息质量中的时间性、适用性、经济性也就无法得到保证。饭店信息的分析处理方法就是在归纳、整理、研究和加工饭店信息过程中所采用的方式、手段、技术和措施的总称。

(1) 饭店信息分析处理的定性分析法

分离——组合法　在饭店信息的分析处理中，从大量信息中分离出一部分信息，并将这部分信息重新组合成新组合法。饭店采用的信息方法就是分离这种方法时要做到能从公开的平淡无奇的数据中分离出有关信息，找到重要的启示，然后将相关信息再组合，从中得出重要结论。

"追根究底"法　是对所研究的问题进行追根究底，以期找到最终原因并采取相应对策的方法。这种方法听起来似乎简单易懂，但是许多饭店在实际分析处理信息时又常常没有做到，其原因是忽视或轻视了这种方法。其实，它在饭店信息的分析处理中有很大的作用。

群策群力法　是针对某一问题发动群众出谋划策分析处理的方法。具体形式多样，如会议群策群力法，让与会者在会议上自由发言，让会议在非常融洽和轻松的气氛中进行，不受任何框框限制，与会者可充分自由地分析信息，提出各种处理方案、方法和措施。会议主持者应是一个非常有经验的人，他一般不发表主见，以免影响会议的自由气氛。会议有 4 条原则：不互相批评、自由轻松、欢迎提出大量的方案、善于融合别人的意见来提出方案。这种方法的主要特点是互相启发，有助于饭店全面系统地分析问题，抓住问题的实质。

特尔斐法　又称专家分析法。饭店运用这种方法分析处理信息时要做到：首先，将需要分析处理的信息写成若干条含义十分明确的问题，并规定统一的评估方法。其次，选定熟悉饭店的专家若干名，将上述问题邮寄给他们背靠背地征询意见，同时必须对专家姓名严格保密，从而使专家免受其他因素的干扰。再次，各位专家的意见回收后，对每个问题进行统计归纳。最后，将统计归纳的结果反馈给专家，请每位专家根据这个结果，慎重考虑并修改自己的意见。由于全部过程是保密的，这种修改比较客观。对于重要信息的分析处理，饭店应在回收第二轮征询后，再进行统计归纳，将统计归纳的结果再反馈给专家们。如此多次反复（一般经过 3～4 轮），就可以取得比较一致的分析处理意见。

(2) 现代饭店信息分析处理的定量分析法

无论是人工还是计算机，在定量分析处理饭店信息时，基本都是以数学为特征的，基本理论主要是运筹学和预测理论。因此，最主要的定量分析方法就是运筹学方法和预测方法。

运筹学方法　定量方法之一是运筹学及其方法。运筹学的基础是微积分、几何学、概率论、线性代数以及模糊数学等。运筹学包括的主要内容有：线性规划、整数规划、非线性规划、动态规划、网络技术、排队论、存贮论、决策论、对策论等。饭店采用这种方法分析处理有关信息的前提条件是，分析处理人员必须掌握运筹学的基本理论和应用方法。

预测方法　定量方法之二是预测理论及其方法。预测就是在有关信息的基础上，对饭店未来的发展进行科学的估算，挖掘饭店发展规律以推测未来。预测法有定性与定量 2 种方法。其中，定量预测方法还包括趋势外推法和弹性系数预测法。趋势外推法是根据历史统计数据，预测今后一段时间饭店的发展趋向和可能达到的水平。弹性系数预测法是用函数和自变量各自的变化率之比即弹性系数来反映事物变化的一种预测法。在突破饭店信息分析处理经验模式、跨越模糊不确定因素等方面，预测方法可以发挥重要作用。

11.1.3.3 现代饭店信息处理的技术手段

饭店信息分析处理的定性分析法如果从技术的角度分类，有计算机分析技术和人工分析技术。

计算机分析技术 是信息分析处理的发展方向，它分析处理信息速度快、精确度高、容量大、运行费用合理，正在被越来越多的饭店所采用。由于计算机技术是一门独立的完整的学科，同时也是信息专业的必修课程，因此饭店只有加强计算机技术的学习和培训，培养和吸纳掌握计算机技术的专门人才，才能正确运用这门技术分析处理饭店信息。

人工分析技术 随着科学技术特别是信息技术的发展，采用人工方法分析处理饭店信息的趋势逐渐减少。但由于饭店信息的时效性、社会及人们心理因素的作用、大量非定量数据的存在等因素的影响，许多饭店信息仍然要靠人的大脑来处理。即使在信息技术高度发达的美国，大量的智囊机构、参谋机构、咨询公司依然非常兴旺发达。这一事实表明人工方法的重要性在相当长的时间内不容忽视。

【知识窗】

饭店智囊系统辅助决策

现代科学技术的迅猛发展，加速了生产社会化的进程，饭店活动更加复杂多变，饭店工作涉及的变量因素越来越多，处理问题所涉及的专业领域越来越广。饭店信息的分析处理面对着信息量大，复杂程度高，涉及面广，变化快的实际情况，使饭店信息系统难以得出及时准确的结论。同时，任何一个颇具天才的企业家，也会感到自己才智和经验的严重不足，无法洞察全局，及时做出切实可行的决策。因而智囊组织的集体智慧为饭店决策提供科学依据，提供若干个可行的方案就显得十分必要。

饭店智囊系统通过广泛深入的调查研究和对大量信息进行认真分析处理，从中找出对饭店有指导意义的问题，向饭店领导提出战略性建议。在这个过程中，最重要的是对问题的分析要全面、客观，提出的目标要合理、准确，为饭店领导的决策提供科学依据和方案。饭店的决策往往需要若干个方案，在领导确定决策目标后，受领导的委托，饭店智囊系统要为领导决策提供若干个可供选择的方案，进行分析评价并提出倾向性意见。

饭店智囊系统还能纠正领导决策的失误。要发挥这个功能必须做好2个方面的工作：一是饭店决策目标多数是领导提出的，问题提出后，智囊系统要发挥自己独立分析处理信息的特点，敢于同领导“唱反调”，要从目标的可行性和不可行性2个方面进行深入分析研究，分别提出方案。如果可行性不大，就要及时向饭店领导提出充足的理由和根据，以便领导“兼听则明”，及时纠正偏离目标的行为，重新确立目标，避免造成决策失误。二是通过综合分析收集到的或传递反馈上来的信息，智囊系统一旦发现决策有偏差，就要及时提出补救性或调节性的方案，提请领导及时进行矫正。

由于知识更新加快和管理系统的复杂性，饭店领导在分析问题的过程中和在决策前、决策中、决策后常常会遇到一些难以解决的问题。根据领导的要求，智囊系统应及时为饭店领导提供满意的咨询服务。否则，会直接或间接地影响信息分析的正确性和决策的科学性。

11.1.4 现代饭店管理信息系统

作为一个服务型行业，饭店的核心是优质的服务——如何使客户便捷地订到满意的客房，轻松地点到喜欢的菜肴，及时地获得准确信息，快速地入住和结账离开，时刻以客户满意为中心，而信息系统正是优质服务背后的支撑点；功能强大的数据库、网上预订服务、计算机分房、客房VOD视频点播、电子门锁、消费一卡通、电子转账与支付等无一不体现了现代饭店信息管理系统带来的高效、快捷、优质效果。

在现代社会中，饭店信息的数量急剧增长，管理者对信息的需求也显著增加。在管理者与信息提供者之间、信息使用者与信息发生源之间存在着错综复杂的关系。正是由于这种客观上的复杂关系，造成饭店经营管理中出现信息不及时、不正确甚至发生各种信息之间相互矛盾、脱节、不协调的现象，从而降低了信息的有用价值。建立饭店管理信息系统就可以把各种信息收集起来，进行有组织、有系统的加工处理，转换成各种不同的、饭店经营管理需要的有用信息，然后提供给饭店各类人员，满足他们不同的需要。

11.1.4.1 现代饭店管理信息系统的概念及功能

（1）现代饭店管理信息系统的概念

管理信息系统是信息科学的一个分支，是人和计算机等组成的能进行信息的收集、传递、储存、加工、维护和使用的系统。饭店管理信息系统（Hotel Management Information System，HMIS）是利用计算机技术和通信技术对有利于饭店管理的信息进行收集、处理、存储、检索、传递等综合控制，以人为主体向饭店经营管理提供适用信息的人机控制系统。它是饭店信息处理过程的手段和方法的结合，使饭店信息工作成为有组织的系统。饭店管理信息系统包含以下基本要点：

第一，饭店管理信息系统完成信息的收集、加工、传递、存储、检索等一系列信息处理过程。它由相互联系、有一定工作程序的不同阶段组成并形成了信息管理的有机过程，是信息管理内容、处理方法和手段的统一体。

第二，饭店管理信息系统为整个饭店的经营管理工作服务，为饭店决策、计划、组织、控制等及时提供真实、准确、系统的信息。

第三，饭店管理信息系统是一种有组织的系统，它总是依附在一定的管理组织系统的基础上。饭店的管理组织系统既是信息流的通道，又是管理信息系统的重要依托。

第四，饭店管理信息系统以饭店实体系统为自己的环境。它从环境中收集原始信息，经过加工、处理和转换，向环境输出有价值的信息，为饭店实体系统服务。管理信息系统使饭店经营管理一体化，起到黏合剂的作用，它与饭店文化系统具有不可分性。

（2）饭店管理信息系统的作用

饭店管理信息系统管理的运行，对饭店管理的作用主要表现在以下几个方面。

提高饭店经济效益　合适的饭店管理信息的运用不仅能节省大量的人力、物力，而且能减少管理中的漏洞，提升饭店服务质量和档次，从而提高饭店的经济效益。例如，账务管理系统不仅在具体的账务管理过程中减少票据的传送，避免管理混乱，而且能及时控制客人超额使用，并随时催促或提醒欠款客人的结算，有效地防止逃账发生。

提高管理效率和服务质量 客人在接收饭店服务时，等待时间长和出错率往往是客人不满意的关键因素。饭店管理系统的运用则使饭店在提供及时、准确、规范的服务和提高服务质量方面得到完善，从而不仅提高效率，而且大大提高了服务质量。例如，饭店的预订系统在办理客人的预订、入住登记、团体分房、加床、退房、拼房、续住以及房态管理等业务时，使服务效率成倍增长，同时服务质量也会大大提高。

全面掌握营业情况，提高饭店决策水平 饭店管理者借助管理信息系统可以随时全面了解饭店的经营管理的情况，同时饭店信息管理系统能够分析、预测并提供管理模式，辅助管理者进行科学决策。例如，在食品原料成本控制方面，由于信息系统提供详细准确资料，管理者在进行控制决策时，其效率和科学性大大增强。

提高管理人员的素质 饭店管理信息系统的运行，能够提高管理人员的素质。饭店管理信息系统是一个以人为主体的人机管理系统，一方面要求管理者能操作和管理饭店信息系统，另外能借助系统提供的信息了解经营管理业务，并控制饭店经营管理系统的正常运行。很显然，管理人员利用 IT 技术及自身的综合素质能提高管理水平。

优化饭店内部管理体系 由于饭店管理信息系统的运用，不仅能在管理效率、服务质量、决策水平、全面掌握经营管理情况等方面大大得到改善，还能起到优化企业管理体系的作用，使各岗位人员的配置更加合理，员工及其业务工作等方面的管理、考核更加科学化、正规化、系统化。如员工工作量考核控制系统、服务操作过程跟踪记录系统等，有利于加强对员工的管理。饭店管理信息系统可提供多种安全级别，保证各类数据不被无权过问的人查看和操作。饭店管理信息系统在饭店管理体系中发挥着强有力的稳定作用，可以明显抵消因人员变动或流动对业务和管理造成的影响，起到优化饭店管理体系的作用。

11.1.4.2 现代饭店管理信息系统的构成

管理信息系统的结构可以从概念、功能、软件与硬件、前后台等角度划分为多种。HMIS 是以饭店业务信息管理为核心的系统结构，它不仅反映系统整体与各个部分之间的信息关系，而且也反映了整个 HMIS 的数据处理方式与数据传输方式，结构决定了系统的主要性能。在此主要从软、硬件角度对饭店管理信息系统进行介绍。

(1) 硬件结构

硬件结构指 HMIS 的物理结构，即 HMIS 硬件系统的拓扑结构。其结构类型一般有以下 3 种。

单机批处理结构 早期的 HMIS 都是单机批处理结构，其硬件组成为：一台主机、显示器、键盘、打印机等。这种单台计算机的结构装上 HMIS 软件就构成了一个完整的 HMIS 系统。特点：可随时在一定时间间隔将一批数据一次性输入计算机进行处理；一台主机的结构特点决定了一人独占一套 HMIS 系统结果，因而数据共享和实时处理性能较差。目前饭店管理信息系统中已很少使用这种结构。

联机集中式处理结构 由于单机批处理结构 HMIS 的数据共享和实时处理性

能较差，随着计算机技术的发展和相关人士对 HMIS 系统不断完善，出现了联机集中式处理结构。其硬件结构为：用 1 台或 2 台小型计算机或超级微型机作为主机，管理人员可以在任何时间通过各终端与主机联系，进行各类数据处理作业，但各终端只能进行数据的输入输出，不能直接进行数据处理，所以称集中式处理结构。

集中式处理结构的优点是数据处理能力强，数据安全，可靠性高。缺点：一是终端本身没有处理能力，系统处理速度将随终端数量的增加而明显减慢，而且一般终端只有字符界面，用户界面不美观。二是一次性投资较大，小型机比一般微型计算机要昂贵得多，而且要使系统可靠性高，一般要配 2 台主机并网运行，这样投资更大。三是由于集中在主机处理数据，一旦主机出现故障，整个系统就会瘫痪，无法运转。

分布式处理结构 到 20 世纪 80 年代中后期随着微型计算机功能的不断加强，出现了分布式计算机系统和分布式数据库系统，管理信息系统朝分布式方向发展。局域网系统就是这种结构的典型例子。硬件结构组成为：以 1 台或几台高档微机作为网络服务器，网络由具有数据处理能力的微型计算机形成的多个工作站。数据处理在需要时通过联机入网在服务器内处理。近年来流行的客户机/服务器结构是目前最新的一种分布式结构。客户机支持用户应用的前端处理，服务器用于支持应用的系统环境，包括数据库的管理及查询服务。数据查询方式为数据库查询，网上传送的只是查询的结果，这就大大减少了数据的传送量，而且客户机一般基于 Windows 图形界面。

它集中了局域网络系统和小型机多用户系统的优点，由服务器和客户机协同处理，充分发挥系统的各种优越性，是目前饭店计算机管理应用中最为先进的体系结构。

随着通信技术的发展，分布式结构实现了远程数据处理，或者远程数据采访，可以通过电话线、激光、微波和人造卫星等介质实现异地数据处理，或实现 2 个或 2 个以上局域网络的数据互访，这就是广域网系统。广域网分布结构最适合饭店集团的信息管理，饭店集团总部可以通过广域网络系统有效地管理各地的饭店，各地饭店也可通过广域网实现互传信息数据，及时了解各饭店的经营情况。从目前计算机应用的发展趋势看，广域网分布结构是今后发展的方向，是建立集团式管理所采用的必要手段，也是目前各连锁饭店公司进行信息管理的理想模式。广域网有 2 个特殊的网：企业网与全球网（WWW）。

全球网中，第一个真正的、可供公共商用的就是互联网。目前，基于企业内部网络 Intranet 及 Internet 浏览器/服务器模式的饭店管理系统，国内外正在研制过程中。

（2）软件结构

软件结构是针对 HMIS 的功能而言，从业务专业性、连贯性及管理的便捷性进行设计，形成一个个 HMIS 的软件结构。在饭店业务管理中，系统功能一般可分为前台、后台两大部分。饭店管理中常用的软件系统主要有以下几种。

预订接待管理信息系统 是前台系统的主要功能模块，客房的预订工作、顾客的入住登记工作、房间状态的显示、客房分配、加床、退房、拼房、续住等日常管理工作以及会议室的管理工作等都在该模块中完成。相对手工操作而言，其有及时、快速、准确、高效的特点。

账务审核信息系统 是饭店财务管理模块，主要功能是管理顾客的账务以及饭店每天的营业状况，同时对每天的营业收入进行审核，并自动生成报表。

程控电话管理信息系统 是通过程控交换机和计算机网络连接电话总机的计费控制系统，其功能：① 能对饭店内各分机电话所产生的每条话单费用、起止时间、对方号码等进行准确记录，同时把电话费用记入到住店宾客的账户中；② 显示电话的使用状态；③ 能对各种统计、查询报表等进行管理；④ 记录内部管理部门的每一条电话费用的详细情况，以利于饭店对费用的控制。

客房管理信息系统 主要功能是向总台、总经理室、客房服务中心或总服务台提供房态查询和客房统计信息、客房设备完好状态以及客房用品消耗状态。通过该系统的计算机处理，总台或总经理随时可以了解客房状态及有关数据，例如，可用房数、维修房数、自用房数、待清理房等。一些现代饭店的客房管理信息系统还可以用来控制客房内部状态，如温度、湿度、照明等。

餐饮管理信息系统 一个完整的餐饮管理信息系统主要包括账单处理、成本管理、存货控制、销售记录及分析4个模块，主要完成对顾客的点菜和收银等日常管理以及餐饮预订等管理，以及对住店宾客或特殊客人收费自动过账，实现一次性结账，并可打印各类营业报表及餐饮稽核报表。一些新的餐饮管理信息系统将厨房和餐厅联网，服务员可将客人的点菜单、上菜时间要求等信息通过局域网告知厨房，不需要在餐厅和厨房之间来回奔走，大大提高了为客人服务的效率，减轻了服务人员的劳动强度。

商场管理信息系统 主要由商品销售、库存管理、信息查询、统计报表、应收账务、系统维护6个模块组成，对有关销售、库存、账务等信息进行全面的统计、处理和维护。有些饭店的前台管理信息系统还包括娱乐、出租车队等经营部门的管理信息系统，并根据各自的经营项目设置不同的模块。

总经理查询管理系统 主要功能是提供快速查询，让总经理等决策者快速、全面、准确地了解饭店经营管理有关信息数据，以便做出正确的决策。总经理查询系统提供的信息数据包括前、后台各种营业数据，如前厅接待数据、预订数据、房务数据、餐饮数据、收入成本数据、人事数据、工资数据、以及库存数据，等等。

财务管理信息系统 财务管理是饭店应用计算机最早、最成熟的领域之一。财务管理信息系统可以进行饭店总账处理、凭证处理、银行对账、账目查询等多项工作，支持多种账务结算方式，随时查询有关财务数据，很方便地生成、打印各种财务报表，使饭店财务管理更加准确有效、省时省力，使财务制度更加规范。该系统存储的财务数据是饭店最重要的数据，必须有一套安全数据管理机制，并且一定要有灾难恢复功能，以保证整个账务系统的数据安全。

人事工资管理信息系统 主要功能是管理饭店的人事关系及工资，包括档案管理、劳动组织管理、招工用人管理、员工培训管理、人事变动管理、考勤输入管理、工资发放管理、工资汇总管理。在该系统还记载着员工的工作时间、工作业绩、培训情况、宾客意见、奖惩状况等信息，饭店管理者可据此对员工进行绩效量化评价及员工晋升管理提供依据。

工程设备管理信息系统 主要管理饭店的固定资产设备，主要完成对固定资产的分类、用途、维护、统计等进行有效管理，完成设备的购入登记管理、设备调拨管理、设备折旧管理、设备报废管理以及设备查询打印等管理工作。同时能够及时反映饭店服务设备设施、后勤支持设备设施的运行状态及有关信息，使饭店设备设施的故障能够得到及时的修复，以维持饭店的正常运转。

仓库管理信息系统 饭店库存原料品种繁多、杂乱，管理、领用比较复杂，往往是管理层最容易忽视的地方，这也是导致一些饭店成本居高不下的原因之一。仓库管理系统能详细记录每一笔原料物资出入库情况。通过对食品库、物资库、用品库等进行入库、验收、领料、调拨、仓储明细账、预计进料、账务查询等管理以及物品统计报表打印管理等，实现对仓库的有序、准确、经济的管理，提高饭店资金的利用率，并有效防止仓库管理的漏洞和失误，使仓库“账实相符”，减少库存积压。

其他 饭店管理信息系统是一个开放的结构，并为系统的扩展准备了一定的预留量，当需要把计算机的运用扩展到饭店管理的其他方面时，饭店只需要把相应的模块挂接到这个结构上。事实上，饭店管理的其他许多方面都可利用计算机来进行信息管理，如洗衣房管理系统、秘书文件管理系统、饭店公关营销管理系统、自动监控系统、自动报警系统等，从而实现饭店信息管理的全面化和系统化。

11.2 现代饭店安全管理

随着社会经济的发展，人们收入水平的提高，以及人们闲暇时间的增加，异地旅游和户外消费已逐渐成为人们休闲活动的重要组成部分。饭店是旅游休闲活动的重要基础，是游客的家外之家。人们在选择住店时，安全往往是必须考虑的重要条件之一，而安全问题同时也是饭店实现可持续发展的根本保证。所以，安全管理是饭店的基本管理职能和首要任务。

11.2.1 现代饭店安全管理概述

11.2.1.1 现代饭店安全管理的概念及意义

（1）概念

饭店安全是指在饭店所控制的范围保障宾客、饭店及员工三方所涉及的人身、财产、物质、信息、名誉等方面的安全，以及所产生的没有危险、不受任何威胁的、生理的、心理的安全环境。饭店安全管理是指饭店为了保障客人、员工及饭店的安全而进行的计划、组织、协调、控制与管理等一系列活动过程。

（2）饭店安全管理意义

饭店安全管理直接关系到宾客的选择和满意程度 安全问题往往是宾客在选择饭店时首先要考虑的因素之一，而一旦入住饭店后，在很大程度上宾客的满意依赖于饭店的安全管理工作。要满足宾客的安全需要，除了有完善的设施设备、齐全的服务项目、优质的服务外，还需要有令人放心的安全措施、制度及安全的环境氛围。

饭店安全管理直接关系到饭店的经济效益 饭店的经济效益来源于宾客的消费，而良好的安全管理不仅是维系饭店业务正常运转的基础，更是赢得宾客信任的关键因素之一。只有赢得宾客信任，才能长期有效地吸引客人来饭店进行消费，从而提高饭店的经济效益。相反，安全管理工作不力，不仅无经营效益可言，反而会造成巨大的经济损失。如饭店发生火灾造成的财产损失、地板不防滑造成宾客人身伤害而支出的相关费用等。近年来，由于饭店供给大于市场需求以及宾客的自我保护意识的增强，安全问题是许多宾客选择饭店的关键因素之一。

饭店安全管理直接关系到员工的满意和服务质量 安全管理其中包括对饭店员工的人身、财产、名誉以及心理的安全保障。良好的工作环境及得力的安全保证措施是赢得员工满意的基础，而满意的员工则是创造满意宾客的前提条件。相反，如果员工没有安全感，随时提心吊胆，优质的服务质量和满意的宾客也是一句空话而已。

饭店安全管理关系到饭店及接待地（国）的声誉和形象 优质的饭店安全管理是树立和提高饭店及其接待地的声誉、形象的有效手段之一，也是间接促进接待地（国）经济发展的重要途径。由于饭店接待的宾客来自全国乃至世界各地，因此饭店不仅仅是一个服务企业，更是接待（国）地的形象窗口。如果宾客在饭店经常被偷、被抢，甚至危及生命安全，这不仅损害的是饭店自身的声誉、形象，同时也会损害到这个国家或地区的形象，使宾客望而却步，从而影响经济的发展。

11.2.1.2 现代饭店安全问题的类型

现代饭店安全问题归纳起来主要表现为以下 5 种类型：

- 以偷盗行为为主的犯罪；
- 火灾；
- 名誉损失：名誉安全、隐私安全、心理安全；
- 逃账等财产问题：冒用信用卡、盗用支票、假钞、逃单等；
- 其他安全问题：黄色事件、赌博、食物中毒、打架斗殴、抢劫等。

11.2.1.3 现代饭店安全管理的任务

现代饭店安全管理的任务主要是保障饭店宾客、员工以及饭店安全。

（1）保障宾客的安全

宾客是饭店的衣食父母，安全需求是宾客的基本需求。饭店安全管理的首要任务就是保障宾客在饭店期间的人身、财产、隐私、名誉、心理等方面的安全。

保障宾客的人身安全 就是保障客人的人身不受伤害，这是客人最原始、最基本、最起码的心理要求。危害客人人身安全的因素主要有自然灾害、公共治安、人为伤害、盗匪抢劫、饭店设备设施安装不当、火灾及其他一些意外事故等。其中有些因素是饭店自身无法控制的。

保障宾客的财产安全 财产安全是指客人入住饭店后，随身所带的一切财物的安全以及委托饭店代为托运、保管的财物安全。随着经济水平的提高、饭店接待对象的经济实力和社会地位也相应地提高，客人的高档衣物、佩带的饰物、携带的钱财等往往成为不法分子的犯罪目标，所以保障客人的财产安全是饭店安全管理的重要内容，也是客人关注和评价饭店优劣的重要指标。客人的财产损失除了自身原因外一般是由于偷盗、抢劫、服务工作中的差错以及火灾事故等引起。

保障宾客的心理安全 心理安全就是客人入住后对饭店环境、设施和服务的心理感觉和信任感。它依赖于饭店营造的整齐有序、庄严有度的安全氛围，依赖于饭店的安全保卫设施和人力的配备。通常情况下，因为某种原因，虽然客人的人身和财产并未受到伤害，但客人对饭店安全总会存在威胁和隐患的不信任感或恐慌心理。这种不安全的威胁，主要来自于饭店客观上呈现给客人的视觉或触觉的直观感受。表现为：一是设施设备安装不合理或不牢固，如电器设备漏电、空调噪声过大、餐厅地砖不防滑等；二是收费不合理，价格有欺诈，使客人有被“敲竹杠”之感觉，以及缺少必要的安全告示等。通常在饭店安全管理实践中，客人心理安全最容易被忽视。

保障宾客的饮食安全 饮食安全是指客人在住店期间由于饮食而产生的不安全问题。主要表现在：一是由于食品卫生原因造成的饮食不安全问题。如食源疾病、食物中毒等。导致此类问题发生的原因主要是食品卫生不过关，厨师和服务人员没有严格履行操作规程，食品不新鲜，食品保藏不当，食品采购渠道不规范，冷、热菜配菜和加工不合理等。二是服务人员的工作疏忽造成客人饮食不安全事故。如服务人员误将燃料当作饮料斟给客人，造成客人伤害问题。三是病菌、病毒通过饮食渠道感染、传播造成客人中毒。如客人食用了有寄生虫的肉类、鱼类等。四是不法分子恶意制造饮食中毒。如不法分子在饭店的餐厅、酒吧、歌舞厅等场所针对一些经济富有的高消费客人，以谋取钱财为目的下迷幻药造成客人暂时性中毒。五是个别客人由于自身原因造成的饮食不安全。如某些客人食用海鲜、牛奶、味精等后出现的过敏现象等。

保障宾客的私密安全 私密安全包括信息安全与隐私安全 2 个方面。信息安全指有些客人由于商务、情感、性格等特殊原因不希望自己的住店信息向外公布，如加密房间的设置、不接外线电话、不愿将住店信息告诉身份不明的访客等。隐私安全是指客人的一些个人生活习惯、爱好、嗜好或一些不良习惯与行为、生理缺陷的安全保障问题，或客人一些特殊的缺陷无意间暴露出来却不希望外界知道。对于这些方面，饭店要给予理解和注意。

【课堂讨论】

保安部经理的处罚单与嘉奖报告

一天，某饭店保安员顾斌在饭店大堂值夜班。22:00 左右，一位客人从电梯出来，摇摇晃晃地走到了大堂。顾斌看到后急忙上前扶住他。经询问得知，这位客人是一名画家，是来本地体验生活的，一人住在饭店 1106 房间。他现在感到全身无力，腹部疼痛得厉害，实在是坚持不住了，正准备打出租车到医院。顾斌连忙用对讲机请总机通知 120 急救中心。不一会儿，120 急救车就到了，随车医生要求饭店有人陪同病人一起去医院，顾斌没有推辞，和他们一起上了车。在医院，顾斌帮助客人检查。经医生确诊，这位客人得的是急性阑尾炎，需要马上动手术。顾斌又跑前跑后，帮助客人办手续。直到医生说你可以回去了，顾斌才急忙赶回饭店上班。为此，顾斌离岗 1h20min。第二天上午，保安部经理询问了这件事的全部经过。下午，保安部经理向饭店人事部同时递交了 2 份材料：一份是保安部按制度对顾斌擅自离开岗位开出的处罚单；一份是保安部按饭店的服务宗旨，提请人事部对顾斌忘我助人的精神给予嘉奖的报告。

【案例思考题】

顾斌的离岗助人行为是否适当？为什么？你认为保安部经理的做法是否合理？为什么？

（2）保障员工的安全

员工是饭店经营管理活动得以顺利进行的根本保证，是饭店资源中最具活力的资源。保障员工的安全，是用工劳动制度和我国法律的客观要求，也是饭店在道义上关心、爱护员工的义务和责任。保障饭店员工安全主要包括以下内容。

保障员工人身安全 保障员工的人身安全就是保障员工的身体健康及人身不

受伤害。一般来说，影响员工身体健康、造成人身伤害事故的因素主要有3个方面：一是由于设备不好或操作不当造成的工伤事故，如餐厅服务员的烫伤、客房服务员的清洁剂腐蚀、工程人员的触电等。二是由于劳动保护措施不当引起的各种职业性疾病，如服务人员长期站立引起的静脉曲张、夜班员工的贫血和神经衰弱等。三是个别客人的无理取闹殴打员工致伤。

保障员工心理权益 饭店是服务性行业，历史上饭店行业的从业人员曾在政治上、法律上、社会地位上受到过歧视，现代饭店的客人由于素质上的良莠不齐也有伤害、侮辱员工的行为发生。对此，饭店在服务中秉承"客人永远都是对的"这一原则的同时，对部分素质不高、无理取闹伤害侮辱员工的客人，饭店的管理者和安全部门，必须坚持依法办事，主持公道，保障员工的人身权利不受侵犯，人格不受侮辱、心理权益不受侵犯。饭店在制订具体的规章制度时，应包括关于员工心理权益保障的内容。

保障员工个人财物安全 员工的个人财物安全主要指保障员工在员工宿舍和更衣室的个人财产安全。健全的个人财产保护、保障制度可以加强员工对饭店的忠诚度，免去员工对贵重物品保管的后顾之忧和工作注意力的分散。饭店对员工个人衣柜、抽屉、储藏箱的门锁系统应做到安全有保障，员工休息区域外也应有必要的安全监控系统。对个别有偷窃行为的员工应立即开除或送交公安机关。更衣室应有保安人员巡视，发现可疑人员应立即查明。

保障员工思想和行为安全 饭店的接待对象中有一部分是外国客人、外籍华人、华侨、港澳台同胞。这些客人的到来在给饭店带来经济收益的同时，也带来了其他国家和地区某些不健康的思想和习惯，从而不可避免地对饭店员工的思想和行为产生诱导，如不加以控制，可能产生质的变化，造成严重的后果。饭店应建立健全积极、健康的企业文化制度，营造健康向上的企业文化，树立科学的世界观、价值观和人生观，以防止精神污染。

（3）保障饭店的安全

饭店安全主要指饭店财产安全。保障饭店财产安全主要体现在以下几方面。

保障饭店物资安全 饭店物资种类多且为日常家居可用品，如客房、餐厅物资等。因此，饭店物资安全问题最主要的是防止各种类型的偷盗。一是防止员工的偷盗。对员工偷盗问题首先要把好录用关，尽量防止录用品质恶劣的员工。同时要制订严格的惩罚措施，对偷窃行为给予严肃处理。此外，还要做好物资领用和仓库储存的盘点、控制工作及员工上下班进出口的检查工作，避免一切可能引起员工偷盗的机会和环节。二是防止客人偷盗。客人往往对饭店的小日用品或客房备品比较偏爱，希望留作纪念，如手巾、浴巾、餐具、烟缸等。对此，可将客用品打上饭店标志明码标价出售。三是防止外界不法分子的偷盗。饭店相对来说是一个可以自由通行和出入的公共场所，对外来人员不设防，不具有分辨性，饭店安全管理要防止此种类型人员，保障饭店各方面的安全。

饭店的工程设备设施日益先进且技术含量高、价格昂贵，主要包括通风、空调、制冷系统、给排水系统、通信系统、闭路电视监视系统、消防报警设施、灭火设备、照明器械等。对这些工程设备要制订相应的检查、维修、保养和使用计划。各级管理者要在工作中加强对其安全性能的关注，防患于未然，保证其正常运转或需要启用时能正常发挥作用。

保障饭店高、新客用设备设施安全 随着饭店功能的增多和服务模式的定制化、专业化，现代饭店对高新科技的触及面越来越广，如计算机和网络、可视电话会议系统、多媒体投影系统、语言同声传译系统、电视幕墙、幻灯、镭射、VCD、LCD、DVD 等都在饭店得到了广泛使用。随着社会的进步和科技的发展，高科技含量的设施、设备还会不断在饭店率先得到使用，这些设备设施从安装、调试到应用、维护、保养都需要耗费大量的财力和人力。因此，饭店必须任用懂技术、懂专业知识的人才，加强对高、新客用设备设施的维护与管理，减少故障的发生。

11.2.2 现代饭店安全保障系统

饭店安全管理除了要建立安全管理组织机构、制订安全管理制度、加强防范意识、做好教育培训和检查工作外，还必须在硬件方面构建设备先进、设施齐全的安全保障系统。饭店安全保障系统如图 11－1 所示。

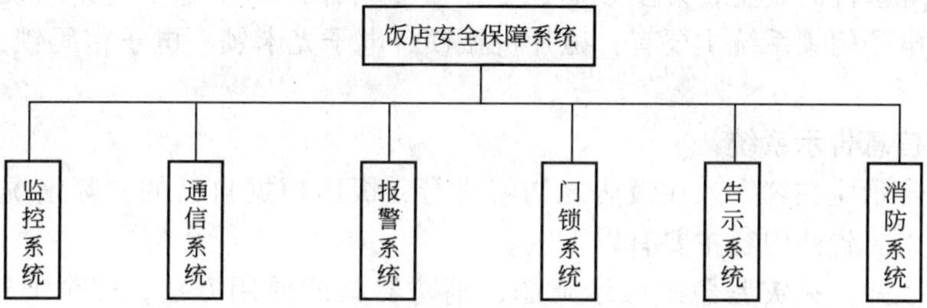

图 11－1 饭店安全保障系统

（1）监控系统

概念 监控系统是饭店对重点区域进行监控管理的先进的闭路电视监视设备系统。

电视监控系统组成 监控摄像机、监视器、录像机、视频信号处理设备、电视荧幕操作台、视频切换系统等部分组成。

安装位置 出入口、大堂、收款台、收货点、仓库、电梯间、商场、楼层走廊、某些重要柜台或其他存在潜在不安全事故的敏感地带，安置固定的摄像机或电视监视器。

安装形式 分为隐蔽式和外露式。

作用 一方面能全面掌握饭店的客流量、人员进出、可疑人和可疑事件等情况，并通过电视荧幕显示出来；另一方面可以替代大量的保安人员。

发展趋势 新一代的安全闭路电视监控系统还可以进行遥控监视，便于高层管理者在饭店外通过计算机了解饭店的安全情况。

这一系统只在饭店有较严格的监视制度和对观察到的情况有能力做出反应时才是有效的监视系统，因此，在关键部位，还必须派保安人员加强巡逻。

（2）通信系统

饭店为了能对安全情况迅速做出反应，必须有一个能快速通知负责安全工作的员工或与之取得联系的通信系统。饭店治安通信系统主要有治安专用电话、对讲机、移动电话等，该系统应能与饭店所有工作区域取得联系。如客人可以利用房内电话或其他通信装置向饭店报告紧急情况或可疑活动，饭店也可用通信装置通知客人发生了紧急情况，如火警等。

(3) 报警系统

现代饭店使用了各种报警系统，对预防偷盗、抢劫等事件的发生起到了重要作用。报警系统主要分为被动红外报警器、主动红外报警器、超声波报警器、手动报警器、无声报警器、局部报警器、接触报警器和远程报警器等。其中，手动报警器一般安装在饭店的前台收银处和其他有贵重物品的地方，一旦这些地方发生重大突发事件，服务人员能以最快的速度报警。这种系统可与饭店的保安部和所在社区的公安部门相连。无声报警器是用硬线接到中央控制站的，可在收银、仓库或其他区域使用，警报从这些区域可以无声地传到总机室、安全部门办公室，引起店内安全人员的警惕。目前较精密的报警系统如微波报警系统、无线电频率场、光电波、地震报警器等正在一些饭店中得到应用。

(4) 门锁系统

门锁系统是饭店安全管理的又一保障系统，针对住店客人钥匙丢失、被窃、私自复制等事件的发生，许多饭店建立了安全可靠的新型电子门锁系统。饭店常用的新型电子门锁系统主要有：磁片机械锁、电子光卡锁、电子密码锁、磁卡锁、IC卡锁等。

(5) 信息告示系统

安全告示应在客人入住饭店之初就进行，饭店根据自己的实际情况将安全信息告知客人。告知内容主要有以下内容。

消防须知 火灾紧急疏散示意图，消防器具的使用方法，安全通道标志牌，紧急出口、火灾自救方法及基本常识等。

安全须知 提醒客人注意保存好自己的贵重物品；关门、关窗安全提示及其方法；自来水是否可以饮用及房内设施设备的安全使用说明；出现紧急情况时所用的联络电话号码及应采取的行动等。

(6) 消防系统

消防自动报警系统 主要由消防控制台、火灾探测系统、区域火灾自动报警箱3部分组成。消防控制台设在消防控制中心室内，由专人负责昼夜值班并落实保养与维修，是集火灾探测系统、确认判断系统、火灾报警系统、故障检索系统、通风疏散系统、防排烟系统、灭火设施控制系统、广播通信系统为一体的防火监护系统。火灾探测系统由烟感探测器、温感探测器、光感探测器等组成。烟感探测器是火灾前期的报警装置，其种类有离子烟感器、光电烟感器、激光烟感器、管道抽吸式烟感器等，主要安装在饭店的客房、走廊、大厅、各类机房、仓库等处。温感探测器是用热敏感的元件来探测火灾并进行报警的，当受热至某一特定温度或环境温度超过某一特定值时感应报警。主要装置在餐厅、锅炉房、厨房、客房等处，并根据使用场所的不同选定不同的温度感应值，如厨房一般设定90℃左右，客房、餐厅一般设定60℃左右。光感探测器一般安装在电器较集中的场所，如多媒体会议室、会展厅、电器机房等，通过对电器故障发出的火花或火焰的探测而产生电信号报警。区域火灾自动报警箱主要由光报警单元、时钟音响控制单元及电源部分组成，是对饭店某一区域进行有效防火监护的消防中间报警装置。

消防广播通信系统 是饭店组织消防演练和发生火警、火灾时通知人员疏散时所用的广播通信设备系统。主要有消防广播和消防专用电话。消防广播主要针对饭店内部通知。消防电话一般分为2种：一种是通往饭店消防值班室或消防中心的报警专用电话；另一种是消防值班室或消防中心向公安消防队报警的专用电话。

消防给水系统 由消防水源、消防水泵、水管网、消火栓、喷淋头等组成，是迅速有效扑灭火灾的重要设施。消防给水的水源，必须充足可靠，保持一定的水压和水量，以保证消防用水的需要。消防水泵是保证管网给水的机械设备，消防水泵房应由专人负责维护保养，保证昼夜值班。消防水泵的电源应装置2套，一用一备，以确保发生火灾后消防用水的需要。消火栓是灭火供水设备之一，有室内消火栓和室外消火栓2种。室内消火栓通常设置在消防箱内，并配有水枪和水带。室外消火栓分为地上和地下2种。地上消火栓适宜于气温较高的地区，地下消火栓则适宜于北方寒冷地区，它们主要是供消防车或消防泵取水灭火。喷淋器是在起火部位（区域）达到一定温度时，能自动喷水灭火或控制火势并能同时报警的关键性设备，在室内消防给水系统中，它能直接参与灭火。

防烟、排烟与正压送风系统 防烟、排烟设备在高层饭店建筑防火中占有很重要的地位，特别对防止烟火蔓延、保障人员安全疏散、火场施救及减少伤亡等有着特别重要的作用。防烟、排烟设施主要有风机、风道、排烟阀、防火卷帘、排烟口、送风口、防烟垂壁及控制系统等。防烟、排烟与正压送风系统应经常保持良好的运行状态，并建立定期的维修、检查和试运转的管理制度。

防火门系统 防火门是用于建筑物内部隔绝空间区域的设施，具有防火、隔热等特点。适用于高层建筑的防火分区、楼梯间、电梯间、仓库、机房、配电间和客房等。防火卷帘门由钢质板条、导轨、卷轴、自动、手动、电动启闭系统组成，形状如卷帘，具有结构紧凑、不占使用面积、密封性好等优点。火灾发生时，只要将卷帘门关闭，即起防火分区的作用。

安全疏散系统 合理布置安全疏散、避难设施，并在使用时正确地加以管理，是保障饭店一旦发生火灾使人员得以安全疏散的基本条件。饭店的疏散、避难设施主要包括安全出口、疏散通道、安全通道示意图、方向指示标记、高层饭店的消防电梯和避难层、避难间等。

11.2.3 现代饭店突发事件的预防与处理

饭店是社会的缩影，人财物多、杂，流量大，环节多，管理难度大；饭店也是一个开放的系统，需要从社会其他行业获取设备设施、能源、资源、客源维系正常的业务运转，这种依赖性实质上也体现了它的脆弱性，所以饭店常常会因饭店内、外部的原因而面临突发性事件。这些突发事件一般都在人们的意料之外，处理起来也比较棘手，但如果不及时妥当处理，由此不仅直接会给顾客、员工的生理、财物、心理等造成一定的损害，而且将影响饭店的可持续发展。

11.2.3.1 饭店突发事件的特点及应对要求

饭店的突发事件有如下特点及应对要求。

(1) 突发性及紧急性

饭店突发事件的突发性及紧急性是指在事前难以预测、超越常规的情况下突然发生，而且来势猛，发展快，需要紧急处理，稍有不慎，将造成局面失控，所以要求饭店做出快速、准确的处理反应，将可能产生的不良后果控制在最低限度。

(2) 高度不确定性及非程序化决策性

高度不确定性是指饭店突发事件发生时间、地点、出现形式等无法确定，这要求饭店在意识和行动上随时做好应对的准备，同时，在事情的处理手法上不同于常规的程序决策，它需要饭店依据事件所处的环境，做出“因地制宜”的最佳决策。

（3）事件的阶段性及后果的严重性

饭店突发事件具有一般突发事件发生的程序，即潜伏期、发生初期、发展壮大期、消退期、善后期，且事件处在不同的阶段所带来的影响和破坏后果严重程度不一样，要求饭店应及时辨别突发事件所处的阶段，采取应对的措施，将影响及破坏后果降到最低。

11.2.3.2 提高饭店应对突发事件能力的对策

饭店应对突发事件的能力不仅是衡量饭店管理水平和服务质量的重要标志之一，而且更是处理突发事件的必要条件。饭店应对突发事件的能力是一种综合能力，它可以从人、财、物、方法、关系等多方面着手，形成合力，具体如图11－2所示。

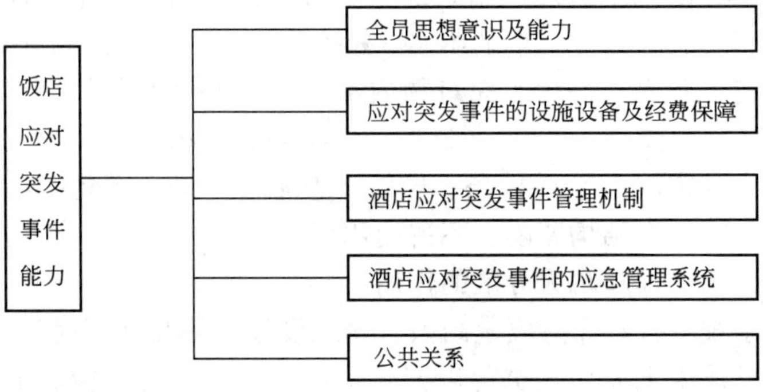

图11－2 饭店应对突发事件体系

（1）全员应对突发事件的思想意识及能力

饭店上至领导下到基层员工应对突发事件的思想意识及能力，对预防、处理突发事件及善后工作起着决定性作用。思想意识包含：危机意识、应变意识、责任意识；能力包括处于指挥岗位的领导干部和一线员工各自的角色能力，领导能力重在指挥、控制、协调，因此处于指挥岗位的领导能力居核心地位。

加强培训，提高全员应对突发性事件思想意识、理论知识和技能、技巧，饭店应从以下几个方面着手：① 饭店要加强对全体员工进行突发事件的思想意识即危机意识、应变意识、责任意识的教育；② 饭店应系统地开展应对突发性事件的理论知识和技能、技巧方面的学习活动，定期不定期地请相关专业人士进行专题（如消防、医疗急救等）讲座；③ 开展模拟演练，提高员工应对突发性事件的实战技能、技巧。

（2）应对突发事件的设施设备及经费保障

饭店预防、处理突发事件大多数必须借助于良好的设施设备，如预防和处理火灾的相应设施设备；同时配备足够的应急经费（即人员的培训经费），预防、处理及善后中必须额外使用的经费。饭店应根据突发事件的发生频率、特点及饭店自身经济实力，改善和添置应急设施设备，同时保证必要的应急专项经费。

（3）饭店应对突发事件的管理机制

饭店应对突发事件的管理机制主要包括2个方面：一是科学、合理、快速有效的机构组织形式；二是指饭店针对全体员工在应急管理中的责任、权利、利益而制订的科学、合理、公平的应急管理评估、评价体系和奖惩制度。通过加强对突发事件的过程管理，首先，摸索出科学、合理、快速有效的机构组织形式，并赋予相应职能、相应编制和投入相应的经费。其次，根据过程管理，梳理出科学合理、公平的评估体系和奖惩制度。再次，对事件的处理过程中涉及的人、财、物、方法、效率及效果、经验进行客观公正的评价，在明确权力、责任、任务后根据事件的结果，落实奖惩处理。

（4）建立饭店应对突发事件的应急管理系统

建立饭店的应急管理系统对饭店预防、处理和事后突发事件将起到事半功倍的作用。应急管理系统功能模块如下。

应急预案系统 是经过一定程序制定的处置突发事件的事先方案，是建立统一、高效、权威的突发事件应急处理体系的基础。其目的主要在事先排除导致事件发生的各种可能性，从根本上防止事件的形成、爆发，另外也为突发事件发生在处理上提供方法和措施。但由于认识上的差距，加上投入的不足，大多数饭店基本没有应急预案，少数饭店有预案的也仅限于纸上的预案，缺乏思想上、技术上、物质上的准备。

现场应急反应系统 是指一旦发生突发事件，饭店根据其特点将人、财、物、信息部门之间的配合以最佳的方式进行协调和配合来处理突发事件的管理系统。应急管理系统启动后的程序井然有序，“条块合作，职责分明”。上至领导下到一线员工各司其职，各负其责，各尽所能。

善后修复系统 是指饭店的突发事件恢复阶段即善后处理和重建处理。主要是采取及时有效的方法，一方面确保在最短的时间内挽回突发事件所造成的不好影响，另一方面，对突发事件后的跟踪监测及已经发生的突发事件进行信息收集研究，进一步完善应急管理系统。

应急管理系统功能表现为事前预防、现场控制与处理、事后修复。饭店建立和完善应急管理系统必须做好以下工作：一是构建并完善应急管理系统功能模块。根据饭店突发事件的阶段性特点，应急管理系统地功能模块可以分为3部分，即预防、现场控制与处理、事后修复。二是饭店应形成制度做好日常和特殊时期的信息资料的收集与整理。应急预案系统依托信息和资料而形成，所以做好饭店信息资料收集和整理工作非常重要。三是构建饭店应对突发事件的应急预案，既是突发事件发生时的处理程序，也是突发事件处理的行动纲领。四是建立应急管理评估、评价体系，开展应急管理分析和研究，形成应急预案的执行反馈体系。

（5）公共关系

公共关系在饭店突发事件管理中的作用主要表现在与公众沟通信息、建立感情，取得理解和支持，提高效益、维护饭店信誉等方面。与公众的信息沟通是饭店公共关系的基本职能，对内包括管理者与员工之间的沟通、各职能部门之间的沟通；对外有饭店与客人之间、与社区之间、与新闻界之间、与政府之间的沟通等。

和谐的饭店公共关系在应对突发事件中具有举足轻重的作用。因为及时、快速、有效的预防、现场处理、事后修复突发事件，将破坏后果降到最低必须以饭店内部员工的积极性、创造性、工作效率、组织的凝聚力以及饭店内外部信息交流、指令的顺畅性为支撑。饭店要营造和谐的内、外部公共关系，一是饭店必须明晰每个员工的位置、职责、权益、工作程序、工作目标，避免责任与权利不清，工作推诿，互相扯皮。二是借助各种融洽关系的活动，多与员工进行沟通，了解员工困难、需求，关心员工的职业发展等，同时给予必要的满足。三是要重视职工的各种建议，及时采纳合理化建议并给予必要的奖励。四是当突发事件发生以后，必须充分听取公众的意见，设法查清事实真相，与公众进行必要的沟通，相互之间达成谅解，消除误会，从而妥善解决矛盾，维护饭店的信誉和形象。

11.2.3.3 常见饭店突发事件的预防与处理

饭店常见的突发事件有：火灾，食物中毒，客人的意外伤、病、死亡，停电，客人违法活动等。

(1) 火灾

饭店火灾的特点 对于饭店来说，可引起火灾的因素较多，但总体来说，主要有以下几个方面。

可燃物多 饭店的建筑大多是采用钢筋混凝土结构建成的，但其内部装饰材料是用可燃的木料、塑料等化学物品做成的，而且室内配备的家具、卧具、地毯、窗帘等都是可燃物，一旦发生火灾，这些材料都将助燃，有的还会产生毒气，给疏散和扑救带来很大的危险性。

火势蔓延快 饭店中的电梯井、垃圾井、电缆井等都贯穿全部楼层，实际上形成了一座座“烟囱”。起火后，火势沿着这些通道上升，四处蔓延，而且由于助燃物质多，还会迅速危及全楼。

火灾隐患多，扑救难度大 由于客人的来来往往，有可能带进一些易燃物，造成发生火灾的隐患。现代饭店大多是高层建筑，人员密度大，客人对新环境往往不熟悉，一旦发生火灾，就会惊慌失措，迷失方向，拥塞在通道上，造成混乱，给疏散和救火带来困难。

火灾的原因 导致饭店起火的原因归纳起来主要为：客人吸烟不慎引起火灾；由于电器设备安装设置不合理或使用不当或维修不及时等导致起火；后台生产部门操作不慎引起火灾及故意纵火4个方面。

火灾的预防 火灾一旦发生对饭店的影响将是致命的，所以预防是火灾安全管理工作中的重中之重，除在建筑上应符合《高层民用建筑防火设计规范》外，还应有相应的管理措施做保证。

第一，饭店安全管理部门要制定防火计划，并协助领导及各部门切实做好火灾预防管理工作。

第二，做好饭店防火设施设备的配置、防火的告示标志及指示以及信息告示等完善和日常管理工作。例如，消防用水畅通、疏散路径标志牌和指示灯明亮突出、客房客人火灾自救方法和逃生路径告示有效实用、各类报警设备灵敏畅通，等等。同时，工程部要定期对电气设备、开关、线路、照明灯具等进行检查，凡不符合安全要求的要及时维修或更换。饭店消防控制室应设专人昼夜值班，随时观察记录仪器设备的工作情况，及时处理火警信号。

第三，饭店内禁止储存易燃、易爆化学危险物品，使用少量易燃、易爆化学危险物品的部门，应建立严格的保管、使用制度。

第四，饭店应切实做好员工防火技能培训工作，例如，掌握报警和灭火器材的使用方法，熟悉安全疏散路线及路径，掌握疏散客人的技巧等。

第五，饭店餐厅、酒吧、商场、娱乐部门、会议厅等公共场所，必须按合理科学的容纳量进行营业接待，坚决杜绝超额现象发生。

第六，为防患于未然，制订符合本饭店科学有效的应对火灾方案、规程等，即《火灾险情应急规程》和《人员安全疏散方案》，使饭店全体员工熟知。饭店发生火灾时，员工可按《火灾险情应急规程》和《安全疏散方案》的要求行动。

火灾的处理 火灾及时有效的处理将会使损失降到最低程度，发生火灾时一般的处理程序如下。

及时找准火源 饭店员工要有高度的责任心和忧患意识，当听到自动报警系统发出火警信号或闻到烟火味时应停止一切工作，迅速查明情况，找出火源。

及时报警 发现火情应立即报警，通知饭店相关部门及人员，以便及时抵达现场，组织扑救，并根据火情决定是否通知公安消防队。饭店报警分为2级：一级是在饭店发生火警时，只向消防中心报警，其他场所听不到铃声，这样不会在整个饭店造成紧张气氛；二级报警是在消防中心确认店内已发生火灾的情况下，向全饭店报警。

及时扑救 如火源面积不大，可组织员工用水桶、灭火器材、消火栓等及时进行扑救。火情较大且饭店无力扑灭时一方面必须以最快捷有效的方式通知消防等相关部门，另一方面应按照《火灾险情应急规程》和《人员安全疏散方案》的规定做出相应的反应。通知所有员工应坚守岗位、保持冷静，切不可乱窜。要保持电话线畅通，便于管理层下达命令时有效接听。

疏导宾客 饭店发生火灾时，有组织、有计划、有步骤地疏散人员，对减少伤亡极为重要。在疏散步骤上，一是迅速、合理地确定疏散路线和人流分配，以免大量人员拥向一个出口而造成堵塞和挤死、挤伤事故。二是迅速打开安全门、安全梯，组织疏导客人撤离。各层楼梯口、路口、大门口都要有人指挥把守，为客人引路，使客人迅速脱离险境。三是疏散人员的先后顺序为：首先尽快疏散受烟火直接危害的人员，接着疏散受烟火威胁最大部位的人员，再疏散起火层下一层或下二层的人员，为火场施救腾出必要的活动区域。同时指定专门人员逐一检查客房，确定无人后在门上做记号，把门关好，以阻止火势蔓延。

组织救助 发生火灾后，重在忙而不乱。饭店医务人员应迅速准备好急救药品和抢救器材，组织抢救受伤的客人和扑救人员。

善后处理 立即组织饭店保安部人员、消防人员、公安人员等，严格保护好发生火灾现场，其他人员一律不得进入现场，并协助相关人员查清火灾发生的原因、财产损失清理、人员伤亡等工作。

做好记录 做好事件发生的原因、损失和善后处理结果的记录。

（2）食物中毒事件

食物中毒是指人摄入含有生物性或化学性有毒食品所引起的一类急性疾病总称。

食物中毒的特点及原因 食物中毒一般具有以下特点：① 大多数人食物中毒的潜伏期短，发病突然，常见的很多人短时间内同时发病；② 症状的临床表现基本一致，以恶心、呕吐、腹痛、腹泻、昏迷等为主要症状；③ 食物中毒一定与吃某种食品有关，吃了该种食品而发病；④ 食物中毒不传染。

食物中毒的类型 主要为细菌性食物中毒、化学性食物中毒、有毒食物中毒3种。引起食物中毒的原因归纳起来主要有以下3种。① 由于饭店过失造成客人食物中毒或食源性疾病。饭店过失表现为：疏忽没有发现食物变质，或者发现食物变质没有引起重视或由于食物成品储存保管不善而变质等导致客人食物中毒或食源性疾病。② 由于饭店外部原因造成客人食物中毒或食源性疾病。主要是饭店在向外部食品生产单位购进半成品、成品食物时，由于制作过程不干净，或在运输过程被污染等原因造成客人食物中毒或食源性疾病。③ 由于客人本身原因产生的食源性疾病。主要是由于客人个人自身生理原因，食用某种食品时引起的过敏、中毒、病情加剧或其他综合症状。

食物中毒的预防 食物中毒的预防措施为：

- 从业人员要养成良好的卫生习惯，增强安全责任意识，文明生产、科学加工；
- 保持储存、加工和厨房的环境卫生，加强防蝇、防鼠、防蟑螂措施；
- 严把食品原材料采购、验收关，没有通过检疫或食品卫生质量不过关的食品、食品原材料坚决不验收入库；
- 厨房加工区域食品烹调应熟透，发芽变质的原材料或无法辨别的蕈类不加工，生、熟食品分开加工和储存；
- 容器及用具清洗干净，彻底消毒，防止交叉感染，采购的搪瓷、陶瓷、不锈钢等容器应有卫生许可证及卫生合格证，禁止用这类容器盛装醋、酒等食品；
- 发现从业人员被感染或携带菌者应及时调离工作岗位。

食物中毒的处理 饭店一旦发现食物中毒事件，一般按如下方法处理：

- 服务员或管理人员立即通知医生前来诊断客人病情；
- 如果确诊为食物中毒，通知保安人员、餐厅经理、厨师长、总经理，有医务室的应立刻对病人进行紧急救护，没有医务室的立即拨打120或送中毒人员去医院紧急救护治疗；
- 餐厅或饮食部要对客人所用食物或呕吐物取样备检，以检查确定中毒原因，并及时通知卫生防疫部门；
- 餐饮部要对可疑食品及有关餐具进行控制，以备查验和防止其他客人中毒；
- 由餐饮部负责、保安部协助，对中毒事件进行调查，并配合卫生防疫部门的工作；
- 饭店的前厅部或销售部或餐饮部要及时通知中毒病人家属或单位，并向他们说明情况，协助做好善后工作；
- 安抚其他在场用餐的顾客，观察其他顾客的用餐后的反应，看是否有中毒现象；餐厅值班经理带领餐厅的员工，用舒适的服务消除其他客人的焦虑；
- 做好事件的记录工作。

（3）客人意外受伤、发病情况的处理

客人在饭店受伤的事情时有发生，一般处理如下。

第一，对意外受伤或发病的客人，服务员要保持冷静，及时通知饭店医务人员和上级领导。

第二，负责人及相关的部门接到通知，应立即赶到现场，做好管理及救助工作，并根据伤者或发病者的情况及受伤人员的意见，决定是否通知其单位或家属。

第三，对于骨折客人，服务员应让客人情绪稳定并不移动客人，耐心等待医务人员或医院急救的到来，协助医务人员做好相关的服务工作。

第四，对心脏病、高血压、脑溢血等突发病人，如客人昏厥过去会摔倒，不能因为客人躺在地上不雅观，而把客人抬起来驾到别处，因为此时任何运动都可能加重病情。服务员应及时移开餐桌、餐椅，让出一块地方，以便抢救，如有必要可用屏风围起来。服务人员要认真观察客人病情，帮助客人解开领带或领结、领扣，在客人身下铺垫桌布、椅垫之类的柔软织物，等待抢救医生的到来。医生来了之后，按照医生的吩咐，做一些力所能及的事。初步诊断发病人员的现状，在不严重时由医务人员就地治疗，现状严重需送医院的，采取急救措施后及时送往医院。

第五，对于需要办理住院治疗的客人，并在客人单位及亲属未到之前应办理住院手续、派员看护等工作；危险期内的病人，保安部主管应在场，以防病情恶化。

第六，做好记录工作。

（4）客人死亡事件的处理

客人在饭店死亡有多种原因，从性质上可分为正常死亡和非正常死亡2类。一般处理如下。

第一，服务员或管理人员发现客人死亡时，应保持冷静、保护好现场，并及时通知饭店医务人员、保安部及主管此事的领导。

第二，在接到客人死亡的报告后，饭店医生及保安部等应立即前往现场，检查客人是否真的已死亡，并迅速派人去保护现场。如客人尚未死亡应积极抢救，并与医院急救中心联系。如客人已确定死亡，应及时向公安部门报告，并继续保护好现场。积极配合公安机关开展调查工作。

第三，由饭店主管此事的领导负责安排通知死亡客人的单位或家属，饭店公关部应做好家属接待工作，配合家属做好遗体处理及善后工作。

第四，做好记录工作。

（5）停电事故的处理

饭店停电事故引起原因有可能是饭店内部的问题，也有可能是饭店外部的问题，一旦发生停电事故，一般处理如下。

第一，查明停电原因，确定供电时间。

饭店一旦停电，饭店工程部应立即查明停电原因，看是饭店外电力系统出问题还是饭店内部线路及其设备出了问题，同时明确能否及时供电。

第二，及时告知各部门停电的原因及恢复供电所需时间。前台服务部门，尤其是餐饮、娱乐等部门，应根据停电原因及恢复供电所需时间长短来决定是否停止营业，或向主管领导请示如何处理。如果能在短时间能恢复供电，告知客人稍等，如果短时间内无法供电，告知客人并疏散尚未开始消费的客人，服务好正在消费的客人及善后系列事情。

第三，同时启用备用供电设施设备。

第四，各岗位的服务人员和管理人员应坚守岗位，尽职尽责做好服务和管理工作。

第五，做好记录工作。

【思考题】

一、名词解释

饭店信息管理系统、餐饮信息管理系统、联机集中式处理结构、饭店安全。

二、简述题

1. 饭店信息具有哪些特征?
2. 饭店信息管理的主要内容有哪些?基本任务是什么?
3. 饭店信息管理的发展趋势是什么?
4. 饭店信息管理系统的硬件结构模式有哪些?各自有什么优缺点?
5. 简述饭店安全管理的任务。
6. 简述饭店火灾的预防与处理。
7. 简述食物中毒的预防措施。
8. 简述摔伤、发病及死亡客人的现场处理措施。
9. 饭店客房有完善、先进的财物保障设施设备,前厅服务员还有必要提醒客人寄存贵重物品吗?

【案例分析】

腰包不见了

某英籍华人旅行团到达某饭店的第二天8:00左右,该团中的陈女士急匆匆跑到大堂副理处投诉说,她的腰包不见了,内有900多美元。并非常肯定地说:“我已经找遍了房间所有的地方和行李箱,都没有。记得很清楚是放在房间内的桌子上的,刚才我还看到有客房服务员进我的房间。”该团8:20要出发到某景点,导游员在一旁也帮客人说话,非常着急,因为整车的客人都等着呢!

【案例思考题】

大堂副理该如何处理此事?对饭店安全管理的启示是什么?

【本章推荐阅读书目】

1. 旅游管理信息系统. 查良松. 高等教育出版社,2002.
2. 现代饭店管理. 海萌辉,郭琰. 郑州大学出版社,2003.
3. 饭店管理. 蒋丁新. 高等教育出版社,2004

参考文献

蔡万坤 等．1998．餐饮管理［M］．北京：高等教育出版社．
曹军辉．2003．旅游企业财务管理［M］．长沙：湖南人民出版社．
曹嫄，吕建中．2004．关于饭店业实施危机管理程序的思考［J］．技术经济与管理研究，(6)．
查良松．2002．旅游管理信息系统［M］．北京：高等教育出版社．
陈福义，生延超．2006．饭店管理学［M］．北京：中国旅游出版社．
陈天来，陆净岚．2000．饭店环境管理［M］．沈阳：辽宁科学技术出版．
陈尧帝．2001．餐饮服务培训教材［M］．沈阳：辽宁科学技术出版社．
邓新华 等．2003．现代酒店服务与管理［M］．长沙：湖南师范大学出版社．
丁力．2001．饭店经营管理原理［M］．天津：南开大学出版社．
东京帝国饭店营业企划室．2000．帝国饭店服务秘诀［M］．北京：中国旅游出版社．
范成秀．1999．交互过程与交互质量［J］．南开管理评论：(1)．
郭巍．2007．丽嘉饭店的超值服务［J］．当代经理人：(3)．
海萌辉，郭琰．2003．现代饭店管理［M］．郑州：郑州大学出版社．
黄梯云．1999．管理信息系统［M］．北京：高等教育出版社．
蒋丁新．2002．饭店管理［M］．北京：高等教育出版社．
黎洁 等．2001．饭店管理概论［M］．天津：南开大学出版社．
李强．2005．市场营销学教程［M］．大连：东北财经大学出版社．
李铁鹰．2007．公共突发事件应急管理体系研究［J］．中国应急救援：(2)．
李小玉．2007．提高饭店应对突发事件能力体系的构建与实施［J］．科技经济市场：(11)．
廖清华 等．2007．饭店危机事件分级模型的研究［J］．北京第二外国语学院学报（旅游版）：(7)．
凌军平．2005．浅谈公共关系在饭店管理中的重要作用［J］．科技情报开发与经济：(21)．
刘沧．2007．基于“服务交互本质”的饭店服务质量控制［J］．饭店现代化：(3)．
刘晓萍．2006．浅析人本管理在饭店管理中的运用［J］．管理科学文摘：(11)．
刘裔远．2003．新编旅游饭店管理概论［M］．上海：立信会计出版社．
吕建中．1994．现代旅游饭店管理［M］．北京：中国旅游出版社．
马勇 等．2001．旅游市场营销管理［M］．广州：广东旅游出版社．
聂明林，杨啸涛．1997．饭店餐饮管理［M］．重庆：重庆大学出版社．
彭学强 等．2006．现代饭店经营与管理［M］．长沙：湖南大学出版社．
邱念东．2007．如何通过顾客授权，改善服务交互质量［J］．商业时代：(10)．
饶勇．1999．现代饭店智慧与成功案例［M］．广州：广东旅游出版社．
史丹．2006．饭店个性化服务的八大策略［J］．企业活力—营销企划：(9)．
唐德鹏 等．2002．现代饭店经营管理［M］．上海：复旦大学出版社．
王大悟 等．1998．新编酒店营销学［M］．海口：海南出版社．
翁钢民 等．2004．现代饭店管理——理论、方法与案例［M］．天津：南开大学出版社．
巫景飞．2007．我国经济型饭店服务质量的 IPA 分析——以如家快捷与锦江之星为调查对象

［J］. 华东经济管理：(11).
吴本. 2004. 饭店服务与管理［M］. 北京：旅游教育出版社.
余昌国. 2005. 现代饭店管理创新［M］. 北京：北京燕山出版社.
张超. 2007. 论度假饭店产品的差异化路径——以希尔顿为例［J］. 北京第二外国语学院学报(旅游版)：(5).
赵承金，赵倩. 1999. 现代饭店餐饮管理［M］. 大连：东北财经大学出版社.
赵西萍 等. 2003. 旅游市场营销学［M］. 北京：高等教育出版社.
郑向敏. 1996. 现代饭店经营管理［M］. 武汉：湖北科技出版社.
周国华. 1999. 精益生产与企业管理精益化［J］. 软科学：(13).
周丽洁 等. 2005. 饭店管理概论［M］. 长沙：中南大学出版社.
周晓芳 等. 2003. 饭店管理实例与回答［M］. 广州：广东经济出版社.
［澳］唐·约翰逊. 2004. 旅游业市场营销［M］. 张凌云 等译. 北京：电子工业出版社.
［美］GARY K. VALLN JEROME J. VALLN. 2002. 现代饭店管理技巧［M］. 潘惠霞等译. 北京：旅游教育出版社.
［美］Subir Chowdbury. 2002. 21世纪的管理［M］. 昆明：云南大学出版社.
［美］詹姆斯·R·凯萨. 1992. 旅游饭店管理概论［M］. 徐华 等编译. 杭州：浙江摄影出版社.
［英］维克多·密德尔敦. 2001. 旅游营销学［M］. 向萍译. 北京：中国旅游出版社.

执行策划：郑铁志　李　虎
责任编辑：郑铁志　翟　源
封面设计：李　亮

21st CENTURY 十一五规划

21世纪全国高等院校旅游管理系列实用规划教材

- 旅游学基础教程
- 旅游心理学
- 旅游经济学
- 旅游资源经济学
- 旅游地理学
- 中国旅游地理
- 旅游市场营销学
- 旅游服务营销
- 旅游政策与法规
- 旅游公共关系学
- 旅游服务礼仪
- 生态旅游学
- 休闲学
- 旅游资源学
- 中国人文旅游资源概论
- 客源国概论
- 旅游文化概论
- 民俗旅游学概论
- 会展概论
- 旅游管理学
- 旅游管理案例精选与评析
- 旅游英语
- 旅游管理应用统计
- 旅游信息系统
- 现代饭店管理
- 饭店管理概论
- 前厅客房服务与管理
- 餐饮经营管理
- 酒店工程与设备管理
- 酒店人力资源管理
- 现代旅行社管理
- 旅游规划
- 旅游规划设计制图
- 旅游景区开发与管理
- 旅游策划理论与实务
- 野外旅游探险考察教程

ISBN 978-7-5038-5283-1
9 787503 852831 >
定价：36.00元

中国林业出版社
地址：北京市西城区德内大街刘海胡同7号
技术支持：cfphz@public.bta.net.cn
http://www.cfph.com.cn

北京大学出版社
地址：北京市海淀区成府路205号
技术支持：pup_6@163.com
http://www.pup6.com